全世界无产者，联合起来！

列宁全集

第二版增订版

第二十四卷

1913年9月—1914年3月

中共中央 马克思 恩格斯 著作编译局编译
列 宁 斯大林

人民出版社

《列宁全集》第二版是根据
中国共产党中央委员会的决定，
由中共中央马克思恩格斯列宁
斯大林著作编译局编译的。

凡　　例

1. 正文和附录中的文献分别按写作或发表时间编排。在个别情况下,为了保持一部著作或一组文献的完整性和有机联系,编排顺序则作变通处理。

2. 每篇文献标题下括号内的写作或发表日期是编者加的。文献本身在开头已注明日期的,标题下不另列日期。

3. 1918年2月14日以前俄国通用俄历,这以后改用公历。两种历法所标日期,在1900年2月以前相差12天(如俄历为1日,公历为13日),从1900年3月起相差13天。编者加的日期,公历和俄历并用时,俄历在前,公历在后。

4. 目录中凡标有星花＊的标题,都是编者加的。

5. 在引文中尖括号〈　〉内的文字和标点符号是列宁加的。

6. 未说明是编者加的脚注为列宁的原注。

7.《人名索引》、《文献索引》条目按汉语拼音字母顺序排列。在《人名索引》条头括号内用黑体字排的是真姓名;在《文献索引》中,带方括号〔　〕的作者名、篇名、日期、地点等等,是编者加的。

目　　录

1914年

附　录

插　　图

前　言

本卷收载列宁在 1913 年 9 月至 1914 年 3 月期间的著作。

这期间，列宁居住在波兰的克拉科夫和波罗宁，密切注视俄国国内外形势的发展，领导布尔什维克党的活动，并经常为党的报刊撰稿。1914 年初，列宁一度去西欧，到法国、比利时、瑞士等国的许多城市作关于民族问题的报告，在布鲁塞尔参加拉脱维亚边疆区社会民主党第四次代表大会的准备和领导工作，并在会上作了报告。本卷所收文献反映了布尔什维克党反对取消派、调和派、崩得分子和其他机会主义者、改良主义者，为争取群众、组织阶级队伍迎接新的资产阶级民主革命而进行的斗争。

本卷中《有党的工作者参加的俄国社会民主工党中央委员会 1913 年夏季会议的决议》是对党在这一时期的活动具有重要指导意义的一组文件。1913 年俄国工人罢工规模愈来愈大，罢工的政治性质愈来愈明显。这一年参加罢工的工人由 1912 年的 146 万人跃增至 200 万人。彼得堡和莫斯科的布尔什维克工人开始酝酿全国总政治罢工。工人阶级的斗争激发着农民群众和士兵的革命情绪，促使沙皇政府同杜马的矛盾尖锐化，加剧了俄国的政治危机。新的资产阶级民主革命条件日趋成熟。为适应这一形势，列宁在波罗宁召开了党中央 1913 年夏季会议，波罗宁会议总结了 1912 年布拉格代表会议以来工人运动的经验，肯定布尔什维克党在新的高潮初期提出的政治路线是正确的,并根据形势的发展确定了新的任务。

波罗宁会议《关于目前的鼓动任务》和《关于罢工运动》的决议评述了国内政治局势,要求先进工人通过自己的宣传教育工作使无产阶级在革命口号下联合起来,并进一步唤醒其他劳动群众。决议强调指出:建立民主共和国、没收地主土地、实行八小时工作制仍是当前的主要革命口号;社会民主党的任务仍然是广泛进行推翻君主制和建立民主共和国的革命鼓动;无产阶级应当利用资产阶级和反动阵营之间的分歧,加强在经济和政治领域的进攻,坚持革命口号,反对改良主义。《关于党的报刊》和《关于社会民主党的杜马工作》的决议表明了布尔什维克党在以秘密斗争为依托的同时,充分重视和广泛利用合法斗争手段。《关于合法社团中的工作》的决议指出,社会民主党人应该尽可能广泛地吸收工人参加各种工人社团,应当在这些社团内部建立党的小组,使这些社团和社会民主党建立最密切的关系,使它们成为社会民主党的支柱。《关于民族问题的决议》针对沙皇俄国黑帮民族主义甚嚣尘上和自由派资产阶级民族主义倾向日益滋长的情况,阐述了布尔什维克党的民族纲领和民族政策。决议指出:在以人剥削人为基础的资本主义社会中实现民族和平的条件只能是建立彻底的民主共和国国家制度,保证一切民族和语言完全平等,取消强制性国语;宪法中应规定任何一个民族不得享有特权、不得侵犯少数民族的权利;实行广泛的区域自治和完全民主的地方自治;一国之内的各族工人在统一的无产阶级组织中应打成一片,只有这样才能保证无产阶级革命斗争的胜利,才能粉碎各民族中的地主、神父和资产阶级民族主义者的宣传和意图;社会民主党维护在沙皇君主制度压迫下的各民族的自决权,即分离权和成立独立国家的权利;不允许把民族自决权问题同某一民族实行分离是否适宜的问题混淆起来,对于后一个问题,社会民主党应从整个社会发展的利益和无产阶级争取社会主义的阶级斗争的利益出发,完全独立地逐个解决。这一决议的内容在本卷所收的有关民族问题的文章中得到进一步的阐发。

同取消派斗争是俄国革命低潮时期以来党内斗争的中心问题。本卷中大量文献是为揭露和批判取消派而写的。

《维·查苏利奇是怎样毁掉取消主义的》一文批驳了取消派在组织问题上的机会主义观点,阐发了马克思主义的无产阶级政党学说。取消派认为党的地下组织是毫无用处、"无活动能力"的,只有在法制已经确立并得到巩固的情况下,党才能成为组织;俄国广大工人阶层要组成政党,所缺少的只是正式参加党的机会,应当把这个阶层"当做一个政党"。列宁指出,没有什么比取消派在组织问题上的观点更糟糕更混乱的了。取消派背弃过去的地下组织是为背弃现在的党进行辩护。列宁写道,俄国的历史和现实都证明,与西欧不同,俄国的地下党组织仍然具有生命力和活动能力,它不但能在反动时期保存下来,而且善于使自己的形式适应已经变化了的条件;旧的组织形式、活动条件改变了,但它的方向、思想政治原则和活动内容则保持不变。列宁在批评取消派根本不懂得党和阶级之间的差别时,深刻阐述了党同阶级、同群众的关系问题。他指出:"党是阶级的先进觉悟阶层,是阶级的先锋队。这个先锋队的力量比它的人数大 10 倍,100 倍,甚至更多"(见本卷第 38 页);先进队伍一旦组织起来,就会获得统一意志,这个统一意志就会变成阶级的意志;建立工人阶级先锋队目的在于使群众认识自己的利益；为了为群众服务并代表他们的利益，党必须在群众中开展活动，从他们中吸收优秀力量，随时随地检查是否同群众保持着密切联系，只有这样，先进队伍才能教育和启发群众，教育他们组织起来，沿着自觉的阶级政策的道路前进。列宁认为，取消派的悲剧就在于他们是在组织上的机会主义斜坡上一直滚向无政府主义的泥坑。

《马克思主义和改良主义》、《政论家札记》等文分析了改良主义的实质及其社会根源和理论根源，揭露了取消派的改良主义面目。列宁指出，马克思主义者不同于无政府主义者，承认争取改良的斗争，即争取改善劳动者境况的斗争，但马克思主义者坚决地反对改良主义者，反对他们用改良来限制工人阶级的意向和活动，改良主义是资产阶级对工人的欺骗，即使是非常真诚的改良主义，也是资产阶级腐蚀和削弱工人的工具；改良主义者竭力用小恩小惠来分化和欺骗工人，使他们放弃阶级斗争；改良主义实际上就是不要马克思主义，用资产阶级的"社会政策"取代马克思主义。在俄国，改良主义者就是取消派。他说，尽管取消派口头上否认改良主义，实际上却全面实行改良主义。他们否定马克思主义斗争策略，否定秘密的党组织，攻击任何超出改良主义范围的口号和做法，鼓吹公开的合法的党，力图把欧洲的宪制搬到俄国来，这就是宣扬改良主义，宣扬自由派的工人政策。

这一时期，社会民主党杜马党团内六人团和七人团的矛盾突出地反映了布尔什维克同取消派的尖锐斗争。杜马党团中的孟什维克代表（七人团）利用一票之差的多数压制和排挤布尔什维克代表（六人团）。列宁起草的波罗宁会议关于杜马党团的决议对此提出了最坚决的抗议，要求党团内两个部分完全平等，保持党团在杜马工作方面的统一。七人团不顾绝大多数觉悟工人的意志,拒绝布尔什维克的平等要求。于是布尔什维克代表根据中央委员会的指示退出原来的党团,单独成立自己的"俄国社会民主党工人党团"。在《为坏事作的坏辩护》、《声明》、《杜马"七人团"》、《自由派资产阶级和取消派》、《关于社会民主党杜马党团内部斗争问题的材料》、《争论和斗争的两种方法》等文中,列宁彻底揭露了取消派破坏杜马党团统一的分裂行为,阐明杜马党团同党的正确关系和党团活动的原则。列宁指出,社会民主党的杜马代表应当是无产阶级意志的贯彻者,必须服从杜马外工人马克思主义者多数人的意志;如果违背阶级的意志,那就放弃代表资格。这是一切马克思主义者所公认的基本原则,是弄清争论实质所必须首先解决的原则问题。列宁列举大量事实和具体数字,证明拥护布尔什维克六人团的觉悟工人占绝对优势,六人团的活动完全符合无产阶级大多数的意志,七人团是杜马党团的分裂者。

　　取消派在日益孤立的情况下,力求取得第二国际的支持。社会党国际局一些领导人没有弄清是非,企图从中调和,保护取消主义。在《关于国际局即将采取的步骤问题》、《关于国际局的决定问题》、《好决议和坏发言》、《俄国工人和国际》、《谈谈考茨基的不可容忍的错误》、《再论社会党国际局和取消派》、《致社会党国际局的报告》等文献中,列宁阐明了对待国际局的干预的态度,揭露了取消派自欺欺人、侈谈统一的伪善面目。列宁系统地全面地向社会党国际局报告布尔什维克同取消派的意见分歧和斗争实质,赞同国际局关于首先弄清分歧事实的意见。列宁反对无原则的调和主义,他指出,分歧是无法消除的,其根源在于对俄国所处时代的看法截然不同,这是无产阶级同自由派两种策略、两种政策体系的分歧。列宁尖锐批评考茨基关于俄国旧的社会民主党已经"消失"，应该加以重建的说法，指出这是骇人听闻、不可容忍的错误。

　　《谈谈工人的统一》、《取消派领袖谈取消派的"统一"条件》、《俄国工人和国际》、《杜马党团和杜马外的多数》、《关于社会党国际局的决定的决议》等文阐明了布尔什维克关于争取无产阶级政党统一的观点和具体条件。列宁指出，无产阶级统一的基础在于：阶级利益和目标的一致，阶级的纪律，承认多数的意志，同多数人站在一个行列里同心协力地工作。列宁反对貌合神离的形式上的"统一"，强调无产阶级的统一"首先主要是指它的政治组织的统一，它的整体的统一。只有**这样的**统一才能既保证杜马党团的真正统一，又保证工人阶级的一切行动和整个斗争的真正统一"（见本卷第275页）。统一的关键是取消派承认和改正一切错误，彻底抛弃取消主义。

　　本卷中《拉脱维亚边疆区社会民主党第四次代表大会文献》反映了列宁对拉脱维亚布尔什维克的支持和具体帮助。代表大会之前，拉脱维亚党组织被孟什维克取消派所控制，1912年加入了托洛茨基拼凑的"八月联盟"。列宁同拉脱维亚的布尔什维克保持密切联系，指导他们进行反对取消派的斗争。在代表大会上，列宁作了报告，说明了俄国国内布尔什维克反对取消派的斗争情况，批评拉脱维亚社会民主党中央委员会的机会主义立场，号召拉脱维亚社会民主党人和取消派断绝关系。大会通过了列宁起草的决议，决定同"八月联盟"决裂。

　　民族问题是本卷的另一个主要内容。在这个问题上布尔什维克同取消派也有原则性分歧。世界帝国主义战争前夕，资产阶级的"保卫祖国"口号甚嚣尘上，大俄罗斯黑帮民族主义猖獗一时。

俄国各被压迫民族的资产阶级民族主义则力图利用日益增长的民族运动争取本民族的特权。工人运动也受到腐蚀，民族主义倾向明显加强。崩得、取消派都公开反对党的民族纲领。这一切使工人运动有分裂和走上歧途的危险。为了同大俄罗斯民族主义和资产阶级民族主义作斗争，阐明马克思主义政党在民族问题上的理论和政策，列宁写了大量文章，作了许多专题报告。除列宁起草的波罗宁会议《关于民族问题的决议》外，列宁还写了《关于民族问题的批评意见》、《关于民族问题的报告提纲》、《论"民族文化"自治》、《立宪民主党人和"民族自决权"》、《论俄国社会民主工党的民族纲领》、《民族自由主义和民族自决权》、《再论"民族主义"》、《再论按民族分学校》等等。

在这些著作中列宁全面分析了俄国的民族关系和民族问题的具体特点，对布尔什维克的民族纲领和民族政策作了科学论证。列宁首次阐述了在资本主义时期民族关系的发展有两种历史趋势："民族生活和民族运动的觉醒，反对一切民族压迫的斗争，民族国家的建立，这是其一。各民族彼此间各种交往的发展和日益频繁，民族隔阂的消除，资本、一般经济生活、政治、科学等等的国际统一的形成，这是其二。"（见本卷第129页）第一种趋势在资本主义发展初期占主导地位，第二种趋势则标志着资本主义已经成熟，正在向社会主义社会转化。列宁认为，这两种趋势都是资本主义的世界性规律。布尔什维克党就是考虑到这两种趋势来制定民族纲领和民族政策的。因此，首先要维护民族平等，决不允许在这方面有任何特权。其次要维护国际主义原则，坚决反对资产阶级民族主义对无产阶级的毒害。

民族平等的核心是民族自决权问题。列宁坚持各民族应有自决直至分离的权利。他认为,如果没有这种权利,承认各民族平等就仍然是假的。列宁关于民族自决权的提法是在当时的历史条件下对马克思主义观点的发展。马克思和恩格斯在封建的分散状态还没有消除,资产阶级民族和中央集权制国家还未彻底形成的时期提出的民族自决权,是为了把一些大的民族国家团结起来,旨在摧毁封建主义和发展资产阶级民主。而在帝国主义时期,民族问题的主要锋芒是指向大民族沙文主义,反对帝国主义者强制被压迫民族留在"本国"疆界内并使他们在经济上和政治上处于从属地位。因此,维护民族自决直至分离的权利的口号成为区别革命的民族纲领和资产阶级的、机会主义的民族纲领的试金石。尤其在俄国,由于民族压迫极其严重,资产阶级民主革命尚未完成,沙皇专制制度极其反动,承认民族自决直至分离的权利,就更显然有利于消除民族仇恨,使各被压迫民族在反对沙皇专制的斗争中团结起来,把他们的斗争同俄国无产阶级的革命斗争结合起来。

　　列宁驳斥了取消派分子认为承认民族自决权有利于资产阶级民族主义的错误观点,指出:承认这种权利,既毫不排斥鼓动和宣传反对分离,也毫不排斥揭露资产阶级民族主义,而否认自决直至分离的权利则有利于臭名远扬的大俄罗斯黑帮民族主义,"在当代的俄国否认民族自决权,就是不折不扣的机会主义,就是拒绝同至今还势力极大的黑帮大俄罗斯民族主义作斗争"(见本卷第243页)。

　　在论证民族自决权的口号时,列宁重申了波罗宁会议决议中关于民族自决权问题的观点,指出:"自决权是一回事,而某个民族在某种情况下实行自决即分离**是否适宜**,——这又是另外一回事。这是一个起码的道理。"(见本卷第221—222页)

　　针对崩得分子的民族主义错误，列宁阐明了资本主义的民族同化过程的进步意义。他指出，无产阶级"欢迎民族的一切同化，只要同化不是强制性的或者依靠特权进行的"；"无产阶级不能支持任何巩固民族主义的做法，相反，它支持一切有助于消灭民族差别、消除民族隔阂的措施，支持一切促进各民族间日益紧密的联系和促进各民族打成一片的措施"（见本卷第138页）。列宁认为在一国之内把各民族分开是有害的，马克思主义者的目的不是把各民族分开，而是用充分的民主来保证各民族的平等，和睦相处。

　　列宁在剖析"民族文化"这一口号时阐发了每个民族都有两种文化的思想。指出，每个民族文化都有一些民主主义的和社会主义的即使不大发达的文化成分，因为每个民族都有被剥削劳动群众，他们的生活条件必然会产生民主主义和社会主义的意识形态，但每个民族也都有资产阶级文化，而且占统治地位，笼统说的"民族文化"就是地主、神父、资产阶级的文化。无产阶级从每个民族的文化中吸取的仅仅是其中的民主主义的和社会主义的成分，并以此对抗资产阶级的文化。"我们的任务是同占统治地位的、黑帮和资产阶级的大俄罗斯民族文化作斗争，完全用国际主义精神并通过同别国的工人结成最紧密的联盟，来培植那些在我国民主工人运动史上出现的幼苗。"（见本卷第127页）

　　列宁还论述了中央集权制和自治的问题。他认为中央集权制国家符合资本主义生产力迅速发展的要求，有利于消除中世纪式的民族隔阂，有利于无产阶级反对资产阶级的阶级斗争的广泛开展。在各种不同民族组成一个统一的国家的情况下，马克思主义者决不会主张任何联邦制原则，不会实行任何分权制。但马克思主义者维护的集中制不是专横的和官僚主义的集中制，而是民主集中制。"民主集中制不仅不排斥地方自治以及有独特的经济和生活条件、民族成分等等的区域**自治**，相反，它必须**既要求地方自治，也要求区域自治**。"（见本卷第 149 页）"如果**不保证**每一个在经济和生活上有较大特点并且民族成分不同等等的区域享有这样的自治，那么现代真正的民主国家就不可能设想了。"（见本卷第150 页）

　　列宁还强调指出，马克思主义者是以阶级斗争观点来观察现代民族生活，以无产阶级观点为依据来制定民族纲领的。机会主义者把民族事业置于无产阶级事业之上，而对马克思主义者来说，首先是无产阶级的事业，因为它不仅能保证劳动者的长远根本利益和人类的利益，而且能够保证民主派的利益。解决民族问题只有一种办法，这就是实行彻底的民主主义。只有所有民族的无产者和劳动人民在无产阶级国际主义的基础上团结起来，才能战胜资本主义，才能真正消灭民族压迫，实现民族平等。

　　列宁在 1913 年底写的《马克思和恩格斯通信集》一文中，高度评价这个集子所收的马克思和恩格斯的来往书信的科学价值和政治价值。列宁写道，整个通信集的中心点就是辩证法。运用唯物主义辩证法从根本上来修改整个政治经济学，把唯物主义辩证法运用于历史、自然科学、哲学以及工人阶级的政治和策略——这就是马克思和恩格斯"作出最重要、最新的贡献的领域，这就是他们在革命思想史上迈出的天才的一步。"（见本卷第 279 页）

　　本卷所收的其他文献，有的抨击资本主义制度的腐朽，有的批评民粹派的小市民空想社会主义理论，有的揭露自由派资产阶级的反人民性。在《给编辑部的信》和《关于亚·波格丹诺夫》一文中，列宁说明了无产阶级特别是工人报刊对波格丹诺夫的反马克思主义的哲学体系所应采取的态度。在《自由派教授论平等》一文中,列宁驳斥了杜冈-巴拉诺夫斯基对社会主义的歪曲和攻击,阐明了马克思主义的平等观。他指出,社会民主党所说的平等是社会的平等,社会地位的平等。在政治方面是指权利平等,在经济方面是指消灭阶级。"消灭阶级——这就是使**全体**公民在同整个社会的**生产资料**的关系上处于**同等的**地位,这就是说,全体公民都**同样**可以利用公有的生产资料、公有的土地、公有的工厂等进行劳动。"(见本卷第 395 页)

在《列宁全集》第 2 版中,本卷文献比第 1 版相应时期所收的文献增加 17 篇。其中有:《十月党人和工人运动》、《关于"俄国知识分子纪念日"》、《各工人组织就取消派诬蔑保险工作者 X 一事的决议草案》、《俄国工人对社会民主党杜马党团分裂的看法》、《关于波罗宁会议(1913 年)的传达报告的要点》、《关于国际局即将采取的步骤问题》、《国民教师的贫困》、《俄国工人和国际》、《取消派是如何欺骗工人的》、《关于社会党国际局的决定的决议》、《谈谈我们的学校》、《杜马党团和杜马外的多数》、《对娜·康·克鲁普斯卡娅〈论国民教育部的政策问题〉一文的补充》、《关于民族问题的报告提纲》以及拉脱维亚边疆区社会民主党第四次代表大会的 3 个文件。《附录》中的 3 篇文献都是新增加的。

在本增订版中,本卷文献比《列宁全集》第 2 版相应时期的文献增加 1 篇,即:《给社会党国际局的信的草稿》。

弗·伊·列宁

（1914 年）

马克思主义和改良主义

(1913 年 9 月 12 日〔25 日〕)

马克思主义者不同于无政府主义者,承认争取改良的斗争,即承认争取改善劳动者境况的斗争,尽管这种改善仍然不触动统治阶级手中的政权。但与此同时,马克思主义者又最坚决地反对改良主义者,反对他们直接或间接地用改良来限制工人阶级的意向和活动。改良主义是资产阶级对工人的欺骗,只要存在着资本的统治,尽管有某些改善,工人总还是雇佣奴隶。

自由派资产阶级总是一只手搞改良,另一只手又收回这些改良,使之化为乌有,利用这些改良来奴役工人,把工人分成一个个集团,使劳动者永远当雇佣奴隶。因此,改良主义,即使是非常真诚的改良主义,实际上变成了资产阶级腐蚀和削弱工人的工具。各国经验证明,工人相信改良主义者,总是上当受骗。

相反,如果工人掌握了马克思的学说,即认识到只要资本的统治地位保持不变,雇佣奴隶制就不可避免,那么他们就不会上资产阶级任何改良的当。工人们懂得了在保持资本主义的条件下改良既不可能是牢靠的,也不可能是认真的,他们就会为争取改善自己的状况而斗争,并且利用这种改善来继续为反对雇佣奴隶制进行更加顽强的斗争。改良主义者竭力用小恩小惠来分化和欺骗工人,使他们放弃他们的阶级斗争。工人们认识了改良主义的欺骗性,就会利用改良来发展和扩大自己的阶级斗争。

改良主义者对工人影响愈厉害,工人就愈软弱无力,就愈依附于资产阶级,资产阶级就愈容易利用各种诡计把改良化为乌有。工人运动愈独立愈深入,目标愈广泛,愈摆脱改良主义狭隘性的束缚,工人巩固和利用某些改善就愈有成效。

改良主义者各国都有,因为资产阶级到处都在想方设法腐蚀工人,使他们甘心当奴隶,不想消灭奴隶制。在俄国,改良主义者就是取消派,他们否定我们的过去,以便用关于新的、公开的、合法的党的幻想来麻痹工人。不久前,迫于《北方真理报》[1]的压力①,彼得堡的取消派不得不出来为他们搞改良主义作辩解。为了把这个非常重要的问题弄个一清二楚,应该把他们的议论仔细剖析一下。

彼得堡的取消派写道:我们不是改良主义者,因为我们没有说过改良就是一切,最终目的微不足道这样的话;我们是说,运动在朝着最终目的发展;我们是说,通过争取改良的斗争完全实现提出的任务。

我们就来看看,这种辩解是否符合真实情况。

第一个事实:取消派分子谢多夫综合了所有取消派分子的意见,他写道,马克思主义者提出的"三条鲸鱼"[2]中,有两条目前不宜用来鼓动。他保留了八小时工作制这一条,因为这一条从理论上讲是可以作为一项改良实现的。他取消或弃置一旁的恰恰是超出改良范围的东西。可见,他堕入了最明显的机会主义,执行的恰恰是以最终目的微不足道这一公式为内容的政策。把"最终目的"(虽然是关于民主主义的)弃置一旁,使之远离鼓动工作,这就是改

---

① 见本版全集第23卷第416—419页。——编者注

良主义。

第二个事实:取消派轰动一时的八月(去年)代表会议[3]也是把非改良主义的要求弃置一旁,使之远离(视为特殊情况)而不是靠近鼓动工作,处于鼓动工作的正中心。

第三个事实:取消派否定和轻视"原有的东西",不要原有的东西,因此只限于搞改良主义。当前,改良主义同背弃"原有的东西"有明显的联系。

第四个事实:工人的经济运动只要同超出改良主义范围的口号一挂钩,就会使取消派发火,就会遭到他们的攻击(什么"狂热"、"白费劲"等等)。

那么我们得出什么结论呢? 取消派口头上否认原则上的改良主义,实际上却全面实行改良主义。他们一方面要我们相信,改良对他们来说决不就是一切,而另一方面,对马克思主义者在实践中任何超出改良主义范围的做法,取消派不是进行攻击,就是加以藐视。

与此同时,工人运动各个领域的事态都向我们表明,马克思主义者在实际利用改良和为争取改良而进行的斗争中,不但没有落在后面,反而明显地走在前列。就拿工人选民团的杜马选举——代表们在杜马内外的行动、工人报纸的创办、保险改革的利用、最大的工会五金工会的建立等等来说,你们到处都可以看到,在鼓动、组织、争取改良和利用改良这一直接的、当前的和"日常的"工作方面,马克思主义者工人都胜过取消派。

马克思主义者不倦地进行工作,不放过任何一个"机会"争取改良和利用改良,同时,无论在宣传、鼓动,还是在群众经济活动等等方面,任何超出改良主义范围的做法他们都不横加指责,而是予以支持,关切地加以发展。而背离马克思主义的取消派,却攻击马克思主义者整体[4]的存在,破坏马克思主义的纪律,宣扬改良主义,宣扬自由派的工人政策,这只能瓦解工人运动。

此外,不要忘记,在俄国,改良主义还有一种特殊表现形式,就是把现代俄国和现代欧洲的政治形势的根本条件混为一谈。在自由派看来,这样做是合理的,因为自由派相信并宣扬"谢天谢地,我们立宪了"。自由派反映资产阶级的利益,他们坚决认为10月17日[5]以后,任何超出改良主义范围的民主措施,都是丧失理智、犯罪、作恶的行为,等等。

但是,我国取消派实际上坚持的正是这些资产阶级阶级观点,他们不断系统地把"公开的党"和"争取合法性的斗争"等等"搬到"(以书面形式)俄国。换句话说,他们同自由派一样,也鼓吹把欧洲宪制搬到俄国而**不经过**那条曾经使西欧确立宪制并使之经过几代人有时甚至经过几个世纪得到巩固的独特道路。取消派和自由派就像俗话所说的,又想洗毛皮,又不让毛皮下水。

在欧洲,改良主义实际上就是不要马克思主义,用资产阶级的"社会政策"取代马克思主义。我国取消派的改良主义不仅有这种表现,它还破坏马克思主义的组织,拒绝实现工人阶级的民主任务而代之以自由派的工人政策。

载于1913年9月12日《劳动真理报》第2号

译自《列宁全集》俄文第5版第24卷第1—4页

土地规划和农村贫苦农民

(1913 年 9 月 13 日〔26 日〕)

9 月 3 日,切尔尼戈夫的农学家米宁在基辅召开的全俄农业代表大会上就这个极为重要的题目作了报告。

看来,米宁先生是一个民粹派分子(顺便说一下,他同意资产阶级教授科辛斯基关于"劳动"农户具有生命力的看法),他十分正确地证明,农艺学是帮富裕农民办事的。土地规划只帮有势力的人办事,而置贫民于死地。土地规划是一辆马车,有势力的人坐在车座上,把失败了的人压在车辖辘下。

毋庸置疑,所有这一切都是绝对真理。只有不老实的人才会否定这个真理。但是,米宁先生认为什么才是"得救的生路"呢?

他说(根据《基辅思想报》[6]第 244 号上所载的报道):

> "分配土地后,唯一能够拯救最小农户的办法就是:把它们根据自愿组成协作社,共同使用(集体耕种)私有土地。"

显然,这个民粹派的处方简直是儿戏。地主和富农把几百万农民从土地上赶走,并且又使另外几百万农民破产。整个世界的资本主义、国际交换的全部力量、各国资产阶级的亿万资本的全部威力,都拖着俄国走,喂养着和支持着俄国城市的和**农村**的资产阶级,其中包括村社内的资产阶级。而现在有人竟对我们说,这些破产农民共同耕种他们的一小块"私有土地"才是"得救的生路"！！这等于试图用手推车在运送速度和运送数量上去超过火车。

不，民粹派先生们！你们说这列火车压着贫苦农民，这当然是对的。不过你们想到的不应当是手推车。

不是向后退——从火车后退到独轮车，而是向前进——从资本主义的火车向联合起来的无产者的火车前进。

民粹派的这种天真的想法不仅是幼稚的，而且简直是有害的，因为它会使贫苦农民不去考虑阶级斗争。**离开**无产阶级为改造整个资本主义制度而进行的反对资产阶级的阶级斗争，农村贫苦农民就没有得救的生路。而一切联合会、合作社、劳动组合等等，只有自觉地参加这个阶级斗争，才能是有用的。

但是，如果说，资本主义的发展和农村的无产阶级化，在俄国也像在全世界一样不可避免，这是绝对无可争辩的，那么以为只有这才是真理，就大错特错了。

资本主义各不相同——既有保留无数特权残余、带给群众苦难最重、最反动的地主半封建的资本主义，也有最民主的、带给群众苦难较轻、保留特权残余极少的自由农场主的资本主义。

例如，在俄国不收任何赎金把全部土地归农民所有，这对资本主义的发展会产生什么样的影响呢？这也不是社会主义。这**还是**资本主义，不过不是普利什凯维奇—古契柯夫的资本主义，而是民粹派-农民的民主主义资本主义。在这种情况下，资本主义的发展会更迅速、更广泛、更自由，带给群众的苦难也会较轻。

这就是俄国目前正在争论的土地问题的**实质**。这就是以拥护地主的土地规划和资产阶级农艺学的人为一方,同以民粹派和左派立宪民主党人[7]为另一方(如沙霍夫斯科伊)在基辅所争论(不了解问题的实质)的内容。他们争论的是,资产阶级民主派是否应该让普利什凯维奇之流来建成封建资本主义类型的新俄国? 或者,资产阶级民主派应该由自己来从事建设,即由群众、由农民来从事建设,不要普利什凯维奇之流而按照自由的,即民主主义的资本主义方向来进行建设?

觉悟的工人在这场争论中所采取的立场是不难了解的。我们断定,无论是斯托雷平的道路还是民粹派的道路,都意味着资本主义的发展,而资本主义的发展必将导致无产阶级的胜利。在任何一个历史转折关头,我们都不会灰心丧气。但是,我们也决不允许出现一个没有我们参加、没有先进阶级实际干预的历史转折关头。工人阶级对普利什凯维奇之流和农民民主派之间的冲突决不漠不关心,而是最热忱、最无私地维护农民民主派和全民民主派以最彻底的形式表现出来的利益。

决不向民粹派的腐朽透顶的假社会主义(其实是小市民的幻想)作丝毫让步,满腔热情地关心农民民主派,启发他们,激励他们团结起来,使他们摆脱所有一切陈腐偏见,——这就是觉悟工人的路线。

你们想要用手推独轮车战胜火车吗? 那我们和你们就不同路,我们是庸俗的马尼洛夫精神[8]的死对头。你们要同普利什凯维奇之流作斗争吗? 那我们和你们就同路,但是,要记住,工人是决不宽恕一丝一毫的动摇的。

而对于奴颜婢膝、急急忙忙肯定斯托雷平土地规划[9]"彻底"成功的人们,工人阶级则不屑一顾,这是先进的、强大的、以改良主义为敌的阶级对待机会主义、对待侥幸一时的骑士的一贯态度。

载于1913年9月13日《劳动
真理报》第3号

译自《列宁全集》俄文第5版
第24卷第5—7页

尼孔主教是怎样保护乌克兰人的？

(1913 年 9 月 13 日〔26 日〕)

《基辅思想报》报道，国家杜马代表，右派尼孔主教在提交国家杜马的关于乌克兰学校和社会团体的法案上第一个签名。

法案的内容是：准许小学用乌克兰语教学；委派乌克兰人任教；设置乌克兰语文课和乌克兰历史课；不得迫害乌克兰各社会团体，不得用"行政命令以及惯用的十足专横手段"取缔这些社会团体。

这样看来，普利什凯维奇的同党尼孔主教，在**某些**情况下并不喜欢**专横手段**。

尼孔主教说得对，他所提出的"问题是一个关系到 3 700 万乌克兰人遭受摧残的极其重要的问题"；"富饶、美丽、人才辈出、繁荣兴旺和富有诗意的乌克兰正在退化，逐渐变得愚昧和慢慢消亡"。

抗议大俄罗斯人压迫乌克兰人，这是完全正确的。但是，请大家看看，尼孔主教是用什么理由来维护乌克兰人的要求的。

"乌克兰人民并不寻求某种臭名远扬的自治制，恢复扎波罗热营寨**10**；乌克兰人不是分离主义者…… 乌克兰人不是异族人，而是自己人，是我们的亲兄弟，因此，就不应当限制他们的语言，限制他们民族文化的发展；否则，我们自己就把他们，我们的兄弟，和犹太人、波兰人、格鲁吉亚人等等这些真正的异族人等同看待了。"

事情原来如此，乌克兰人尼孔主教及其同道者央求大俄罗斯的地主给予乌克兰人以**特权**,理由就是乌克兰人是兄弟,而犹太人则是异族人! 说得更露骨更干脆些:如果政府向我们让步,我们就同意去镇压犹太人以及其他异族人。

所有资产阶级民族主义者,从黑帮民族主义者到自由派民族主义者以至资产阶级民主派民族主义者就这样保护"民族文化",这是十分熟悉的景象!

尼孔主教根本不想了解:不保护所有的民族免受各种压迫,不从国家生活中根除"异族人"这个概念,不坚持各民族完全平等,就不能保护乌克兰人免受压迫。不彻底实行最广泛的地方自治和区域自治,不坚决贯彻必须根据多数居民的意志解决**一切**国家问题的原则(即彻底的民主主义的原则),就不能保护所有的人免受民族压迫。

尼孔主教所说的乌克兰人的"民族文化"的口号,实际上就是用乌克兰文宣传黑帮反动主张的口号,就是乌克兰教权派文化的口号。

觉悟的工人懂得,"民族文化"这个口号是教权派的或者说是资产阶级的一种欺骗,不管这里指的是大俄罗斯的,乌克兰的,犹太的,波兰的,格鲁吉亚的,还是其他任何一个民族的文化。125年以前,当民族还没有分裂成资产阶级和无产阶级的时候,民族文化的口号是可以作为号召向封建主义和教权主义作斗争的统一而完整的口号的。但是后来,资产阶级同无产阶级之间的阶级斗争到处都白热化起来。"统一的"民族分裂成为剥削者和被剥削者已经成了既成事实。

只有教权派或资产者才可能笼统地提民族文化。劳动群众只可能提全世界工人运动的国际主义(国际)文化。只有这样的文化，才标志着各民族之间完全的、真正的、真诚的平等，才标志着民族压迫不复存在和民主已经实现。只有把**一切**工人组织中各民族工人统一和联合起来向资本作斗争，才能使"民族问题得到解决"。

载于 1913 年 9 月 13 日《劳动真理报》第 3 号

译自《列宁全集》俄文第 5 版第 24 卷第 8—10 页

政论家札记

(1913 年 9 月 13 日〔26 日〕)

一 无党性的知识分子反对马克思主义

《新工人报》[11]编辑部曾为主张把捐款平分给取消派、民粹派和马克思主义者这种无党性的鼓动作辩护。

人们揭穿了该报编辑部,指出这种分法毫无原则,是破坏马克思主义者对待小资产阶级派别的基本原则的[①],该编辑部无言以对,想开个玩笑应付过去。他们说,我们不了解"马克思主义的捐款办法"。

这些变节分子想以"亲热地开个玩笑"来回避这个事关我们从前的历次决定的问题。

但是,工人是不允许拿这种问题开玩笑的。

《新工人报》第 23 号还向我们报道说,取消派的鼓动使俄国两个工人团体,即德文斯克城印刷业的工人团体和莫斯科涅米罗夫-科洛德金工厂的工人团体受到鼓舞。这两个工人团体把捐款**平分**给取消派、民粹派和马克思主义者的报纸。

让这些变节的知识分子用玩笑来回避问题吧,但是,工人应该

---

① 见本版全集第 23 卷第 435—439 页。——编者注

解决这个问题,而且他们一定能解决这个问题。

鼓吹平分捐款,就是鼓吹无党性,就是鼓吹混淆(或者等同看待)站在无产阶级立场上的报纸和站在小资产阶级立场即民粹派立场上的报纸。"亲热地开个玩笑的"取消派报纸的撰稿人根本无法反驳这个起码的道理,虽然他们的玩笑和嘻嘻哈哈大概会使资产阶级人士欣喜若狂。那些在工人中遭到彻底失败的人,嘲笑用彻底的马克思主义解决当前实际问题这一思想时,常常会博得欣喜若狂的资产阶级的青睐。

取消派可以聊以自慰,因为他们在五金工人大会上[12]遭到了彻底的失败。由于他们对工人报纸的立场亲热地开玩笑,人们才在资产者先生们的任何会议上对他们报之以亲热的微笑。

各有各的喜好。让取消派用资产阶级对他们的赞许来自我安慰吧。而工人将会向群众说明这样一个毋庸争辩的真理:鼓吹平分工人捐款,就是鼓吹无党性,就是鼓吹混淆或者等同看待无产阶级的马克思主义报纸和知识分子的报纸或小资产阶级的报纸,如民粹派的报纸。

二 自由派的盲目无知

西欧的机会主义者,从爱德华·伯恩施坦(德国社会民主党坚决驳斥了他的观点)那时开始,都惯用以下的手法。

伯恩施坦以及其他机会主义者说:请看看实际情形吧,鼓起勇气说出实际情形吧——我们在德国都在为争取改良而斗争,我们实际上都是改良主义者,我们是改良的党。而要在危机不断的情况下消灭雇佣奴隶制,这只是一句空话,是不切实际的空想。

直到现在,机会主义者还在千百次地重复着采用这种手法,整个资产阶级报界(首先是我们立宪民主党的《言语报》[13])经常用这种机会主义者的论调来**反对**马克思主义。凡是真正关心工人运动命运的人,都应当好好了解无产阶级的真正敌人和假朋友的这个老一套的手法。

就在不久前(9月4日),颇有名气的取消派分子唐·在彼得堡的取消派报纸上,以引人注目的笨拙或放肆又一次采用了整个欧洲资产阶级的这个手法。

究竟是怎么回事,请读者判断吧。

唐·写道:"我们打开一份工人报纸,哪怕是《北方真理报》,看到的都是些什么呢? 上面谈的是关于工人组织——工会、俱乐部、合作社的活动;关于这些组织的成员的会议、它们的理事会的会议、保险事业全权代表的会议,等等;关于工人们组织的讲座和学术报告会;关于罢工和罢工委员会;关于组织各种捐款的情况;关于各种工人团体或者为了维护工人报刊,或者为了纪念倍倍尔,或者为了达到其他某个直接目的而开展政治活动的种种尝试。"

这就是唐·以及类似唐·的某些人在《北方真理报》上"看到了的"和"现在看到"的一切。不言而喻,他也像伯恩施坦一样地惊呼:"不妨先看看**实际情形**"(黑体是唐·本人用的)。他得出的结论是:要知道,这一切正是为结社自由而斗争。"为结社自由而斗争这个口号是当前最迫切的要求","它概括了**实际情形**"(黑体是唐·用的)。

伯恩施坦断言:他宣布工人阶级的斗争是争取改良的斗争,这只是"概括了实际情形"。

唐·断言:他宣布俄国工人阶级运动是改良主义运动,这是"概括了实际情形"。

伯恩施坦硬给工人争取改良的斗争塞进**自由主义的**内容,尽管这个斗争根本没有改良主义的内容。唐·的做法如出一辙。除了自由派的改良主义,他什么也**看不见**,他自己盲目无知,却硬说现实就是如此。

当然,《**北方真理报**》曾为工人生活和工人斗争条件微小的改善进行过斗争,但是它并不像唐·之类的先生们那样,采取自由派的方法来进行这种斗争!《**北方真理报**》有许多东西被他们忽略了,诸如同改良主义作斗争,维护我们的"原有的东西",维护不打折扣的口号,等等。在唐·先生看来,这些都无关紧要。他们所以**"看不到"**这点,不愿意看到这点,恰恰因为他们是自由派。正像一切自由派一样,他们看不清楚马克思主义者维护这种微小的改善和维护自己组织的口号之间的那种紧密的不可分割的**联系**。他们看不清楚,正是这种联系决定了自由派(他们也主张结社自由)和工人民主派在世界观上的根本区别。

把争取改良的斗争同争取最终目的的斗争割裂开来,这就是伯恩施坦的说教实际上将导致的结果。把争取改善状况、结社自由等等的斗争,同反对改良主义的斗争,同保卫马克思主义的斗争,同马克思主义的精神和方向割裂开来,这就是唐·以及其他取消派分子的说教实际上将导致的结果。

他们想把自由派自身的盲目无知(看不见同过去的联系,看不见过去的方向,看不见反对改良主义的斗争)强加给工人阶级。但是,正像8月25日五金工人大会一再证明的,先进工人已经看透了唐·及其小集团的自由派本性。

三　必要的说明

《新工人报》第24号就我们关于都柏林事件的记述①进行了可笑的攻讦。要是取消派报纸当时不涉及对工人来说至关重要和极有教益的说明，对这种可笑的东西本来是不值得理睬的。请你们自己判断吧。我们曾经指出英国和俄国有区别，英国由于存在政治自由的一般基础，工人提出的**改革**结社法案（结社自由法）的要求，就具有十分重大的实际意义，而在俄国提出类似的要求则是自由派不严肃的、不切实际的空话，但是在俄国，在现有的基础上，保险之类的改革倒是的确能够实现的。

取消派分子不懂得这种区别。我们提出下面两个问题来向他说明这种区别：（1）在英国，为什么不可能发生资产阶级民主革命，即争取政治自由的革命？（2）在俄国，为什么在上个世纪末，比如在1897年完全可以实行工厂法的局部**改良**，谁也没有反对工人在这方面提出的局部要求，当时所有的马克思主义者都认为那时要求局部的政治改良就是自由派的骗局？

取消派分子只要考虑一下这两个问题，就会领悟到对俄国和英国的不同改革要采取不同态度的原因了。

现在让我们来看看取消派报纸的重要说明吧？

该报（第24号第2版第1栏）写道："但是，既然保险法案的部分修改并不需要这些基础〈即政治自由的一般基础〉，那为什么1906年3月4日法令和1905年12月2日罢工法令中某些条款的部分修改需要这些基础呢？"

————————

① 见本版全集第23卷第440—442页。——编者注

我们庆贺和感谢这样的坦率！正好击中要害："1906 年 3 月 4 日和 1905 年 12 月 2 日法令[14]的部分修改"没有什么一般的基础，也是完全可以的！妙极了。

只是……你们可知道？……这种"1906 年 3 月 4 日和 1905 年 12 月 2 日法令的部分修改"不能叫做"**结社自由**"，只能叫做十月党人对人民的欺骗。

《新工人报》的撰稿人所承认的，恰恰就是需要证明的东西。

对于自由派和取消派用来款待你们的"结社自由"应该理解为：

"**1906 年 3 月 4 日和 1905 年 12 月 2 日法令的部分修改**"。

我们再次表示感谢这种坦率。我们予以记录在案：取消派自己承认，他们的基本的、中心的、主要的、头等重要的……口号，就是要求对 **1906 年 3 月 4 日和 1905 年 12 月 2 日法令作部分修改**。

说《新工人报》巧妙地否认了自己是自由派，这难道不对吗？

难怪人们把取消派叫做社会民主主义的十月党人[15]了！

载于 1913 年 9 月 13 日《劳动真理报》第 3 号

译自《列宁全集》俄文第 5 版第 24 卷第 11—15 页

文明的野蛮

(1913 年 9 月 17 日〔30 日〕)

英国和法国是世界上最文明的国家。伦敦和巴黎分别为拥有 600 万和 300 万人口的世界大国的首都,它们之间的距离只有 8—9 小时的路程。

这两国的首都交易之频繁,商品交流和人员交往之多,是可想而知的。

然而,这两个世界上最富有、最文明、最自由的国家现在却在惶恐不安中讨论(远非第一次讨论!)一个"难"题:能不能在拉芒什海峡(隔开英国和欧洲大陆的海峡)下面开一条隧道?

工程师们老早就认为这是可行的。英国和法国的资本家金钱堆积如山,而且对这项事业的投资无疑有利可图。

但是这件事为什么搁浅了呢?

英国担心……入侵。请看,"一有风吹草动"这条隧道便会为敌军入侵英国提供方便! 所以,英国的军事权威已经不止一次地否决了开凿隧道的计划。

读到这里,人们不禁会为文明民族的神经失常和丧失理智而感到惊讶。要断绝隧道交通,彻底毁坏隧道,在使用现代技术手段的条件下不过是几秒钟的事情,这是不言而喻的。

但是文明民族却把自己逼进野蛮人的境地。为了欺骗工人,资产阶级**必须**用"入侵"的蠢话来吓唬英国人民,这是资本主义干的好事。许多资本家做不成开凿隧道这笔"有利可图的买卖",就拼命否决这一计划和阻碍技术进步,这也是资本主义干的好事。

英国人的隧道恐惧症就是自我恐惧症。资本主义的野蛮胜过任何文明。

无论往哪里看,到处都有人类完全能够**立刻**完成的任务。资本主义在干扰。它积聚了成堆成堆的财富,但是又使人变成这些财富的**奴隶**。它解决了极复杂的技术问题,但是由于千百万人的贫困和无知,由于一小撮百万富翁愚蠢的吝啬,它又阻碍了技术改良的实现。

资本主义制度下的文明、自由和富裕,常常叫人想起一个脑满肠肥的财主,他在活活地腐烂,但又容不得新东西生存。

但是,新东西正在成长,所向披靡,并且一定会取得胜利。

载于1913年9月17日《劳动真理报》第6号

译自《列宁全集》俄文第5版第24卷第16—17页

论 黑 帮

(1913 年 9 月 26 日〔10 月 9 日〕)

我国黑帮有一个非常独特、非常重要的特点,没有受到人们足够的重视。这就是愚昧的庄稼汉民主主义,不过是最原始却又最深刻的庄稼汉民主主义。

不管统治阶级怎样竭力用六三选举法[16]和我国国家制度的上千个"特点"把我国各政治派别同人民隔开,然而生活终究会显示出自己的力量。每一个政治派别,即使是极右派也必然要同人民取得这种或那种联系。

极右派是地主的派别。但是,他们不能只限于同地主联系。对这种联系他们必然要加以掩盖,必然要装模作样地保护全民利益,维护"稳定的"农业生活的"原有的好"制度。他们必然要求助于最闭塞的庄稼汉最根深蒂固的偏见,利用农民的无知。

这种把戏是不会没有危险的。真正庄稼汉生活的呼声,庄稼汉的民主主义将会不时冲破黑帮的种种陈词滥调而表达出来。这样一来,右派就不得不把"碍事的"庄稼汉民主主义者赶走。而极右派把忠心耿耿的争取民主主义的黑帮分子从自己的营垒中赶走或排挤出去,这对群众当然不会不起教育作用。

例如,极右分子尼孔主教就曾经被迫离开杜马工作。为什么呢?

尼孔主教本人在《叶尼塞思想报》[17]上发表的一封信,就是对这一点的明确回答。当然,尼孔主教不敢直接说出自己被排斥的原因。但是,尼孔主教在引述某个农民的信时写道:"土地问题、粮食问题以及我们俄国现实生活和国内的其他至关重要的问题,不知为什么当局也好,杜马也好,都不闻不问。这些问题,以及对这些问题的力所能及的解决,都被认为是'空想'、'冒险'、不合时宜。他们自己为什么保持沉默?他们在等待什么?在等待那些'食不果腹的'、挨饿的、不幸的农民情绪高涨举行暴动(这些农民会因此遭到枪杀的)吧?!在我国,人们就是怕干'大'事,怕搞改良,只做些鸡毛蒜皮的小事,虽然这些小事也是好事。"

尼孔主教就是这样写的。许许多多黑帮农民就是这样议论的。因此,为什么**必须**把尼孔主教排斥于杜马事务之外,不许他发表这种言论,这就十分清楚了。

尼孔主教表达他那黑帮民主主义的议论其实是非常非常不正确的。无论是土地问题、粮食问题还是其他一切重要问题,"当局"也好,杜马也好,都**完全**不是不闻不问,而是关心的(关心腰包)。

"当局"也好,杜马也好,对这些问题**作出**的"力所能及的"解决,恰恰只是符合地主的利益和力量的**力所能及的**解决,因为地主无论在当局还是在杜马中都占优势。

尼孔主教感觉到,生活本身正在粉碎他的黑帮观点;他无论在杜马还是在"当局"各个方面所看到的情况正在粉碎这些观点。可是为什么会发生这种事,尼孔主教却无法**理解**,或者说不敢去**理解**。

但是,生活一定会显示出自己的力量,在任何一个农村中,那些同尼孔主教思想一致的人，对于接受生活的教训，十个有九个最终大概都不会像尼孔主教那样迟钝。

载于1913年9月26日《劳动
真理报》第14号

译自《列宁全集》俄文第5版
第24卷第18—19页

关于俄国的管理和关于俄国的改良

(1913 年 9 月 26 日〔10 月 9 日〕)

有份下流杂志叫《公民》[18]，是美舍尔斯基先生编辑的。这位在彼得堡各种高级官"场"饱经世故的公爵，一向在这本下流杂志上鼓吹各种最反动的东西。

这本下流杂志颇惹人注目，首先是由于这位爱多嘴的公爵经常在杂志上泄露俄国最高管理机关的机密，因为真正管理俄国的是美舍尔斯基公爵过去和现在都在与之周旋的身居高位的地主。而这些地主实际上正是本着美舍尔斯基公爵的主张、设想和提议的精神和方法来管理俄国的。

其次，这本下流杂志颇惹人注目，是由于身居高位的杂志编辑确信他的杂志永远不会**传到人民手里**，他才常常对俄国的管理进行最无情的揭露。

下面就是这位身居高位的公爵的两份很有意思的自供。

他写道："有这样一种很值得注意的现象：有些对俄国和俄国人深表同情的(有好感的)热情的法国人、比利时人和英国人不时来到我国，住在豪华的旅馆里，接着向某位官员递交推荐信⋯⋯过了 10 来天，这些来访的外国人就受到某位大臣的接见，并得到给予某种承租权的许可，他们便满怀希望而归⋯⋯ 后来他们又来了，过了一周，就已经在俄国某地获得了承租权，而且一个劲地算计着未来的收入，实现成为百万富翁的梦想。"

美舍尔斯基公爵就是这样写的。他破例道出了真情。俄国资本主义中某些特点还表现得非常强烈,这就是亚洲式的原始,官员行贿,同达官显贵瓜分垄断利润的金融资本家捣鬼。当我国的民粹派在同这些卑鄙无耻的捣鬼活动作斗争(他们斗争得对)时,他们却往往认为这就是在同资本主义作战。他们的错误是明显的。他们实际上是在**为资本主义的民主化**而斗争。

　　这位反动已极的公爵在另一处写道:"我在国外与各种不同身份的人打过交道……我不曾记得有过把社会的或国家的改良当做话题的事情…… 我看报……但是没有见过有关改良的文章…… 相反,我刚一踏进国土,刚一到家,拿起第一张俄国报纸,就看到第1版、第2版甚至第3版上都刊登着关于某些改良的文章。"

　　观察是正确的。欧洲资产阶级不需要改良,俄国资产阶级则需要。这位身居高位的公爵无法理解造成这种差别的原因。资产阶级需要改良,正好说明工人采取坚决反对改良主义的策略是正确的,对于这个道理,他和有些聪明人一样是无法理解的。

载于1913年9月26日《劳动
真理报》第14号

译自《列宁全集》俄文第5版
第24卷第20—21页

维·查苏利奇是怎样毁掉取消主义的

(1913 年 9 月)

1913 年 7 月 19 日,《现代生活报》[19] 第 8 号刊载了一篇维·查苏利奇为取消主义辩护的精彩文章(《关于一个问题》)。我们提醒一切关心工人运动和民主问题的人,要特别注意这篇文章,因为这篇文章无论就其内容还是就这位权威作者的坦率态度来说,都是有价值的。

一

维·查苏利奇首先同一切取消派一样,对党进行百般非难,然而作者的坦率却使她自己暴露无遗。维·查苏利奇的文章说:"俄国社会民主工党,这是知识分子为在工人中间进行宣传鼓动而在第二次代表大会上创建但马上又分裂了的地下组织。"实际上,党成立于 1898 年[20],以 1895—1896 年兴起的群众性工人运动为基础。早在 1894—1895 年就有成百上千的工人(如彼得堡已故的巴布什金)不仅在小组里听讲,而且还**亲自做鼓动工作**,然后又到其他城市去建立工人组织(叶卡捷琳诺斯拉夫的一些组织就是由彼得堡派去的巴布什金等人创建的)。

运动初期,知识分子占较大优势的情况不仅俄国有,而且到处都有。维·查苏利奇把这个事实当做诽谤工人政党的某种口实,这样她就毁掉了取消主义对经历过 1894—1896 年鼓动和罢工的一切有头脑的工人的影响。

查苏利奇写道:"……进行这项工作的各个地下小组 1903 年联合成一个秘密社团,拟定了等级制章程。很难说这样的新组织究竟是帮助还是妨碍当前的工作……"

任何一个不愿当健忘的伊万[21]的人都了解,知识分子和工人的小组不仅在 1903 年,而且从 1894 年起(有些还更早),就既**帮助**经济和政治方面的鼓动,又**帮助**罢工和宣传。公开声明,"很难说这个组织究竟是帮助还是妨碍工作",这不仅是歪曲历史的弥天大谎。这意味着**背弃党**。

确实,既然很难说这个组织究竟是帮助还是妨碍工作,那为什么还要珍视党呢? 并非人为安息日而生,而是安息日为人而设,这不是明摆着的吗?

取消派所以要事后背弃过去的党,就是要为背弃现在的党进行辩护。

维·查苏利奇在谈到这个现在,谈到六三时代的时候写道:"我听到的消息说,各地区的组织部门人都跑光了……"

事实是不容争辩的。无论是地区组织部门还是一切其他组织部门,人都跑光了。整个问题就在于:怎样说明组织中这种开小差的现象,以及怎样对待这种现象?

维·查苏利奇回答说:"人都跑光了,因为当时那里无事可做。"

回答是坚决的,这等于坚决谴责地下组织并为组织中开小差的行为进行辩护。然而,维·查苏利奇是怎样证明她的论断的呢?

(1)宣传员无事可做,因为有"许多工人"把自由时期的出版物"组成了自己的许多小书库,它们还没有被警察抄走"。

可笑的是,维·查苏利奇竟然未能察觉她自己在打自己的嘴巴。如果警察"抄走了"这些小书库,那**就是说**要讨论和领会读过的东西,并进一步加以研究,都得**进行**地下工作了!维·查苏利奇想要证明"无事可做",可是从她的自供中却得出**有事**可做的结论。

(2)"至于在这一期间进行地下政治鼓动工作的可能性,是根本谈不上的。况且提倡这种'行动'也不属于各地区的权利和义务。"

维·查苏利奇重复取消派的言论,她却并不了解情况。在上面所谈到的时期有困难,比以前更困难,这是无可争议的。但是,马克思主义者的工作**永远**是"困难的",而他们和自由派的区别恰恰在于:他们不把困难说成无法做到。自由派则把困难的工作说成是做不到的,以便为自己背弃这种工作开脱。困难的工作会使马克思主义者努力把那些优秀分子更紧密地团结起来去克服困难。

客观事实是,这种工作在上面所谈到的时期是**能做到**的,而且也做了,只要看看第三届和第四届国家杜马[22]的选举就可以证实这一点。其实,维·查苏利奇也不想想,要是**没有**地下组织的参与,地下组织的拥护者能够进入国家杜马吗?

(3)"……地下小组内无事可做,而在小组以外却有大量的社会工作要做……" 俱乐部、各种社团、代表大会和演讲等等。

这就是一切取消派所作的而为维·查苏利奇所重复的议论。

她的文章可以直接推荐给各个工人小组，作为分析取消主义灾难的教材！

除此以外，地下组织所以需要，其原因就是马克思主义者在俱乐部、社团和代表大会等方面进行的工作都是同地下组织相联系的。

不妨把我的这个论点和维·查苏利奇的论点作个比较。请想一想，维·查苏利奇把在合法社团进行的工作说成是"**在**"各地下小组工作"**以外**"进行的工作，这有**什么根据**呢?? 为什么说"在……以外"，而不是"密切配合"，不是"方向一致"呢??

维·查苏利奇是没有丝毫事实根据的，因为谁都知道，没有地下小组成员参加的合法的社团和其他组织大概几乎一个也没有。维·查苏利奇的论断唯一的根据，就是取消派的主观情绪。取消派的情绪，就是**他们**在地下组织内无事可做，**他们**只支持**在**地下组织**以外**的工作，只支持**在**地下组织思想路线**以外**的工作。换句话说，维·查苏利奇的"根据"无非是为取消派从地下组织开小差**辩护**！

可怜的根据。

但是，我们不能只限于指出维·查苏利奇写的这些东西的主观根据，指出她的这篇文章句句都有事实错误和逻辑错误。我们还必须查一查造成"各地区人都跑光了"，即从地下组织开小差这一确凿事实的客观根据。

不必到远处去查。大家知道，在上面所谈到的时期，俄国资产阶级社会和小资产阶级社会中反革命情绪大肆泛滥。大家知道，在自由时期暴露了资产阶级和无产阶级之间的严重对抗，而这种对抗便产生了这种反革命情绪，同时又使无产阶级的许多不坚定的朋友思想混乱,苦闷消沉,灰心丧气。

在上面所谈到的时期,各阶级之间的这种客观的相互关系向我们充分说明,为什么资产阶级,特别是自由派资产阶级(由于他们手中的对人民群众的领导权已被夺走)**必定**要恨地下组织,说地下组织是毫无用处的和"无活动能力的"(维·查苏利奇语),谴责和否定地下的政治鼓动工作,谴责和否定本着地下组织的精神、根据**它的**口号并且思想上和组织上同它密切配合进行的合法工作。

从地下组织开小差的首先是而且主要是受反革命情绪影响的资产阶级知识分子,是社会民主主义工人运动的"同路人",在我国也和欧洲一样,这些人感兴趣的只是无产阶级(在欧洲是一般平民)在资产阶级革命中所起的解放作用。1905年以后,很大一批马克思主义者离开了地下组织而分别投入各种合法的知识分子安乐窝,这是人所共知的事实。

不管维·查苏利奇的主观愿望如何"善良",但是她所重复的取消派议论客观上就是和反革命自由派的庸俗见解相呼应。取消派关于"工人独立"等等叫嚷得最厉害,实际上他们所代表和维护的正是那些脱离工人运动而转到资产阶级方面的知识分子。

地下组织中开小差的现象,对某些人说来,可能是由疲惫和消沉造成的。对这样的人只能表示遗憾;只要他们不再消沉下去,只要他们表示愿意抛弃庸俗观念,愿意脱离自由派,放弃自由派的工人政策而愿意重新加入工人的地下组织,那就应该给他们以帮助。但是,如果疲惫和消沉的人们爬上了报刊论坛,宣布他们开小差不是疲惫、不是软弱、不是知识分子精神空虚的表现,而是他们的功劳,并且把过错归咎于"无活动能力"、"毫无用处"、"死气沉沉"等等的地下组织,那么,这些逃兵就会变成可恶的叛徒、变节者。那么,这些逃兵就会变成最坏的谋士，因而也是工人运动的危险敌人。

当你看到取消派在替这帮家伙作辩护和唱赞歌，并且赌咒发誓说他们这些取消派是主张统一的时候，那你只能耸耸肩，问自己：他们打算用这些蠢话和这种伪善态度来欺骗谁呢？不同为叛党言论唱赞歌的行为作坚决的斗争，工人政党就不可能存在，这难道不是很明显的吗？

取消派（追随他们的还有维·查苏利奇）沾沾自喜，把这些变节者和逃兵称之为"工人阶级的有生力量"。但是，自由派知识分子的这些遁词早就被全俄规模的无可争辩的事实驳倒了。工人选民团的布尔什维克代表在第二届杜马[23]中占47％，在第三届杜马中占50％，在第四届杜马中占67％。这就是1907—1913年时期工人脱离取消派的铁证。而第一家工人日报[24]的出现以及目前在工会中所看到的现象，都更加证实了这一点。如果看客观事实，而不看自由派知识分子的那些大言不惭的和毫无根据的声明，那就会发现：工人阶级的有生力量都是拥护地下组织、反对取消主义的人。

但是，维·查苏利奇关于过去的一切议论还不算什么，厉害的还在后头哩。为背叛和背弃党的行为辩护，仅仅是为破坏党的行为进行辩护的序曲。现在，我们就来看看维·查苏利奇文章中的这些最重要的部分。

二

文章写道："……地下组织始终是俄国社会民主党最薄弱的一

个方面……"(不多也不少,恰恰是"始终"!)我们的取消派是大胆的历史学家。"始终",就是说1883—1893年,即党有组织地领导的群众性工人运动开始以前就是这样;就是说1894—1904年也是这样。那1905—1907年呢?

"……不过,它即使好上10倍,也承受不了革命和反革命。我不记得,欧洲历史上有哪一个革命组织挺过了革命,而在反动关头又是有活动能力的。"

这种议论"妙语"连珠,简直叫人不知从何分析起!

维·查苏利奇"不记得"欧洲历史上使她感兴趣的事情。但是,查苏利奇记不记得,在邻国已有几十万上百万党员的独立工人政党存在,而本国处于资本主义发展的高级阶段,形成了团结一致的工业无产阶级和全国规模的工人运动的情况下,"欧洲历史上"可曾发生过资产阶级革命呢?

维·查苏利奇不可能"记得"这样的事,因为"欧洲历史上"不曾发生过这样的事。在20世纪以前的这段历史上,不曾有过而且也不可能有群众性的政治罢工在资产阶级革命中起决定作用的事。

我们可以得出什么结论呢?我们可以得出下面的结论。这位取消派援引"欧洲历史上"的历次资产阶级革命中**不曾有过独**立的无产阶级政党和群众性罢工为例,是**为了背弃**或者**贬低**、减少、缩小、削减**过去曾经具备**,现在仍然具备上述两个根本条件(独立的无产阶级政党和群众性的政治罢工)的国家所担负的任务!

维·查苏利奇不懂得(这种无知也是取消主义最突出的特点),她用另一种说法,根据另一条理由,从另一个观察问题的方面,把普罗柯波维奇这个**自由派的思想重复了一遍**。这位自由派恰恰在他还作为极端"经济派"(1899年)**25**而同社会民主党决裂的时候,表达了这样一种思想:"自由派搞政治斗争,工人搞经济斗争"。

1895—1913年的俄国工人运动中,**整个机会主义都趋向于这种思想**,都倒向这种思想。俄国社会民主党只是在向这种思想进行的斗争中成长起来的,也只有在这种斗争中才**有可能**成长起来。同这种思想作斗争,使群众摆脱这种思想的影响,这也就是为俄国的独立工人运动而斗争。

普罗柯波维奇是针对当前的任务,用请求或者说希望的形式来说出这种思想的。

维·查苏利奇则以似乎是回顾历史、追溯往事的议论形式或评述事态的形式把这个思想重复了一遍。

普罗柯波维奇直接、坦率、明确、不客气地说:工人兄弟们,打消政治独立的念头吧! 而维·查苏利奇却不明白取消主义把她带到了什么地方,正在通过曲曲折折的道路走向同一个深渊。她说什么,工人兄弟们,即使仿效欧洲的榜样,你们也不应该有像1905年那种你们原有的、经受过考验的**类型**的"有活动能力的"组织。自由派从1905年起就抛弃了对"地下组织"的不切实际的幻想,成立了"有活动能力的"、公开的组织,虽然它并未被六三体制承认是合法的,但毕竟得到六三体制的默许,它还保留着自己的议会党团、自己的合法刊物、自己的实际上尽人皆知的地方委员会。而你们呢,工人兄弟们,你们的原有的组织是无活动能力的,而且根据"欧洲历史"的教训,**也必定**是无活动能力的,而我们取消派则天天都答应和许诺你们建立一个新的"公开的党"。你们还要怎么样呢？你们应该为我们取消派的诺言感到满足了，要狠狠地斥责你们原有的组织，唾弃它，背弃它，在我们关于建立"公开的党"的诺言实现以前**不要任何组织**！

这就是维·查苏利奇的取消主义议论的真实含义，这种含义**不**取决于她的意志和意识，而取决于俄国各阶级之间的相互关系、工人运动的客观条件。这也正是自由派所希望的。维·查苏利奇不过是**附和**普罗柯波维奇罢了！

俄国与18世纪末期和19世纪上半期的欧洲不同，正是它提供了证明原有组织仍然有生命力和活动能力的一个国家的范例。这个组织即使在反动时期也保存下来了，尽管取消派和一批庸人都脱离了它。这个组织保存了自己原来的类型，并且善于使**自己的形式**适应已经变化了的条件，善于根据局势的要求更改这种**形式**，而目前的局势正标志着"在向资产阶级君主制转变的道路上又迈了一步"[26]。

我们认为，第四届杜马的选举结果就是原有的组织具有这种适应能力的客观证明（如果拿最简单、最明显、最易于为自由派所了解的一个证明来说）。正如已经指出的，拥护原有组织的有⅔的工人选民团的代表，其中包括所有6个主要工业省份的代表。在这些省份中，有近100万各类工厂工人。这些真正的**群众**，即无产阶级的群众，其中一切有朝气的、一切有觉悟的、一切有威信的都参加了选举，都在改变自己的原有组织的**形式**，改变它的活动的**条件**，但保持它的方向、它的思想政治原则和活动**内容**。

我们的立场是鲜明的。这个立场从1908年起就坚定不移地确定了。而取消派在没有成立**新**组织以前，是没有任何立场的，这正是他们的悲剧。他们只是对令人厌恶的过去叹息，幻想美好的未来。

三

维·查苏利奇写道："……组织对党是需要的。"她已经对斯德哥尔摩的（1906年）决议表示不满了，当时孟什维克虽然**占优势**，还是**不得不**通过了有名的党章第1条[27]。

如果说这是正确的（而这无疑是正确的），那么，维·查苏利奇就不对了，那她只好背弃**孟什维克的**斯德哥尔摩的决议。组织不仅"对党是需要的"，——任何一个想"利用"工人政党来执行反工人政策的自由派和资产者都承认这一点。党**是**联系在一起的各个组织的总和。党**是**工人阶级的组织，这个组织下面又分成密如蛛网的各种地方的和专门的、中央的和普通的组织。

取消派在这方面又没有任何立场。1903年，他们对党员资格采取了这样一种看法：不但加入组织的算是党员，而且在组织监督下工作（在组织以外）的也算是党员。维·查苏利奇回顾这个细节时，显然认为这一点很重要。她写道：

"……10年前，早在第二次代表大会上，孟什维克就感到不可能再把整个党隐藏在地下组织中了……"

既然孟什维克在1903年就厌恶地下组织，那为什么在**1906年**，在党已经处在"公开"得多的时代，他们**自己**在代表大会上占优势的时候，却撤销了他们1903年通过的孟什维克的决定，而**通过**

了布尔什维克的决定呢？维·查苏利奇写的党的历史竟处处都惊人地、难以置信地歪曲事实！

　　这是一个无可争辩的事实：1906年在斯德哥尔摩，孟什维克接受了布尔什维克关于党是各个组织的总和这一定义，既然维·查苏利奇及其伙伴**再一次**改变了自己的观点，既然他们现在认为他们1906年的**那个**决议又错了，那么，为什么不把这一点直截了当地说出来呢？总的说来，对这个问题维·查苏利奇看来很重视，因为是她自己提出来的，是她自己提起1903年的！

　　读者会看到，没有什么比取消派在组织问题上的观点更糟糕更混乱的了。根本毫无观点可言。这是优柔寡断和出尔反尔的样板。维·查苏利奇大发脾气，高声叫喊："组织上的机会主义是荒谬的说法。"然而"发脾气"是无济于事的，因为切列万宁**本人**就公开说过，1907年**孟什维克**党团在伦敦召开的几次会议都指出过未来的取消派在"组织上的无政府主义"。无论是在当时或者是在现在，取消派的头面人物都落到了毁掉取消派这一如此奇特的境地。

　　维·查苏利奇写道："……组织对党是需要的。""但是，要在较长的时期掌握全党，并且和平地〈！〉存在于同一形式之中，遵守同一党章〈什么话！〉，那只有在法制已经确立并得到巩固〈如果法制有朝一日能在俄国得到巩固〉，俄国的社会生活走完了崎岖的山路，终于踏上坦途的情况下才可能办到；俄国的社会生活沿着这条山路加速步伐走了整整一个世纪，时而攀援而上，时而堕入反动的深渊，待到创伤痊愈后，又开始攀登山峰……"

　　这段取消派的宏论作为思想混乱的样板值得给予嘉奖。作者究竟要干什么，谁能懂得呢？

　　要修改"党章"吗？那么，先生们，你们说的修改党章是什么意思，看在上帝的面上，请说吧！不过不要让自己变成笑柄，不要"高深莫测地"去证明党章不是不可修改的东西。

但是,维·查苏利奇含糊其词地谈"同一党章"(顺便指出,党章恰恰在 1912 年作了修改[28]),并没有提出**任何**修改。

维·查苏利奇究竟要干什么呢? 她要说,在俄国走完崎岖的山路而开始踏上坦途的时候,党才能成为组织。这是自由派和路标派[29]非常值得称道的思想:他们说,在踏上**坦途**之前,到处乌烟瘴气,党不像党,政策不像政策。踏上"坦途"之后,一切都将"秩序井然",而走"崎岖的山路"的时候只是一团混乱。

这些议论我们早就在自由派的言论里见到过了。从自由派对地下组织和"崎岖的山路"的仇恨来看,这些议论是可以理解的、自然的、理所当然的。在这里事实被歪曲了(因为在俄国,**党的组织**有许多是地下组织),但是我们知道,对地下组织的仇恨怎样蒙住自由派的眼睛,使他们对事实视而不见。

但是还要再问一次,维·查苏利奇究竟要干什么呢? 她认为在我国,似乎党作为组织所以……是不可能的? 思想暧昧,吞吞吐吐,把人头脑搞糊涂了的又臭又长的语句,官样文章,从本丢推给彼拉多[30]。只能使人觉得作者想偷偷否定一切组织。但是,当维·查苏利奇偷偷这样干的时候,终于还是讲出来了……请看她的思想的精粹吧:

"我国有一个广大的工人阶层,这个阶层如果在西方不论哪一个社会党里,都有充分的权利占一席地位。这个迅速成长的阶层具有一切力量(它要组成政党,所缺少的只是正式参加党的机会),不管我们给这个阶层定个什么名称,我们想到它和说到它时,都将把它当做一个政党。"

因此,在争论取消党的时候,必须明白,取消派把**党**理解成**某种别的东西**。他们把党究竟理解成为什么呢?

原来:"广大的工人阶层要组成政党⟨!!⟩,所缺少的只是⟨!⟩正式参加党的机会"。

这真是妙不可言。党就是那些"缺少正式参加党的机会"的人。党就是站在党外的人。

维·查苏利奇确实为我们搜罗了不少妙语,坦率地说出了一切取消主义者**拐弯抹角**想说的话。

四

德国现在有近100万党员。在那里,将近425万人是投社会民主党的票的,而将近1 500万人是无产者。请看,这个简单而又生动的例子就足以使被取消派弄乱了的问题得到澄清。100万人,这就是**党**。100万人加入了党的组织。425万人,这就是"广大阶层"。事实上,这个阶层还要大好多倍,因为妇女无权投票,而不具有居住资格、年龄资格等等的许多工人也无权投票。

这个"广大阶层"几乎都是社会民主主义者,没有他们,党就没有力量。一旦发生任何行动,这个广大阶层都会扩大2—3倍,因为在这种情况下,大批非社会民主主义者也会跟着党走。

这难道不清楚吗?这个简单道理还要反复加以说明,简直叫人有些难为情!

德国和俄国又有什么不同呢?问题完全不在于我国"党"和"广大阶层"之间**没有**差别!为了明白这个道理,我们不妨先来看看法国。我们看到(大致情况;数字愈精确只会使我的结论**更有分量**)法国的情况是:

党员 ·· 将近 70 000 人①
"广大阶层"（投社会民主党的票的人）·········· 将近 1 000 000 人
无产者 ·· 将近 10 000 000 人

而在俄国呢？1907 年有 15 万党员（伦敦代表大会统计核实）。现在不知道有多少。大概减少了很多，但是减少了 3 万还是 5 万，不能确定。

我国的"广大阶层"，如果加上投社会民主党的票的人数，是 30 万到 50 万。最后，我国无产者大约将近 2 000 万人。我再说一遍，这里也是一个大概数字，但是**任何**其他数字（如果谁想更准确地论证这些数字），只会更加有力地肯定我的结论。

结论是：在一切国家里，无论什么时候什么地方，**除了"党"以外**，还有**靠近党**的"广大阶层"和组成党、为党提供成员和养料的这**一阶级**的广大群众。取消派不懂这个简单明了的事情，因而重犯 1895—1901 年"经济派"的错误；而"经济派"是根本不能理解"党"和"阶级"之间的差别的。

党是阶级的先进觉悟阶层，是阶级的先锋队。这个先锋队的力量比它的人数大 10 倍，100 倍，甚至更多。

这是否可能呢？100 人的力量是否能够超过 1 000 人的力量呢？

有组织的 100 个人，不但可以超过而且一定会超过。

组织能使力量增加 10 倍。这个道理实在并不新鲜。如果对维·查苏利奇和取消派非得从头讲起不可，那也不是我们的过错。

先进队伍的自觉性也表现为它有组织起来的本领。当它一

———————
① 根据 1913 年布列斯特最近一次代表大会**31**的报告，准确数字是 68 903 人。

旦组织起来，就会获得**统一意志**，而先进的 1 000 人、1 万人、100
万人的这个统一意志就会**变成**阶级的意志。党和阶级之间的媒
介就是"广大阶层"（比党大但比阶级小），这就是那个投社会民
主党的票的阶层，那个帮助和支持社会民主党的阶层，如此
等等。

在各个不同的国家里，党与阶级的**关系**，由于历史条件和其他
条件而各不相同。例如，在德国，参加党组织的人数将近占阶级的
$\frac{1}{15}$；在法国则将近占$\frac{1}{140}$。在德国，"广大阶层"每 4 — 5 个社会民
主主义者中就有 1 名党员；在法国，14 个中有 1 名。事实上，在法
国，即使在组织"公开"和政治自由的情况下，也不曾有过 10 万人
的政党。

每一个明白道理的人都了解，德国的历史条件和客观原因允
许一个阶级$\frac{1}{15}$的人组成一个政党，在法国则难以办到，而俄国目
前就**更难**了。

如果有一个法国人忽然间说：我们党是一个小组，不是一个
党，党不能关进组织里去。党就是一个广大阶层，其中有**一切力
量**，等等。你们会说他什么呢？ 也许，你们会为这个法国人没有待
在精神病院而感到惊奇吧。

有这样一些人，他们虽然感到、看到和知道我们走的**还是崎岖
的山路**，也就是说，组织的条件**比较困难**，但是又声称，"他们想到
和说到广大阶层〈没有组织起来的！〉时，都将把它当做一个政党"。
但是，在我们俄国，却有人对这些人说的话信以为真了。这些人都
是党内惊慌失措的逃兵，是一些丧魂落魄的**党外的**或者是**和党貌
合神离的**社会民主主义者，他们在自由派的灰心丧气、苦闷消沉和
背弃思想的压力下顶不住了。

五

　　维·查苏利奇在那篇精彩文章的结束语中写道:"为了成为有用的力量,这种地下组织(虽然也只有它称为党)必须像党的负责人对待党那样,来对待这个工人的社会民主党〈即对待维·查苏利奇认为有"一切力量"的那个广大阶层,关于这个阶层,她声称:"我们想到它和说到它时,都将把它当做一个政党"〉。"

　　请琢磨琢磨这段议论吧! 在维·查苏利奇这篇妙语连珠的文章中,这段议论是最妙的了。第一,她明明知道,在现代的俄国什么称之为**党**。而好几十个取消派的著作家过去和现在都要公众相信:似乎他们并不知道这一点,因此,关于取消**党**的争论就被这些先生弄得混乱到了难以置信的地步。那些反对粗俗、平庸的取消派,关心工人运动命运的读者们应该向维·查苏利奇的这篇文章请教,到她那儿去寻求关于什么是党这个过去和现在都被弄得模糊不清的问题的答案吧。

　　第二,请仔细读读维·查苏利奇的结论。她告诉我们,地下组织应该像党的负责人对待党那样,来对待广大阶层。试问,任何一个社团的负责人同该社团的关系的实质何在呢? 显然,实质在于,负责人不是实现他个人的(或集团的或小组的)意志,而是实现这个社团的意志。

　　用什么方法来确定几十万人或几百万人的广大阶层的意志呢? **如果广大阶层没有组成一个组织,要确定它的意志是绝对不可能的**,这一点连小孩也明白。维·查苏利奇以及其他的取消派的悲剧就在于:他们站到组织上的机会主义斜坡上,一直滚向最恶毒的无政府主义的泥坑。

维·查苏利奇本人承认"广大阶层""所缺少的是正式参加党的机会",因而"没有机会""**组成政党**",她还声称,取消派**想到和说到**这个广大阶层时,都**将**把它当做一个政党,而地下组织必须把这个阶层当做上级机关,当做处理有关"负责人"等等问题的最高的决定者。这样的看法才恰恰是最完整最确切意义上的无政府主义。

承认组织这些广大阶层或这些群众是不可能的,但是在**反对**组织的时候却又求助于广大阶层或群众,——这就是地地道道的无政府主义。无政府主义者所以是工人运动中危害最大的因素之一,就是因为一方面他们一贯高谈被压迫阶级的群众(或者甚至高谈整个被压迫群众),一贯破坏一切社会主义组织的名声,而另一方面他们本身又不能建立起**什么**别的组织来与之抗衡。

至于如何看待没有组织起来的(和长时期、有时是几十年没有组织要求的)群众对党、对组织的关系,马克思主义者有根本不同的看法。正是为了使**一定阶级**的群众能够学会认识自己的利益、自己的处境,学会推行自己的政策,正是为了这个目的,才必须立即建立而且无论如何也要建立这个阶级先进分子的组织,即使起初这些人只占本阶级的极少部分也无妨。为了为群众服务和代表**他们**正确地意识到的利益,先进队伍即组织必须在群众中开展自己的全部活动,毫无例外地吸收他们中间的一切优秀力量,并且要随时随地仔细客观地检查:是否同群众保持着联系,联系是否密切。这样,也**只有这样**,先进队伍才能教育和启发群众,代表**他们的利益**,教他们组织起来,使群众的**全部**活动沿着自觉的阶级政策的道路前进。

如果由于直接或间接被吸收参加竞选工作或参加选举的所有群众开展了政治活动，结果**所有**当选的工人代表就是地下组织和地下组织的政治路线的拥护者，即党的拥护者，那么，我们就获得一个客观事实，足以**证明**同群众联系密切，证明这个组织有权成为并有权称之为群众的阶级利益的**唯一代表者和表达者**。**任何一个有政治觉悟的工人**，或者说得更确切些，任何一个工人团体都**可以参加选举工作**，并且对选举进行这样或那样的指导；假使结果正是被取消派嘲笑、责骂和藐视的组织**带领**群众**跟随自己前进**，那就表明，我们党对群众所采取的态度是完全正确的，是马克思主义的。

"**广大阶层要组成政党**，所缺少的**只是**正式参加党的机会"，这种论调就是无政府主义。俄国工人阶级如果不同腐蚀群众、破坏组织的根本概念和根本原则的这种论调作最无情的斗争，就不能巩固和发展自己的运动。

用"**广大阶层**"**代替**党，这种论调就是为极端专横和**嘲弄**群众性的工人运动进行辩护（而且，这些嘲弄者言必称"群众"，口口声声"群众长"，"群众短"）。大家都知道，取消派就是用这种论调把**他们自己**，把他们的知识分子小组装扮成"广大阶层"的代表者和表达者的。他们说，既然我们代表的是"广大阶层"，那么"狭隘的"党对我们又有什么意义呢！既然我们代表的是"广大阶层"，想必是代表几百万几千万人，那么领导100万工人参加选举的某个地下组织对我们又有什么意义呢。

无论是第四届杜马的选举还是工人报纸的出现，无论是为这些报纸捐款还是彼得堡五金工会、店员代表大会[32]，——所有这些客观事实都清楚地证明，取消派是一个由脱离工人阶级的知识分子组成的小团体。而"广大阶层论"使取消派可以不顾种种客观事实,踌躇满志,自以为了不起……

六

从逻辑和马克思主义的起码常识来看,维·查苏利奇的这篇文章笑话百出。读者自然会产生这样一种看法:难道这篇胡说八道的文章就没有什么**别的**意思了吗? 这里面倒是**有一种观点**,从这种观点来看,维·查苏利奇的文章是完全可以理解的,是合乎逻辑和正确的,如果我们不指出这一点,那我们的分析就不充分了。这就是分裂的观点。

工人运动史上,有过许多失败的、一事无成的甚至是害人的政党的先例。暂且假定我们的党是这样的一个党吧。那么容忍这个党存在,尤其是同它的代表和解,是有害的,是犯罪的。那么,就必须与之斗争,**消灭**这个党,用新的党来代替它。

如果对地下组织是有害的这个观点深信不疑,那么,她的这篇文章是可以理解的,也是很自然的;那么,"不知道它(党)过去究竟是帮助还是妨碍",现在究竟是帮助还是妨碍之类的说法,也就可以理解了。我们将为离开党的人辩护并赞扬①他们,将说明这是原有的党"无活动能力造成的结果"。我们将**代表**这个原有的党向

①　顺便指出,这种为脱离党辩护的言论在维·查苏利奇的下面一段话中也可以找到:"广大阶层要组成政党,所缺少的只是正式参加党的机会"。成千个事实都说明恰恰相反。维·查苏利奇说"缺少**机会**",事实上是为庸俗观念辩护,要不然就是为恶劣的品质辩护。

非党人士呼吁，要他们加入新党。

维·查苏利奇没有说出这个分裂的观点。也许，作者主观上认为这个事实是重要的和很有意义的。但是客观上这个事实的意义并不大。既然作者说出俄文字母а,б,в，并且把字母表上**所有的字母**都一一列出，只是不提最后一个，那可以打赌，1 000个读者中有999个自己会把最后一个字母念出来（或出声或不出声）的。一切取消派都处在这样一种可笑的境地：他们举出一大堆分裂的理由，然后要么缄默不语，要么补充说，他们"赞成统一"。

我们无论对维·查苏利奇的文章，还是对尔·谢·、唐恩、列维茨基、叶若夫、波特列索夫、马尔托夫等人的数十篇这类文章，只能作这样的回答：统一的第一个条件，就是要坚决批判"以广大阶层代替党的理论"，批判对地下组织的一切攻讦，批判维·查苏利奇的文章并且概不接受一切类似的言论。党如果不同那些驳斥党存在的必要性的人进行斗争，它就不可能是"统一的"。

从分裂的观点来看，维·查苏利奇的文章是合乎逻辑的和正确的。假如取消派能够创建一个新党，假如这个新党确实比原有的党好，那么，维·查苏利奇的文章（以及取消派的全部著作）就为历史所证明是正确的。创造真正属于工人的好的政党的人有权**破坏**一个无活动能力的、一事无成的原有的党，否认这一点就是一种愚蠢的脉脉温情。如果取消派任何一个新党也组织不起来，任何别的工人组织也建立不起来，那么，他们的全部著作和维·查苏利奇的这篇文章将会成为记录那些脱离了党的、优柔寡断的知识分子惊慌失措的文献，这些知识分子受反革命浪潮的冲击，苦闷消沉，丧失信心，庸庸碌碌，已成为自由派的尾巴。

二者必居其一。中间立场是没有的。在这里没有"调和"的余地;不能说"埋葬一点儿"原有的党或者是"创建一点儿"新党。

顺便提一下,俄国当前经历的历史时期的特点恰恰在于:有一个并不怎么大的党的核心,能够在暴风雨时期坚持下来,尽管同这里那里个别组织会失去联系仍能保存下来,能够确保自己对广大工人群众的(自然不是同现在的欧洲相比,而是同 1849—1859 年的欧洲相比)强大影响,——而且这个核心处在许许多多反党的、无党性的、党外的以及同党貌合神离的社会民主党人和准社会民主党人的包围之中。

我国的情况正是这样的,也必然是这样的,同我国比邻的德国社会民主党依然像勃朗峰一般巍然耸立,而在我们这个国家……在国内甚至连自由派除了"崎岖的山路"以外,什么别的道路也看不见,况且司徒卢威先生之流十几年来还培养出成百上千用准马克思主义词句来表达自由派思想的小资产阶级知识分子。

就拿普罗柯波维奇先生来说吧。他在我国的新闻界和社会活动中是一位知名人物。实际上,是一个不折不扣的自由派。但是,担心他会自称为社会民主党人——反党的社会民主党人,这并不是没有道理的。再拿马赫诺韦茨(阿基莫夫)先生来说吧。他是一位气质比较忧郁、对工人比较热情的自由派。他无疑也是自称为社会民主党人,——无党性的社会民主党人。再拿《基辅思想报》和《我们的曙光》杂志[33]、《光线报》[34]等等中的著作家们来说吧。这是一大批党外的、同党貌合神离的社会民主党人。其中有一些人多半在幻想创建一个新的、公开的党,但是,如果"**过早**"着手实行天才计划,那是不是太丢脸了,这个问题还没有最后解决。另外一些人则专爱发誓赌咒,硬说他们什么都不想取消,他们主张统一,并且完全赞同……德国社会民主党。

再看一看社会民主党杜马党团吧。最引人注目的人物之一就是齐赫泽;涅克拉索夫仿佛像先知一样预见到了这个人物,他写道:

> "……遇到困难棘手的问题,
> 有时要从旁边绕过去……"[35]

在第三届杜马和第四届杜马初期这段时期内,社会民主党人最困难最伤脑筋的年代是1911—1912年。取消派和反取消派的工人刊物逐渐创立。齐赫泽却"从旁边绕过去了"。他既不沾这一边,又不沾那一边。他是一个同党貌合神离的社会民主党人。他似乎是在期待和观望:一方面,除了原有的党,不存在别的党;另一方面,说不定"他们"会把它埋葬一点儿…… 你要是听听他的言论,就会拍手叫好:他俏皮而辛辣地抨击右派,他谈得热烈而一针见血,他为原有的传统辩护,——但是当你打开取消派的报纸的时候,你就会捂住鼻子,原来里面在猛批"狂热",轻蔑地踢开传统,教工人鄙视组织,所有这一切都好像得到齐赫泽的赞同,因为撰稿人名单中就有齐赫泽的大名。当你读到阿恩代表《光线报》编辑部严厉斥责齐赫泽的文章时,不禁会想到:我们这位可怜的齐赫泽和我们这位好心的阿恩在试图推翻唐恩的压制时,是不是遭到了啼笑皆非的失败……

有一些人为了无产阶级统一的伟大原则,劝党同那些同党貌合神离的准社会民主党人的这个或那个集团妥协,而这些集团在关于埋葬还是巩固原有的东西的问题上想"从旁边绕过去",或者是摇摆不定。不难了解,这些人要么是自己摇摆不定,要么是对实际情况不甚了了。一个想生存的政党,在它自己的存亡问题上是不能允许丝毫动摇的,是不能允许同那些要埋葬它的人作任何妥协的。想在这类妥协中充当中介人的不乏其人,但是所有这些人,用一句古话来说,都是白耗灯油,浪费时间。

————

附言:《现代生活报》第13号(1913年7月25日)上刊登的帕·波·阿克雪里罗得题为《过去和现在》的结论性文章,极其清楚地证实了我们的话。这篇空空洞洞的文章的真正实质当然并不在于可笑地吹嘘取消派的八月代表会议,而在于重新提出工人代表大会的问题。不言而喻,帕·波·阿克雪里罗得是不愿意重提他在1906—1907年主张召开工人代表大会这一痛苦而可悲的经验的:干吗要翻老账!**当前**时局的种种特殊条件,如有可能召开所谓专门性的和专题的工人代表大会(今天是店员代表大会,也许明天就是保险业人员代表大会或职工代表大会,等等),帕·波·阿克雪里罗得也没有提及。店员代表大会的经验,大概帕·波·阿克雪里罗得也不中意,因为大多数出席这个代表大会的人(根据取消派自己在《现代生活报》上被迫承认的)都是**反对**取消派的。

阿克雪里罗得不谈过去的事,也不谈现在的事。他宁愿幻想未来的"解冻"——还好,那些解冻的具体条件我们一无所知!他幻想召开"即使不是全俄国的,也是全俄罗斯的社会民主主义工人代表大会",而这个代表大会后来也确实叫做全俄罗斯的社会民主主义工人代表大会了。

总之,原来的天才计划有两点变动:第一,不单是工人代表大会,而且是社会民主主义工人代表大会。这是一个进步。我们欢迎帕·波·阿克雪里罗得在6年中前进了这么一步。如果他确信与左派民粹派实行"联合"的不切实际的计划是有害的,那我们也欢迎。第二,以全俄罗斯的代表大会代替全俄国的代表大会。这就意味着拒绝同俄国境内的**非俄罗斯**民族的工人实行完全统一(阿克雪里罗得认为召开工人代表大会的思想在非俄罗斯民族工人中间已经彻底破产!)。这就后退了两步。这是在工人运动中把分离主义奉为准则!

但是,厉害的还在后头哩。帕·波·阿克雪里罗得为什么一心想要召开工人代表大会呢? 且看看为什么吧:

> "……在农奴制国家和等级社会政治制度的落后历史基础上形成的原有的党的规章制度,近年来正经历着取消的过程。而工人代表大会将结束这一过程,同时又将在俄国社会民主党的历史存在中开创一个全新的时代,即俄国社会民主党在和西方各社会民主党完全相同的原则上发展的时代。"

大家都知道,这些"完全相同的原则"就是**合法**的党的原则。明确地讲,这就是说,取消派所以需要召开工人代表大会,是为了**"结束取消"**原有的党的"过程",并创建**新的、合法的**党。

这就是帕·波·阿克雪里罗得的长篇大论的简要含义。

你们看,这就是同党貌合神离的社会民主党人的最新发明!至于党员必须在党内担任工作并且要巩固党,——这个陈旧的、过时的思想,已被阿克雪里罗得送进档案库了。我们什么也不取消,这是诬蔑,我们只是站在"旁边",大声疾呼"结束取消党的过程"罢了。而且我们赌咒发誓:明天我们将成为未来的合法政党的优秀党员。

这些1913年的热情的、同党貌合神离的社会民主党人,很像1903年的自由派,这些自由派曾经断言,他们完全是社会民主党人,并且一定会成为社会民主党的党员……自然,是在党成为合法政党的时候。

　　我们丝毫也不怀疑，俄国获得政治自由的时刻将会到来，那时我国也会有一个合法的社会民主党。也许，现在的同党貌合神离的社会民主党人中间，有一些人会加入这个党。

　　好吧，我们未来的同志们，让我们在未来的合法政党的队伍中再见吧！不过，请原谅，同党貌合神离的社会民主党人先生们，目前我们走的并不是一条路，因为目前你们做的不是马克思主义者的工作，而是自由派的工作。

载于1913年9月《启蒙》杂志
第9期

译自《列宁全集》俄文第5版
第24卷第22—44页

有党的工作者参加的
俄国社会民主工党中央委员会
1913 年夏季会议的决议[36]

（1913 年 9 月）

关于目前的鼓动任务

1. 国内局势日趋紧张。反动地主的统治甚至使最温和的居民阶层也怨声载道。沙皇君主制度仍然是俄国通向一切真正政治自由的道路上的障碍，它敌视一切重大改良，只保护农奴主的权益，并且特别残酷地镇压工人运动的一切表现。

2. 工人阶级仍然是争取全国解放的革命斗争的领导者。群众性的革命罢工继续发展。工人阶级的先进队伍正在革命的口号下进行实际斗争。

群众性的经济运动，开始往往提出一些最初步的要求，后来在整个斗争形势的影响下逐渐和工人阶级的革命运动汇合。

先进工人的任务是，通过自己的宣传教育工作使无产阶级在当前的革命口号下尽快联合起来。同时只有在这个条件下，先进的工人也才能完成自己所肩负的唤醒农民民主派和城市民主派的任务。

Россiйская Соцiальдемократическая Рабочая Партiя.

Пролетарiи всѣхъ странъ, соединяйтесь.

ИЗВѢЩЕНIЕ и РЕЗОЛЮЦIИ

ЛѢТНЯГО 1913 года

совѣщанiя

Центральнаго Комитета Р.С.-Д.Р.П.

съ партiйными работниками.

Изданiе Центральнаго Комитета.

ЦѢНА 40 сантимовъ.

1913.

1913 年俄国社会民主工党中央委员会在巴黎出版的小册子《有党的工作者参加的俄国社会民主工党中央委员会 1913 年夏季会议的通报和决议》的封面。封面上有列宁的笔迹

3.工人阶级在革命口号下进行的斗争,迫使一部分企业主和自由主义十月党人资产阶级也开始大谈其改良的必要性来了,特别是大谈其打了折扣的结社自由的必要性来了。资产阶级一方面狂热地组织各种企业主联合会来防止罢工,并且要求政府有步骤地镇压工人运动,另一方面又建议工人**不要**提革命要求而只提结社自由之类的个别立宪改革。工人阶级应当利用政府一切可能产生的动摇,利用资产阶级和反动阵营之间存在的分歧,以加强自己在经济斗争领域和政治斗争领域的冲击。但是,工人阶级正是为了卓有成效地利用形势,应当坚持不打折扣的革命口号。

4.在这样的总形势下,社会民主党的任务是,照旧在群众中广泛进行推翻君主制和建立民主共和国的革命鼓动。必须坚持不懈地用现实的生动例子证明改良主义的全部害处,即证明把局部改善的要求作为中心来**代替**革命口号这种策略的全部害处。

5.取消派鼓动争取结社自由以至争取各种局部的改良而误入自由派的歧途。他们实际上反对在群众中进行革命鼓动,他们在自己的机关刊物上公开宣扬,"建立民主共和国"和"没收土地"的口号不能作为对群众进行鼓动的题目。他们提出结社自由作为当前无所不包的口号,实际上是用这个口号来代替1905年的革命要求。

6.会议提出,要防止取消派进行有害的改良主义的鼓动。同时指出,俄国社会民主工党早已在自己的最低纲领中提出了结社、言论、出版等自由的要求,而且把这些要求同推翻沙皇君主制度的革命斗争密切联系起来。会议认为1912年一月代表会议的决议[37]是正确的,决议说:"代表会议号召所有社会民主党人向工人说明结社自由对无产阶级是绝对必要的,而且必须经常把这个要求同我们总的政治要求和对群众的革命鼓动密切联系起来。"①

当前的主要口号仍然是:(1)建立民主共和国,(2)没收地主的土地,(3)实行八小时工作制。结社自由作为整体的一部分也包括在这些口号内。

关于组织问题和党代表大会的决议

1.来自各地的报告表明,不仅要巩固每个城市的党的领导组织,而且要把各个城市联合起来,这是当前最重要的组织任务。

2.会议建议,作为地区联合的第一步,举行由工人运动各据点派同志参加的联席会议(有的地方也可以举行代表会议)。同时必须力求党的工作的一切部门,如政治、工会、保险、合作社等部门都有代表参加会议。

3.会议认为,中央委员会受托人制度对于统一全俄的工作是完全必要的。二月会议关于受托人的决定[38]刚开始执行。各地先进工人都应该关心这件事,至少在每个大的工人运动中心要推选出受托人,而且多多益善。

4.会议把召开党代表大会[39]的问题提上了日程。工人运动的发展、国内政治危机的成熟、在全国范围内工人阶级统一行动的必要性,都表明经过充分筹备之后召开这样的代表大会是有必要和有可能的。

① 见本版全集第 21 卷第 158 页。——编者注

5.会议请各地同志讨论这个问题,并提出初步议程、召开代表大会的适当日期、决议草案等等。

6.会议指出,代表大会的经费开支问题以及其他困难,都只能靠工人自己来解决。

会议号召同志们着手筹集召开党代表大会所需要的经费。

关于罢工运动

1.会议认为1912年一月代表会议和1913年二月会议通过的决议①是正确的,因为这些决议对罢工运动的估计符合最近几个月的全部经验。

2.革命罢工高涨的新时期的特点是,莫斯科运动兴起,至今尚未参加运动的几个地方的情绪不断高涨。

3.会议欢迎彼得堡委员会和莫斯科许多党组织的创举,欢迎它们提出政治总罢工的问题以及它们今年7月和9月在这方面采取的步骤。②

4.会议认为,运动即将把全俄政治罢工提上日程。必须为这一罢工作准备,立即普遍开展有系统的鼓动工作。

5.建立民主共和国,实行八小时工作制,没收地主的土地,这些当前的基本革命要求应当成为政治罢工的口号,必须大力加以宣传。

---

① 见本版全集第21卷第145—147页,第22卷第276—278页。——编者注
② 九月事件是当时受托公布会议决议的中央机关报编辑部添上的,完全证明了会议决议是正确的。

6. 会议号召各地所有的工作者散发传单展开鼓动工作，建立各城市工人政治组织和其他组织之间尽可能正常尽可能密切的联系。尤其必须注意的是，首先使彼得堡和莫斯科的工人达成协议，使种种缘由（迫害报刊、保险罢工等等）诱发的政治罢工尽可能同时在两个首都进行。

关于党的报刊

1. 会议确认，合法报刊对社会民主党的鼓动工作和组织工作具有重大意义，因此号召党的机关和全体觉悟工人大力支持合法报刊，最广泛地推销这些报刊，组织群众集体订阅，经常募集捐款。同时，会议再次指出，此项捐款就是党员交纳的党费。

2. 尤其必须大力巩固莫斯科的合法工人机关报[40]，并且尽快在南方创办工人报纸。

3. 会议希望现有各合法工人机关刊物通过交换情报、举行各种会议来尽可能加强联系。

4. 会议肯定了马克思主义理论刊物存在的重要性和必要性，并希望党和工会出版的一切刊物向工人介绍《启蒙》杂志[41]，号召工人长期订阅并不断给予支持。

5. 会议要求党的各个出版社[42]注意，目前急需大量出版有关社会民主党宣传鼓动问题的通俗小册子。

6. 最近时期群众革命斗争激化，有必要对这一斗争进行充分全面的阐述，而合法刊物对此又无力承担，因此会议特别强调必须大力发展党的秘密出版社，同时，除了散发秘密传单、小册子等等外,务必更经常地定期出版党的秘密机关报(中央机关报)⁴³。

关于社会民主党的杜马工作

　　会议详细研究了俄国社会民主工党1908年十二月代表会议通过的关于社会民主党杜马党团的决议,讨论了有关第四届杜马中社会民主党杜马工作的一切材料之后,认为:

　　1.上述决议完全正确地规定了社会民主党杜马工作的任务和方针,因此今后必须仍以这一决议为指针;

　　2.对十二月决议第3条最后一部分(第3条第8款)(对改善工人生活状况的问题是赞成还是弃权)⁴⁴,应作如下说明。如果法案、提案等等直接涉及改善工人、下级职员以至全体劳动群众的生活状况(例如,缩短工作日,增加工资,消除工人以至整个广大居民阶层生活中哪怕是不大的弊端等等),那就应该投票赞成包含着这些改善内容的条款。

　　如果由于第四届杜马提出附带条件而使改善成了问题,党团则应当弃权,并在事先同工人组织的代表就这个问题进行商讨,**必须**专门说明弃权的理由。

　　会议认为:

　　在讨论一切要求、重大法案等等时,社会民主党党团应该提出自己的程序提案。

　　社会民主党的提案被否决之后,如果党团和其他党派一致投票反对政府的方案,那么党团在投票赞成别的整个提案或别的部分提案时,必须尽力专门说明一下自己的理由。

关于社会民主党杜马党团

会议认为,社会民主党党团[45]在杜马工作方面采取统一行动是可能的和必要的。

但是会议认为,7 个代表的行为严重地威胁党团的统一。

7 个代表利用一票之差的偶然多数,侵犯了代表大多数俄国工人的 6 个工人代表的基本权利。

7 个代表从狭隘的派别利益出发,剥夺了 6 个代表在杜马讲坛上就工人生活最重要的问题发言的机会。有许多次发言,社会民主党党团都推举了 2 名或 2 名以上的发言人,但是尽管 6 个代表提出了自己的要求,却得不到推举自己发言人的机会。

在分配杜马各委员会(如预算委员会)的席位时,7 个代表同样也拒绝把两个席位分一个给 6 个代表。

在党团选举代表进入对工人运动有重要意义的机构时,7 个代表以一票之差的多数剥夺了 6 个代表的代表权。党团的工作人员也往往是由单方面选定的(例如,否决了任命第二书记的要求)。

会议认为,7 个代表的这种行为方式,不可避免地会在党团中造成摩擦,妨碍团结一致地进行工作并导致党团分裂。

会议最坚决地抗议 7 个代表的这种行为方式。

6 个代表代表着俄国大多数的工人,他们的行动完全符合大多数工人有组织的先锋队的政治路线。

因此,会议认为,只有党团的这两个部分完全平等,只有 7 个代表放弃压制政策，才能保持社会民主党党团在杜马工作方面的统一。

尽管不只是在杜马工作的领域内存在着不可调和的意见分歧，会议仍然要求党团根据上面提出的党团内两个部分平等的原则保持统一。

会议请觉悟工人就这个重要问题发表意见，并且全力促进党团在6个工人代表享有平等权利这个唯一可能的基础上保持统一。

关于合法社团中的工作

1. 在目前工人阶级经济斗争和政治斗争高涨时期，尤其有必要加强一切合法工人社团（工会、俱乐部、伤病救济保险基金会、合作社等等）中的工作。

2. 合法工人社团中的一切工作不应按中立精神来进行，而应该根据俄国社会民主工党伦敦代表大会和斯图加特国际代表大会决议[46]的精神来进行。社会民主党人应该尽可能更广泛地吸收工人参加各种工人社团，不分党派观点，一律邀请加入工人社团。但是，社会民主党人应当在这些社团的内部建立党的小组，在所有这些社团内部进行长期系统的工作，使这些社团和社会民主党之间建立最密切的关系。

3. 国际工人运动和我们俄国工人运动的经验告诉我们，从这样的工人组织（工会、合作社、俱乐部等等）刚一创立，就必须争取使每一个这样的机构成为社会民主党的支柱。会议提请全体党员注意俄国目前这个最迫切的重要任务,因为俄国的取消派一贯企图利用合法社团来**反对**党。

4. 会议认为,在选举保险基金会的全权代表时,在工会等等的一切工作中,都必须坚持在运动中行动完全统一,少数服从多数,贯彻党的路线,把党的拥护者选到所有的负责岗位上去等等。

5. 为了总结合法工人社团中实际工作的经验,最好更经常地举行各地合法工人组织工作积极分子联席会议,同时尽量多吸收在合法社团中工作的党的小组的代表出席全党的代表会议。

关于民族问题的决议

黑帮民族主义的甚嚣尘上,自由派资产阶级中民族主义倾向的日益滋长,被压迫民族上层分子中民族主义倾向的不断加强,目前这一切已把民族问题提到突出的位置上。

社会民主党内部的状况(高加索社会民主党人、崩得[47]、取消派企图取消党纲[48]等等),使党不得不更加重视这个问题。

为了搞好社会民主党关于民族问题的鼓动工作,会议根据俄国社会民主工党的纲领提出下列各点:

1. 在以人剥削人、巧取豪夺、勾心斗角为基础的资本主义社会里,实现民族和平的条件只能是:建立彻底的民主共和国国家制度,保证一切民族和语言完全平等,取消强制性国语;保证为居民设立用本地语言授课的学校,宪法中还要加一条基本法律条款,宣布任何一个民族不得享有特权,不得侵犯少数民族的权利。与此同时,尤其必须实行广泛的区域自治和完全民主的地方自治,并且根据当地居民自己对经济条件和生活条件、居民民族成分等等的估计,确定地方自治地区和区域自治地区的区划。

2. 从民主观点来看,特别是从无产阶级阶级斗争的利益来看,在一国之内按民族分开办学是绝对有害的。在俄国一切犹太资产阶级政党和各民族的市侩机会主义分子通过的所谓"民族文化"自治或"建立保障民族发展自由的机构"的计划中,恰恰就是要这样分开办学。

3. 工人阶级的利益要求一国之内各族工人在统一的无产阶级组织——政治组织、工会组织、合作-教育组织等等中打成一片。只有各族工人在这种统一的组织中打成一片,无产阶级才有可能进行反对国际资本、反对反动派的胜利斗争,粉碎各民族的地主、神父和资产阶级民族主义者的宣传和意图,因为这些人通常都是在"民族文化"的幌子下,贯彻反对无产阶级的意图的。全世界的工人运动正在创造而且正在日益发展各民族共同的(国际的)无产阶级文化。

4. 至于在沙皇君主制度压迫下的各民族的自决权,即分离权和成立独立国家的权利[49],无疑是社会民主党应当维护的。这是国际民主派的基本原则的要求,尤其是遭受沙皇君主制度空前的民族压迫的俄国多数居民的要求,因为沙皇君主制度同欧洲和亚洲的邻国相比是最反动最野蛮的国家制度。其次,这也是大俄罗斯居民本身的自由事业的要求,因为不根除黑帮的大俄罗斯民族主义,大俄罗斯居民就无法建立民主国家。黑帮的大俄罗斯民族主义有一连串血腥镇压民族运动的传统,它不仅受到沙皇君主制度和一切反动政党的不断培植,而且还受到特别是在反革命时期向君主制卑躬屈节的大俄罗斯资产阶级自由派的不断培植。

5.不允许把民族自决权问题(即受国家宪法保障用完全自由和民主的方式解决分离的问题)同某一民族实行分离是否适宜的问题混淆起来。对于后者,社会民主党应当从整个社会发展的利益和无产阶级争取社会主义的阶级斗争的利益出发,完全独立地逐个加以解决。

同时,社会民主党应当注意到,被压迫民族的地主、神父和资产阶级往往用民族主义的口号来掩饰他们离间工人和愚弄工人的意图,暗中同占统治地位的民族的地主和资产阶级勾结,损害各民族劳动群众的利益。

＊　　　＊　　　＊

会议把关于民族纲领的问题列入党代表大会议程。会议请中央委员会、党的报刊和各地方组织对民族问题尽量详细地加以阐述(用小册子、讨论会等)。

关于民粹派

1.伦敦代表大会在总结各民粹主义党派(还有社会革命党[50])在革命时期的活动时,准确地指出,这些党派经常动摇不定,时而屈服于自由派的领导权,时而坚决反对地主土地占有制、反对农奴制国家;同时还指出,他们进行伪(假)社会主义宣传,抹杀无产者和小业主之间的对立。

2.反动时期使这些特点更加突出:一方面,社会革命党放弃了彻底的民主主义政策,它的某些党员甚至成了追随自由派的批评革命的人。另一方面,它也变成了一个脱离群众生活的纯知识分子团体。

3.社会革命党继续正式采用恐怖手段,但是,在俄国采用恐怖手段的历史证明,社会民主党对这种斗争方法提出的批评是完全正确的,而且这个历史也以完全破产而告终。同时,由于这个知识分子的组织抵制选举,而且丝毫不能有计划地促进国家的社会发展进程,因此,各地革命运动的新高涨并不受社会革命党的任何影响。

4.民粹派的小资产阶级社会主义无非就是向工人阶级进行有害的说教,宣传抹杀劳资利益之间日益加深的鸿沟、试图缓和激烈的阶级斗争的思想;这种小资产阶级社会主义使人们在合作社问题上产生小市民空想。

5.在维护民主口号方面所表现的动摇、党的小组习气及其小资产阶级的偏见,都极其严重地妨碍着民粹派在广大农民中开展民主共和的宣传。因此,这个宣传的利益本身也首先要求社会民主党坚决地批评民粹派。

会议决不排斥同各民粹主义党派采取伦敦代表大会特别规定的联合行动,因此认为,社会民主党的任务应该是:

(一)揭露各民粹主义党派表现出的动摇行为和放弃彻底的民主主义的行为;

(二)同抹杀劳资间鸿沟的民粹派的小资产阶级社会主义作斗争;

(三)支持农民群众中的民主共和思潮,同时不断指出,只有彻底奉行民主主义的社会主义无产阶级,才能成为贫苦农民群众在与君主制和地主土地占有制进行斗争时的可靠领导者;

（四）更加重视在那些虽然为数不多、但迄今尚未摆脱民粹派的落后理论的工人团体中宣传社会民主主义思想。

载于 1913 年 12 月俄国社会民主工党中央委员会在巴黎出版的小册子《有党的工作者参加的俄国社会民主工党中央委员会 1913 年夏季会议的通报和决议》

译自《列宁全集》俄文第 5 版第 24 卷第 45—61 页

也是劳动派分子

（1913 年 10 月 1 日〔14 日〕）

《箴言》杂志[51]是切尔诺夫先生亲自主办的彻头彻尾的民粹派即**左派**民粹派的杂志，而且是一本很厚很像样的杂志。正是在这里可以找到对所有的劳动派分子[52]以及包括所有的"社会革命党人"在内的所有的民粹派分子都在谈论的著名的"**劳动**原则"的阐述。

有些人甚至断言："劳动原则"就是社会主义原则，"劳动原则"的理论家也就是社会主义者。

我们就来看看专门研究工业资本主义问题的"左派民粹派"之一的萨·扎克先生是怎样论"**劳动**"工业的吧。

萨·扎克先生把工业分成三类：（1）"劳动"工业；（2）从劳动工业向资本主义工业"过渡的"工业；（3）资本主义工业。他把 50 名以上工人的企业算做资本主义工业，11—50 名工人的企业算做过渡性工业；**不到 10 名工人的企业算做劳动工业。**

为什么最后一类企业是"劳动"企业呢？请注意，是因为"每个企业平均连一个办事员和一个技术人员都摊不上，那就根本谈不上这些企业是资本主义的"。

这只配是一个半文盲的办事员的理论，而不是一个想当社会主义者的著作家的理论！在扎克先生和其他民粹派分子还没有发明出"**自己的**"真正俄国的新政治经济学之前,我们仍然保留原有的看法:所谓资本主义,就是把**劳动力**变成商品的**商品**生产。

这是最起码的常识,不懂得这一点是难为情的。民粹派先生们口头上拥护马克思的理论,反对资产阶级的政治经济学,而实际上他们是向群众贩卖最庸俗的市侩观点,这样的市侩不学无术,只是重复资产阶级的片言只语,说什么如果有"办事处",那才算是资本家。既然我的经营很小,那我还算个什么资本家呢,我是个劳动者!

在报刊上为这样一些观点辩护,那就是否认政治经济学这门科学,那就是为无知辩护。

资本家有大有小,有愚蠢的有聪明的,但是资本主义不是由这些东西决定的,资本主义是由**商品**生产和使用雇佣劳动决定的。

我们的这位民粹派分子还把业主家属参加劳动看做"劳动"经济的一个标志。事实上,任何一个稍微懂得一点政治经济学的人都知道,这不过是**小资产阶级**经济的一个标志。美化小资产阶级,称它为"劳动"经济,这说明对社会主义的无知。

下面是扎克先生自己引用的数字。每 100 个企业中有业主家属参加劳动的企业的平均数如下:(1)工人不到 3 人的企业为 28 个;(2)工人为 4—5 人的企业为 34 个;(3)工人为 6—10 人的企业为 22 个。

我们这位"新的民粹派分子"岂不是太妙了? 他自己引证的数字说明雇佣劳动**占优势**,可是又说这是"劳动"经济!!

扎克先生滥用各种工业调查材料,赞叹有那么"多"的"劳动"业主,硬说这就证实了"正统的〈也就是正宗的——民粹派这样讽刺马克思的学说〉理论是站不住脚的"。现在,我们来证实一下扎克先生首先用过的德国的完备的调查材料。就拿包括商业和交通运输业在内的广义的工业来说。

企业类别	企业数（单位千）	百分比	单 位 百 万					
			工人	百分比	马力	百分比	千瓦	百分比
单干户	1 452	44.4	1.4	10.1	—	—	—	—
小企业（2—5 名工人）………	1 524	46.7	3.8	26.2	0.7	7.4	0.1	7.1
中等企业（6—50 名工人）……	259	8.0	3.5	24.3	1.5	17.3	0.2	15.7
大企业（51 名以上工人）……	31	0.9	5.7	39.4	6.6	75.3	1.2	77.2
共　计	3 266	100	14.4	100	8.8	100	1.5	100

请大家看一看工业中资本主义的情景吧。单干户即小资产者非常"多"：**150 万户**。但是他们在生产中占的**比重**呢？工人只占 $\frac{1}{10}$，至于机器，不论是蒸汽带动的还是使用电力的，都等于**零**!!

而大资本家呢？他们只占全部企业的 **1%**，但是他们拥有的工人差不多占全体工人的 $\frac{2}{5}$（39%），他们拥有的机器占机器总数的 **$\frac{3}{4}$以上**（75%—77%）!

每一个有头脑的工人从这里会立即看出，他们每天的生活经验已经得到充分的证实：大批可怜的小资产者受到资本的压制，极少数资本主义大企业**占绝对统治地位**。

其次，被这位"左派"民粹派分子肆意歪曲了的统计材料说明，资本主义的发展非常迅速，而小生产正在遭到排挤。我们把德国 1882 年、1895 年和 1907 年的（最新的）三份调查材料拿来比较一下。我们只举最主要的数字，免得读者疲倦，下面把单干企业和资本主义的大中企业作个对比：

年　份	单干企业		资本主义大中企业	
	占全部企业 的百分比	占全体工人 的百分比	占全部企业 的百分比	占全体工人 的百分比
1882	62	26	4	41
1895	54	17	7	53
1907	42	10	9	63

25 年前,单干户占业主的多数($\frac{3}{5}$),现在则占少数($\frac{2}{5}$)。从前他们拥有的工人占全体工人的 $\frac{1}{4}$,现在占 $\frac{1}{10}$。

相反,资本主义企业的比重在迅速增长。25 年前,它们的工人只占少数($\frac{2}{5}$),而现在占**多数**,几乎占工人总数的 $\frac{2}{3}$(63％)。我们已经看到,**机器**(蒸汽带动的机器,特别是使用电力的机器)积聚(集中)在一小撮资本家手里,比工人的积聚**厉害得多**。

总之,各个正在迅速发展的自由国家的工业调查,最出色地证实了马克思的理论。资本主义到处占统治地位,处处排挤小生产。大批农民和小手艺人、小手工业者到处遭到破产。大资本千方百计压榨和逼迫小业主,关于这方面的统计材料还太少。小业主走投无路。他们只有参加无产阶级的斗争,否则别无出路。

"劳动原则"和"劳动经济"的理论,彻头彻尾是资产阶级旧偏见的老调重弹。各国的经验正在不断地打破这种偏见。

左派民粹派竭力向工人证明,有 5 名、10 名雇佣工人的资本家或小资本家是"劳动"业主,可是这只证明他们自己的资产阶级本性。

载于 1913 年 10 月 1 日《劳动真理报》第 18 号

译自《列宁全集》俄文第 5 版第 24 卷第 62—65 页

糊涂的无党性分子

（1913 年 10 月 4 日〔17 日〕）

我国舆论界最普遍、最不正常的现象之一，就是轻视（如果不是公开否认的话）党性。

政治上的单干户、政治上的冒险家和政治上的马尼洛夫们，都本能地否认党性，夸大其词地说党"狭隘"、"墨守成规"、不容人，诸如此类，不一而足。实际上，这些说法所反映的，不过是那些脱离群众但又感到必须掩盖本身弱点的知识分子的既可笑又可怜的自命不凡或自我表白。只有**群众**才能创造真正的政治，可是，无党性的、不跟着坚强的党走的群众是没有觉悟的，没有自制力的乌合之众，他们会变成那些总是"及时"从统治阶级中冒出来利用"适当"时机的狡猾政客的玩物。

俄国是小资产阶级最多的国家之一，最不习惯自由的政治活动。因此，而且仅仅是因此，在我国才这样普遍地轻视党性。俄国觉悟工人的任务之一（也是他们伟大的历史功绩之一），就是要经常地、坚持不懈地反对这种轻视党性的态度。

下面就是在**同党貌合神离的**知识分子中存在的自以为是的无党性的一个最新例子。

工人们广泛地为工人报纸捐款。不难懂得，如果群众自觉地去辨别他们应当帮助**什么样的**报纸，协助什么样的**派别**，那他们是会通过这样的捐款活动**学习**富有思想性和原则性的政治的。

　　常常沉沦于无党性政治的取消派，掀起了一场众所周知的**平分捐款**运动。指使他们这样做的只不过是一种掩饰自己弱点的愿望，因此，他们仓促上阵，连考虑都来不及考虑一下，**无党性**原则是否正是这种运动的基础。

　　现实生活立即揭穿了他们。俄国小资产阶级舆论界的现实生活已经把**他们的**口号**变成**自己的口号：取消派有份，民粹派也有份，大家平分！

　　无党性分子背弃了马克思主义的过去，幻想什么"广泛的"、毫无原则的东西，他们的政治冒险已经暴露无遗，于是便开始支吾搪塞，进行狡辩。在取消派的报纸第 24 号上，格·拉·断言，他们根本不赞成同民粹派联合，"不断鼓吹"这样的联合的是马克思主义者。

　　难以想象还有比这更粗暴地歪曲真相的事了。假如格·拉·之流不是无党性分子，也不以庸人的态度对待马克思主义过去的**历史**，那他们就会知道，6 年多以前，工人对待各个政党的态度问题之所以能正式得到**解决，完全**是靠了马克思主义者（"真理派"）[53]。只有马克思主义者才准确地判定了俄国**各大**政党的**阶级**基础，这一点取消派任何时候都不能做到。在俄国所有的政党中，只有马克思主义者在 **6 年**前就明确地回答了如何看待各种"流派"的实质和如何对待这些流派这一问题，而不是采取无章法、无原则的（"随风转舵的"）态度来对待各个政党。

　　从那以后的历史已经出色地无可争辩地证实了这个答案的正确性。

　　这个答案说得很明确。民粹派是小资产阶级民主派，只有在对付反动派和对付自由派的时候，才可以同他们采取"共同行动"。

现在,格·拉·之流硬说他们反对同民粹派联合,这是他们想自己脱身,他们说,我们主张"群众性的捐款"由**两家**报纸平分,但是对于"有觉悟同志的团体的"捐款,我们反对这样做!!(见《新工人报》第24号)

第一,现实生活已经证明,这个无党性的方案正是由于你们宣传平分才出现的。这是事实。就在这张24号报纸上我们读到一个工人团体的决议,决议说:**同民粹派也要平分**。和往常一样,我们的无党性分子或独立党人本来要进这个门,结果却跑进了那个门!

第二,有觉悟的人组成的团体如果不善于启发群众,那还能不能叫做有觉悟的团体呢? 不能,无党性分子先生们! 有觉悟的人会对群众说:大家捐款吧,大家联合起来吧,但是还得**尽力搞清楚**各报的方向。

说捐款要"平分",这意味着无党性,无觉悟,无所谓。说捐款**"给某某派别"**,这意味着有觉悟,意味着自觉参与**共同**行动。

格·拉·曲解了这种最起码的道理!

结论是:格·拉·及其取消派的伙伴们硬说他们反对和民粹派联合,**实际上却继续执行无党性地**联合民粹派的路线,执行非常有害的、为工人所不能接受的**无党性**的路线。

工人民主派对这种无党性的说教曾不止一次地给予坚决的反击,今后还必须给予坚决的反击,因为这种说教会使工人在政治上麻木不仁,容易上当受骗。

载于1913年10月4日《拥护真理报》第3号　　　　　　译自《列宁全集》俄文第5版第24卷第66—68页

英国的自由党人和土地问题

（1913 年 10 月 12 日〔25 日〕）

10 月 11 日（俄历 9 月 28 日），星期六，英国自由党[54]大臣劳合-乔治在贝德福德市发表了两篇"出色的"演说，宣告"土地运动"开始。正如我国基特·基特奇[55]·古契柯夫答应要"清算"俄国拥有特权和无限权力的地主一样，这位英国自由党大臣也答应要在土地问题上开展一场运动，要揭露地主，号召人民争取"激进的"（劳合-乔治是非常激进的!）土地改革。

英国自由党的报纸竭力把自己领袖的演说编排得尽可能醒目一些。做广告，无论如何要做广告! 演说太长了，我们只好刊登演说的简"述"，我们把这篇演说叫做土地"宪章"，并且从中删去议会投机家的外交辞令，突出长长的改革清单，如工资的最低限额、10 万所工人小住宅、以及"按地主规定的**净**〈!!〉值强制转让土地"。

为了向读者说明英国自由派资产阶级的大臣劳合-乔治是**如何在人民中间进行鼓动的**，我们从他在贝德福德市发表的演说中摘引几处。

演讲人惊呼："没有比土地问题更生命攸关更根本的问题了。人民吃的食物，人民喝的水，人民住的房子，为人民提供工资的工业，无一不取决于土地。"可是英国的土地归谁所有呢? 归一小撮富翁所有！英国全部土地的$\frac{1}{3}$是属于上院议员的。"地主土地占有制是我国最大的一种垄断制。"地主的权力是无限的。他们可以赶走佃户,让土地荒芜,——他们比敌人还坏。这位大臣声嘶力竭地说:啊,我既不是攻击个人,也不是攻击阶级,但是能够让这种情况继续下去吗?

近几十年来,农业人口从 200 多万减少到 150 万,而猎场看守却从 9 000 人增加到 23 000 人。世界上没有一个国家有这么多荒地,没有一个国家的农场主遭到野物这样大的危害,这些野物都是有钱人为自己消遣而豢养的。

英国的财富在惊人地增长。而农业工人呢? 他们当中$\frac{9}{10}$的人每周收入不到 20.5 先令(将近 10 个卢布),这笔钱是每个工人家庭为了不饿死人所必需的。60％的农业工人每周收入不到 18 先令(约 9 个卢布)。

保守党[56]人建议小块小块地赎买土地。英国的罗季切夫激动地大叫:但是,谁说赎买,我就问谁**按照什么价格赎买**?（哄堂大笑）

高价会不会压垮小买主呢? 高额捐税会不会压垮他们呢? 我们有给工人分配土地的法律。举例来说,一块土地的全部赋税是 30 英镑(将近 270 个卢布),有人把这块土地买下来,然后再分成小块转卖给贫苦农民。这时,所付金额已成为 60 英镑了!

而英国农村的荒芜就要使我们国家失去防御力,因为没有强大的农民就没有强大的军队。难道俄国和英国的自由派不玩弄赤裸裸的民族主义和沙文主义能过得去吗?

劳合-乔治高声喊道:土地不是地主创造的,国家应当在地主的权力与工人的福利之间作出抉择。必须采取果断行动,坚决反对垄断制,而土地私有制就是一种最大的垄断制。必须向佃农保证:不会赶走他们,不会剥夺他们的心血和技能创造的成果(会场上有人喊道:你究竟建议采取什么措施?)。必须行动起来。胆怯的尝试和治标的办法已经够多了。必须像实干家那样果断地行动。修修补补没有用,必须取消垄断制。

要保证工人的最低工资,要缩短工作日,要给他们舒适像样的住宅,要给他们一块土地,以便他们为家庭种植一些东西!应当建立**进步的阶梯**,"有进取心的"工人才可能沿着这个阶梯往上爬——从一小块份地、一个菜园发展到一个不大的独立农场。而最有进取心的工人则应当继续前进,成为我国的大农场主。侨居美国、侨居澳大利亚的美妙前景正在使你们神往。可是我们希望,不列颠的工人在英国,在自己祖国的土地上谋生,自由地生活,既为自己也为孩子们找到舒适的环境。

掌声如雷……　但是可以感觉到,并不傻的听众(像那些叫喊你建议什么呢的人)三三两两发出的声音,似乎在说:唱得倒好听,可是天晓得做不做……

这位英国自由党的大臣,小市民们的宠儿,肆意欺骗工人、破坏罢工的老手,奴役不列颠工人和3亿印度人民的英国资本的忠实奴仆,他唱得倒好听。可是究竟什么力量迫使这个老奸巨猾的投机家,大财主的奴才,说出些"激进的"话呢?

工人运动的力量。

英国没有常备军。用暴力决不能制服人民,只有用欺骗才能制服他们。工人运动的发展势不可挡。必须转移人们的注意力,必须拿一些冠冕堂皇的改革草案来"吸引住"群众,必须装出一副同保守党人开战的样子,必须搞点小恩小惠,只要群众对自由党人不失去信心就行，只要他们像小绵羊那样跟着牧人、跟着工业资本家和金融资本家走就行。

　　至于那些改革的诺言……不是有一句英国谚语吗，诺言好比馅饼皮，为了撕皮才做皮。劳合-乔治许下诺言，而整个自由党内阁在把诺言付诸实现时要打一个对折。保守党人还要**再**打一次折扣——扣得只剩下一成了。

　　英国资产阶级的改良主义，最清楚不过地表明英国工人阶级深刻的革命运动的发展。无论是雄辩家还是自由党的骗子，都阻挡不了这个运动的发展。

载于1913年10月12日《拥护真理报》第8号

译自《列宁全集》俄文第5版第24卷第69—72页

十月党人和工人运动

(1913 年 10 月 15 日〔28 日〕)

俄国当前的政治局势特别引人注目。一方面是立宪民主党人、进步党人[57]和十月党人谈判在杜马中共同采取"反对派"策略,另一方面是工人运动不断发展,这些情况不仅表明了"气氛活跃",而且表明了更多的东西。

"十月十七日同盟"中央委员会的告党员书,是我们这个引人注目的时代的极有教益的文献之一,它要求十月党人(根据《言语报》的转述)"丢掉消沉情绪,积极着手工作"。

在十月党中央委员会看来,"目前革命力量又活跃起来,罢工就是一个明证,因此一切真心诚意希望国家向前发展的善良公民,都应该加入'十月十七日同盟',从而扩大它的队伍,提高它的威信"。

十月党中央委员会认为,十月党人的工作应该是"消除破坏分子的影响,这些人又在大喊大叫、喋喋不休地发表主张,号召对俄国的政治制度和社会制度进行一场新的变革。中央委员会指出,如果善良的人们现在无所事事,不参加社会活动,国家和社会必将蒙受损失。中央委员会深信,俄国千百万善良的公民决不会让一小撮革命者葬送俄国"。

《言语报》(第 275 号)就是这样转述十月党中央委员会这份引

人注目的告党员书的内容的，看来，该报不认为这份告党员书有什么背离十月党一贯的政策的地方。

让我们来分析一下十月党中央委员会的告党员书这一说明当代历史特点的文件。要求十月党人"丢掉消沉情绪"，这岂不等于说，迄今为止消沉情绪是存在的？反动势力猖獗时，十月党人情绪消沉。反动势力**似乎**还足以……维持"秩序"时，十月党人感到心满意足，并不认为有必要"着手工作"。当反动势力显得力不从心了（与反动势力相对抗的力量"又活跃起来"），于是……于是十月党人就积极着手工作，**帮助反动势力**。

确实，这个有影响的杜马党团开始攻击左派"大喊大叫、喋喋不休"，攻击他们力图"葬送俄国"，这难道不是在帮助反动势力吗？你们想一想："一小撮"居然也有"葬送俄国"的危险！左派的报纸（全俄国总计不下 10 家）几乎每天都被没收，但是，请注意，左派的特点是"大喊大叫、喋喋不休"！其实，这正是一字不差地照搬黑帮政府报刊上每天都可以读到的那些真正大喊大叫、喋喋不休的词句。

这里我们清楚地看到，"按 10 月 17 日宣言的精神"鼓吹"进步"思想，实际上造成了什么后果。日益高涨的工人运动刚刚使社会生活普遍活跃起来，我国的资产者"进步党人"就开始凶相毕露，**不是**对反动势力，而恰恰是对这个工人运动凶相毕露。

俄国现在再次面临着八九年前出现过的力量对比，只是规模更大，范围更广。那时，十月党人、进步党人和立宪民主党人还没有分家，是混为一体，作为一个统一的所谓"进步团体"而存在的。现在，我们看到的似乎是经受了三届杜马和 1906—1912 年多事之秋的考验的**三个成熟的资产阶级政党**：十月党、进步党和立宪民主党。这三个政党之间的分工真是**妙不可言**：十月党公开地、用地道的黑帮方式向左派宣战，进步党人昨天同十月党人**协商**，今天还在协商，看来将长期干这个令人肃然起敬的工作。而立宪民主党人也在同十月党人的朋友进步党人长期"协商"，同时还硬要人民相信他们的——请原谅我用的字眼——民主主义。

即使八年前工人运动忽略了十月党和立宪民主党公开的和隐蔽的背叛和动摇，但一切使人想到，从那时起工人并**没有**变得糊涂。

载于1913年10月15日《拥护真理报》第10号

译自《列宁全集》俄文第5版第24卷第73—75页

关于"俄国知识分子纪念日"

(1913 年 10 月 15 日〔28 日〕)

莫斯科自由派报纸的五十周年纪念日引起俄国形形色色的自由派滔滔不绝的一片颂扬声。这是自然的,正常的,也是合情合理的。自由派应当庆祝自由派报纸的纪念日。《俄罗斯新闻》[58]不比别的自由派报纸差,而且在某些方面(例如,在大量刊登**学术**资料方面),无疑还超过一般自由派的水平。

但是,自由派的吹鼓手柯瓦列夫斯基、米留可夫、曼努伊洛夫、布宁之流的先生们,却**以民主派的名义**,用所谓民主主义的观点吹捧《俄罗斯新闻》,对这样的无耻谎言,就不能不予以回击。

高贵的赫赫有名的自由派先生们! 你们都赌咒发誓,说你们拥护政治自由。但是你们却不想弄懂这样一个简单的道理,就是:对俄国自由派的反革命言论不予回击的自由派人士,本来就不配得到政治自由,而且永远也不可能得到政治自由。

你们不是在纪念《俄罗斯新闻》五十周年吗? 好极了。那就请你们不要隐瞒**真相**。你们不要忘记,俄国最早的自由派报纸之一《俄罗斯新闻》,对以争取政治自由为目的的俄国第一场重大而深刻的群众运动暗中搞破坏。

　　这是1905年**夏天**发生的事。当时,自由主义科学界和自由主义政论界的泰斗、历史学家维诺格拉多夫教授先生在《俄罗斯新闻》上发表了一篇意义重大、令人刻骨铭心、永志不忘的"历史性"文章。文章的基本思想是:但愿我国的运动不超越德国1848—1849年运动的范围,否则普鲁士值班长①将不得不在我国建立秩序。

　　请看,这就是自由派的喉舌《俄罗斯新闻》1905年夏天刊登的东西!!

　　让每一个希望成为公认的民主主义者的俄罗斯人思考思考这个历史事实吧。历史已经证明,并且彻底证明了1905年**秋天**的运动软弱无力。可是这位大名鼎鼎的自由派在1905年**夏天**就认为运动过猛了,并且横加阻挠。

　　事实俱在。事实不容争辩。这位自由派和他的所有同道,他的所有——请原谅我用的字眼——自由派政治家,在道义上和政治上**应该**对1905年秋反犹大暴行**负责**。顺便提一下,因为正是自由派人士的这种"维诺格拉多夫式的"情绪使暴徒们从中获得了力量,变得如此厚颜无耻。

　　"维诺格拉多夫式的"自由派有他们**完全**应该有的政府。在《俄罗斯新闻》上撰稿的"维诺格拉多夫式的"自由派同普利什凯维奇即普利什凯维奇集体,这是一件事情的两个方面,是相互联系相互依存的现象。

　　只要俄国还没有(或者说因为俄国还没有)能洞察《俄罗斯新闻》的"维诺格拉多夫式"自由主义的全部愚蠢、荒谬和卑鄙的群众

---

　　① 看来此处"值班长"("вахтер")系"卫队长"("вахмистр")之误。——俄文版编者注

民主派，俄国就不**可能**有政治自由。

载于 1913 年 10 月 15 日《拥护
真理报》第 10 号

译自《列宁全集》俄文第 5 版
第 24 卷第 76—77 页

为坏事作的坏辩护⁵⁹

（1913 年 10 月 17 日〔30 日〕）

　　有一个叫格·戈洛索夫的,对我在《启蒙》杂志上把齐赫泽称之为"同党貌合神离的社会民主党人"①特别生气。

　　格·戈洛索夫大发雷霆,破口大骂,打了一大堆的惊叹号和问号。但是,格·戈洛索夫愈恼火就愈清楚地表明,他大声怒吼是为了掩饰他缺乏论据。

　　我把齐赫泽称之为同党貌合神离的人。戈洛索夫如果能证明齐赫泽有**党性**,那他就可以把我驳倒,这一点他是不难理解的。

　　我曾经指出过这样的事实,在社会民主党党团历史(以及党复兴的历史)上最紧要关头,齐赫泽却"从旁边绕过去了"。取消派刊物和反取消派刊物的创办时期(1911 年和 1912 年初)齐赫泽**既不沾这一边,又不沾那一边**。

　　我的这位恼火的对手是否驳得倒这一确凿的事实呢?

　　不。恼火的格·戈洛索夫没有反驳这个事实,也无法驳倒这个事实。可怜的戈洛索夫很恼火,但是无能为力! 他胆怯地回避了一个事实,这就是那个能够证明齐赫泽的行为(尽管他有演说天才和议会活动经验)是**同党貌合神离**的事实。

　　如果恼火的格·戈洛索夫善于思考,那他就会明白,最积极、

———————

　　① 见本卷第 46 页。——编者注

直接、公开地参与自己党的(不仅是它的杜马党团的)各项工作,是一个人有党性的标志。创办取消派刊物和反取消派刊物是马克思主义者整体的现代史上的大事。因此,我证明齐赫泽同党貌合神离,是无可反驳的。

格·戈洛索夫歇斯底里大发作,恶狠狠地喊道:"弗·伊林和格里·季诺维也夫待在哪里,党就在哪里。"

在这里,好心的戈洛索夫自寻烦恼,提出一个最有意思最重要的问题:党在**哪里**。如果格·戈洛索夫自己没有思考能力,那么,所有的工人过去思考过,现在也在思考这个问题。

多数觉悟的、参加政治生活的工人马克思主义者在哪里,**哪里**就有党。

格·戈洛索夫所以会恼火到歇斯底里大发作的地步,是因为他感到自己连这个简单的道理都反驳不了。

第四届杜马的选举也好,《真理报》创办和发展的历史也好,五金工会理事会的选举也好,保险运动也好,工人支持 6 名工人代表的决议也好——所有这一切都**证明**,党是站在 6 名代表一边的,是站在他们的路线一边的。**他们**提出的口号已被接受,并为工人运动各个领域的工人**群众性**行动所验证。

恼火的戈洛索夫所以恼火,是因为他推翻不了那些确切、明白、无可争辩的事实,这些事实表明无论是在选举中还是在工会中,无论是在创办日报的工作中还是在保险运动中,马克思主义者都战胜了取消派。

遭到**种种**事实驳斥的人,除了"发火"和歇斯底里大发作外,再也没有什么别的办法了。

哪里的多数工人团结在对重大问题给予完整、系统而明确回答的党的决议的周围,哪里就有党。哪里的多数觉悟的工人团结起来,一致拥护这些决议并且同心同德认真贯彻这些决议,哪里就有党。

格·戈洛索夫也和一切取消主义者一样,庇护齐赫泽(和七人团)破坏这些决议,即破坏工人阶级这种意志的"权利",也就是支持无党性而破坏马克思主义的组织。

毫无疑问,工人今后仍将支持**自己的** 6 名代表的立场,反对七人团**同党貌合神离的**立场。

载于 1913 年 10 月 17 日《拥护真理报》第 12 号

译自《列宁全集》俄文第 5 版第 24 卷第 78—80 页

声　明[60]

(1913 年 10 月 18 日〔31 日〕)

尊敬的同志们：

在国家杜马中共同工作一年以来，我们和你们也就是和其余 7 个社会民主党的代表之间，出现了一连串冲突和摩擦。事情已经发展到在报刊上公开论战的地步，而 1913 年 6 月国家杜马快闭幕的时候（当时部分代表已经离开），你们通过的决定最后表明，当时的局面已无法容忍，不可收拾了。你们以 7 票对 6 票所通过的决定就是：拒绝布尔什维克（6 名代表）在预算委员会的两个席位中占一席，推选 1 名代表（而不是 2 名）到一个重要的机关。

你们已经不止一次以 7 票对 6 票剥夺了 6 名工人代表提 1 名杜马发言人（共 2 名）的权利，因此，上述决定使人再也无法忍受了。

你们知道，我们向来完完全全本着彻底的马克思主义精神行事，而且思想上完全赞成马克思主义的共同决定。

同志们，你们知道，有完全客观的事实可以证明，我们说我们完全按照俄国大多数拥护马克思主义的先进工人的意识和意志开展活动，这话并不夸大。有下列事实为证：1912 年 4—5 月工人运动高涨时期创办了《真理报》，而这是把多数工人团结在自己周围的第一张工人报纸；《真理报》的发行量达 4 万份；工人团体为《真理报》捐款（关于捐款情况，该报总是公开加以报道）；工人选民团第四届国家杜马代表进行了选举——选民团的全体布尔什维克代表都当选了，选举表明俄国觉悟工人拥护马克思主义、反对取消主义的信念与第二届和第三届国家杜马工人选民团选举时期相比大大增强了，这是肯定无疑和无可争辩的；最后一个证明是，圣彼得堡五金工会理事会进行的选举和今年莫斯科创办的第一张工人报纸。不言而喻，我们认为，严格按照俄国多数以马克思主义团结起来的工人的意志办事，是我们应尽的义务。

而你们，7 名代表却我行我素，违背了工人的意志，反对工人的意志。你们毫无顾忌地通过了违反多数觉悟工人的意志的决定。我们不妨提一下，你们根据某些似是而非的原则，把一个非社会民主党人亚格洛拉进来，直到现在波兰没有一个社会民主党人承认他[61]；你们违背多数工人的意志而采纳了所谓民族文化自治[62]这样的民族主义口号等等。我们不知道你们对取消派这个流派究竟采取什么态度，我们认为，与其说你们是取消派的衷心拥护者，不如说你们正在倒向取消派。但是，不管怎么说，你们认为不必考虑同我们携手前进的俄国多数觉悟工人的意见和要求，这个事实是否认不了的。

不用说，在这种情况下，世界上无论哪个国家的任何一个社会党人，任何一个觉悟工人，都会认为你们的下列意图是很荒唐的：以一票之差压倒我们，剥夺我们在杜马的各委员会或其他机关两个席位中的一个席位，不让我们在杜马发言等等，并且硬把遭到俄国多数觉悟工人谴责的策略和政策强加于我们。

我们认为，而且不能不认为，目前无法调和的已不限于我们在杜马活动方面的分歧。我们不能不认为，你们这种压倒我们并且剥夺我们在两个席位中的一个席位的意图,无疑是分裂行为,使共同工作的一切可能性荡然无存。但是,考虑到工人渴望社会民主党的代表至少在杜马活动中对外保持统一,考虑到我们一年来的经验证明,**有可能通过协商在杜马的**各项活动中取得统一,我们建议你们明确地、毫不含糊地、一劳永逸地定下来:决不许可以 7 票来压工人选民团代表中的六人团。只有完全彻底承认六人团和七人团的平等,并且在杜马活动的所有问题上实行相互协商的原则,才能保持社会民主党第四届国家杜马党团的真正统一。

载于 1913 年 10 月 18 日《拥护　　　　　译自《列宁全集》俄文第 5 版
真理报》第 13 号　　　　　　　　　第 24 卷第 81—83 页

各工人组织就取消派
诬蔑保险工作者 X 一事的决议草案

（不早于 1913 年 10 月 19 日〔11 月 1 日〕）

我们，某某联盟或协会理事会，调查了取消派在其《新工人报》上指责保险工作者 X 一事[63]，并掌握了取消派报纸编辑部和《拥护真理报》[64]编辑部提供的一切情况，认为后者在 10 月 17 日刊登的由 5 个马克思主义机构组成的委员会所作的决定是正确的，而取消派的活动则纯属诽谤活动。

如果诽谤者不公开地坚决地收回他们的诽谤，我们就号召工人们起来抵制他们，保卫自己的组织不受破坏。

译自《列宁全集》俄文第 5 版
第 54 卷第 373 页

杜马"七人团"

（1913 年 10 月 25 日〔11 月 7 日〕）

国家杜马的 7 个代表为取消主义辩护的长篇声明和议论，使人产生很奇怪的印象。

七人团一直谈论的**仅仅是**杜马的工作、社会民主党的**杜马活动**！

在七人团看来，塔夫利达宫之外，不存在**什么**有组织的东西！"我们 7 个人作决定，我们和亚格洛一起表决，我们选派发言人，我们通过宣言"——从七人团那里听到的只有这些话。"我们是杜马代表"，"我们在开展杜马工作"——除此之外，七人团什么都不知道，什么也不懂。

七人团感染上取消主义，严重到连马克思主义的起码常识都不懂了。

按照马克思主义者的观点，杜马代表应该贯彻的**不是自己的意志**，而是马克思主义组织的意志，**不是自己的决定**，而是马克思主义者整体的决定，**不是自己的策略**，而是马克思主义者整体的策略。连马克思主义的这种起码常识都得向杜马代表讲解，多难为情又多丢脸啊！既然杜马代表竟决定站出来充当无党性分子，充当无产阶级政治组织的破坏者，可见他们倒向取消派的严重程度！

正在转向取消派的 7 个代表**甚至害怕**提出"马克思主义的组

织在哪里"这个问题。

而这正是全部问题的关键。

既然避而不谈按照马克思主义精神组织起来的俄国**多数**先进的觉悟工人的**统一**意志、**统一**决定、**统一**策略,那么一切关于统一的高调都完全是口是心非的。

《拥护真理报》早已指出,可以(而且应该)根据什么材料判断多数工人的马克思主义的意志。不服从这种意志就是分裂行为,就是瓦解组织和破坏组织的行为。

这些材料是:(1)工人选民团第四届杜马的选举;(2)工人报纸的历史;(3)工会组织。在欧洲,还有一项最主要的材料,就是一个政党的党员公开注册的人数。大家都知道,俄国不可能有这样的材料;部分地取代这样的材料的,是一切诚实的工人都必须执行的**共同决定**。

关于这一点,关于马克思主义组织的特征,关于这个组织的决议和策略,取消派和七人团只字**未提**! 取消派和七人团要"统一",就是要 6 个工人代表服从 **7 个无党性分子**,就是要破坏马克思主义者整体的意志。

取消派和七人团要杜马中的这批社会民主党代表自己做主,自己负责,**不要**这个整体**并且反对**这个整体。他们把这种可耻的瓦解组织的要求叫做统一的要求。

七人团高喊统一真像一个众人皆知的笑话:7 个人要和 6 个人"联合",就像人和面包"联合"一样。人把面包**吃掉**。

7 个无党性分子要吃掉 6 个马克思主义者,并且还要把这叫做"统一"。

这个七人团**脱离**多数工人,这个七人团**正在转向取消派**,这个七人团忘掉了自己在杜马中只是**贯彻**多数工人的意志。正是他们在破坏马克思主义组织,——取消派和 7 个代表就是这么干的!

工人阶级反对那些自高自大的敌视工人阶级组织的人所干的这种闻所未闻的瓦解组织的勾当,并坚决要求杜马的工作**也**必须服从。

载于 1913 年 10 月 25 日《拥护　　　　　　译自《列宁全集》俄文第 5 版
真理报》第 19 号　　　　　　　　　　　　第 24 卷第 84—85 页

自由派资产阶级和取消派

(1913 年 10 月 26 日〔11 月 8 日〕)

俄国自由派资产阶级的主要政党立宪民主党,它的总参谋部有不少受过欧洲教育的人。在我们这个时代,如果对马克思主义和西欧工人运动缺乏一般了解,就不能算是有教养的人。

在俄国立宪民主党人中,资产阶级知识分子为数众多,自然,他们是有一般了解的,甚至还有许多人,年轻的时候是马克思主义者或准马克思主义者,但随着年龄的增长他们"聪明"起来,变成了自由派庸人。

所有这一切说明了为什么欧洲老自由派和俄国新自由派对社会民主党采取不同的态度。前者当社会民主党一出现就反对它,否认它有生存的权利,后者则不得不在**事实**面前表示妥协。如《言语报》第 287 号的社论写道:"我们深信不疑,社会民主党在俄国肯定将成为公开的无产阶级政党。"所以,**支持社会民主党内的机会主义**是我国自由派**反对**社会民主党的一种斗争形式。

当我国这些自由派资产者无力阻挡社会民主党的产生和成长的时候,他们就煞费苦心地使**社会民主党按自由派的面貌成长**。因此,我国的立宪民主党人多年来一贯竭力支持社会民主党队伍中的机会主义(特别是取消主义);自由派**正确地**把这种支持看做维持他们对无产阶级的影响并使工人阶级依赖自由派资产阶级的唯一手段。

所以,自由派对工人代表六人团同正在转向取消派的七人团的斗争的评价,是颇为发人深思的。自由派从旁观察,也不得不坦白地承认这样一个基本事实:7个代表是"社会民主党中的议会活动分子",是"议会工作派",在他们的队伍中有"杜马内社会民主党的全体知识分子"。这是一条"社会民主党向公开的议会党演进"的路线,是和一种特别的"策略方针"相联系的路线。《新工人报》是社会民主党议会主义者的机关报。"

相反,《言语报》写道,《拥护真理报》是"不妥协派的机关报"。这不是议会工作派,而是"对立派"。

一批"**知识分子代表**"反对"**工人代表**",这就是《言语报》的评价。《言语报》装腔作势地断言,无从知道多数工人赞成谁,但是,在下面这段十分发人深思的言论中,它马上就自己打自己的耳光:

　　它写道:"向这种正常的状态〈即公开的、合法的状态〉过渡拖得愈久,就愈有理由预料,**议会内的社会民主党知识分子多数将被迫向**目前情绪高昂的**议会外的工人多数让步**。我们1905年底曾看到这种派别分家带来的悲惨结果。现在,无论谁如何看待摆脱当前绝境的未来出路,都未必能有人来替那些没有经验的、群众自发情绪的领导者在那个冬天的几个月里所犯的错误进行辩护。"《言语报》就是这样写的。

我们把这段表白中现在特别使我们感兴趣的话用黑体标出了。

议会外的工人多数反对"议会内的社会民主党知识分子多数",——这就是六人团和七人团争论的实质,连自由派都已察觉。

七人团和《新工人报》——这就是自称为社会民主党的、**反对**"议会外的工人多数"的、**反党**的知识分子多数。

原有的党没有了,原有的党用不着了,可以不要党,只要办一份报纸、在杜马内开展活动,鼓吹鼓吹未来的公开的党就行了,——这就是七人团的立场和所有取消派分子的立场的实质。

这就可以理解,为什么自由派对七人团和取消派这么亲热,夸他们了解议会情况,称他们的策略为"细致的、深思熟虑的、不是简单化的"策略。七人团和取消派在工人中兜售**自由派的口号**,自由派怎么会不夸他们呢? 自由派别的什么都不需要,只需要组织一个**反对**原有的党、**反对**"议会外的工人多数"的知识分子、议员、合法派的堡垒。

"就让这个堡垒自称社会民主党吧(名称不是实质,而它的自由派工人政策才是实质)",——有教养的资产阶级就是这样议论的;从他们的观点来看,这样的议论完全正确。

一切有觉悟的先进工人早就懂得的东西,自由派也弄懂了(并且已经一语道破了),这就是:《新工人报》集团和跟着它走的七人团是脱离社会民主党、否定社会民主党、谩骂地下组织的自由派知识分子的堡垒,他们一贯对资产阶级改良主义、资产阶级民族主义等等实行让步政策。

工人政党如果不对这个知识分子取消派的堡垒进行坚决斗争,那么,真正拥护党、真正不依附自由派资产阶级的"议会外的工人多数"就**不可能**统一。

载于1913年10月26日《拥护真理报》第20号　　　　　　　　　译自《列宁全集》俄文第5版第24卷第86—88页

·

资本主义和工人移民

(1913 年 10 月 29 日〔11 月 11 日〕)

资本主义创造了一种特殊的移民方式。工业迅速发展的国家大量采用机器,把落后国家排挤出世界市场,同时又把工资提高到平均工资水平以上,从落后国家招收雇佣工人。

这样,数以万计的工人就奔向几百几千俄里以外的地方。先进的资本主义强行将他们纳入自己的发展轨道,使他们离开穷乡僻壤去参加全世界历史性的运动,使他们面对一个强大的联合起来的国际工业主阶级。

毫无疑问,只有极端的贫困才迫使人们背井离乡;毫无疑问,资本家剥削移民工人丧尽天良。但是,只有反动派才会无视当前这种移民的**进步**意义。不进一步发展资本主义,不在资本主义基地上进行阶级斗争,就谈不到也不可能摆脱资本的压迫。也正是资本主义吸引**全**世界劳动群众参加这场斗争,不断打破地方生活的沉寂和保守状态,消除民族间的隔阂和偏见,把来到美国、德国和其他国家最大的工厂和矿山的各国工人联合起来。

各国中以美国输入工人最多。下面是向美国移民的人数的材料:

1821—1830 年的 10 年间·························· 99 000 人
1831—1840 年的 10 年间·························· 496 000 人
1841—1850 年的 10 年间·························· 1 597 000 人
1851—1860 年的 10 年间·························· 2 453 000 人
1861—1870 年的 10 年间·························· 2 064 000 人
1871—1880 年的 10 年间·························· 2 262 000 人
1881—1890 年的 10 年间·························· 4 722 000 人
1891—1900 年的 10 年间·························· 3 703 000 人
1901—1909 年的 9 年间·························· 7 210 000 人

移民增加,十分迅速,并且有增无减。1905—1909 年的 5 年间,平均每年到美洲的移民(这里仅指美国)达 **100 万人以上**。

此外,值得注意的是移民(即移居美国的侨民)成分的变化。1880 年以前,大部分是所谓**老侨民**,来自文明古国英国、德国、一部分来自瑞典。即使到了 1890 年,英德侨民的总数也还超过侨民总数的一半。

从 1880 年起,来自东欧和南欧即奥地利、意大利和俄国的所谓**新侨民**开始猛增。这三个国家在美国的侨民人数如下:

1871—1880 年的 10 年间·························· 201 000 人
1881—1890 年的 10 年间·························· 927 000 人
1891—1900 年的 10 年间·························· 1 847 000 人
1901—1909 年的 9 年间·························· 5 127 000 人

因此,在整个生活制度中农奴制残余保留得最多的旧世界最落后的国家,可以说,被强迫去学习文明。美国资本主义使落后的东欧(其中包括俄国,1891—1900 年它提供的移民为 594 000 人,1900—1909 年则为 1 410 000 人)的数百万工人摆脱了半中世纪状态,加入了先进的国际无产阶级大军的行列。

去年出版了一本很有教益的英文书《移民与劳动》,该书作者古尔维奇作了很有意义的考察。1905 年革命后,移居美国的人数激增（1905 年是 100 万，1906 年是 120 万，1907 年是 140 万，1908—1909 年达 190 万）。在俄国经历过各种罢工的工人，把更勇敢、更具有进攻性的群众性罢工的精神也带到了美国。

俄国把自己的一部分优秀工人送到国外，而本身却愈来愈落后了；美国由于从世界各国吸收了最积极、劳动力最强的工人而日益迅速向前发展[1]。

德国和美国的发展水平大体相同，它从一个输出工人的国家变成为招收他国工人的国家。1881—1890 年的 10 年间，自德国移居美国的达 1 453 000 人，1901—1909 年的 9 年，就减少到 310 000 人了。1910—1911 年，在德国的外国工人是 695 000 人，而 1911—1912 年就有 729 000 人。如果我们看看这些人的职业和国籍的分布，就会得到下列情况：

| | 1911—1912 年德国的外籍工人（单位千） | | |
	在农业方面	在工业方面	共　计
来自俄国	274	34	308
来自奥地利	101	162	263
来自其他国家	22	135	157
共　计	397	331	728

国家愈是落后，它所提供的未经训练的、"干粗活的"农业工人就愈多。先进的民族可以说总是捞取好的工种，把坏的工种留给半开化的国家。欧洲（"其他国家"）总共给德国提供了 157 000 名工人，其中 $\frac{8}{10}$ 以上（157 000 人中有 135 000 人）是产业工人。落后的奥地利提供的产业工人只占 $\frac{6}{10}$（263 000 人中有 162 000 名产业工人）。最落后的俄国总共只提供 $\frac{1}{10}$ 的产业工人（308 000 人中

---

[1]　除美国外，其他美洲国家也在迅速前进。去年，到美国去的移民将近 25 万，到巴西去的将近 17 万，到加拿大去的达 20 多万，全年共计 62 万。

有 34 000 名产业工人)。

可见,俄国因为落后到处挨打。但是,俄国工人比起其他国家的人民来,就更加努力地摆脱这种落后和野蛮的状态,更能给祖国的这些"可爱"特征以坚决的反击,更能紧密地同各国工人团结成一支全世界的解放力量。

资产阶级唆使一个民族的工人反对另一个民族的工人,千方百计分裂他们。觉悟的工人懂得,消除资本主义所造成的各民族间的隔阂具有必然性和进步性,因此他们正在竭力帮助启发落后国家的同志,并使他们组织起来。

载于 1913 年 10 月 29 日《拥护真理报》第 22 号

译自《列宁全集》俄文第 5 版第 24 卷第 89—92 页

关于社会民主党杜马党团
内部斗争问题的材料[65]

(1913 年 10 月 29 日〔11 月 11 日〕)

国家杜马 6 个社会民主党工人(选民团的)代表巴达耶夫、马林诺夫斯基、穆拉诺夫、彼得罗夫斯基、萨莫伊洛夫和沙果夫为一方,与社会民主党国家杜马党团的其余 7 个成员为另一方之间,爆发了一场激烈的斗争。六人团和七人团双方都分别发表了告工人书,要求工人对问题进行讨论,发表自己的意见。

彼得堡工人已经开始讨论问题了。为了使讨论能顺利进行,我们提供一些综合性材料和参考意见,这些材料和意见对每个关心自己马克思主义组织的命运的工人都是很有意义的。

谁的意志?

当前工人面临的关于社会民主党杜马党团的分裂这个根本问题,是杜马党团同马克思主义者整体的关系问题。社会民主党杜马党团的决议、策略和行动应当由谁的意志来决定呢?

世界各国社会民主党党团的经验明确而无可争辩地回答了这个问题。一个国家的社会民主党的杜马代表是这个国家觉悟的和团结一致的无产阶级的意志的贯彻者。先进的无产阶级所作出的、并且在自己的一切经济斗争和政治斗争中贯彻执行的那些决定,对社会民主党杜马代表来说是**必须**执行的。议会代表如果违背觉悟的、团结一致的先进无产阶级的意志,那就是放弃代表资格,也就是不要代表的称号了。

对于这些全世界一切马克思主义者一致同意的一般基本原则,首先应当弄懂,并且有一个明确的认识,争论的问题才不致被各种别有用心的人搅乱,弄得是非不清。

谁要是为社会民主党杜马代表背离多数团结一致的觉悟工人的意志闹独立进行辩护,那么这样的人马上就表明自己是马克思主义组织的敌人,是彻底破坏社会民主主义工人的统一和齐心协力的工作的人。

现在要问,我们俄国工人应当怎样判明俄国多数觉悟的和团结一致的社会民主主义工人的意志和决定呢?

俄国多数觉悟工人的意志是什么?

在世界各国,无产阶级团结成了一个政治上的统一整体,可以用下列标志来判明它的意志:

第一,工人报纸。无产阶级支持某种工人报纸,并以此表明自己的政治意志,表明它们拥护什么样的派别。

第二,议会选举。各国的选举法各有不同,但是工人阶级选**什么样的代表**,这往往是可以准确无误地断定的。工人选出的代表所属的**派别就表明**无产阶级的**意志**。

第三,各种各样的工人社团,特别是领导工人同资本作斗争的工会,提供了判断无产阶级意志的可能性。

第四,在西欧,判明无产阶级意志的最准确的依据是社会党的决定。这些党活动公开,谁是党员大家都清楚。

在俄国,大家知道,没有公开的社会民主党,甚至立宪民主党在俄国也算是被禁止的。因此攻击"地下组织"、背弃地下组织的人,或者为反对地下组织进行辩护的人,在俄国就叫做取消派,即工人组织的变节者和破坏者。

让我们来看看可以说明俄国先进工人的意志的**材料**吧。

第二届、第三届和第四届国家杜马的选举 是怎样表明无产阶级的意志的?

俄国选举法规定成立工人选民团,即工人单独进行选举,其反动目的就是把工人和农民分开。但是这样一来倒能够更好地判明工人的意志,因为他们派到杜马中去的都是同自己的观点和自己的派别一致的人。

因此,无论是第二届、第三届还是第四届杜马,**工人选民团的代表全都是社会民主党人**。凡是有点知识的人(除政治上别有用心的人外)都不能不由此得出结论:俄国工人的意志,就是一心一意同社会民主党人一道前进。

但是工人拥护的是社会民主党**内的哪个派别呢?

关于工人选民团选出的代表所属**派别**的统计材料清楚地回答了这个问题。第二届杜马中,工人选民团的代表有 23 人,其中布尔什维克11人(即47%)。大家知道,就在当时,即1907年春,曾经作过准确的统计和核对,工人政党内多数人是拥护布尔什维克的。

选举法修改后,第三届杜马工人选民团有8个代表,其中布尔什维克4人(即50%)。第四届杜马工人选民团有9个代表,其中布尔什维克6人(即67%)。

这样,1907年到1912年的6年间,虽然知识分子**离开**社会民主党,但是工人却**愈来愈多地**转到布尔什维克方面。

⅔以上的俄国工人是同意第四届杜马中**6个工人**(选民团的)代表巴达耶夫、马林诺夫斯基、穆拉诺夫、彼得罗夫斯基、萨莫伊洛夫和沙果夫所持的观点和所属的派别的。**绝大多数**参加政治生活的觉悟工人站在他们一边。

知识分子离开马克思主义组织,取消马克思主义组织。工人则离开取消派。只有别有用心的人才会否认这一真相。

谁是代表?

6个代表的声明①及其反对者的声明分别见报的同一天,取消派的报纸(第60号)就急急忙忙提出论据来为7个代表辩护,说什么拥护7个代表的工人票数**并不少于**拥护6个代表的票数。

当时我们的报纸(第13号)发表了一些材料,完全驳倒了取消派,彻底推翻了他们提出的"论据"。

---

① 见本卷第85—87页。——编者注

这些材料列举了推选社会民主党人代表参加杜马的各省工人人数,清楚地说明在社会民主党党团内,赞成哪一部分的工人选票比较多,而且多多少。

下面就是这些材料:

省　　份	代表姓名	单 位 千		
		工厂视察员报告中统计的工人人数	采矿工业	共计
莫斯科省 …………………	马林诺夫斯基 ……	348	3	351
弗拉基米尔省 ……………	萨莫伊洛夫 ………	202	3	205
彼得堡省 …………………	巴达耶夫 …………	170	27	197
叶卡捷琳诺斯拉夫省 ……	彼得罗夫斯基 ……	33	85	118
科斯特罗马省 ……………	沙果夫 ……………	91	—	91
哈尔科夫省 ………………	穆拉诺夫 …………	45	1	46
总　　计 ……		889	119	1 008
华沙省 ……………………	亚格洛 ……………	78	—	78
顿河州 ……………………	图利亚科夫 ………	18	41	59
乌法省 ……………………	豪斯托夫 …………	6	31	37
塔夫利达省 ………………	布里扬诺夫 ………	10	10	20
伊尔库茨克省 ……………	曼科夫 ……………	2	11	13
梯弗利斯省 ………………	齐赫泽 ……………	5	—	5
卡尔斯省和巴统地区 ……	契恒凯里 …………	1	1	2
总　　计 ……		120	94	214

亚格洛代表不是社会民主党人,他在涉及6个和7个代表的关系问题上没有表决权,而且,他被选进杜马是违背华沙省多数工人复选人的意愿的,因此,他不包括在7个代表之内,这样,华沙省的工人数就不能算在拥护7个代表的工人票数之内。

因此,在 1 144 000 票中,7 个代表总共得 136 000 票,或者说占 11.8%,约 $\frac{1}{10}$ 的票数,而 6 个代表却得 1 008 000 票,或者说占 88.2%,约 $\frac{9}{10}$ 的票数。

取消派关于工人票数的相等的断言完全被推翻了。

他们对这一点是怎样反驳的呢?

他们的回答值得完整地重述一遍,作出这样的回答只能说明他们的处境进退维谷。

"**关于这些数字的正确性和它们的意义我们暂且不谈**,我们认为……"——弗·先生在《新工人报》第 61 号上写道。

先生们,是你们提到工人票数问题,我们才给你们援引数字,而你们却又暂且不谈了。

他的话还没有来得及说完,下一号报纸(第 62 号)上又出现了只能令人莫名其妙的断言:

"**我们的报纸昨天已经就这个断言中的算法问题发表了意见**。"

暂且不谈,这就是"表示意见"。取消派先生们指望找个多大的傻瓜呢?

我们援引取消派反驳不倒的上述数字时,根本没有涉及选举 6 个工人代表的那些省份在我们的选举系统中所具有的特殊意义。在**事实**面前不知所措的取消派却企图大谈六三法令给了 6 个代表种种特权,说我们崇拜斯托雷平选民团,说我们只承认 6 个代表是社会民主党的代表,等等。

这样的论断有一个现成的、但并不好听的名字…… 我们说了会弄脏嘴!……

各省的工人数仍旧不变。比较一下这些数字是可以的而且是必要的。

尽管德国妇女被剥夺了选举权，但是德国社会民主党仍然可以统计自己在选举中取得的成果。

所有这一切是那么简单明了，因此，人们会感到奇怪：取消派到底想用自己的"论据"来迷惑谁呢？

俄国工人报纸表明了
什么样的工人意志呢？

大家知道，俄国的工人报纸是经过 1908—1910 年的苦闷消沉和思想混乱时期后，从 1911 年才开始创办的，并在 1912 年巩固下来了。

拿 1912 年来说，首先创办并坚持下来的是周报《明星报》[66]，后来每周出两次，为日报《真理报》的创办作了准备。《真理报》在工人的**大力**支持下于 1912 年 4 月创刊。这份报纸把多数觉悟工人团结在自己的周围。它的方针就是**多数**团结一致的觉悟的无产者的方针。

到 1913 年已经出现了**两种**同一方针的全国性报纸。在工人的大力支持下，《我们的道路报》在莫斯科创刊了，这个报纸也采取**同样的**方针。

只是**从** 1912 年**秋开始**，持另一种方针的取消派才在出了几期内容贫乏的周报之后，创办了日报《光线报》。

因此，这些事实都毋庸置疑地证明，**多数**工人很早以前就已经团结在《真理报》周围了。创办取消派报纸是后来的事，这是**违背**

多数人**意志**的行动，是一种**分裂行动**，也就是少数不愿服从多数的行动。

每一个工人都会懂得，在同一个城市，创办**另一种**报纸来竭力破坏原来出版的报纸，这就**破坏了**无产阶级行动的**统一**。欧洲任何地方的**任何一个**社会民主党都不允许发生这样的事。

给工人报纸捐款表明了
什么样的工人意志呢？

资产阶级报纸是靠巨额资本维持的。工人的报纸则靠工人自己捐款来维持。

工人们筹款资助某种出版物或某一报纸的行动，清楚地表明自己的意志。

因此，俄国工人为工人报纸筹款一事，是表明工人意志的很重要的标志之一。只有完全无知或者别有用心的人（类似立宪民主党人和取消派）才会回避这件事。

下面就是有关**工人团体捐款**的材料，这个材料已经不止一次地公布过，任何一个识字的人都可以对这个材料进行核对：

	给《真理报》	工人团体捐款次数		给《光线报》
		给莫斯科的报纸	共计	
1912 年 ……………………	620	5	625	89
1913 年(4 月 1 日前) ………	309	129	438	139
1913 年(4 月 1 日到 10 月)……	1 252	261	1 513	328
2 年共计 ……………………	2 181	395	2 576	556

这个材料涉及的时间**很长**。它包括**整个** 1912 年和 1913 年的 9 个月。它反映了**全俄国**的情况①。

这个材料说明了什么呢? 毫无疑问,它说明在觉悟工人中,**拥护《拥护真理报》的**,拥护 **6 个工人代表**的,也就是取消派的反对者占**绝对优势**。

任何不承认这个压倒的多数作出的决定的人,都是违背工人意志的人,都是分裂组织和瓦解组织的人。

彼得堡工会表明了
什么样的工人意志呢?

大家知道,五金工人不仅在彼得堡,而且在全俄国,不仅在俄国,而且在全世界都是最开展和最先进的工人。

谁也不能否认五金工人是俄国整个无产阶级的**先锋队**(先进部队),这一点连取消派**自己**在五金工人开会的那天也是承认的。

彼得堡五金工人会议说明了什么问题呢?

会上选举了理事会。当时提出两个名单。

一个名单刊登在取消派的报纸上并得到该报的支持,其中列有**许多**知名的取消派的**大名**。

另一个名单刊登在《真理报》上,这是**反取消派**的名单。

取消派撒谎说自己的名单是工会的决定,但是撒谎没有帮他

---

① 在《马克思主义和取消主义》文集中,这里附有一个脚注:
"截至 1914 年 5 月按整数统计,给《真理报》捐款的工人团体是 6 000 个,给取消派捐款的将近 1 500 个。"——俄文版编者注

们的忙。

出席五金工人会议的有 **3 000 人**。其中投票赞成取消派名单的总共不过 **150 人**。

显然,觉悟的先进工人的意志已经充分反映出来了。工人对取消派的论调连听都不想听。

在彼得堡所有的工会中,只有一个印刷工会还在跟着取消派跑①,因而孤立于彼得堡整个无产阶级之外。而且还应当指出,对取消派来说,这里也并非一切情况都"令人满意"。在商店店员、木器工人、镀金镀银工人、裁缝、面包工人、建筑工人和饭店职员等中间,崇拜取消派的人多吗? 有多少? 在哪里? 在文化教育机关,这种崇拜者多吗? 看不到! 可是当取消派反对地下组织和"罢工狂热"、拥护在斯托雷平改良的庇护下的合法性时,曾经断言所有合法的组织都是拥护他们的! 那么工人知识分子是拥护谁的呢? 在上一号报上就有 **106 个工人学生**向 6 个代表致敬而痛斥取消派!

7 个代表跟着取消派跑,因而**违背了**多数工人的**意志**。不论是杜马的选举,不论是给报纸的捐款,不论是五金工人会议,也不论是合法运动中的全部工作和现在正在开展的保险运动(响应 6 个工人代表的号召支持保险周报[67]),都证明了这一点。

违背多数工人意志的 7 个代表应当记住,他们坚持**自己的**意志而**反对**多数工人将会引起什么样的必然的后果。

---

① 在《马克思主义和取消主义》文集中,这里附有一个脚注:
"看来,现在连这个工会也开始离开取消派了。"——俄文版编者注

思想上的统一

在取消派的报纸上这样写道：

　　"社会民主党是一定的思想上的统一体，不承认党的思想的人不能算做社会民主党人。"

这话说得对，但并不全对，因为社会民主党不仅是**思想上的统一体，而且是组织上的统一体**。只有取消派，就是那些不愿承认组织整体、不顾整体意志、违背整体决定等等的人，才会忘记这一点。

我们的取消派，即那些过去在《光线报》，现在又在《新工人报》上写文章的人，他们反对俄国马克思主义者的组织并坚决同它斗争，从而在工人面前暴露了自己。

这个唯一存在的俄国工人政治组织通过了一系列的决定，坚决谴责取消派所采取的不可容忍的瓦解和分裂这个组织的态度。无论是1908年，还是1910年和1912年，都通过了这样的决定[68]。关心本阶级事业的俄国工人都知道这些决定。但是取消派不仅不认为必须服从这些决定，而且在他们自己的一切活动和各种宣传中肆无忌惮地破坏这些决定。

正因为如此，这份取消派报纸在讨论**组织**问题时，就向它的读者隐瞒了关于社会民主党不仅是思想上的、而且是组织上的团结一致的组织的问题。取消派完全脱离组织进行活动，破坏组织的决定，对组织的存在本身加以嘲弄，因此，它自然是不愿意向工人谈这个问题的。

取消派作家向自己的读者隐瞒了这个情况,但是他毕竟应当承认,不同意社会民主党的思想的人是无论如何也不能算做社会民主党人的。而取消派先生们就正是这样的人。他们的思想不是社会民主党的思想,而是自由派工人政策的思想。机会主义者和合法主义者阉割彻底的马克思主义口号、鼓吹破坏原有的组织而在六三制度下建立公开的党,任何地方、任何时候都不会有任何人把他们这些人的思想看做是社会民主党的思想。

取消派所进行的组织活动和非马克思主义思想的宣传都表明,他们已置身于社会民主党之外。

社会民主党是一定的组织上的统一体,因此,不服从这个组织的纪律、蔑视这个组织和违犯这个组织的决定的人是不能算做社会民主党人的。这是一条基本准则。

但是这位饶舌的取消派说得也对。他写道:**不承认社会民主党的思想的人不能算做社会民主党人**。这一点他说对了。一点不错,取消派先生。不过您没有想到,这些话首先和主要是针对你们自己,针对你们的取消派思想说的。

取消派和资产阶级

谁不相信这一点,那首先就应当让他了解了解,资产阶级政治家和资产阶级报刊是怎样对待取消派,怎样对待取消派的思想和取消派同马克思主义工人组织的斗争的。每一个熟悉资产阶级报刊的人,都立即会相信,**取消派每一次反对马克思主义者的行动,都使资产阶级称赞不已,欣喜若狂**。资产阶级热烈欢迎取消派反对原有的组织的行动，他们热烈支持取消派反对罢工工人、反对"罢工狂热"的行动。

但是，资产阶级报刊尽管对取消派赞不绝口，却仍然无法掩饰一种糟糕的情况。它不得不承认，资产阶级自由派如此喜欢的取消派（智者所见略同！），只不过是一个根本不受工人群众欢迎的知识分子派别。这一点使自由派感到很伤心，但是这一点会使每一个觉悟工人感到高兴！

请看资产阶级自由派的主要机关报——《言语报》对社会民主党杜马党团中所发生的事件是怎样评价的。

该报直言不讳地宣称，七人团是"社会民主党中的议会活动分子"，他们属于"议会工作派"，"知识分子代表的立场较为稳重"。总之，自由派先生们对取消派和《新工人报》的立场要比对6个工人代表的立场更加喜欢得多。

自由派在谈论工人代表时说："他们全都是工人直接选举的"，是一个由"不妥协分子"组成的团体，因此工人群众特别"容易接受"他们的口号。

而自由派先生们恰恰不喜欢工人代表的这种"不妥协性"以及他们同群众的直接联系。自由派先生们抱怨说，"有理由预料，议会内的社会民主党知识分子多数将被迫向议会外的工人多数让步"。

自由派先生们当然衷心希望"温和的"取消派——"议会"策略的维护者在目前这场争论中取胜，并且束缚住不妥协的工人代表的手脚，以免他们提出"直线式的"口号！

但是连自由派也感到，工人阶级以及工人阶级忠于不打折扣的口号的表现，使取消派和自由派希望机会主义者在社会民主党内取胜的妄想难以实现。

团结一致的马克思主义者的决定

六人团的行动是符合无产阶级多数人的意志的,违背这种意志的七人团却胆怯地避而不谈这一点。

下面是已经发表的马克思主义者的决定:

"会议认为,社会民主党党团在杜马工作方面采取**统一行动是可能的和必要的**。

但是会议认为,**7个代表的行为**严重地**威胁**党团的**统一**。

7个代表利用一票之差的偶然多数,侵犯了代表大多数俄国工人的6个工人代表的基本权利。

7个代表从狭隘的派别利益出发,剥夺了6个代表在杜马讲坛上就工人生活最重要的问题发言的机会。有许多次发言,社会民主党党团都推举了2名或2名以上的发言人,但是尽管6个代表提出了自己的要求,却得不到推举自己发言人的机会。

在分配杜马各委员会(如预算委员会)的席位时,7个代表同样也拒绝把两个席位分一个给6个代表。

在党团选举代表进入对工人运动有重要意义的机构时,7个代表以一票之差的多数剥夺了6个代表的代表权。党团的工作人员也往往是由单方面选定的(例如,否决了任命第二书记的要求)。

会议认为,7个代表的这种行为方式,不可避免地会在党团中造成摩擦,妨碍团结一致地进行工作并导致党团分裂。

会议最坚决地抗议7个代表的这种行为方式。

6个代表代表着俄国大多数的工人,他们的行动完全符合大多数工人有组织的先锋队的政治路线。因此,会议认为,**只有党团的这两个部分完全平等**,只有7个代表放弃压制政策,才能保持社会民主党党团在杜马工作方面的统一。

尽管不只是在杜马工作的领域内存在着不可调和的意见分歧,**会议仍然要求党团**根据上面提出的党团内两个部分平等的原则**保持统一**。

会议请觉悟工人就这个重要问题**发表意见,并且全力促进**党团在6个工人代表享有平等权利这个唯一可能的基础上**保持统一**。"①

这一决定通过工人的代表清楚而准确地反映了多数人的意志,这种意志我们在前面已经详细地谈过了。

只有**无党性**的社会民主党人才会违背这种意志。**只有取消派**才会奉劝七人团**各行其是**,去分裂和瓦解工人组织。

我们在党团中的工作

6个代表把杜马党团的偶然多数在党团中压制他们的问题诉诸工人。

他们列举了党团生活中一些令人吃惊的事实。7个代表是怎样回答他们的呢?

7个代表没有直截了当和明确地说明和反驳6个代表提出的

---

① 见本卷第58—59页。——编者注

关于他们在杜马活动中受限制的情形,而只是列举了一些事实来说明不存在限制和压制。

毫无疑问,党团考虑6个代表的意见的情形是有的,如果连这一点都没有,那简直就是对无产阶级的嘲弄了,而这种状况在党团中是一天也不能维持的。

党团的统一是可能的,而达成协议是必要的,党团存在一年来的经验表明了这一点。

但是,这一经验也表明,倒向取消主义方面、不考虑多数工人代表的意见的7个代表,在党团中束缚了6个代表的手脚。

6个代表所举的事实,清楚地描绘出党团内部的实际情况,这是推翻不了的。

7个代表:(1)企图修改社会民主党的纲领。例如,在杜马讲坛上维护1903年就被所有马克思主义者否决了的民族文化自治。

(2)代表亚格洛是另一个组织的成员,并非社会民主党人,却让他参加党团,享有在杜马事务上的表决权,而且还想让他享有在党内事务上的表决权。

(3)不准许6个代表有自己的书记,尽管他们不止一次提出这个要求。

(4)千方百计限制6个代表在杜马讲坛上发言。

(5)不让6个代表在一个重要机构中有代表权。

(6)限制6个代表参加杜马的各个委员会,其中包括预算委员会。

7个代表对所有这一切都是一个回答——**对事业有利**。

显然,对代表俄国大多数工人的6个代表的活动实行压制和限制,绝不能说是对**工人的事业和社会民主党的事业**有利。

6 个代表在杜马党团中是怎样受压制的,——社会民主党的代表参加杜马各个委员会的材料对此作了令人信服的说明。

在有社会民主党的代表参加的 26 个委员会中:

6 个代表参加了 **7 个委员会**;其余 7 个代表参加了 **13 个委员会**——几乎**多一倍**。

在 20 个各有 1 名社会民主党代表参加的委员会中:

6 个代表参加了 **7 个委员会**;其余 7 个代表参加了 **13 个委员会**——几乎**多一倍**。

在各有 2 名社会民主党代表参加的委员会中:

6 个代表参加了 **3 个委员会**;其余 7 个代表参加了 **6 个委员会**——**多一倍**。

其中有 3 个委员会,参加的 2 人都是其余 7 个代表。

在 6 个代表中,没有 1 人参加了 2 个以上的委员会;而在其余 7 个代表中:

契恒凯里参加了 6 个委员会;斯柯别列夫参加了 6 个委员会;曼科夫参加了 4 个委员会。

六人团要求的是什么?

六人团要求有自己的书记,要求在预算委员会的**两个席位中**得到一个,要求选 2 个而不是 1 个代表参加一个重要机构。

七人团**承认**,他们**至今没有实现**这些要求,**而且拒绝实现这些要求**。

任何一个工人都可以看到,这些要求是完全正当的。

如果七人团不愿意实现这些正当的要求，那他们就会失去信任！

七人团必须给予按照**多数人的意志**行动的 6 个工人代表以**平等的权利和完全平等的地位**。

只有这样，**违背多数人的意志**的七人团才能向统一，至少是向杜马工作中的统一迈出一步。

工人们应当迫使七人团考虑多数人的意志！

杜马内的统一和杜马外的统一

实现杜马外的统一只有一种办法，即通过工人支部的统一来实现，通过一切愿意在工人阶级政治组织的领导下真心实意地为工人阶级谋福利的人加入这些工人支部来实现。这些支部向所有的人敞开大门。凡是愿意按照一个组织意图进行工作的人都可以而且应当加入这个支部。只有这样才可能实现工人运动的统一，实现**自下而上的统一**，实现**实际工作中的、斗争中的和相互监督下的统一**。

我们的报纸早就提出这个口号，而且一直坚持这个口号。但是没有听说取消派走上了这条道路，只要他们真正愿意做社会民主党的工作，希望社会民主党实现统一，这条道路对他们始终是畅通无阻的。

但是应当怎样实现杜马工作中的统一呢？

杜马工作中的统一在任何地方、任何时候都只能采取一种办法来实现，这就是：议会代表服从多数有组织的工人。但是我们的

7个倒向取消派的代表不愿意考虑这个意志。他们不愿意考虑有组织的工人的明确决定。他们宁愿利用一票之差的偶然多数来压制代表大多数工人的意志并且在思想上完全同马克思主义组织一致的6个代表。

这些置马克思主义者整体于不顾的人的唯一正确出路,就是直截了当地声明这一点。

但是他们宁肯保持自己的似乎不承担责任的地位。他们不仅不顾有组织的工人的决定,而且想利用自己**在杜马中的多数**,来破坏反映杜马外的无产阶级意志的决定。

只有7个代表放弃这种做法,杜马中的统一才有可能实现。

6个代表其实也没有什么更多的要求了。

我们的同志们说,7个代表不受马克思主义者决定的约束,而我们是要按照马克思主义者的有思想原则的决定办事的,但是只要他们不再压制我们,杜马工作中的统一是有可能实现的。

在这个基础上,统一是有可能实现的。

但只能是在这个基础上。7个代表不实现这些要求,这就是说,他们自觉地和公开地制造分裂。同六人团站在一起的大多数有组织的工人(前面援引的数字已经证明了这一点)**提供**7个代表根据协议进行工作的**机会**。7个代表拒绝这种协议也就等于完全彻底地同马克思主义工人组织**决裂**。这种拒绝意味着7个动摇的代表完全站到取消派的分裂立场上去了。

载于1913年10月29日《拥护
真理报》第22号

译自《列宁全集》俄文第5版
第24卷第93—110页

"照马克思那样"发议论的立宪民主党人房产主

(1913 年 10 月 30 日〔11 月 12 日〕)

《市政问题》杂志[69]的编辑兼出版人,国家杜马代表和立宪民主党党员韦利霍夫房产主先生,在自己的杂志上批驳"知识分子官僚",为在基辅召开的市民代表大会进行辩护。

"知识分子官僚"——这个从反动刊物上抄来的辛辣字眼,暗指的是民主主义知识分子。请注意,他们欺负了可怜的房产主,对"房产主制"乱发议论,还要求政治上的明确性。韦利霍夫先生埋怨说:"知识分子官僚"力图"强迫代表大会首先发挥一般的政治作用"。

韦利霍夫先生把代表大会上的这个派别叫做"政治"派,并把另一个派别即"**市政**"派同它相提并论。

对"政治"派的观点他作了如下叙述:

"城市活动家说,革命已经过去,而最近的将来未必还会发生。革命没有进行到底,这大概是因为革命阶级〈究竟是哪些阶级？韦利霍夫先生,请直截了当地说吧!〉当时缺乏经验和知识,并且没有作好接受国家政权的准备。召开群众大会、提出口号、发表激烈的演说和抗议性的决议,走这条大路现在已经不能令人满意,看来已经过时了。今后将是大规模的实际文化工作。"

这位房产主先生就是这样写的。无论从房产主先生得出的教训来看,还是从他力图忘却资产阶级在紧要关头会转向农奴主这一点来看,他坚持的完全是农奴主观点。他还可笑地学舌,搬出了他从某个地方,大概是从取消派那里,窃听来的"也是马克思主义的"词句。

> 他写道:"在俄国,工人无产阶级的人数还很少,力量也很弱,甚至按马克思的《资本论》,土地贵族的统治权在历史发展的最近阶段也应当转到城市资产阶级手中。因此,打击资产阶级,蔑视资产阶级,阻碍资产阶级同现行的国家结构和国家制度作斗争的企图,那就是妨碍自然的进步。"(1913年《市政问题》杂志第20期第1341—1342页)

完完全全是在"照马克思那样"发议论!

最亲爱的、进步的、甚至是立宪民主党党员的房产主!马克思主义者从来没有阻碍过而且现在也没有阻碍"资产阶级同现行的国家结构作斗争的企图"。你永远也说不出,有哪一次"斗争""力量薄弱的无产阶级"不曾最坚决地参加过。马克思主义者和工人从未蔑视过资产阶级同农奴主的任何一次"斗争"。

但是,援引马克思著作的先生,1848年以来,历史上资产阶级背叛同农奴主的斗争并转向农奴主方面的例子却层出不穷,这你就没有想起来?

这样的事俄国历史上也屡见不鲜,特别是1904年,1905年秋天更多,1905年冬天还要多,以后是1906年春天,等等,等等。

援引马克思著作的房产主先生,你是否懂得,同农奴主斗争的利益要求揭露、打击那些口头上要斗争、实际上背叛斗争的资产者,并使他们威信扫地?

载于1913年10月30日《拥护真理报》第23号

译自《列宁全集》俄文第5版第24卷第111—112页

关于民族问题的批评意见[70]

（1913 年 10—12 月）

在俄国社会生活诸问题中，民族问题目前已经很突出，这是显而易见的。无论是反动派的民族主义气焰嚣张，还是反革命资产阶级自由派转向民族主义（特别是转向大俄罗斯民族主义，其次是转向波兰、犹太、乌克兰以及其他的民族主义），甚至各个不同"民族的"（也就是非大俄罗斯的）社会民主党人中民族主义的动摇思想日趋严重，发展到违反党纲的地步，——这一切都绝对要求我们比以往更加关注民族问题。

本文的目的，就是专门对马克思主义者和也是马克思主义者在民族问题上的这些涉及纲领的动摇思想从总的方面进行研究。我在《北方真理报》第 29 号上（1913 年 9 月 5 日《自由派和民主派对语言问题的态度》）①谈过自由派在民族问题上的机会主义。犹太机会主义报纸《时报》[71]发表的弗·李普曼先生的文章，对我这篇文章进行抨击。另一方面，乌克兰的机会主义分子列夫·尤尔凯维奇先生也批评了俄国马克思主义者的民族问题纲领（1913 年《钟声》杂志[72]第 7—8 期合刊）。这两位著作家提到的问题很多，要回答他们，就非得涉及我们这个题目的各个方面不可。因此，我感到最方便的办法就是先转载《北方真理报》的那篇文章。

---

① 见本版全集第 23 卷第 447—450 页。——编者注

1. 自由派和民主派对语言问题的态度

许多报纸都不止一次地提到高加索总督的报告。这个报告的特点并不在于它的黑帮反动主张，而在于它的羞羞答答的"自由主义"。顺便提一下，总督表示反对人为的俄罗斯化，即反对非俄罗斯民族俄罗斯化。高加索非俄罗斯民族的代表**自己**就在竭力教儿童讲俄语，例如，在不一定要教俄语的亚美尼亚教会学校里就有这种情形。

俄国发行最广的自由派报纸之一《俄罗斯言论报》[73]（第198号）指出了这一点，并且作了一个公正的结论：在俄国，俄语之所以遭到敌视，"完全是"由于"人为地"（应当说：强制地）推广俄语"引起的"。

该报写道："用不着为俄语的命运担心，它自己会得到全俄国的承认。"这说得很对，因为经济流转的需要总是要使居住在一个国家内的各民族（只要他们愿意居住在一起）学习多数人使用的语言。俄国的制度愈民主，资本主义的发展就会愈有力、愈迅速、愈广泛，经济流转的需要就会愈迫切地推动各个民族去学习最便于共同的贸易往来的语言。

但是自由派报纸很快就自己打自己的嘴巴，证明它的自由主义不彻底。

该报写道："就是反对俄罗斯化的人里面也未必会有人反对像俄国这样大的国家应当有一种全国通用的语言，而这种语言……只能是俄语。"

　　逻辑正好相反！瑞士没有**一种**全国通用的语言，而是有三种语言——德语、法语和意大利语，但是小小的瑞士并没有因此吃亏，反而得到了好处。在瑞士居民中，德意志人占70％（在俄国，大俄罗斯人占43％），法兰西人占22％（在俄国，乌克兰人占17％），意大利人占7％（在俄国，波兰人占6％，白俄罗斯人占4.5％）。在瑞士，意大利人在联邦议会经常讲法语，这并不是由于某种野蛮的警察法（在瑞士没有这种法律）强迫他们这样做，而纯粹是由于民主国家的文明公民自己愿意使用多数人都懂得的语言。法语之所以没有引起意大利人的仇视，是因为它是一个自由的、文明的民族的语言，而不是靠令人厌恶的警察措施强迫别人接受的语言。

　　为什么民族成分复杂得多而又极端落后的"庞大的"俄国却一定要保留一种语言的特权，从而**妨碍**自己的发展呢？自由派先生们，情况不是正好相反吗？如果俄国想赶上欧洲，它不是应当尽量迅速、彻底、坚决地取消一切特权吗？

　　如果取消一切特权，如果不再强迫使用一种语言，那么所有的斯拉夫人就会很快而且很容易地学会相互了解，就不用担心在全国议会里使用不同的语言发言这一"可怕的"主张。经济流转的需要本身自然会**确定**一个国家的哪种语言使用起来对多数人的贸易往来**有好处**。由于这种确定是各民族的居民自愿接受的，因而它会更加巩固，而且民主制实行得愈彻底，资本主义因此发展得愈迅速，这种确定也就会愈加迅速、愈加广泛。

　　自由派对待语言问题也像对待所有的政治问题一样，活像一个虚伪的小商人，一只手（公开地）伸给民主派，另一只手（在背后）却伸给农奴主和警察。自由派分子高喊：我们反对特权；但在背后却向农奴主时而要求这种特权，时而要求那种特权。

一切自由派资产阶级的民族主义都是这样的，不仅大俄罗斯的民族主义（它是最坏的，因为它带有强制性，并且同普利什凯维奇之流有着血缘关系）是这样，波兰的、犹太的、乌克兰的、格鲁吉亚的以及一切其他的民族主义也是这样。无论在奥地利还是在俄国，**一切**民族的资产阶级都高喊"民族文化"这个口号，**实际上**是在分裂工人，削弱民主派，同农奴主大做出卖人民权利和人民自由的交易。

工人民主派的口号不是"民族文化"，而是民主主义的和全世界工人运动的各民族共同的文化。让资产阶级用各种"良好的"民族纲领去欺骗人民吧。觉悟的工人将这样回答他们：解决民族问题的办法只有一个（如果说在资本主义世界，在追逐金钱、互相争吵和人剥削人的世界，民族问题能够解决的话），那就是实行彻底的民主主义。

证据是：西欧的瑞士是一个具有古老文化的国家，东欧的芬兰是一个具有新兴文化的国家。

工人民主派的民族纲领是：绝不允许任何一个民族，任何一种语言享有任何特权；采取完全自由和民主的办法解决各民族的政治自决问题，即各民族的国家分离权问题；颁布一种全国性的法律，规定凡是赋予某一民族任何特权、破坏民族平等或侵犯少数民族权利的措施（地方自治机关的、城市的、村社的等等），都是非法的和无效的，同时国家的每一个公民都有权要求取消这种违反宪法的措施，都有权要求给予采取这种措施的人以刑事处分。

各民族的资产阶级政党由于语言问题以及其他问题而争吵不休，工人民主派则反对这样争吵，要求在**一切**工人组织中，即在工会组织、合作社组织、消费合作社组织、教育组织以及其他一切组织中，**各**民族的工人无条件地统一，并且完全打成一片，以对抗各种资产阶级的民族主义。只有这样的统一，这样的打成一片，才能捍卫民主，捍卫工人的利益而反对资本（资本已经成为而且愈来愈成为国际资本），捍卫人类向不容许任何特权、任何剥削现象的新的生活制度发展的利益。

2.　"民族文化"

读者看到，《北方真理报》上的那篇文章通过一个实例即通过全国性的语言问题阐明了自由派资产阶级的不彻底性和机会主义，说明了自由派资产阶级在民族问题上有一只手伸给农奴主和警察。谁都知道，除了全国通用的语言问题外，在其他一系列类似的问题上，自由派资产阶级的表现也很阴险、虚伪和愚蠢（甚至从自由派的利益来看也是如此）。

由此可以得出什么结论呢？结论是：**任何**自由派资产阶级的民族主义，都会在工人中起严重的腐蚀作用，都会使自由的事业和无产阶级阶级斗争的事业遭受极大的损失。尤其危险的是，资产阶级的（以及资产阶级-农奴主的）趋向是以"民族文化"的口号**作掩护**的。黑帮和教权派以及**一切**民族的资产者，都在大俄罗斯的、波兰的、犹太的、乌克兰的等等民族文化的幌子下，干反动肮脏的勾当。

如果用马克思主义的观点，即用阶级斗争的观点来观察现代的民族生活，如果把口号同阶级利益和阶级政策加以对照而不是同空洞的"一般原则"、高调和空话加以对照,那么事实就是如此。

民族文化的口号是资产阶级的(而且常常是黑帮-教权派的)骗局。我们的口号是民主主义的和全世界工人运动的各民族共同的文化。

于是崩得分子李普曼先生失去克制而大打出手,写了一大段杀气腾腾的话对我大肆攻击:

"凡是对民族问题略知一二的人,都知道各民族共同的(интернациональ-ная)文化并不是非民族的(иннациональная)①文化(没有民族形式的文化);非民族的文化,即既不应当是俄罗斯的,也不应当是犹太的,更不应当是波兰的,而只应当是纯粹的文化,这种非民族的文化是荒谬的;超越民族的思想只有适合工人的语言、适合工人生活的具体民族条件,才能成为工人阶级所亲近的思想;工人对自己的民族文化状况及其发展不应当漠不关心,因为通过民族文化,而且只有通过民族文化,工人才有可能参加'民主主义的和全世界工人运动的各民族共同的文化'。这是大家早已知道的,然而对这一切,弗·伊·却不愿意知道……"

请仔细考虑考虑这个典型的崩得分子用来驳倒我提出的马克思主义的论点的议论吧。崩得分子先生非常自信,俨然以"了解民族问题"的人自居,把常见的资产阶级观点当做"大家早已知道的"真理奉献给我们。

是的,亲爱的崩得分子,各民族共同的文化不是非民族的。谁也没有否认过这一点。谁也没有宣布过什么既不是波兰的,也不是犹太的,更不是俄罗斯等等的"纯粹"文化,可见你说了一大堆废话只不过是想转移读者的注意力,想用空话来掩盖事情的本质。

每个民族文化,都有一些民主主义的和社会主义的即使是不

---

① Интер——在……之间;ин——非;интернациональный——各民族间的,国际的;иннациональный——非民族的,非国民的,无民族的,无国民的。

发达的文化**成分**，因为**每个**民族都有被剥削劳动群众，他们的生活条件必然会产生民主主义的和社会主义的意识形态。但是**每个**民族也都有资产阶级的文化（大多数还是黑帮的和教权派的），而且这不仅表现为一些"成分"，而表现为**占统治地位的**文化。因此，笼统说的"**民族文化**"**就是**地主、神父、资产阶级的文化。崩得分子避而不谈这个对马克思主义者来说是最起码的基本的道理，而"**大谈**"其空话，这实际上就是**反对**揭露和阐明阶级鸿沟，把阶级鸿沟掩盖起来，使读者看不清楚。**实际上**，崩得分子和资产者的表现一样，因为资产者的整个利益要求散布对超阶级的民族文化的信仰。

我们提出"民主主义的和全世界工人运动的各民族共同的文化"这个口号，**只是从每一个**民族的文化中抽出民主主义和社会主义的成分，我们抽出这些成分**只是**并且**绝对**是为了对抗**每个民族**的资产阶级文化、资产阶级民族主义。任何一个民主主义者，特别是任何一个马克思主义者，都不会否认语言平等，不会否认用母语同"本民族的"资产阶级进行论战、向"本民族的"农民和小市民宣传反教权派的思想或反资产阶级的思想的必要性，这是用不着多说的，但是崩得分子却用这些无可争辩的道理来掩盖争论的问题，也就是掩盖问题的实质。

问题在于：马克思主义者可否直接或间接提出民族文化的口号呢，还是说必须"适应"各地方和各民族的特点，用各种语言宣传工人的**国际主义**口号以**反对**民族文化这一口号。

"民族文化"这个口号的含义，不取决于这位知识分子的诺言或他想"说明"这个口号"是指通过它来推行各民族共同的文化"的善良愿望。这样看问题就是幼稚的主观主义。民族文化这个口号的含义，取决于这个国家同世界各国各阶级的客观相互关系。资产阶级的民族文化就是一个**事实**（而且我还要重说一遍，资产阶级到处都在同地主和神父勾结）。气焰嚣张的资产阶级民族主义麻醉、愚弄和分化工人，使工人听任资产阶级摆布，——这就是当代的基本事实。

谁想为无产阶级服务，谁就应当联合各民族工人，不屈不挠地同"**自己的**"和别人的资产阶级民族主义作斗争。谁拥护民族文化的口号，谁就只能与民族主义市侩为伍，而不能与马克思主义者为伍。

举个具体例子。大俄罗斯的马克思主义者能采纳大俄罗斯的民族文化这个口号吗？不能。这样的人应当请他到民族主义者那儿去，而不应让他待在马克思主义者当中。我们的任务是同占统治地位的、黑帮和资产阶级的大俄罗斯民族文化作斗争，完全用国际主义精神并通过同别国的工人结成最紧密的联盟，来培植那些在我国民主工人运动史上出现的幼苗。你的任务是同本国的大俄罗斯的地主和资产者作斗争，反对他们的"文化"，"适应"普利什凯维奇和司徒卢威之流的特点为国际主义而斗争，不是去鼓吹民族文化这一口号，不是让这个口号畅行无阻。

对于最受压迫最受欺凌的民族——犹太民族来说同样如此。犹太的民族文化，这是拉比和资产者的口号，是我们敌人的口号。但是犹太的文化中和犹太人的全部历史中还有别的成分。全世界1 050万犹太人中，有一半多一点居住在落后的、半野蛮的加利西亚和俄国境内，这两个国家用**暴力**把犹太人置于帮会地位。另一半居住在文明世界，那里的犹太人没有帮会式的隔绝。那里犹太文化明显地表现出具有世界进步意义的伟大特征：它的国际主义，它对时代的先进运动的同情（犹太人参加民主运动和无产阶级运动的百分比,任何地方都高于犹太人在居民中所占的百分比)。

　　谁直接或间接地提出犹太"民族文化"的口号,谁(不管他的愿望多么好)就是无产阶级的敌人,谁就在维护犹太的**旧的和帮会的一套**,谁就是拉比和资产者的帮凶。相反,犹太的马克思主义者已经同俄罗斯、立陶宛、乌克兰以及其他民族的工人在跨民族的马克思主义组织之中打成一片,并且为建立工人运动的各民族共同的文化作出自己的贡献(既用俄语又用依地语),也正是这些犹太人不顾崩得的分离主义,继承了犹太人的优良传统,同时反对"民族文化"这一口号。

　　资产阶级的民族主义和无产阶级的国际主义——这是两个不可调和的敌对口号,这两个同整个资本主义世界的两大阶级营垒相适应的口号,代表着民族问题上的**两种**政策(也是两种世界观)。崩得分子维护民族文化这一口号,并且根据这个口号制定出所谓"民族文化自治"的一揽子计划和实践纲领,因此,他们**实际上**充当了向工人传播资产阶级民族主义的人。

3. 民族主义的吓人字眼——"同化"

　　同化①问题,即失去民族特点,变成另一个民族的问题,清楚地表明了崩得分子及其同道者的民族主义动摇思想所产生的后果。

　　李普曼先生正确地转述和重复了崩得分子惯用的论据,更确

---

　　①　字面的意思是同类化,一律化。

切些说,转述和重复了崩得分子的手法,他把本国的各民族工人必须在统一的工人组织之中统一和打成一片的这个要求(见上面提到的《北方真理报》刊载的那篇文章的最后一段)叫做"**同化的陈词滥调**"。

关于《北方真理报》那篇文章的结尾,弗·李普曼先生说:"因此,要是有人问你属于哪个民族,工人就应该回答说:我是社会民主党人。"

我们的崩得分子认为这种说法俏皮极了。其实,**这种立意反对彻底民主主义**和**马克思主义**口号的俏皮话和关于"同化"的叫嚣,正是他们的彻底自我揭露。

发展中的资本主义在民族问题上有两种历史趋势。民族生活和民族运动的觉醒,反对一切民族压迫的斗争,民族国家的建立,这是其一。各民族彼此间各种交往的发展和日益频繁,民族隔阂的消除,资本、一般经济生活、政治、科学等等的国际统一的形成,这是其二。

这两种趋势都是资本主义的世界性规律。第一种趋势在资本主义发展初期是占主导地位的,第二种趋势标志着资本主义已经成熟,正在向社会主义社会转化。马克思主义者的民族纲领考虑到这两种趋势,因而首先要维护民族平等和语言平等,不允许在这方面存在任何**特权**(同时维护民族自决权,关于这一点下面还要专门谈),其次要维护国际主义原则,毫不妥协地反对资产阶级民族主义(哪怕是最精致的)毒害无产阶级。

试问,我们的崩得分子向苍天高喊反对"同化",他指的究竟是什么呢? 这里他**不会是**指对民族采取暴力和某个民族**应享有特权**,因为"同化"二字在这里根本不适合;因为所有的马克思主义者，不论是个人还是正式的统一整体，都非常明确而毫不含糊地斥责过哪怕是最轻微的民族暴力、压迫和不平等现象；还因为那篇遭到崩得分子攻击的《北方真理报》的文章，也十分坚决地阐明了这个一般的马克思主义思想。

不。这里含糊其词是不行的。李普曼先生在斥责"同化"时，他指的既**不是**暴力，也**不是**不平等，更**不是**特权。那么同化这一概念，除了一切暴力和一切不平等现象外，还有没有什么实际的东西呢？

当然有。还有消除民族隔阂、消灭民族差别、使各民族**同化**等等具有世界历史意义的资本主义趋势，这种趋势每过 10 年就显得更加强大，并且是使资本主义向社会主义转化的最大推动力之一。

谁不承认和不维护民族平等和语言平等，不同一切民族压迫或不平等现象作斗争，谁就不是马克思主义者，甚至也不是民主主义者。这是毫无疑问的。但是，大骂其他民族的马克思主义者主张"同化"，这样的假马克思主义者实际上不过是**民族主义的市侩**而已，这也是毫无疑问的。所有的崩得分子以及（我们就要看到的）列·尤尔凯维奇和顿佐夫先生之流的乌克兰民族社会党人，都属于这类不值得尊敬的人物之列。

为了具体说清楚这些民族主义市侩的观点的十足反动性，我们引证三种材料。

反对俄国正统派马克思主义者的"同化"喊得最厉害的是俄国的犹太民族主义者，特别是其中的崩得分子。不过，从上面引证的材料可以看到，全世界 1 050 万犹太人中，**约一半人生活在文明**世界里，处在"同化"**最多**的条件下；只有俄国和加利西亚的被蹂躏的、无权的、受普利什凯维奇之流(俄国和波兰的)压迫的不幸的犹太人,才生活在"同化"**最少**、隔绝得最厉害,甚至还有"犹太区"[74]、"百分比限额[75]"以及其他普利什凯维奇式的种种好处的条件下。

卡·考茨基和奥·鲍威尔说,文明世界的犹太人不是一个民族,他们被同化得最厉害。加利西亚和俄国的犹太人不是一个民族,很遗憾,他们(**不是**由于他们的过错,而是由于普利什凯维奇之流的过错)在这里还是**帮会**。这就是那些完全了解犹太人历史并且考虑到上述种种事实的人所作的无可争辩的论断。

这些事实究竟说明了什么呢?说明只有犹太的反动市侩才会高喊反对"同化",他们想使历史的车轮倒转,想让历史不要从俄国和加利西亚的制度走向巴黎和纽约的制度,而是想让历史开倒车。

在世界历史上享有盛名的犹太优秀人物,其中出现过全世界民主主义和社会主义的先进领袖,他们从未高喊过反对同化。只有那些肃然起敬地注视犹太人"后背"[76]的人才高喊反对同化。

在现代先进的资本主义条件下,民族同化过程的规模一般究竟有多大,以北美合众国的移民材料为例就可以得出一个大致的概念。1891—1900 这 10 年,欧洲有 370 万人去那里,而 1901—1909 这 9 年,就有 720 万人。根据 1900 年的统计调查,合众国有 1 000 多万外国人。而纽约州活像一个磨掉民族差别的磨坊,根据这份统计调查,这里有 78 000 多奥地利人,136 000 英国人,20 000 法国人,480 000 德国人,37 000 匈牙利人,425 000 爱尔兰人,182 000 意大利人,70 000 波兰人,166 000 俄国移民(大部分是犹太人),43 000 瑞典人等等。在纽约州以巨大的国际规模发生的过程,现在也在**每个**大城市和工厂区发生了。

　　谁没有陷进民族主义偏见,谁就不会不把资本主义的民族同化过程看做是极其伟大的历史进步,看做是对各个偏僻角落的民族保守状态的破坏,对俄国这样的落后国家来说尤其如此。

　　就拿俄国和大俄罗斯人对乌克兰人的态度来说吧。自然,任何一个民主主义者,马克思主义者就更不用说了,都会坚决反对骇人听闻的对乌克兰人的侮辱,都会要求保证他们享有完全平等的权利。但是,如果**削弱**目前存在的乌克兰无产阶级同大俄罗斯无产阶级在一国范围内的联系和联盟,那就是直接背叛社会主义,**甚至**从乌克兰人的资产阶级的"民族任务"来看,这也是愚蠢的政策。

　　列夫·尤尔凯维奇先生,自称也是"马克思主义者"(不幸的马克思!),他就是推行这种愚蠢政策的榜样。尤尔凯维奇先生写道:1906年索柯洛夫斯基(巴索克)和卢卡舍维奇(图恰普斯基)断言,乌克兰的无产阶级已经完全俄罗斯化了,因此它不需要另立组织。尤尔凯维奇先生根本不打算举出任何一件**涉及问题实质**的事实,而是抓住这一点对他们二人进行攻击,完全以最低级、愚蠢和反动的民族主义精神,歇斯底里地狂叫什么这是"民族的消极性",是"对民族的背弃",扬言这些人"分裂了〈!!〉乌克兰的马克思主义者"等等。尤尔凯维奇先生硬说,现在我们这里,尽管"工人的乌克兰民族意识增强了",但是有"民族意识的"工人还是**少数**,多数人"仍然处于俄罗斯文化的影响下"。这位民族主义的市侩大声疾呼,我们的任务"不是跟着群众走,而是率领群众前进,向他们说明民族的任务(民族事业)"(《钟声》杂志第89页)。

　　尤尔凯维奇先生的所有这些议论完全是资产阶级民族主义的

议论。但是,甚至在资产阶级民族主义者(他们中一些人想使乌克兰获得完全平等和自治,另一些人想建立一个独立的乌克兰国家)看来,这种议论也是不值一驳的。反对乌克兰人谋求解放的意愿的是大俄罗斯和波兰的地主阶级以及这两个民族的资产阶级。什么样的社会力量有能力抵抗这些阶级呢? 20 世纪的头 10 年已经作出实际的回答,只有率领民主主义农民的工人阶级才是这种社会力量。如果真正的民主力量获得胜利,民族暴力就不可能存在,而尤尔凯维奇先生则竭力分裂这种真正的民主力量,从而削弱它,因此他不仅背叛了民主派的利益,而且背叛了本民族即乌克兰的利益。只有大俄罗斯和乌克兰的无产者统一行动,才**可能**有自由的乌克兰,没有这种统一行动,就根本谈不上这一点。

　　然而,马克思主义者并不受资产阶级民族观点的限制。在南部即乌克兰,已有好几十年十分清楚地显示出较快的经济发展过程,乌克兰把数以几万、几十万计的大俄罗斯农民和工人吸引到资本主义农场、矿山和城市中去了。在这些地方,大俄罗斯的无产阶级和乌克兰的无产阶级"同化"的事实是无可置疑的。而**这一事实肯定**是进步的。资本主义把大俄罗斯或乌克兰愚蠢、保守、死守在穷乡僻壤的不开化的庄稼汉变为流动的无产者,这些无产者的生活条件既打破了大俄罗斯特有的民族狭隘性,也打破了乌克兰特有的民族狭隘性。假定说,大俄罗斯和乌克兰之间以后要划国界,但是即使在这种情况下,大俄罗斯工人和乌克兰工人"同化"的历史进步性也是不容置疑的,这和美国的民族界限的磨掉有其进步性一样。乌克兰和大俄罗斯愈自由,资本主义的发展就会**愈广泛愈迅速**,那么资本主义将会更加有力地把国内各地区的**各**民族工人和各邻国(如果俄罗斯成了乌克兰的邻国的话)的劳动群众吸引到城市、矿山和工厂里去。

列夫·尤尔凯维奇先生的所作所为,活像是一个十足的资产者,而且是一个狭隘愚蠢、鼠目寸光的资产者即市侩,他为了乌克兰的民族事业的一时成就而将两个民族的**无产阶级**彼此交往、联合、同化的利益置之脑后。资产阶级民族主义者和跟着他们跑的尤尔凯维奇和顿佐夫先生之流可怜的马克思主义者说,首先是民族的事业,然后才是无产阶级的事业。而我们说,首先是无产阶级的事业,因为它不仅能保证劳动的长远根本利益和人类的利益,而且能保证民主派的利益,而没有民主,无论是自治的乌克兰,还是独立的乌克兰,都是不可思议的。

最后,在尤尔凯维奇先生层出不穷的关于民族主义的奇谈怪论中,还应当指出下面一点。他说,乌克兰工人中有民族意识的是少数,"多数人仍然处于俄国文化的影响下"(більшість перебуває ще під впливом російської культури)。

在谈到无产阶级时,这种把整个乌克兰文化同整个大俄罗斯文化对立起来的做法,就是对无产阶级利益的最无耻的背叛,为资产阶级民族主义效劳。

我们要告诉一切民族的社会党人:每一个现代民族中,都有两个民族。每一种民族文化中,都有两种民族文化。一种是普利什凯维奇、古契柯夫和司徒卢威之流的大俄罗斯文化,但是还有一种是以车尔尼雪夫斯基和普列汉诺夫的名字为代表的大俄罗斯文化。乌克兰同德国、法国、英国和犹太人等等一样,也有**这样两种**文化。如果说多数乌克兰工人处于大俄罗斯文化的影响下,那么我们就确凿地知道了,除了大俄罗斯神父的和资产阶级的文化思想外,还有大俄罗斯的民主派和社会民主党的思想在产生影响。

乌克兰的**马克思主义者**在同前一种"文化"作斗争时，总是要把后一种文化区别开来，并且要告诉自己的工人们："必须用全力抓住、利用、巩固一切机会，同大俄罗斯的觉悟工人相交往，阅读他们的书刊，了解他们的思想，乌克兰的工人运动的根本利益和大俄罗斯的工人运动的根本利益**都**要求这样做。"

一个乌克兰的马克思主义者对大俄罗斯压迫者的仇恨是**完全合情合理的**，但是如果忘乎所以，**以至**对大俄罗斯工人的无产阶级文化和无产阶级事业也仇恨起来，哪怕只有一点儿，哪怕仅仅采取疏远态度，那么这个马克思主义者也就会滚入资产阶级民族主义的泥潭。如果一个大俄罗斯的马克思主义者哪怕只是一分钟忘记了乌克兰人对于完全平等的要求，或者忘记了他们享有建立独立国家的**权利**，那么他同样也会滚入民族主义的泥潭，并且不仅会滚入资产阶级民族主义的泥潭，而且还会滚入黑帮民族主义的泥潭。

只要大俄罗斯和乌克兰的工人生活在一个国家里，他们就应该一同通过组织上最紧密的统一和打成一片，维护无产阶级运动共同的文化或各民族共同的文化，以绝对宽容的态度对待用何种语言进行宣传的问题和在这种宣传中如何照顾一些纯地方的或纯民族的**特点**问题。这就是马克思主义的绝对要求。任何鼓吹把一个民族的工人同另一个民族的工人分离开来的论调，任何攻击马克思主义的"同化"的言论，任何在涉及无产阶级的问题时把某个民族文化当做整体同另一个据说是整体的民族文化相对立等等的行为，都是**资产阶级**民族主义，应该与之作无情的斗争。

4."民族文化自治"

"民族文化"这个口号问题对于马克思主义者之所以意义重大,不仅是因为它决定了我们在民族问题上的整个宣传鼓动工作的思想内容不同于资产阶级的宣传,而且还因为臭名远扬的民族文化自治的一整套纲领是以这个口号为依据的。

这个纲领主要的、根本的缺陷,就在于它竭力要实现最精致、最绝对、最彻底的民族主义。这个纲领的实质是:每一个公民都登记加入某一个民族,每一个民族就是一个法律上的整体,有权强迫自己的成员纳税,有本民族的议会(国会),有本民族的"国务大臣"(大臣)。

这种思想用到民族问题上,正如蒲鲁东思想用到资本主义上一样。不是消灭资本主义及其基础——商品生产,而是**清除**这个基础的各种弊端和赘瘤等等;不是消灭交换和交换价值,而相反,是"确立"交换价值,使之成为普遍的、绝对的、"**公正的**"、没有波动、没有危机、也没有弊端的东西。——这就是蒲鲁东思想。

蒲鲁东是小资产阶级,他的理论把交换和商品生产绝对化,把它当做宝贝,而"民族文化自治"的理论和纲领也是小资产阶级的,同样是把资产阶级民族主义绝对化,把它当做宝贝,清除其中的暴力、不公正等等现象。

马克思主义同民族主义是不能调和的,即使它是最"公正的"、"纯洁的"、精致的和文明的民族主义。马克思主义提出以国际主义代替一切民族主义,这就是各民族通过高度统一而达到融合,我们亲眼看到,在修筑每一俄里铁路,建立每一个国际托拉斯,建立每一个工人协会(首先是经济活动方面的,其次是思想方面、意向方面的国际性协会)的同时,这种融合正在加强。

民族原则在资产阶级社会中有其历史的必然性,因此,马克思主义者重视这个社会,完全承认民族运动的历史合理性。然而,不要把这种承认变成替民族主义辩护,因此应该极严格地仅限于承认这些运动中的进步东西,因此不能因为这种承认而让资产阶级思想模糊了无产阶级意识。

群众从封建沉睡状态中觉醒,反对一切民族压迫,为争取人民主权、争取民族主权而斗争,这是进步。因此,在民族问题的各个方面维护最坚决最彻底的民主主义是马克思主义者的**义不容辞的**责任。这项任务多半是消极的。可是无产阶级不能超出这项任务去支持民族主义,因为超出这项任务就属于力图**巩固**民族主义的**资产阶级**的"积极"活动了。

冲破一切封建桎梏,打倒一切民族压迫,取消一个民族或一种语言的一切特权,这是无产阶级这个民主力量的义不容辞的责任,是正在为民族纠纷所掩盖和妨碍的无产阶级阶级斗争的绝对利益。然而,**超出**这些受一定历史范围的严格限制的界限去协助资产阶级的民族主义,就是背叛无产阶级而站到资产阶级方面去了。这里有一条界线,这条界线往往是很细微的,而崩得分子和乌克兰民族社会党人却把它全忘光了。

反对一切民族压迫的斗争是绝对正确的。**为**一切民族发展,**为**笼统的"民族文化"而斗争是绝对不正确的。全世界资本主义社会的经济发展给我们提供了一些没有充分发展的民族运动的实例,提供了一些由若干小民族组成大民族或损害某些小民族而组成大民族的实例,也提供了一些民族同化的实例。资产阶级民族主义的原则是笼统的民族发展,由此而产生了资产阶级民族主义的局限性,由此而产生了难解难分的民族纠纷。无产阶级不仅不维护每个民族的民族发展,相反,还提醒群众不要抱这种幻想,无产阶级维护资本主义流转的最充分的自由,欢迎民族的一切同化,只要同化不是强制性的或者依靠特权进行的。

在某种"公正"划定的范围内巩固民族主义,"确立"民族主义,借助于专门的国家机关牢固而长期地隔离一切民族,——这就是民族文化自治的思想基础和内容。这种思想是彻头彻尾资产阶级的,是彻头彻尾虚伪的。无产阶级不能支持任何巩固民族主义的做法,相反,它支持一切有助于消灭民族差别、消除民族隔阂的措施,支持一切促进各民族间日益紧密的联系和促进各民族打成一片的措施。不这样做就站到反动的民族主义市侩一边去了。

奥地利社会民主党人在他们的布隆代表大会[77]上(1899年)讨论民族文化自治草案时,几乎没有注意对这个草案从理论上加以评价。然而,值得指出的是,当时提出了以下两个反对这一纲领的论据:(1)它会加强教权主义;(2)"它导致的后果就是使沙文主义永世长存,把沙文主义搬进每一个小团体,每一个小组"(见布隆代表大会正式德文记录第92页。这个记录有犹太民族主义政党"犹太社会主义工人党"[78]出版的俄文译本)。

毫无疑问,目前世界各国,一般含义的"民族文化"即学校等等,都处于教权派和资产阶级沙文主义者的绝对影响下。崩得分子为"民族文化"自治进行辩护,说民族的确立会使民族内部的阶级斗争成为不带任何不相干的意图的**纯粹**斗争,这是很明显很可笑的诡辩。在任何资本主义社会中,重大的阶级斗争都首先是在经济和政治领域内进行的。把教育部门**从这个**领域分出来,首先,这是一种荒谬的空想,因为要学校(以及笼统的“民族文化”)脱离经济和政治是不行的;其次,正是资本主义国家的经济和政治生活每走一步都**迫使**消除荒谬陈腐的民族隔阂和偏见,而把学校教育这一类事业分出来恰恰会保持、加剧、加强“纯粹的”教权主义和“纯粹的”资产阶级沙文主义。

在股份公司里,不同民族的资本家坐在一起,不分彼此。在工厂里,不同民族的工人在一起工作。当发生任何真正严肃而深刻的政治问题时,人们是按阶级而不是按民族来进行组合的。使教育这一类事业“不受国家管理”交给各个民族管理,恰恰是企图**把社会生活的可以说是最高的意识形态领域同使各民族打成一片的经济分开**,在意识形态这一领域中,对“纯粹”民族文化的存在或教权主义和沙文主义在民族中的培植都是极为有利的。

“超地域的”(非地域的,同某一民族所居住的地域无关的)或“民族文化的”自治计划付诸实施,只能意味着**以民族划线分割教育事业**,即分民族办教育事业。只要清楚地想想著名的崩得计划的这种**真正本质**,就足以了解这个计划的十足反动性了,即使从民主派的观点来看这个计划也是极其反动的,更不用说从无产阶级争取实现社会主义的阶级斗争的观点来看了。

只要举出学校教育“民族化”的一个例子和一个草案,就可以清楚地说明问题的实质。北美合众国在全部生活中直到现在仍然划分为北方诸州和南方诸州;前者自由传统和反对奴隶主斗争的传统最多,后者奴隶占有制的传统最多,经济上压制黑人、文化上歧视黑人(黑人中44%是文盲,白人中6%是文盲)等等对黑人迫害的残余现象仍然存在。因此,在北方诸州,黑人和白人是合校上课的。在南方则有专门的——"民族的"或种族的,怎么称呼都行——黑人学校。看来,这倒是学校"民族化"的唯一实例。

东欧有一个国家直到现在还有可能发生类似贝利斯案件[79]的事情,那里的犹太人被普利什凯维奇先生们贬到比黑人还不如的地位。这个国家的内阁不久前拟了一个**犹太学校民族化**的草案。值得庆幸的是,这个反动的空想未必能够实现,奥地利的小资产者的空想也是如此,这些人对实现彻底的民主主义、对终止民族纠纷已经绝望了,于是就在学校教育方面给各民族**重重设防**,使各民族不会**因为分**校而发生纠纷……然而各民族之间却"确定地"要发生一种"民族文化"反对另一种"民族文化"的**永无休止的纠纷**。

奥地利的民族文化自治在很大程度上是著作家杜撰出来的,奥地利的社会民主党人自己都没有把它当真。但是俄国所有的犹太资产阶级政党和各民族的一些市侩机会主义分子,例如崩得分子、高加索的取消派以及俄国各民族左派民粹派政党代表会议[80],却都把它纳入了纲领。(顺便说一下,这个代表会议在1907年召开,代表会议的决议是**在俄国社会革命党和波兰社会爱国派、波兰社会党[81]弃权的情况下**通过的。弃权——这是社会革命党人和波兰社会党人在涉及民族纲领方面的最重要的原则问题上所采用的一种极其典型的方法!)

在奥地利,正是"民族文化自治"的最主要的理论家奥托·鲍威尔在自己的书中,用专门一章来论证对犹太人不能提出这个纲领。而在俄国,正是所有的犹太资产阶级政党及其应声虫崩得采纳了这个纲领①。这说明什么呢？这就是说，历史用另一个国家的政治实践揭露了鲍威尔的荒谬杜撰，同样，俄罗斯的伯恩施坦分子(司徒卢威、杜冈-巴拉诺夫斯基、别尔嘉耶夫之流)也用自己从马克思主义向自由主义的迅速演变的事实揭露了德国伯恩施坦派的实际思想内容。

　　无论是奥地利的社会民主党人，还是俄国的社会民主党人，都没有把"民族文化"自治纳入自己的纲领。然而，一个最落后的国家里的犹太资产阶级政党和许多冒牌的社会主义市侩集团却**采纳了它**，以便用精致的形式把资产阶级民族主义思想灌输到工人中去。这个事实本身很清楚地说明了问题。

　　既然我们已经谈到了奥地利关于民族问题的纲领，那就不能不恢复常常被崩得分子所歪曲的真相。在布隆代表大会上**曾经**提出一个**纯粹的**"民族文化自治"纲领。这是南方斯拉夫社会民主党的纲领，这个纲领的第 2 条说："居住在奥地利的每一个民族，不论其成员所居住的地域，组成一个自治团体，完全独立地管理本民族的(语言的和文化的)一切事务。"维护这个纲领的不仅有克里斯

---

①　崩得分子常常激动万分地否认**所有的**犹太资产阶级政党都采纳了"民族文化自治"的事实，这是可以理解的。这一事实彻底揭露了崩得所起的真正作用。崩得分子之一马宁先生在《光线报》上试图重申其否认，恩·斯科宾则对他进行了彻底的揭露(见《启蒙》杂志第 3 期)。但是列夫·尤尔凯维奇先生在《钟声》杂志上(1913 年第 7—8 期合刊第 92 页)引用《启蒙》杂志(第 3 期第 78 页)上恩·斯科宾关于"崩得分子同所有的犹太资产阶级政党和集团一起，早就维护民族文化自治"这段话时，竟加以**歪曲**，**删去了**这句话中的"崩得分子"几个字，并以"民族权利"一语**偷换了**"民族文化自治"一语，对此，我们只能感到惊奇！！列夫·尤尔凯维奇先生不仅是一个民族主义者，不仅是一个对社会民主党的历史和它的纲领极其无知的人，而且是一个为了维护崩得利益而**干脆捏造引文的人**。崩得和尤尔凯维奇先生们的情况不妙啊！

坦,而且还有颇具威信的埃伦博根。但是这个纲领被否决了,没有一票赞成。大会所通过的纲领是**拥护地域原则的,**即主张不建立**任何**"与民族成员的居住地域无关"的民族集团。

已通过的纲领的第 3 条写道:"属于同一民族的各自治**区域**共同组成单一的民族联盟,该联盟完全按自治原则来处理本民族的事务。"(参看 1913 年《启蒙》杂志第 4 期第 28 页[82])显然,这个折中的纲领也是不正确的。我们举个例子来说明。萨拉托夫省的德意志移民村社、里加或罗兹城郊的德意志工人区和彼得堡附近的德意志人的居住区等等合起来组成俄国境内的德意志人"统一民族联盟"。显然,社会民主党人不能**要求**干这种事,不能**巩固**这种联盟,虽然他们当然丝毫不否认在这个国家成立任何联盟的**自由,**包括成立任何民族的任何村社联盟的**自由。**但是,按国家法律把俄国各地的和各阶级中的德意志人等单独组成统一的德意志民族联盟,这种事只有神父、资产者、市侩等等人才会干,社会民主党人是决不干的。

5. 民族平等和少数民族的权利

俄国的机会主义者在讨论民族问题时最惯用的手法,就是以奥地利作例子。我在《北方真理报》①(《启蒙》杂志第 10 期第 96—98 页)上发表的那篇遭到机会主义分子攻击(谢姆柯夫斯基先生在《新工人报》上,李普曼先生在《时报》上)的文章中肯定地说:既然

---

① 见本卷第 121—124 页。——编者注

在资本主义世界民族问题一般地说有解决的可能,那就只有一种解决办法,这就是实行彻底的民主主义。为了证明这一点,我顺便举了瑞士的例子。

上面提到的那两个机会主义分子都不喜欢这个例子,都企图驳倒这个例子或缩小其意义。据说,考茨基曾经说瑞士是个例外,说瑞士有完全独特的分权制,有独特的历史,有独特的地理条件,说那里操外国语的居民居住分散,情况非常特殊等等,等等。

所有这些说法都不过是企图**回避**论争的实质罢了。当然,瑞士不是一个单一民族的国家,从这层意义上来说,它是个例外。但是奥地利和俄国也属于这样的例外(或落后,——考茨基补充说)。当然,在瑞士,正是独特的、不寻常的、历史形成的条件和生活条件,才保证了它比那些同它接壤的多数欧洲邻国有**更多的**民主。

可是,既然我们所谈的是一个应该借鉴的**榜样**,那为什么要说这番话呢? 在现代条件下,那些已经根据**彻底的**民主原则建立了某种机构的国家,在全世界来说都是例外。我们在自己的纲领中,难道因此就不该坚持一切机构都应实行彻底的民主主义吗?

瑞士的特点在于它的历史、它的地理条件和其他条件。俄国的特点在于资产阶级革命时代从未有过的无产阶级的力量和国家的各方面都非常落后,这种落后客观上要求必须冒着种种失利和失败的危险,特别迅速、特别坚决地向前迈进。

我们是以无产阶级的观点为依据来制定民族纲领的;从什么时候起选个榜样必须选坏的而不该选好的?

在资本主义条件下,**只有**在彻底实行民主主义的国家里才能实现民族和平(既然一般地说是有可能实现的),这在任何情况下难道不都是不可争辩、不可反驳的事实吗?

　　既然这是无可争辩的，那么机会主义分子坚持要以奥地利而不以瑞士为例，就是地道的立宪民主党人的手法，因为立宪民主党人总是抄袭欧洲的坏宪制，而不是抄袭好宪制。

　　瑞士通行**三种**国语，然而法律草案在付诸全民投票时，是用**五种**文字刊印的，也就是除了用三种国语外，还用了两种"罗马语族的"方言。根据1900年的调查，在瑞士的3 315 443个居民中有38 651人操这两种方言，即占**1%强**。军队中军官和士官"享有用母语同士兵讲话的最大自由"。在格劳宾登和瓦利斯两个州（各有居民10万多一点），这两种方言是完全平等的①。

　　试问，我们是应该宣传并且维护一个先进国家的这种生动的**经验**呢，还是应该从奥地利人那里抄袭世界上任何地方都没有试验过的（奥地利人自己也还没有采纳的）像"超地域自治"一类的**杜撰出来的东西**呢？

　　鼓吹这种杜撰出来的东西就是鼓吹按民族分校，就是鼓吹非常有害的观点。而瑞士的经验表明，在整个国家实行彻底（仍然是相对而言）民主主义的条件下保证高度的（相对而言）民族和平，**在实践上是可能的并且已经实现了。**

　　对这个问题有研究的人们说："瑞士**不存在**东欧那样的**民族问题**。这个词汇（民族问题）在这里甚至都无人知晓…… 瑞士的民族斗争早在1797—1803年间就终止了。"②

　　这就是说，法国大革命时代不仅用最民主的方式解决了从封建制度向资本主义制度过渡的一些首要问题，同时还顺便地"**解决了**"民族问题。

---

　　① 见勒内·昂利《瑞士与语言问题》1907年伯尔尼版。
　　② 见爱·布洛赫尔《瑞士的民族》1910年柏林版。

俄国境内有的县份甚至一个县的一部分的 20 万居民中就有 4 万人操**两种方言**并且希望在本地区享有使用语言方面的**完全平等**,现在就让谢姆柯夫斯基和李普曼之流先生们以及其他机会主义分子去试试作出论断,说这个"唯独瑞士的"解决办法**不适合于**这些地方吧!

宣传民族和语言的完全平等,就可以把每个民族的彻底的民主分子(即只是无产者)单独分出来,可以不按民族,而是根据他们对一般国家制度进行深入和重大改善的愿望**把他们联合起来**。反之,宣传"民族文化自治"(尽管个别人和个别集团出于好意),就是**离间民族**,并且实际上是促使一个民族的工人同**该民族的**资产阶级接近(所有的犹太资产阶级政党都采纳了这个"民族文化自治")。

保障少数民族权利同完全平等的原则是分不开的。我在《北方真理报》上发表的那篇文章,对这个原则的表述几乎同马克思主义者后来召开的会议作出的更确切的正式决定的表述完全一样。这个决定要求"宪法中还要加一条基本法律条款,宣布任何一个民族不得享有特权、不得侵犯少数民族的权利"。

李普曼先生试图嘲笑这个提法,他问道:"怎样才能知道什么是少数民族的权利呢?"民族学校使用"自己的教学大纲"的权利,是否属于这些权利之列呢? 少数民族要有多大才有权设自己的法官,自己的官员,开办使用母语的学校呢? 李普曼先生想从这些问题中作出必须要有"**积极的**"民族纲领的结论。

其实,这些问题清楚地表明,我们这个崩得分子用所谓细节问题的争论作掩护,正在偷运着多么反动的货色。

在自己的民族学校里有"自己的教学大纲"! …… 可亲的民族社会党人,马克思主义者有一个**共同的**学校教学大纲,比方说,大纲要求实施绝对的世俗教育。马克思主义的观点认为,在一个民主国家里,任何地方任何时候都不允许**背离**这个共同的大纲(至于用某些"地方性的"课程、语言等等作补充的问题,可由当地居民决定)。可是,根据使教育事业"不受国家管理"而交给各民族管理的原则,我们工人就得允许各"民族"在我们的民主国家中把人民的钱财花在办教权派的学校上!李普曼先生自己不知不觉清楚地说明了"民族文化自治"的反动性!

"少数民族要有多大?"这一点连崩得分子心爱的奥地利纲领也没有确定,这个纲领说(比我们的更简短更不清楚):"对于少数民族的权利,帝国议会将颁布一项特别法律加以保障。"(布隆纲领第4条)

这究竟是什么样的法律?为什么谁也没有提出这个问题来质问奥地利社会民主党人呢?这个法律究竟应该保证什么样的少数民族有什么样的权利呢?

因为一切明白事理的人都懂得,纲领中规定细节问题是不适当的,也是不可能的。纲领只能确定一些基本原则。这里所说的基本原则在奥地利人那里是不言而喻的,俄国的马克思主义者最近举行的一次会议所通过的决定也直接表述了这条原则。这条原则就是不容许存在任何民族特权和任何民族不平等。

为了给崩得分子解释清楚问题,我们举一个具体例子。根据1911年1月18日的学校普查材料,圣彼得堡市国民"教育"部所属的初等学校有学生48 076人。其中犹太学生396人,也就是说,不到1%。其次,罗马尼亚学生2人、格鲁吉亚学生1人、亚美尼亚学生3人等等[83]。能不能制定一个包罗这些各种各样的关系和条件的"积极的"民族纲领呢?(自然,在俄国,彼得堡还远不是民族成分最"复杂的"城市。)看来,连崩得分子这样的研究民族"微妙问题"的专家也制定不出这样的纲领。

然而,如果在国家宪法中有一项规定不得侵犯少数民族权利的基本法律条款,那么任何一个公民都可以要求废除这样的命令,例如,规定不得用公费雇专门教员讲授犹太语、犹太史等等的命令,或者规定不向犹太、亚美尼亚、罗马尼亚孩子乃至一个格鲁吉亚孩子提供公家场所听课的命令。在平等的基础上满足少数民族的一切合理公正的愿望决不是什么不可能的事,而且谁也不会说,宣传平等是有害的。相反,宣传按民族分校,例如,宣传在彼得堡专门为犹太孩子办犹太学校,那就是绝对有害的,而且为**所有的**少数民族,为一两个或两三个孩子办民族学校简直是不可能的。

其次,在任何一项全国性的法律中,都不可能规定究竟什么样的少数民族才有权开办专门学校或聘请讲授补充课程的专门教员等等。

相反,关于民族平等的全国性的法律,完全可以在各地区议会、各城市、各地方自治机关、各村社等等的专门法令和决定中,详细地加以规定并加以发展。

6. 中央集权制和自治

李普曼先生在自己的反驳意见中写道:

"以我国的立陶宛、波罗的海边疆区、波兰、沃伦、俄国南部等地为例,——你们到处都可以发现**杂居的**居民;没有一个城市没有一个大的少数民族。不管分权制实行得怎样广泛,到处(主要在城市公社中)都可以发现各种不同的民族居住在一起,正是民主主义把少数民族完全交给多数民族支配。然而,大家知道,弗·伊·是反对瑞士联邦实行的那种国家联邦制和无限分权制的。试问,他为什么要举瑞士作例子呢?"

我为什么举瑞士作例子,上面已经说明了。同时说明了,保障少数民族权利的问题,**只有**在不背离平等原则的彻底的民主国家中,通过颁布全国性的法律才有可能得到解决。可是在上面的一段引文中,李普曼先生还重复了一条最流行的(也是最不正确的)反对意见(或者怀疑意见),这种意见通常是用来反对马克思主义的民族纲领的,因此值得加以分析。

当然,马克思主义者是反对联邦制和分权制的,原因很简单,资本主义为了自身的发展要求有尽可能大尽可能集中的国家。**在其他条件相同的情况下**,觉悟的无产阶级将始终坚持建立更大的国家。它将始终反对中世纪的部落制度,始终欢迎各个大地域在经济上尽可能达到紧密的团结,因为只有在这样的地域上,无产阶级反对资产阶级的斗争才能广泛地开展起来。

资本主义生产力广泛而迅速的发展,**要求**有广阔的、联合和统一成为国家的地域,只有在这样的地域里,资产者阶级,还有和它必然同时存在的死对头无产者阶级,才能各自团结起来,消灭一切古老的、中世纪的、等级的、狭隘地方性的、小民族的、宗教信仰的以及其他的隔阂。

关于民族自决权,即关于民族享有分离和成立独立的民族国家的权利,我们还要专门来谈。[①] 但是,在各种不同的民族组成一个统一的国家的情况下,并且正是由于这种情况,马克思主义者是决不会主张实行任何联邦制原则,也不会主张实行任何分权制的。

---

① 见本版全集第 25 卷第 226—288 页。——编者注

中央集权制的大国是从中世纪的分散状态向将来全世界社会主义的统一迈出的巨大的历史性的一步,除了**通过**这样的国家(同资本主义**紧密**相联的)外,没有也不可能有别的通向社会主义的道路。

然而,决不能忘记,我们维护集中制只是维护**民主**集中制。在这方面,所有的市侩和民族主义市侩(包括已故的德拉哥马诺夫),把问题搅乱了,这就不得不一次又一次地花时间来进行澄清。

民主集中制不仅不排斥地方自治以及有独特的经济和生活条件、民族成分等等的区域**自治**,相反,它必须**既要求地方自治,也要求区域自治**。我们这里人们总是把集中制同专横和官僚主义混为一谈。俄国的历史自然会引起这种混淆,然而这对马克思主义者来说,仍然是绝对不能允许的。

举个具体例子就足以说明这个问题。

罗莎·卢森堡在她的长篇文章《民族问题和自治》①中犯有许多可笑的错误(下面将要谈到),其中一个错误特别可笑,这就是她试图说明自治的要求**只适用于**波兰。

然而,请先看看她是**怎样**给自治下定义的。

罗莎·卢森堡承认(她既然是一个马克思主义者,当然必须承认),一切对资本主义社会来说最重要的和重大的经济问题和政治问题,决不应该由各区域的自治议会掌管,而只能由全国性的中央议会掌管。属于这类问题的有:关税政策、工商法、交通和联络工具(铁路、邮局、电报、电话等)、军队、税制、民法②和刑法、教育的一般原则(例如,关于绝对的世俗教育、关于普及教育、关于最低教

---

① 《社会民主党评论》杂志**84**1908年和1909年克拉科夫版。
② 罗莎·卢森堡在发挥自己的思想时谈得很细,例如,她还谈到(而且谈得很对)离婚法(上述杂志第12期第162页)。

学大纲、关于学校的民主制度等等的法律)、劳动保护法、政治自由法(结社权)等等,等等。

　　根据全国性的立法,由自治议会掌管的是纯粹地方性的、区域性的或纯粹民族方面的问题。罗莎·卢森堡在发挥这个思想时也谈得十分详细(甚至过于详细),她指出了例如建设地方铁路(第12期第149页)、地方公路(第14—15期合刊第376页)等等。

　　非常明显,如果**不**保证每一个在经济和生活上有较大特点并且民族成分不同等等的区域享有这样的自治,那么现代真正的民主国家就不可能设想了。资本主义发展所必需的集中制原则,不仅不会因为实行这样的(地方的和区域的)自治而遭到破坏,反而会因此能够**民主地**而不是官僚主义地得到贯彻。**没有**这种既**促进**资本集中、生产力发展,又**促进**资产阶级及无产阶级在**全国**范围内的团结的自治,那么,资本主义广泛、自由和迅速的发展就是不可能的,或者至少会有极大的阻力。这是因为,对**纯粹**地方性的(区域的、民族的等等)问题实行官僚主义的干预,是经济和政治发展的最大障碍之一,特别是在大的、重要的、根本性的问题上实行**集中制**的障碍之一。

　　因此,当读到我们杰出的罗莎·卢森堡非常严肃地用"纯粹马克思主义的"词句来竭力证明自治要求**只**适用于波兰,而且**只是**作为一种例外的时候,是很难叫人不发笑的! 自然,这里并没有一点对"自己教区"的爱国主义,这里只有"实际的"考虑……例如对立陶宛的考虑。

　　罗莎·卢森堡以维尔纳、科夫诺、格罗德诺和苏瓦乌基四省为例,力求使读者(也使她自己)相信,这些省份居住的"主要"是立陶宛人,她还把这些省份的居民加在一起,结果是立陶宛人占全体居民的 23%，如果再把日穆奇人[85]同立陶宛人加在一起，则占居民的 31%，就是说不到⅓。结论自然就是关于立陶宛自治的想法是"无根据和人为的"（第 10 期第 807 页）。

凡是了解我们俄国官方统计方面存在的人所共知的缺点的读者，立刻就会发现罗莎·卢森堡的错误。为什么要以立陶宛人只占**百分之零点二**(0.2%)的格罗德诺省为例呢？为什么要以整个维尔纳省而不是只以该省的立陶宛人在居民中占**多数**的特罗基一县为例呢？为什么要以整个苏瓦乌基省为例，确定立陶宛人占该省居民的 52%，而不以该省一些立陶宛人居住的县份，即以 7 个县中立陶宛人占居民 **72%**的 5 个县为例呢？

在说明现代资本主义的条件和要求时，不用"现代的"，不用"资本主义的"行政区划，而用俄国中世纪的、农奴制的、官方官僚制的行政区划，而且用的是最粗线条的行政区划形式（用省而不是用县），这是很可笑的。非常明显，不废除这些区划，不代之以**真正**"现代的"区划、真正符合资本主义的而**不是官家的、不是官僚制度**的、**不是守旧势力的、不是地主的、不是神父的**要求的区划，那么就谈不上在俄国进行什么比较认真的地方改革，同时，现代资本主义的要求，无疑会包括居民的民族成分要尽可能统一的这项要求，因为民族性、语言统一对于完全控制国内市场和经济流转的完全自由是一个重要因素。

崩得分子麦迭姆重犯罗莎·卢森堡的这个明显的错误，他想证明的不是波兰的那些"例外"特征，而是民族地域自治原则行不通（崩得分子是拥护民族超地域自治的！），这实在令人惊奇。我们的崩得分子和取消派分子搜集了全世界各国、各民族的社会民主党人的一切错误和一切机会主义的动摇思想，并且囊括的一定是全世界社会民主党中**最坏的东西**：从崩得分子和取消派分子的著述中摘录的只言片语凑在一起就能组成一个标准的社会民主主义**垃圾博物馆**。

麦迭姆用教训的口吻说：区域自治对于区域和"边疆区"是适合的，而对于拥有50万到200万居民、面积相当于一个省的拉脱维亚、爱沙尼亚等这样的州就不适合了。"**这就不是区域自治，而是普通的地方自治……** 在这种地方自治之上必须建立真正的区域自治……"同时这位作者还斥责了对旧的省和县的"破坏"。①

事实上，保留中世纪的、农奴制的、官方行政的区划就是"破坏"和损害现代资本主义条件。只有满脑子是这种区划精神的人，才会"故作博学的专家的姿态"，动脑筋把"地方自治"同"区域自治"对立起来，考虑什么按照死板公式大区域应推行"区域自治"，小区域应推行地方自治。现代资本主义完全不需要这些官僚死板公式。为什么不仅不可能成立拥有50万居民的民族自治州，甚至拥有5万居民的民族自治州也不可能，为什么这一类的州在合适的情况下，在经济流转需要的情况下，不能采取各种不同的方式同毗邻的大大小小的州联合成统一的自治"边疆区"，——这一切始终是崩得分子麦迭姆的一个秘密。

我们要指出，社会民主党布隆民族纲领完全立足于民族地域自治，它提出"废除历代的皇朝封地"，而把奥地利划成若干"以民族为界"的州（布隆纲领第2条）。我们是不想走这么远的。毫无疑义，统一的居民民族成分，是实现自由的、广泛的、真正现代化的商业周转的最可靠的因素之一。毫无疑义，任何一个马克思主义

————————

① **弗·麦迭姆**《关于俄国民族问题的提法》，1912年《欧洲通报》杂志**86**第8期和第9期。

者甚至任何一个坚定的民主主义者,都不会去保护奥地利的皇朝封地和俄罗斯的省和县(后者不像奥地利皇朝封地那样糟糕,但毕竟还是很糟糕的),都不会否认必须尽可能地用按居民的民族成分划分区域的办法来代替这些旧的划分办法。最后,毫无疑义,建立拥有清一色的、统一的民族成分的自治州,哪怕是最小的自治州,对于消灭一切民族压迫都是极其重要的,而且散居全国各地甚至世界各地的这个民族的成员都会"倾向"这些州,同它们交往,同它们组成各种自由联盟。所有这一切都是无可争辩的,只有从顽固的官僚主义观点出发,才会对这一切提出异议。

居民的民族成分是极重要的经济因素之一,但它**不是唯一的**,在其他诸因素中**也不是**最重要的。例如,城市在资本主义制度下起着**极其重要**的经济作用,但是任何地方的城市,波兰的也好,立陶宛的也好,乌克兰的也好,大俄罗斯等地的也好,居民的民族成分都是十分复杂的。由于考虑"民族"因素而把城市同那些经济上倾向城市的乡村和州分割开来,这是荒谬的,也是不可思议的。因此,马克思主义者不应当完全绝对地以"民族地域"原则为立足点。

因此,俄国马克思主义者在最近一次会议上所规定的解决问题的办法,比奥地利的办法要正确得多。这个会议在民族问题上提出了如下的原则:

"……必须实行广泛的区域自治"(当然,不是指波兰一地,而是指俄国各个区域)"和完全民主的地方自治,并且根据当地居民自己对经济条件和生活条件、居民民族成分等等的估计,确定地方自治地区和区域自治地区的区划"①(不是按照现在的省界、县

---

① 见本卷第61页。——编者注

界等）。

这里是把居民的民族成分和其他条件（首先是经济条件，其次是生活条件等等）**相提并论**的，这些条件应该作为确定与现代资本主义相适应而不是与官场习气和亚洲式的野蛮状态相适应的新区划的根据。只有当地居民才能够完全准确地"估计"所有这些条件，而国家的中央议会将根据这种估计来确定自治区域的区划和自治议会的管辖范围。

*　　　*　　　*

我们还要研究一下民族自决权的问题。在这个问题上，各民族的一大帮机会主义分子——既有取消派分子谢姆柯夫斯基，也有崩得分子李普曼，还有乌克兰民族社会党人尤尔凯维奇——都在"推广"罗莎·卢森堡的错误。下一篇文章，我们将专门探讨这个被这"一大帮"搅得特别混乱的问题[87]。

载于1913年11月和12月《启蒙》杂志第10、11、12期

译自《列宁全集》俄文第5版第24卷第113—150页

工人群众和工人知识分子

(1913 年 11 月初)

格·拉基京在取消派的《我们的曙光》杂志第 9 期上用这个标题发表了一篇文章,迫不得已承认了取消派报纸深恶痛绝又无可奈何地加以回避的东西。格·拉基京之所以比形形色色的费·唐·高明,就在于他还多多少少试图**思考和分析问题**,而不想用令人厌恶的对骂来款待读者。

格·拉基京的文章一开始就这样写道:"《真理报》的拥护者在圣彼得堡五金工会大会上所取得的胜利,以及其他一些证明布尔什维主义在工人中(特别是在彼得堡)的影响日益扩大的事实,叫人不禁寻思起来:孟什维克派的,特别是所谓'取消主义'的据点开始摆脱那个为俄国公开的工人组织奠定了基础,并且近几年来在这些组织中积极工作的唯一派别的影响,这是怎么回事呢?"

为了让读者了解取消派迫不得已承认事实这一难得的"曝光",就不能不援引上面那段话。而当别人拿第二届、第三届以及第四届杜马的选举或工人团体捐款等等的确切数字向《新工人报》**证明**"真理"派在觉悟的(即参与政治生活的)工人中占优势时,该报便索性通过费·唐·及其同伙的文章大发雷霆,破口大骂。

格·拉基京是承认事实的。他既承认五金工人大会上的胜利,也承认"**其他一些事实**"(尽管他小心翼翼地避而不谈这是些什么事实——这纯粹是知识分子著作家的手法,这样做是为了向工人隐瞒那些可供**独立**核对的**确切**数字)。格·拉基京总的承认"布尔什维主义在工人中,特别是在彼得堡的影响日益扩大",承认取消派"据点""开始摆脱"这个"派别的影响"。

格·拉基京力图**解释**这件取消派感到可悲的事实,尽量**安慰**取消派。

他是怎样作解释的呢?

格·拉基京承认"工人群众"面临"运动的布尔什维克阶段"(第59页)。但是他又说"工人知识分子绝大多数是赞成所谓'取消'派的观点的"(第57页)。当然,由此就作出一个能够"安慰"取消派的结论:"运动的布尔什维克阶段"是"用布尔什维克的口号暂时诱惑群众和正在成长的青年工人";这"与其说是意识和算计"的作用,"毋宁说是本能和感觉"的作用;这是工人群众尚未"摆脱农民蒙昧无知的世界观";这是"过高估计自发冲动的意义";这是不了解"灵活的阶级策略"(取消派的),而以"布尔什维主义的简单化策略"取而代之,等等,等等。

总而言之,《我们的曙光》杂志的撰稿人的解释太精彩了:什么真理派多数都是不成熟的、不开展的、自发的、低劣的,而少数取消派则是有知识的、灵活的、有觉悟的,等等。一切反动作家总是用这种口吻来解释群众的民主主义信念,说群众愚蠢,不开展,而贵族和资产者才是开展的和聪明的!

但是,亲爱的拉基京,请问您的证据何在呢? 您自己承认,真理派的胜利、"群众面临运动的布尔什维克阶段",是有**事实**为证的! 而您所说的绝大多数工人知识分子都跟着取消派走有**事实**证明吗? 您所说的关于国家杜马的选举、多少工人团体捐款、以及哪个名单在工会中取得胜利,事实又在哪里呢?

拉基京的确**一件**事实，甚至连一点线索也没有提供！

因此我们不能同意拉基京的看法。他当然很**乐意**把布尔什维克的**工人群众**说成是不开展和有点愚蠢的（"是本能，而不是意识"），而把取消派少数人说成是开展的和聪明的。但是编写历史，**解释工人运动的各个阶段**，不以事实为根据，而以历史学家个人的好恶为根据，这——请原谅我，拉基京——简直是滑稽可笑的儿戏。当然，我不能说取消派拉基京的"本能和感觉"迫使他把取消派少数人说成是特别有知识、聪明和先进的，但是一个**著作家**如果受"本能和感觉"的支配，而不是受"**意识和算计**"的支配，这是否可取呢？

载于 1938 年《无产阶级革命》　　　　　译自《列宁全集》俄文第 5 版
杂志第 9 期　　　　　　　　　　　　　第 24 卷第 151—153 页

关于俄国社会民主党
杜马党团的分裂[88]

(1913 年 11 月初)

尊敬的同志们！贵报第 266 号刊登了你们的"俄国通讯员"写的关于俄国社会民主党杜马党团分裂的文章。遗憾的是，这篇文章同客观事实出入很大，可能在某些方面会使德国读者产生误解。尊敬的同志们，我们相信，你们不会拒绝我们的请求，刊登这一简短的更正，使德国工人和德国兄弟党对这些基本事实能够有一个正确的了解。

(1)俄国通讯员一开头就说，俄国社会民主党"正在为分裂成**许多**组织、团体和派别而感到苦恼"。单是这一点，就是完全错误的。每一个俄国社会民主党人以至每一个关注俄国的具有历史意义的斗争的人，都了解目前俄国工人运动中，只存在**两个派别，两种**彼得堡出版的指导性报纸，两条政治路线，这就是马克思主义者和取消派。前者，即马克思主义者，在圣彼得堡出版日报《拥护真理报》(不久前，政府在莫斯科取缔了他们的另一种日报《我们的道路报》)。后者在彼得堡出版《新工人报》。在俄国工人运动中，再也**没有**其他什么"派别"，甚至在国外的俄国学生和侨民中，也不再有任何其他中间的所谓"派别"了。每一个俄国社会民主党人现在都必须在马克思主义者和取消派之间作出抉择。

（2）你们的"俄国通讯员"认为，俄国的马克思主义者和取消派之间的差别，正如德国的激进派和修正主义者之间的差别，或者正如"倍倍尔或累德堡为一方和弗兰克或大卫为另一方之间的差别"。但是这种说法并不完全正确。俄国的取消派自然是拥护修正主义的。他们从西欧的机会主义那里吸收了一切最糟糕的东西。但是取消派和修正主义者之间又存在着很大的差别。弗兰克或大卫决不会断言当代德国社会民主党及其组织的存在是"有害的"。而我们的取消派却正是反对党的存在本身，他们实际上是在消灭（"取消"）党的地下组织，他们甚至反对党在罢工（政治罢工）期间所作的决定。这种行动，博得了整个俄国资产阶级的赞许和热烈支持。

（3）你们的通讯员写道，"在杜马党团中"，在 6 个马克思主义者代表和 7 个倒向取消主义的代表之间，只发生过一次"政治性的意见分歧"。然而事实并非如此。意见分歧经常发生，这是圣彼得堡的工人报刊无可争辩地证明了的。而且事态发展到这种地步：七人团以一票之差的多数决定废除我们党的纲领。杜马党团在杜马讲坛上宣读的第一个政治宣言，就表明这 7 个代表在全国公开背弃 1903 年党的第二次代表大会所通过的纲领。他们宣告，俄国社会民主党维护所谓"民族文化自治"，使得那些依附取消派的民族主义分子（崩得）兴高采烈。可是党拒绝了这个几乎得到俄国所有资产阶级民族主义者支持的要求。在制定党纲时，**所有的俄国社会民主党人**否定了这个要求。不久前，普列汉诺夫还说这就是要求"使社会主义迁就**民族主义**"。6 个马克思主义者代表强烈抗议这种背叛党纲的行为。但是，7 个代表仍然坚持自己的反党决定。

(4)你们的通讯员说,证明6个马克思主义者代表工人阶级的多数只能用"间接的办法"。这个说法绝对错误。我们仅列举一些确切的数字来说明究竟6个代表代表多少工人,7个代表又代表多少工人。

省　份	马克思主义者代表的姓名	根据工厂视察机关统计的工人人数
彼得堡省	巴达耶夫	197 000
莫斯科省	马林诺夫斯基	351 000
弗拉基米尔省	萨莫伊洛夫	205 000
叶卡捷琳诺斯拉夫省	彼得罗夫斯基	118 000
科斯特罗马省	沙果夫	91 000
哈尔科夫省	穆拉诺夫	46 000
	总　计	1 008 000

省　份	其　余代表的姓名	根据工厂视察机关统计的工人人数
华沙省	亚格洛	78 000
顿河州	图利亚科夫	59 000
乌法省	豪斯托夫	37 000
塔夫利达省	布里扬诺夫	20 000
伊尔库茨克省	曼科夫	13 000
梯弗利斯省	齐赫泽	5 000
卡尔斯区	契恒凯里	2 000
	总　计	214 000

代表**整个工人选民团**的是马克思主义者代表。6个马克思主义者代表所代表的工人人数,按适中的算法,也比倒向取消主义的7个代表所代表的工人人数多达**5倍**。

难道这是"间接的"证明吗?

再举几个捐款资助马克思主义者的或取消派的合法报刊的**工人团体数字**:

	《真理报》	莫斯科的报纸	所有马克思主义者的报刊	取消派的报纸
1912 年	620	5	625	89
1913 年(4 月 1 日前)	309	129	438	139
1913 年(4 月 1 日到 10 月)	1 252	261	1 513	328
2 年共计	**2 181**	**395**	**2 576**	**556**

这些数字发表在彼得堡的《拥护真理报》第 22 号上①,而且谁也**没有提出过异议**。你们的通讯员应当是知道这些数字的。各团体捐款的情形两家报纸一向都是公布的,而资产阶级营垒中的我们的敌人就把这些材料看做两派力量对比的标志。

而且这里的数字也证明,支持马克思主义者的工人团体数为支持取消派的 5 倍。

能把这种情形叫做"间接的"证明吗?

我们与西欧合法的社会民主党不同,目前还不能说出我们党员的准确人数。但是我们是有直接证明材料,可以说明工人是跟谁走的。

第二届杜马工人选民团选出的 23 个代表(都是社会民主党党员)中有 11 个布尔什维克,占 47%。第三届杜马 8 个代表中有 4 个,占 50%。第四届杜马 9 个代表中有 6 个,占 67%。能说这 5 年中(1907—1912 年)有关**三届杜马**的选举材料也是"间接的证明"吗?

现在,由于六人团在报刊上公开反对七人团,各个工会发表了自己的意见,站到 6 个代表方面反对 7 个代表。彼得堡的马克思主义报纸,每天都要发表许多工人、初选人、工会以及工人文化教育组织支持 6 个代表的决议。

---

① 见本卷第 103、106 页。——编者注

　　代表在俄国整个工人阶级的 6 个工人代表,在杜马中成立了自己的社会民主党工人党团,各方面都服从社会民主党工人的意志。7 个代表则作为一个"独立"团体进行活动。6 个工人代表曾经向七人团提出就杜马工作达成协议的建议。直到现在,七人团仍然坚决拒绝这一建议。但是,达成协议势在必行。

　　这就是真实的情况。

俄国社会民主工党中央机关报——
《社会民主党人报》编辑部

载于 1913 年 12 月 24 日《莱比锡
人民报》第 298 号

译自《列宁全集》俄文第 5 版
第 24 卷第 154—158 页

左派民粹派
论马克思主义者之间的斗争

(1913 年 11 月 13 日〔26 日〕)

《自由思想报》[89]第 3 号上登载了一篇标题新颖别致的文章：《一派的统一，两派的统一，还是三派的统一》。

这篇文章写道："我们公开声明，一个布尔什维克党团妄想控制整个工人运动，正如社会民主党的两个党团妄想体现俄国整个社会主义运动一样，都是狂妄而荒谬的。把一切社会主义派别联合成一个统一的政党是今后唯一的办法。

我们在 1900 年初提出了这个口号，现在我们仍然忠于这个口号。"

这就是关于"统一"的令人发笑的气话的样板！！马克思主义者与民粹派的历史性斗争进行了好几十年，这篇文章对这一斗争的原则性内容却**只字未提**。对 1905—1907 年运动的历史也只字未提，当时各阶级的居民**群众**的公开活动，实际上已经表明了社会民主主义的无产阶级和"劳动的"（即小资产阶级的）农民之间的**根本**区别。

既然俄国有一家激进而严肃的报纸**这样**提出问题，那么，这就是一个明显的迹象，它表明，要奠定原则明确的**基础**，还必须长期进行顽强的斗争。

至于多数觉悟的工人是拥护布尔什维克的,这一点就连布尔什维克的敌人——取消派先生们也不得不恶狠狠地、咬牙切齿地予以承认。

感情用事,推翻不了这个事实。喊几声"狂妄而荒谬",吓不倒工人们,他们只会一笑置之。

从思想上来看,俄国马克思主义的全部历史就是同各种小资产阶级的理论作斗争,最初就是同"合法马克思主义"**90**和"经济主义"作斗争。这场斗争并不是偶然的。这场斗争一直延续到现在也并不是偶然的。工人政党是无产阶级的真正阶级的政党,它正是在同小资产阶级的取消主义和左派民粹主义的斗争中,在俄国六三派横行的艰难时期形成和壮大起来的。

《自由思想报》写道:"我们左派民粹派从来不乘人之危谋取私利。"同时它又断言,分裂活动把"我们社会民主党内部搞得完全软弱无力"!

先生们,写这样的东西正好表明是在"谋取私利"——不过我们不说是乘人之"危",而是"乘人之**思想斗争**"而已。要知道自由派政策思想同无产阶级政策思想的冲突,正是马克思主义者之间斗争的基础。工人们并不在乎别人说气话或感情用事,他们已经学会寻求这场斗争的基本原则。

《自由思想报》写道:"欧洲工人运动的各统一政党内部,意见分歧比我们少。"这是一种流传很广但极端错误的论调。欧洲任何地方都不存在用关于"广泛的"(受普利什凯维奇赞赏的)政党……等等的议论来代替无产阶级的马克思主义组织……这样的事。

　　工人们将从**这类**争论中学会**实际上**而不是口头上**建立**工人政党。

载于 1913 年 11 月 13 日《拥护真理报》第 34 号

译自《列宁全集》俄文第 5 版第 24 卷第 159—160 页

给社会党国际局的信的草稿

（1913 年 11 月 14 日〔27 日〕以前）

现在，我①以俄国社会民主工党中央委员会的名义，建议社会党国际局在即将（1913 年 12 月）召开的维也纳国际社会党代表大会[91]的议程中列入关于波兰社会民主党统一的问题以及目前由罗莎·卢森堡在社会党国际局代表该党[92]是否合适的问题。

为简要说明理由，特指出以下事实：

1.1913 年 2 月，有党的工作者参加的俄国社会民主工党中央委员会会议通过决议，对波兰社会民主党分裂表示遗憾（见关于这次会议的《通报》，**1913 年巴黎版**）[93]。

2.1912 年夏天，罗莎·卢森堡②和她那个称做"总执行委员会"的小组向社会党国际局通报，说什么在波兰社会民主党华沙组织内③有人从事奸细活动[94]，并说这个通报不用于报刊刊登，但同时又发表了这个通报，**故意以这种方式欺骗社会党国际局**（见 1912 年 9 月 6 日胡斯曼给列宁的信[95]）④。

3.1912 年秋天的第四届国家杜马选举也和各国议会选举一

---

① 下面的一个词已划掉，辨认不清。——俄文版编者注
② 下面划掉了"所谓的总委员会"。——俄文版编者注
③ 下面划掉了"队伍中"。——俄文版编者注
④ 下面注有"copie ciemluse"。——俄文版编者注

样,是表明某个政党是否有力量、有组织的最确实和最客观的^①指标之一,选举表明,**波兰根本没有**支持所谓"总执行委员会"的**工人**,因为华沙**所有**社会民主党工人复选人都支持**华沙委员会**(所谓的反对派)^②,而不支持"总执行委员会"(按照法律,在华沙工人选区中^③只选出三名复选人;其中两人来自社会民主党⁹⁶,即**扎列夫斯基**和**布罗诺夫斯基**,另一位是波兰社会党党员**亚格洛**,而且他进入杜马时,**无论是**华沙委员会,**还是**所谓的总执行委员会,都**没有承认**他是波兰社会民主党的代表)。

4.目前波兰工人阶级^④在**每个**大工厂^⑤办工人保险基金会的基础上开展的保险运动同样向罗莎·卢森堡证明,所谓的总执行委员会是假的^⑥,因为参加华沙的工人**中央**保险委员会执行委员会会议的有(1)波兰社会民主党**反对派**成员(华沙委员会)^⑦;还有(2)波兰社会党"左派"成员和(3)崩得分子。既然后两个组织(崩得和波兰社会党(左派))已经参加社会党国际局,那我们就请社会党国际局执行委员会询问一下华沙的工人中央保险委员会执行委员会所有委员的**名字**及其所属的**党派**,因为收集和审查证明材料

---

①　下面划掉了"最重要的"。——俄文版编者注

②　列·波·加米涅夫对第3点作了修改:"……表明,**波兰没有**支持所谓的'总执行委员会'的工人,就像**所有**社会民主党工人复选人都拥护**华沙委员会**(所谓的反对派)的主要的中心(华沙)的选举所表明的那样"。——俄文版编者注

③　下面划掉了"曾经"。——俄文版编者注

④　原为"目前在工人阶级中"。——俄文版编者注

⑤　列·波·加米涅夫对第4点作了修改:"目前波兰工人阶级在通过挑选每个大工厂的工人办工人保险基金会的基础上开展的保险运动"。——俄文版编者注

⑥　此处修改过两次:第一次改为——"罗莎·卢森堡和总执行委员会**代表不了**波兰的工人阶级";第二次改为——"罗莎·卢森堡和总执行委员会不代表波兰的工人阶级"。——俄文版编者注

⑦　下面划掉了"(2)大多数"。——俄文版编者注

是揭露假代表机构的唯一手段。

罗莎·卢森堡及其柏林小组①在报刊上大肆指责社会民主党华沙组织与保安机关相勾结，这是闻所未闻的可耻的背信弃义和精神谋杀行为，而且，这个小组坚决不同意把奸细活动一案交由波兰王国现有的、已加入国际的各社会主义组织的代表组成的公正法庭审理。

译自 1999 年《不为人知的
列宁文献（1891 — 1922）》
俄文版第 116 — 120 页

---

① 下面划掉了"自称'总执行委员会'"。——俄文版编者注

土地问题和俄国的现状

（政论家札记）

（1913 年 11 月 15 日〔28 日〕）

不久前,杂志上出现了以《土地问题和俄国的现状》为题的两篇引人注目的文章。一篇发表在取消派的《我们的曙光》杂志上（1913 年第 6 期,作者尼·罗日柯夫）,另一篇发表在右派立宪民主党人的《俄国思想》杂志[97]上（1913 年第 8 期,作者雅·雅·波尔费罗夫）。毫无疑问,这两位作者在写文章时根本互不相识,他们所根据的前提也完全不同。

可是,这两篇文章的相似之处却很惊人。由此可以看得很清楚（这一点也就使这两篇文章具有特别的价值）,自由派工人政治家的思想同反革命的自由派资产者的思想原则上是一脉相承的。

尼·罗日柯夫所引用的材料同波尔费罗夫先生所引用的材料完全一模一样,只不过后者较为详尽。1905 年革命后,资本主义在俄国农业中有了发展。粮价和地价上涨;农业机器和肥料的输入增加,同时国内农业机器和肥料的生产也增多了。小额贷款机构增加;搞独立田庄[98]的人数也增加了。工资增长（尼·罗日柯夫指出,1890 年到 1910 年,工资增长 44.2%,但是他忽视了这一时期生活费用昂贵!）,商业性的畜牧业、榨油业、牧草种植业和农业教学事业也都有了发展。

当然,这一切都是引人注目的。资本主义的发展不可阻挡,从马克思主义的观点看,这是毋庸置疑的。假如这两位作者仅仅是用新材料来说明这一点,那就不能不感谢他们了。

可是,整个实质却在于对这些材料作何评价和从中得出什么结论。尼·罗日柯夫在这方面过于仓促了……仓促得令人感动。他说:"地主农奴制的经济已转变为资产阶级的、资本主义的经济……农业向资产阶级制度的过渡,是完全无可置疑的既成事实……从前那样的土地问题,已经不再是俄国的当务之急了……用不着再企图使旧时的土地问题这具死尸起死回生。"

读者看到,这些结论是十分清楚的,是彻头彻尾的——取消主义的。取消派杂志的编辑部给这篇文章加了一个**附带说明**(在做无原则交易的编辑部里早就这样干了):"许多地方我们是不同意的……我们认为,不能像尼·罗日柯夫**那样武断地**肯定,说什么俄国将恰恰沿着 11 月 9 日和 6 月 14 日的法令所确定的道路前进……"

取消派"不"像尼·罗日柯夫"那样"武断! 对待问题的态度多郑重,多有原则啊!

尼·罗日柯夫的文章一次又一次地证明,他**背熟了**许多马克思主义的原理,可是**并不理解**这些原理。因此,这些原理一下子就从他那儿"跳了出来"。

1861—1904 年间,俄国农业中的资本主义也有发展。罗日柯夫和波尔费罗夫现在指出的种种迹象,当时就已经存在。资本主义的发展并没有消除 1905 年**资产阶级民主的**危机,而是酝酿了这种危机,激化了这种危机。为什么呢? 因为旧的、半农奴制的自然经济已被摧毁,而**新的**资本主义经济的**条件**还没有建立起来。因此便出现了1905年危机非常尖锐的局面。

罗日柯夫说:**类似这样的**危机基础已经消失。当然,如果抽象地谈,也就是笼统地谈资本主义,而**不是谈俄国,不是**谈1913年,那这是可能的。当然,马克思主义者只是在特定的条件下(**不是任何时候,不是任何地方**)才承认存在资产阶级民主的土地问题。

可是,罗日柯夫甚至还不明白:如果他要证实自己的**具体**结论,那他得证明哪些原理。

农民对自己的境况表示不满意吗? ——"可是任何地方的农民还都对自己的境况表示不满呀。"——罗日柯夫这样写道。

西欧农民的农村生活和法律事务是以充分发展的资产阶级制度为基础的,他们已建立起"秩序党",在这种情况下,把他们的不满与俄国的**饥荒**相比较,与农村所处的**完全**低下的地位相比较,与权利等等方面的**完全**农奴制度相比较,并混为一谈,这简直十分幼稚可笑。罗日柯夫只见树木不见森林。

他写道:资本主义在发展,徭役制(工役制)在没落。自由主义者波尔费罗夫写道:"大多数地主……愈来愈多地发展定金制和对分制,这种制度完全是农民需要金钱和土地的结果。"

比起取消派的《我们的曙光》杂志中的前马克思主义者来,《**俄国思想》杂志**的这位自由主义者还不是那么天真的乐观主义者!

尼·罗日柯夫甚至没有提到对分制、工役制、徭役制和盘剥制在**现代**农村中普及**程度**的材料。罗日柯夫以令人吃惊的轻率态度回避了这些制度**仍然**很普遍的事实。由此可见,**资产阶级民主的**危机更加尖锐了。

这位取消派写道,不要使死尸起死回生,这完全是随声附和自由主义者的论调,而自由主义者换了**另一种**说法,宣布1905年的要求为"死尸"。

对此我们是这样回答的：马尔柯夫和普利什凯维奇并非死尸。产生这些人并且至今还在不断产生这些人的经济，并非死尸。同这个阶级作斗争，是真正的工人的真正的任务，这些工人对自己的阶级目的有真正的了解。

背弃这项任务，是取消派**死尸**腐烂的迹象，虽然不是所有的取消派都像罗日柯夫一样说得"那么武断"，但是他们**所有的人**都忘记了或者抹杀了同土地关系上的（特别是土地占有关系上的）和政治上的普利什凯维奇统治的斗争。

农村中实行工役制、盘剥制、徭役制、农奴制，资产阶级经济最起码的一般条件尚不具备，这些都是普利什凯维奇之流在我们生活中统治的另一面。如果高高在上的百万富翁大业主（古契柯夫之流）还牢骚满腹，那就是说，处于底层的数百万小业主（农民）的条件就完全不堪忍受了。

工人把同普利什凯维奇统治的根源作斗争作为自己的任务，这绝对不是偏离"自己的"任务而去"使"某种与这些任务毫不相干的东西"起死回生"。不是的。他们**正是通过这种途径使自己弄清楚自己的**斗争的民主任务、自己的阶级的民主任务，他们正是通过这种途径将民主主义、将社会主义的初步知识传授给广大群众，因为只有"普鲁士王国的社会主义"**99**（马克思在反对施韦泽时就是这么说的），才能掩护整个普利什凯维奇统治下农奴主的无限权力，特别是土地占有关系方面的普利什凯维奇统治下农奴主的无限权力。

罗日柯夫不知不觉地已经滚到波尔费罗夫那边去了。波尔费罗夫说：如果"仅仅是增加土地"而没有集约化，那是不会"得救"

的！好像集约化不会**因消灭**普利什凯维奇的统治而加快百倍地发展！好像仅仅涉及农民（不论是否给他们"增加"土地），而不涉及**全体**人民，不涉及遭到普利什凯维奇统治损害和阻碍的**整个**资本主义的发展！

罗日柯夫道破了取消主义的**实质**，指出了"结社自由"这个包罗万象的口号（请把1913年10月23日在国家杜马中图利亚科夫发表**自由主义**演说时和巴达耶夫发表**马克思主义**演说时对这个口号的提法作一比较[100]）同**安于**土地问题的现状之间的**联系**。

这种联系是客观事实；《我们的曙光》杂志用"附带说明"是抹杀不了的。

不用考虑全体人民，不用考虑整个生活中的普利什凯维奇统治，不用考虑农民的饥荒，不用考虑工役制、徭役制和农奴制，而去争取"合法性"，争取作为改良之一的"结社自由"，——这就是**资产阶级**在工人中培植的种种**思想**。罗日柯夫和取消派没有意识到这一点，只是跟在资产阶级后面当尾巴。

我们却认为，全体劳动群众的先进代表无产者，在自身的解放时，为了有利于同资产阶级作斗争，唯一的办法就是要通过同普利什凯维奇统治作全面的斗争，——这就是使马克思主义者与自由派工人政治家有所区别的思想。

载于1913年11月15日《拥护真理报》第36号　　　　　　　　译自《列宁全集》俄文第5版第24卷第161—165页

争论和斗争的两种方法

(1913 年 11 月 15 日〔28 日〕)

报刊上展开的争论和交锋,有的可以帮助读者更清楚地弄懂政治问题,更深刻地了解这些问题的意义,更果断地解决这些问题。

有的则变成对骂、造谣和无理取闹。

先进工人知道**自己**对教育和组织无产阶级的工作进程责无旁贷,因而应当特别当心,千万**不应让那些不可避免的**争论和**不可避免的交锋变成**对骂、造谣、无理取闹和诽谤中伤。

这是关系到工人事业和工人组织的问题。这是关系到与瓦解组织的哪怕是最小的尝试作斗争的极其严肃、极其重要的问题。回避这个问题是不行的:没有学会根除瓦解组织活动的人,是不配成为组织者的。而没有组织,工人阶级就将**一事无成**。没有讨论、争论和交锋,就不可能有包括工人运动在内的任何运动。不进行无情的斗争,防止争论变成对骂和无理取闹,就**不可能有任何**组织。

我们请觉悟的工人都从这一角度来看待社会民主党党团内的六人团和七人团的斗争。

六人团认为考虑马克思主义者会议的意志和决定是自己的职责。无产阶级的杜马代表必须服从杜马外有觉悟有组织的工人马克思主义者多数人的意志。

这是一条总原则。这是我们对待工人运动的任务所持的一切观点的总根据。

如果这个观点是错误的,那就应当推翻它,抛弃它。如果它是正确的并且是**最起码的基础**,没有这个基础就谈不上制定政策,没有这个基础就谈不上**任何**组织,那么不管别人怎样喧嚷、嚷叫、攻讦、诽谤,都应当接受这个观点,坚决捍卫这个观点。

工人同志们! 你们也来争论吧。你们要通过争论、座谈、讨论来彻底弄清这个问题,但是对于那些以对骂来代替争论的人,那就请他们走开。

请看,取消派是怎样回答六人团的第一个基本论点的呢?

他们所作的回答,除了漫骂,什么东西也没有! 他们破口大骂那次会议,已经第一百次破口大骂地下组织,仅此而已。

难道这是回答吗? 难道这不是存心瓦解和搞垮组织吗?

情况甚至发展到这种地步,以至费·唐·竟在第70号上一字不差地写了这样一句话:"提出他们的候选人并给他们以指示的责任集体究竟在哪里呢?"

工人同志们,你们只要想一想这个问题的意思就会明白,这样的问题是那些……进行审讯……的人提的! 费·唐·以及各位取消派先生们,要知道,既然你们提出**这类**问题,我们就**无法**同你们争论下去了。

请从本质上来看这个问题:那次会议的决定是否正确呢? 是否正确地反映了多数工人的利益和观点呢?"真理派"列举了一系列确切的数字(1913年10月29日,星期二,《拥护真理报》)①来回

---

① 见本卷第99—117页。——编者注

答这一点。这些数字表明,无可争辩的绝大**多数**觉悟工人即参与政治生活的工人,是跟着"真理派"走的。

这些数字既包括选举第二届、第三届、第四届杜马的工人选民团的投票比较数,也包括六人团和七人团所代表的工人人数,还包括公开为这家或那家报纸捐款的工人团体的数字等等。

对这个实质上说明多数问题的论点,取消派究竟是怎样回答的呢?

他们没有回答,只是漫骂一通。取消派连一个数字,的的确确连一个数字也反驳不了,甚至也不想去修正这些数字,或者代之以别的数字!!!

事情再明显不过了:谁回避说明多数的确切材料,谁就是**破坏**多数人的意志,谁就是瓦解组织分子。

杜马中的七人团已经倒向取消主义方面,因为他们容忍辱骂地下组织,因为他们参与破坏多数人意志的勾当。这也就是七人团**无党性**的标志。世界上任何一个人,只要他不发疯,都不会允许七个无党性分子靠多一票来凌驾于党的决定和决定的拥护者之上。

取消派不管怎样漫骂,也都推翻不了这个简单明了的事实。

六人团履行了自己的职责。取消派愈起劲地叫喊和漫骂,全体工人和全体马克思主义者就会愈迅速地认识到六人团的所作所为是正确的,认识到必须取得同社会民主党在国家杜马中无党性的代表平等的权利并且同他们达成协议。

载于1913年11月15日《拥护
真理报》第36号

译自《列宁全集》俄文第5版
第24卷第166—168页

也是"统一派"

(1913 年 11 月 15 日〔28 日〕)

遭到波兰社会民主党工人坚决唾弃的波兰社会民主党柏林小组(罗莎·卢森堡,梯什卡之流)并不罢休。这个小组继续自封为波兰社会民主党"总执行委员会",虽然世界上根本没有一个人能说出,这个**脱离**党的可悲的"执行委员会""执行"的究竟是什么。[101]

华沙和罗兹的社会民主党工人早已声明,他们同上述柏林小组毫无关系。华沙国家杜马的选举,以及华沙开展的保险运动都向所有的人表明,波兰只有一个社会民主党组织,——这个组织断然表示,它不承认"总执行委员会"的那些瓦解组织分子和诽谤分子。只要提一下这个"执行委员会"的一个功绩就足够了:这些先生们**毫无根据地**宣布波兰社会民主党工人的主要堡垒——华沙委员会——正处于"保安局的掌握中"。一年过去了。"执行委员会"没有拿出任何事实来证明它的令人愤慨的责难。当然,仅此一点就足以使凡是忠诚的工人运动活动家都不愿意同梯什卡小组的绅士们保持任何关系。读者看到,在斗争的方式上,这些先生同我国的马尔托夫、唐恩之流没有什么区别⋯⋯

就是这些遭到在波兰从事工作的**各个**派别痛斥的人组成的小组,现在决定来拯救俄国的工人运动。罗莎·卢森堡向社会党国际局[102]提出一项关于研究在俄国恢复统一的问题的建议。其理由之一就是："列宁集团"使**波兰**社会民主党发生了分裂。

这个声明立即使柏林小组的面目暴露无遗。大家知道，布尔什维克是同唾弃了阴谋家集团的波兰社会民主党工人携手并进的。这就使臭名昭著的"执行委员会"坐卧不安，——于是掀起了以攻击俄国马克思主义者为发端、以支持俄国取消派为宗旨的整个"统一"运动。

"日子好过"，罗莎·卢森堡是不这么干的。当初甚至连她的小组也拒绝同取消派举行"八月"和谈。

但是，由于丧失原则和搞阴谋而既在波兰又在俄国工人运动中失去任何作用的这一小撮政治破产者，到现在还抓住取消派的后襟不放。当然，因为一切滔天罪行都有"列宁集团"的份，……所以，无论如何应该同这个集团联合。还是那个老调！……

俄国的马克思主义者对社会党国际局分析俄国人的意见分歧这一问题究竟持什么态度呢？

据我们所知，如果能叫西欧的同志们弄清楚我们争论的实质，那俄国的马克思主义者将会十分高兴。我们听说，俄国马克思主义者已向社会党国际局提出了一项建议：讨论波兰社会民主党内分裂的问题，以及梯什卡小组对波兰真正的工人组织所采取的可耻行为的问题。如果国际局对 6 个代表和 7 个代表之间的意见分歧也要进行讨论，那马克思主义者将会十分高兴。这样一来，就给外国的同志们出了一个题目：议会党团应该服从工人政党，还是相反，工人政党应该服从杜马党团。

如果罗莎·卢森堡关于把俄国的统一问题列入 1914 年即将在维也纳召开的国际代表大会议程的建议被通过，那马克思主义者将会感到更加满意。

新的国际在国际代表大会上曾两次提出这样的问题。一次是1904年在阿姆斯特丹,提出的是关于法兰西的统一问题。[103]大会研究了盖得派(马克思主义者)和饶勒斯派(修正主义者)[104]之间争论的原则**实质**。大会**谴责**了饶勒斯派的路线,**谴责**了他们参加资产阶级内阁,与资产阶级勾结等等,并建议争论双方以这个**实质性的**决定为基础,求得统一。

另一次是1910年在哥本哈根,提出的是关于捷奥的分裂问题。[105]大会同样抓住了争论的**实质**。大会表示反对捷克分离主义者的"崩得民族主义"原则,并且认为,在一国之内,**不应该**根据民族原则来建设工人工会。大会根据对争论所作的这一**实质性的**决定,建议争论双方求得统一(但是,捷克的崩得分子没有服从国际)。

如果在维也纳召开的大会上提出俄国的问题,大会无疑将阐明"地下组织"在目前俄国这样的国家的意义,将阐明在目前条件下,马克思主义者是否应该从"演进"的前景出发**还是**从"不打折扣"的道路出发等等。关于这一切,听取国际的意见,不管在什么情况下都并非没有意义……

但是很遗憾,这一点还远远没有做到。目前我们看到的只是罗莎·卢森堡和梯什卡柏林小组气势汹汹却软弱无力的发言。我们建议费·唐·先生好好利用一下这个反对马克思主义者而为取消派辩护的发言。虽然取消派的报纸也曾谈到过这个柏林小组在同波兰工人作斗争中搞的可耻勾当,不过,费·唐·先生已渴不可耐,一定会从这个……新的源泉痛饮一番的。

但是俄国的工人们说:**我们**自己要建立自己的俄国工人组织

的统一。至于对那些软弱无力的阴谋，我们只有嗤之以鼻。

载于 1913 年 11 月 15 日《拥护
真理报》第 36 号

译自《列宁全集》俄文第 5 版
第 24 卷第 169—172 页

俄国工人对社会民主党
杜马党团分裂的看法

(1913 年 11 月 20 日和 12 月 1 日
〔12 月 3 日和 14 日〕之间)

　　彼得堡的两种分别反映取消派观点和护党派观点的社会民主党的报纸,刊登了俄国各地工人团体的声明。在这些声明中,工人对两个社会民主党杜马党团——(1)社会民主党党团(7 个代表＋亚格洛),(2)俄国社会民主党工人党团,即 6 个社会民主党工人代表,——表明了自己的态度。

　　根据这两种报纸刊载的俄历 10 月 20 日至 11 月 20 日整整一个月的材料,我们现在有可能对工人的决定作出准确的总结。

　　任何一方从未提出过异议的最准确的工人声明就是有明确的**签名**人数的决议。全俄国的(不仅高加索,而且崩得和拉脱维亚人在社会党国际局里都有单独的代表权)总结表明:**4 850 人**拥护俄国社会民主党工人党团(6 个代表),**2 539 人**拥护社会民主党党团(7 个代表＋亚格洛)。

　　工会通过理事会表明(为了应付警方,不发表俄国工会的名称):9 个工会(13 500 个会员)拥护 6 个代表,1 个工会(会员人数不详)拥护 7 个代表。

译自《列宁全集》俄文第 5 版
第 24 卷第 173 页

论"民族文化"自治

(1913 年 11 月 28 日〔12 月 11 日〕)

所谓"民族文化"自治(换句话说:"建立保障民族发展自由的机构")计划或纲领,其实质就是**按民族分学校**。

一切公开的和隐蔽的民族主义者(崩得分子在内)愈要掩盖这一实质,我们就愈要坚持讲这一实质。

每个民族,不论其所属成员的居住地点(不论地域:"超地域自治"、非地域自治一语源于此),组成一个统一的得到国家承认的联盟,管理各种民族文化事业。其中主要的是教育事业。每个公民(不分居住地点)自由登记加入一个民族联盟,通过这种办法来确定民族成分,这就保证了绝对准确和绝对彻底地按民族分学校。

试问,按照一般民主观点,特别是按照无产阶级的阶级斗争利益的观点,是否允许这样的划分办法呢?

只要弄清"民族文化自治"纲领的实质,就可以斩钉截铁地回答这个问题:绝对不允许。

只要不同的民族住在一国之内,它们在经济上、法律上和生活习惯上就有千丝万缕的联系。怎么能把学校教育与这种联系割断呢? 是否可以按照崩得的经典性(就其特别强调毫无意义的空话而言)提法所说的那样,使教育事业"不受"国家"管理"呢? 既然经济生活使居住在一国之内的各民族结合在一起,那么,企图在"文化"问题特别是在学校教育问题方面把这些民族一劳永逸地分开的做法就是荒谬和反动的。相反,必须努力使各民族在学校教育中**联合起来**,以便把实际生活中要做的事在学校中先准备起来。目前,我们看到的是民族之间的不平等和发展水平不齐;在这种情况下按民族分学校的做法**实际上**必然会使那些较落后的民族更加**落后**。美国南方过去实行奴隶占有制的各州,黑人的孩子至今仍在单独办的学校念书,而北方的白人和黑人则合校上课。不久以前,在俄国搞了个"犹太学校民族化"方案,就是说,给犹太儿童单独办学校,把他们和其他民族的儿童分开。用不着多说,这个方案是出自最反动的普利什凯维奇分子之手。

坚持按民族分学校的原则,就不能成为一个民主主义者。请注意,我们仅仅是从一般民主的,即资产阶级民主的角度来谈的。

从无产阶级的阶级斗争的角度来看,那就必须极其坚决地反对按民族分学校。一个国家的各民族的资本家都在股份企业、卡特尔、托拉斯、工业家协会等组织中最紧密、不可分地合在一起来**反对**任何民族的工人,这一点谁不知道呢？**任何一个**资本主义企业(从大型的厂矿到贸易公司乃至资本主义土地占有者的农场)中的工人的民族成分,无一例外,**从来**都比偏僻、宁静而沉寂的农村中更为复杂,这一点谁不知道呢？

一个对发达的资本主义最熟悉,阶级斗争的心理最强的城市工人,他从自己的整个生活中,甚至可能从吃母亲奶的时候起就接受了这种心理,自然会考虑而且必然会考虑按民族分学校不仅是**害人的**花招,而且简直是**资本家**行骗蒙人的花招。鼓吹这种思想,尤其是按民族分国民学校,**就会**分裂、瓦解和削弱工人的队伍;而任何"民族文化自治"**在任何情况下**都不会使资本家受到任何分裂和任何削弱的威胁，资本家的子弟有优越的保障条件，他们可以进私立贵族学校，可以专门雇用教师。

其实，"民族文化自治"，即绝对彻底地按民族分学校，并不是资本家杜撰出来的（他们**目前还**在用更粗暴的方法来分裂工人），而是奥地利的机会主义知识分子市侩杜撰出来的。无论哪个民族成分复杂的西欧民主国家，都**根本不存在**这种绝妙的市侩思想和绝妙的民族主义思想。只有在欧洲东部，在落后的、封建的、教权派的、官僚化的奥地利这个**任何**社会生活和政治生活都由于语言引起的无谓争吵（更糟糕的甚至是破口大骂，大打出手）而处于停滞状态的国家，才出现了这种绝望的小资产者的思想。既然不能让猫和狗和睦相处，那就在学校教育上用纯而又纯的彻底办法一劳永逸地把所有的民族隔开，分成"民族集团"吧！——这就是产生糊涂的"民族文化自治"的心理。无产阶级意识到并且珍视自己的国际主义，因此决不会同意这种精致的民族主义的糊涂观念。

在俄国，接受"民族文化自治"的，**仅仅**是犹太人的**所有**资产阶级政党，其次（1907年）是各个民族的**小资产阶级的**左派民粹派政党的代表会议，最后是**貌似马克思主义**团体的市侩、机会主义分子，即崩得分子和取消派（后者甚至还不敢直截了当、完全明确地表示接受），这不是偶然的。在国家杜马的讲坛上，谈论"民族文化自治"的，**只有**沾染了民族主义意识的半取消派契恒凯里和小资产者克伦斯基，这也不是偶然的。

总之，取消派和崩得分子在这个问题上援引的奥地利的材料，读起来很可笑。第一，为什么要从民族成分复杂的国家中拿一个最落后的国家作**样板**呢？为什么不拿一个最先进的国家呢？要知道,这种方法同那些糟糕的俄国自由派即立宪民主党人所使用的方法很相似;他们在寻找立宪的样板时,总是到普鲁士和奥地利这些落后国家中去找,而不是到法国、瑞士和美国这些先进国家中去找!

第二,俄国的民族主义市侩们,即崩得分子、取消派分子、左派民粹派分子等以奥地利为例,却把它弄得**更**不像话。在我国的宣传鼓动中首先兜售"民族文化自治"计划并且最为卖力的正是崩得分子(还有犹太人的**所有**资产阶级政党,崩得分子跟着这些政党跑,但他们这样做并不是完全有意识的)。其实,就在"民族文化自治"思想的发源地奥地利,这一思想的创始人奥托·鲍威尔也曾在自己的著述中专门写了一章来论证**不能**把"民族文化自治"的思想用于犹太人!

这比那些长篇大论都更有力地证明:奥托·鲍威尔是不怎么坚持,也不怎么相信自己的思想的。他把**唯一**超地域的(没有自己区域的)民族排除在超地域的民族自治计划之外了。

这证明,崩得分子仿效欧洲**过时的**计划,并且把欧洲的错误扩大了10倍,甚至使错误"发展"到荒唐的地步。

这是因为——这是第三——奥地利社会民主党人在布隆代表大会(1899年)上**不接受**向他们提出的"民族文化自治"纲领。他们只采纳了一个折中方案,即实行国内按民族划分的各**区域**的联盟。这个折中方案既**没有**提超地域,也**没有**提按民族分学校。根据这个折中方案,在最先进的(在资本主义关系上)居住区、城市、工厂、矿山、大庄园等地方都**不按民族分学校**!

俄国的工人阶级过去曾经同反动的、有害的、市侩的、民族主义的"民族文化自治"的思想作斗争,今后还要同这种思想作斗争。

载于 1913 年 11 月 28 日《拥护
真理报》第 46 号　　　　　译自《列宁全集》俄文第 5 版
第 24 卷第 174—178 页

国外小集团和俄国取消派

(1913 年 11 月 28 日〔12 月 11 日〕)

《新工人报》第 86 号登载了一篇谩骂社会民主党的下流文章，这篇文章**尽管**是骂人的，**尽管**采取了令人讨厌的诽谤手法，但还是值得重视的。

这篇下流文章就是《德国社会民主党报刊谈分裂》。此文之所以值得重视，是因为它非常清楚地说明了俄国工人至今还不了解，然而又是**应当了解**的事情。

俄国社会民主党在国外的小集团正在搞些什么阴谋来**反对**在国内的社会民主党组织，这是**应当了解**的，因为不了解这一点，就必然会使许多俄国社会民主党人常常犯一些滑稽的和令人啼笑皆非的错误。

取消派的下流文章的开头就用了黑体字："**没有一个人**"主张分裂（取消派先生们把**建立**马克思主义组织以**反对**取消派叫做"分裂"），"到目前为止，德国社会民主党队伍中的情况就是如此"。

请注意文章第一句话中的黑体字："**没有一个人**"！

这是资产阶级下流文人的惯技，因为不是所有的人都会把一张报纸读完，但是文章**开头**的精彩动人的字眼却是每个人都能看见的……

取消派的文章接着介绍了法兰克福报纸的评论。显然是**赞成**

取消派的。可就是不提这张报纸是机会主义的!!

好心的取消派分子! 莫非你们把俄国工人当傻瓜,以为他们不知道德国社会民主党中的机会主义,不知道德国机会主义者的主要机关刊物所谓的《社会主义月刊》[106]一贯支持《我们的曙光》杂志?

接着是德累斯顿报纸的评论。笼统地谴责分裂。但是这张报纸对俄国的事是否同情,对德国的事采取什么态度,都不清楚。取消派需要的并不是教育俄国工人,而总是采取讳莫如深的办法来欺骗他们。

接着说的是:莱比锡社会民主党机关报

"大约两星期前刊登了一篇俄国通讯,这篇通讯写得对分裂者相当有利"。

这是一字不差的取消派报纸的原话。当然根本没有用黑体。

当然,关于这篇"令人不愉快的"文章,就半句**实质性**的话也没有了!! 啊,我们真是施小诡计耍小阴谋的大行家!

一面是,"**没有一个人**"用黑体字。一面是,**唯一的**一篇写得对取消派的敌人"相当有利的"俄国通讯。

我们再往下看。

"在11月15日的一号〈莱比锡社会民主党报纸〉上,刊登了一篇内容丰富的**编辑部**〈黑体是取消派用的!!!〉文章……"

从这篇文章中**只**摘录了对取消派有利的段落。

俄国的工人们! 你们该学会揭穿取消派的谎言了。

"编辑部"文章——黑体是取消派用的。**这是谎言**。文章上有**尤·卡·**的字样,这恰恰**不是**编辑部的文章,而是一位撰稿人的文章！！！

取消派最无耻最卑鄙地欺骗俄国工人。

不仅如此。取消派还**隐瞒了**一个情况：那篇文章把不顾波兰社会民主党人的意志而接纳了亚格洛的**七人团**称为“**无耻的分裂者**”！！

不仅如此。取消派还**隐瞒了**一个凡是有政治头脑的人都很清楚的事实。尤·卡·的文章是**梯什卡分子**写的。所有的一切都证明了这一点。“梯什卡分子”——这是罗莎·卢森堡和梯什卡一伙人的柏林小组，这个小组在华沙社会民主党组织的队伍中散布有人搞奸细活动的极其卑鄙的谣言。甚至《光线报》（确实，是**在把亚格洛拉进去之后**！）也承认这是卑鄙的。甚至《新工人报》也不止一次地承认，“梯什卡分子”并不代表华沙的波兰社会民主党工人，他们反对有崩得、社会党左派[107]和波兰社会民主党人（当然是华沙分子，而不是梯什卡分子）参加的**工人保险中心**。

而现在，取消派为了欺骗俄国工人就抓住梯什卡分子的后襟不放。快要淹死的人连一根稻草（甚至是一根脏的烂稻草）也要抓住。

在梯什卡分子尤·卡·的文章和梯什卡分子的所有言论中都流露出一种野心：要趁分裂之机搞阴谋活动，趁此为自己大捞“政治资本”。“脱离”俄国工人运动的小集团争夺领导权，从而搞阴谋活动，对俄国的时局**不加研究**而尽说些花言巧语，——这就是“梯什卡主义”的实质，这就是十分之九的自主的和“独立的”国外小集团的本事。

现在他们似乎又重获生机，期待着“利用”六人团和七人团的分裂……

　　这是徒劳的期待！俄国社会民主主义工人已经成熟了，他们**自己**足以根据多数来决定自己组织的前途，鄙视并且粉碎国外小集团的种种阴谋。这些小集团的成员都经常用这些小集团的观点在德国社会民主党报刊上写文章，但是"从耳朵上"认出[108]这伙人是一点也不难的。

载于1913年11月28日《拥护真理报》第46号

译自《列宁全集》俄文第5版第24卷第179—181页

立宪民主党人马克拉柯夫
和社会民主党人彼得罗夫斯基

(1913 年 11 月 29 日〔12 月 12 日〕)

社会民主党人彼得罗夫斯基曾在国家杜马中就议事规则问题作了发言[109]，主席以对大臣使用"激烈措辞"等为理由剥夺了他的发言权，这件事已经过去很久了。从狭义的"当前要闻"的角度来看，这件事也许已经成为过去。但实际上彼得罗夫斯基和立宪民主党人马克拉柯夫的发言比一般的"新闻"更加值得注意。

立宪民主党人马克拉柯夫在国家杜马中就新议事规则问题作过发言。这位先生就是议事规则的起草人，也是议事规则委员会的报告人。立宪民主党人马克拉柯夫在一系列问题上都**反对**立宪民主党党团，并且在十月党人和右派的帮助下通过了**针对**反对派的**反动透顶的**议事规则。

这不是新鲜事。大家早就知道，瓦·马克拉柯夫是十月党人的宠儿，他实质上是十月党人。但是，大家早就知道的这个情况所揭露的我国社会生活中的一件**最重大的**事实，却是特别值得注意的。

我们看到，一位最著名的立宪民主党人在这个问题上（杜马在这个问题上**不像**在其他问题上**那样软弱无力**），借助于右派和十月党人，**亲自扼杀了杜马的自由**！！社会民主党人彼得罗夫斯基对这样一个施展政客伎俩的行家的尖锐批评，一千个正确。

可是问题的关键究竟在哪里呢？由于瓦·阿·马克拉柯夫先生**本人虚伪**,瓦·马克拉柯夫的行为也就虚伪吗？当然不是! 也就是说问题不在这里。

贝利斯案件之所以值得注意和重视,是因为它特别令人信服地揭露了我国国内政治生活的内幕,揭露了政治生活的幕后"底细"等等,同样,瓦·马克拉柯夫所作**反对**立宪民主党人和反对杜马自由的发言这个小小的(相对而言)事件也值得注意和重视,它第一百次和第一百零一次地揭露了我们俄国自由派资产阶级政党的真实内幕。

立宪民主党人和十月党人之间的斗争则是**竞争者**之间的斗争,因此这种斗争十分激烈,但毫无原则。十月党人的宠儿、杜马自由的扼杀者瓦·马克拉柯夫**能够**成为立宪民主党人的"明星",**正是因为而且只是因为**立宪民主党人和十月党人**一起**站在**同一个阶级立场上**。他们是自由派资产阶级的两翼或者说是自由派资产阶级不同色彩的代表人物,这个自由派资产阶级害怕民主派甚于害怕普利什凯维奇之流。

这一点是关键。这一点很重要。这是政治的实质。这也是我国资产阶级虽然经济上很强大,但政治上极端软弱的根源。

社会民主党人彼得罗夫斯基履行了民主主义者的职责,同扼杀杜马自由的瓦·马克拉柯夫先生进行了斗争。广大的民主派群众不学会蔑视瓦·马克拉柯夫先生之流以及产生这类骑士的政党,俄国就不可能获得自由。

载于1913年11月29日《拥护真理报》第47号

译自《列宁全集》俄文第5版第24卷第182—183页

萨 韦 纳

(1913 年 11 月 29 日〔12 月 12 日〕)

政治生活中常常有这样的"情况":某件事物的实质,由于一个小小的缘由突然暴露得异常突出,异常清楚。

萨韦纳是阿尔萨斯的一个小城。40 多年前,取得胜利的普鲁士人从法国手中夺走了阿尔萨斯(在德国唯独社会民主党表示强烈抗议)。40 多年来,普鲁士人强迫阿尔萨斯的法国居民"德意志化",并以各种高压手段"迫使"他们遵守普鲁士王国的、军曹的、官僚的、所谓"德国文明"的纪律。然而,阿尔萨斯人以抗议的歌声作了回答:"你们夺走了我们的阿尔萨斯、我们的洛林,你们尽可以把我们的田野变成德国的领土,但是你们永远得不到我们的心——永远得不到。"

一个普鲁士贵族,年轻的军官福斯特纳终于使火山爆发了。他骂了阿尔萨斯的居民一句粗话("混蛋",这是粗野的骂人话)。这些德国的普利什凯维奇在兵营里成百万次地用这种话骂人,一点没有事。而这第一百万零一次……却出事了!

数十年来的压迫、刁难和凌辱,数十年来强迫普鲁士化而积下的怒火都爆发出来了。这不是法国文明反抗德国文明——当年的德雷福斯案件[110]表明,任何荒唐、野蛮、残暴、罪恶的事都能干得出来的粗野的军阀,在法国并不比在别的国家少见。不,这不是法国的文明反抗德国的文明，而是法国的许多次革命培育起来的民主力量起来反抗专制制度。

民众的激昂情绪，酷爱自由、倔强的法国老百姓对普鲁士军官的愤恨和嘲弄；普鲁士大兵的穷凶极恶，任意逮捕和毒打民众——所有这一切使萨韦纳（后来几乎使整个阿尔萨斯）陷入资产阶级报刊所描绘的"无政府状态"。地主、"十月党人"、神父的德意志帝国国会以多数通过了一项**反对**德意志帝国政府的决议。

"无政府状态"——这是胡说。这样说要有一个前提：德国过去和现在都有一个"确定的"民法制度，现在发生了违犯这个制度的越轨行为（由于什么恶毒的煽动！）。"无政府状态"这个字眼散发出那种对地主和军阀卑躬屈节、对德国异乎寻常的"**法制**"一味歌颂的德国御用的学院式"科学"（姑且称做科学）的味道。

萨韦纳事件表明，马克思在将近 40 年前把德国国家制度称为"以议会形式粉饰门面的军事专制国家"①是十分正确的。就对德国"宪制"的真正实质的评价来说，马克思比数以百计的颂扬"法制国家"的资产阶级教授、神父和政论家要**深刻十万倍**！他们向横行一时的德国人所取得的成功和胜利顶礼膜拜。马克思在评价政治的阶级实质时，遵循的不是事件的某些"曲折细节"，而是**国际**民主运动和国际工人运动的**全部**经验。

不是萨韦纳"突然出现""无政府状态"，而是德国**真正的**制度即普鲁士半封建土地占有者的军刀统治的强化并暴露在光天化日之下。假如德国的资产阶级有荣誉感，假如他们有头脑和良心，假如他们相信自己说的话，假如他们言行一致，——总之，假如他们

---

① 参看《马克思恩格斯文集》第 3 卷第 446 页。——编者注

不是与数以百万计的社会主义的无产阶级相对立的资产阶级,那他们就会借萨韦纳"事件"的"机会"成为共和派了。而目前只限于由资产阶级政客们提出空洞的抗议——在国会里提出。

然而,在国会之外,就不限于这一点了。在德国小资产阶级群众中,情绪已经变了,并且还在变。条件变了,经济情况变了,普鲁士贵族军刀"太平"统治的**全部基石已被冲垮**。**事态的发展正在不**顾资产阶级的意愿把它卷入深刻的政治危机。

德国资本主义发展的黄金时期,"德国米歇尔"[111]在普鲁士的普利什凯维奇们的卵翼下高枕无忧的时代已经成为过去。总的、根本性的崩溃已经不可避免,正在日益迫近……

载于 1913 年 11 月 29 日《拥护真理报》第 47 号

译自《列宁全集》俄文第 5 版第 24 卷第 184—186 页

关于波罗宁会议(1913年)的传达报告的要点¹¹²

(1913年11月29日〔12月12日〕)

向各地作传达报告的要点

12月12日

总题目——1913年夏季以来的罢工运动以及党内生活中的种种事件。会议的决议。尤其要着重提出以下几点：

1.定于1914年1月9日举行的总罢工。会议的决定。罢工的必要性。罢工的口号(建立民主共和国,实行八小时工作制,没收地主土地)。加紧罢工准备。

2.**保险运动**。大力推销《保险问题》杂志。——在**所有的**基金会和**所有的**理事会中建立党支部。在理事会(同样在工会、俱乐部等等)中形成自己的多数即党的多数。

3.**六人团**和**七人团**。分裂的主要根源：(1)取消主义＝毁坏党。**由此而引起的**斗争。七人团**倒向**取消主义;(2)七人团**不承认**党的决定;(3)已经证明,**党的多数**支持六人团。《真理报》公布的基本数字。要掌握一些刊载关于分裂问题**材料**的报纸。(必须**大力继续坚持拥护六人团的决议**。)

4.党代表大会。它的必要性。**所有的秘密党支部都参加代**

大会。代表大会的筹备:主要是**钱**。筹集代表大会的**经费**(主要是通过代表)。任务——每个小组或几个小组联合在春天之前筹集好开支的**两倍款额**(一名代表开支150卢布。一个小组或几个邻近小组联合筹集300卢布)。

5.必须发展联系,——巩固联系(学习同圣彼得堡局以及国外局通信)。通信不正常:**因此运输**不畅。各地都应当有代理人。

6.会议决议主要内容概述。例如,关于民族问题:(1)同各式各样的民族主义,甚至精致的民族主义(民族文化自治)作斗争;(2)**各民族工人的统一**;(3)同**大俄罗斯的**黑帮民族主义作斗争。(关于其余的决议也作一简述。)

7.秘密刊物和合法刊物。加强募捐。合法刊物势必**灭亡**:全力以赴办秘密刊物(见《通报》,特别是第9—10页)。

载于1923年《1911—1914年〈明星报〉和〈真理报〉时代》一书第3卷

译自《列宁全集》俄文第5版第24卷第380—381页

关于国际局即将采取的步骤问题[113]

(1913年12月1日〔14日〕以前)

国外许多大大小小的团体,对即将在12月1日(14日)召开的社会党国际局会议议论纷纷。可能在本报星期二的一号出版时,就会有一些关于国际局决定的电讯。所以,我认为有责任说明情况,以免出现对事实的曲解,并且便于大家立即掌握正确的口径。

国外那些在俄国失去了任何支柱的大大小小的团体(诸如罗莎·卢森堡和"梯什卡分子",不久前在法国一家小报上唱同一个调子的沙尔·拉波波特、阿列克辛斯基和巴黎的"前进"集团[114]等等,等等)都拼命要国际局表决赞成"统一"。

我们当然也赞成统一!! 这些小团体徒劳的举动,无非是为取消派辩护而玩弄的可怜把戏。他们搞的这套把戏成不了什么气候:热闹一阵就会收场。

国际局将作出什么样的决定呢? 不用说,这一点现在还不得而知。不过,我们从一位**很有名望的**委员(甚至是从几个委员)那里获悉,国际局打算接纳取消派的组织委员会以**取代**普列汉诺夫,并且打算**以正式理由**只接纳杜马党团的七人团,或者确切些说是八人团。这些正式理由是:各国的议会小组所代表的都**不是**派别,而**仅仅是它们自己**;即使有8个社会革命党人和7个社会民主党人,那也只派8个社会革命党人。既然如此(这一点还有待核实),**暂时**当然毫无办法。就让取消派把普列汉诺夫赶走吧,我们倒要**瞧瞧,这对他们是否会有好处!!!** 我相信,是**不会**有的。

因此我坚决奉劝大家,对取消派散布的流言蜚语也好,对国际局可能作出的决定也好,都不要焦躁不安。我们已经采取了措施,**俄国国内**问题的伦敦通讯**通过我们**来写(非俄国问题的通讯直接发给你们)——你们**平心静气地**等待这些通讯吧,你们就会知道,去一趟是没有必要的,"快要淹死的人"(取消派)无论靠吵吵嚷嚷还是靠"国际局"都救不了自己。

根据**非正式**的消息,普列汉诺夫不会去。

这个消息暂不要发。我再重复一句:请平心静气地等待**自己的记者**写的通讯吧。

译自《列宁全集》俄文第5版
第24卷第187—188页

关于国际局的决定问题[115]

(1913 年 12 月 2 日〔15 日〕)

今天,12 月 2 日(15 日),星期一,获悉(暂时是从一份简短的电讯中得知的)国际局昨天就俄国问题通过了一项决定。普列汉诺夫发表了书面辞职声明,也就是说,他**自己**提出了辞职申请。

组织委员会(取消派的领导机关)[116]加入了国际局,也就是说,取得了在国际局中的代表资格。

(对这一点应当指出,根据章程,不仅最机会主义的政党,甚至半党派性的工人组织也可以加入国际局。英国人的最机会主义的集团已经加入,所以,也不能不让组织委员会加入。)

结果是怎样的呢? 普列汉诺夫被取消派排挤出去了! 如果取消派打算借此庆祝一番,那就应当对他们说:你们是**假惺惺的拥护统一的人**。取消派先生们终于达到了目的,他们**取代了**普列汉诺夫。实际结果就是如此。让所有的工人,尤其是孟什维克工人去评说吧,取消派是真心诚意地谋求统一吗? 真心拥护统一的人,能不让普列汉诺夫代替自己吗? 难道真能找到一个天真的人,会相信取消派取代普列汉诺夫是**向**统一靠近一步,而不是**离**统一**更远**一步吗?

既然取消派自以为得计,那我只好建议编辑部发表一篇这样的短评。还可以再补充(以后)一点,组委会分子(=取消派)加入国际局,就担负起成为**整体**即成为党的义务。先生们,大概是成为**公开的党**吧？过些时候就会见分晓!

最后,这则电讯称:"统一事宜已经委托执行部办理。"这就是说,国际局执行委员会(＝王德威尔得＋贝尔特朗＋安塞尔＋书记胡斯曼)受托采取措施或者说采取步骤来恢复统一。

看来(或者说大概),这样做并不是责难我们的意思。既然如此,我们是完全可以接受的。应当说,国际局执行委员会有责任无条件地**随时**关心统一问题。还在两年前,国际局书记胡斯曼已经就实现统一应当采取哪些步骤的问题同列宁书面交换过意见。因此,执行部(＝执行委员会)受托办理这件事,我再重复一遍,我们是完全可以接受的,而取消派散布的种种流言蜚语纯属欺人之谈。

关于七人团和六人团,电讯中只字未提。但从来信中了解到,国际局会议开始点名时叫到过一位取消派分子。当时我们的代表声明,六人团并未选他,而对此胡斯曼按章程作了如下的解释:大多数人,**不论**是属于哪个党派的,都是按章程规定取得代表资格的(代表社会党议会党团)。因此,大概就造成这样的局面:一个取消派分子代表七人团或者八人团。章程既然如此(这一点我们还将核实;国际局书记在正式会议上对国际局章程所作的正式解释**暂且还不能说**无法令人满意),那我们做得对,没有白花力气,"没有冒失行动",没有去奔走,没有提出要求。这样做是没有实际意义的。关于这个情况也不便刊登出来。如果取消派要沾沾自喜,那我们又得对他们说:你们是假惺惺的拥护统一的人,是破坏多数觉悟工人的意志的人。

这就是说,结果是和上面所写的一样。

从我们代表的来信中还可以看出,取消派在鼓动考茨基(他代表德国人），要求指派一个关于统一问题的**委员会**。考茨基却反对罗莎·卢森堡攻击列宁，并且认为在国外什么事都干不成，应当由俄国国内工人提出统一的要求。

这些话能否得到证实，我们将拭目以待。我们主张的**统一**正是符合俄国**多数**觉悟工人的意志的。

从目前的消息看来，情况就是如此。

载于 1948 年《列宁全集》俄文
第 4 版第 19 卷

译自《列宁全集》俄文第 5 版
第 24 卷第 189—191 页

谈谈工人的统一

(1913年12月3日〔16日〕)

　　近来《新工人报》同6名工人代表的论战，愈来愈不实事求是，愈来愈缺少思想性，愈来愈"意气用事"了。因此，**尤其**需要使这场论战**重新回到**认真分析所争论的问题上来，——大概，任何一个觉悟的工人都会同意我们这个看法的。

　　拿我们看到的受取消派指使的"大名鼎鼎的人物"来说吧。策列铁里和格格奇柯利谴责六人团，八月代表会议（1912年）的"领导机关"也谴责六人团。他们已经第一千零一次把6名代表斥之为分裂分子，并且宣布了"统一"。

　　谩骂和叫嚷我们并不在乎，我们将第一千零一次平心静气地号召工人去思考和研究问题。

　　工人阶级需要统一。但是，统一只能靠统一的组织来实现，而统一的组织的决议又是靠全体觉悟工人自觉自愿地去贯彻的。探讨问题，发表和倾听各种意见，了解**多数**有组织的马克思主义者的观点，在他们缺席时作出的①决定中反映这种观点，认真负责地执行这项决定，——世界上任何地方的一切明白人都把这些做法称为**统一**。而这样的统一对于工人阶级则是无限宝贵无限重要的。

----

　　① "缺席时作出的"（"заочном"）似应为"切合实际的"（"точном"）。——俄文版编者注

一盘散沙的工人一事无成,联合起来的工人无所不能。

一切愿意独立研究有争议的问题的觉悟工人要判断社会民主主义工人近年来是否已经**实现统一**,试问,有这方面的材料吗?

必须尽力搜集这样的材料,加以检验,当做教育、团结、组织工人的资料公布出来。

《真理报》从1912年4月起就已经存在,它的方向始终(这是任何一个反对这张报纸的人都不否认的)同马克思主义者的领导机关此后**三次**(一次在1912年,两次在1913年)作出的决定是完全保持一致的。究竟有多少工人承认并且贯彻了这些决定(有关工人生活的一切问题,总共约40个决定)呢?

对这个显然很重要而又很有意思的问题只能作一个大致的答复,但是,这个答复是以十分准确的、客观的、**非单方面**搜集的事实为根据的。1912年和1913年,主要有**两种**工人报纸向工人群众阐述**各种不同**的观点。这两种报都刊登了有关工人团体捐款资助这家或那家报纸的账目。工人团体为**某某**报提供捐款,也就是用实际行动(而不是口头上)来证明它们是支持这张报纸的方向,坚决捍卫这张报纸所赞同的决定的,这一点是用不着说的。

在这两家开展争论的报纸上公布这些材料,是防止犯错误的最好保证,因为与之利害相关的工人自己会纠正这些错误。这些材料都登载过**多次**,也从来没有一次被谁推翻,或者用其他材料代替过,几乎在两年中,从1912年1月至1913年10月底,为《光线报》捐款的有556个工人团体,为《真理报》捐款的有2 181个,为莫斯科工人报纸捐款的有395个。

可以大胆地说,任何一个人,只要他没有一叶障目,就会毫无疑问地承认多数人(而且是大多数)是拥护"真理派"的。真理派正在建立——虽然是缓慢地，但是坚持不懈地——工人自己的**真正统一**，统一的决定团结了工人，而工人则认真负责地贯彻决定。马克思主义的日报精心维护唯一切合实际的决定，并且**第一次**在俄国，在这样长的时间内，把分散在四面八方的**工人团体**愈来愈有条不紊而又紧密地**联合起来了**。

这是行动上的而不是口头上的工人的统一！当然，这还远不能说已经大功告成，但这是事实，不是空话，不是空洞的广告。

但是，策列铁里、格格奇柯利、"八月联盟的领导机关"，像一切其他取消主义者一样，**顽固地避而不谈这些事实**！！

他们一面高喊"统一"，一面却回避这个事实：正是在觉悟工人中明明占少数的取消派**在破坏统一**，践踏多数人的意志。

惊叹也好，哀号也好，骂街也好，都推翻不了这个简单明了的事实。"八月联盟的领导机关"举出各种不同的"机关"和团体，我们对此只能一笑置之。先生们，请你们想一想：如果**根本没有**工人拥护这些"机关和团体"或者**明明是**少数工人拥护这些"机关和团体"，那么，它们又算得了什么？如果这些"机关和团体"不号召全体工人去实现多数人的意志，那么它们就是成了**搞分裂的**机关。

工人运动两年来日益活跃的经验，更加证实了真理派的**观点**。把俄国**工人**团结在马克思主义者明确的决定周围的经验，愈来愈清楚地显示出我们组织的成就、成长和力量。当然，我们将更勇敢、更迅速地沿着这条道路前进，谩骂、叫喊以及任何其他东西我们都不在乎。

载于1913年12月3日《拥护真理报》第50号　　　　　　　译自《列宁全集》俄文第5版第24卷第192—194页

国民教师的贫困[117]

（1913 年 12 月 4 日〔17 日〕）

在 12 月份行将召开全俄国民教育代表大会之际，对国民教师的贫困这个永远是新的老问题予以关注，将是适合时宜的。

现在我们看到的是《帝国初等学校一日普查》第 1 卷。该卷是国民——恕我用这个词——教育部出版的。署名的是著名统计学家瓦·伊·波克罗夫斯基先生。

这本官吏资料的官方性质（应从最坏的词义来理解"官方"和"官吏"二词）十分引人注目。普查是 1911 年 1 月 18 日进行的。整整两年过去了，只出了第 1 卷，内容仅仅涉及彼得堡学区[118]的几个省！在我国，显然只有在贯彻诸如取缔出版物之类的法令时，才没有那种难以忍受和令人心烦的拖拉作风。

按照惯例，1910 年一年之内，普查大纲在许多官吏办公室里和会议上讨论了多次，被逐一糟蹋一番。于是，例如关于学生的母语问题，只有"俄罗斯"语笼统的一栏：公然禁止再分为白俄罗斯语、小俄罗斯语（乌克兰语）和大俄罗斯语。于是，许多学校，例如按 1872 年条例建立的市立学校以及一二等私立学校等，均**未列入**帝国学校的普查。

禁止收集完整的材料。禁止了解学生在家里使用何种语言的真实情况。禁止将公立学校和私立学校进行对比。

　　自由派大肆吹捧的统计材料的编著人波克罗夫斯基先生，自己使普查资料变得更加**不成样子**。例如，对每个教师多少薪俸都分别收集了材料。自然，对国民教师的贫困状况这样的迫切问题，了解真相是很重要的；薪俸极端微薄、非常微薄、很微薄、一般微薄……的男女教师究竟各有**多少**，了解这些情况是很重要的。

　　这方面的材料是收集了的。这方面的资料**是有的**。但自由派的统计学家先生为了**掩盖令人不愉快的真相**对材料进行了"加工"。

　　统计学家先生告诉我们的只是各省和各等级的学校中男女教师的**平均薪俸**，严格遵守官方的分类。但是想了解真实情况的人，感兴趣的不是哪一省、哪一等级学校的教师在挨饿，而是有**多少**教师在挨饿、受穷。根据普查收集的材料来确定有**多少**教师正在领取不足温饱的薪俸（例如 360 卢布以下的、360—400 卢布的，等等），是完全可以办到，而且无疑应该这样做。但是没有这样做。问题的真相都隐藏在数十万张卡片库中。

　　公之于众的仅仅是经官方篡改和官方粉饰过的各种等级和各省学校薪俸的平均数……　至于自由派的统计学家想对公众隐瞒挨饿的教师中有多少已婚者，那就不用提了。

　　从"平均"数字中可以看出，女教师的年薪（在圣彼得堡区）是433 卢布，男教师是 376 卢布。但是大部分教师在农村。那里女教师的"平均"年薪是 347 卢布，男教师是 367 卢布。（要指出的是，女教师的人数一般说大约为男教师人数的 2 倍。）

　　圣彼得堡学区多数教师**在彼得堡省以外**地区。女教师的薪俸是：奥洛涅茨省 375 卢布，诺夫哥罗德省 358 卢布，沃洛格达省320 卢布，阿尔汉格尔斯克省 319 卢布，普斯科夫省 312 卢布。

　　即使从这些粉饰现实的数字中也可以清楚地看出，**多数**女教师领取的是不足温饱的薪俸。当前物价昂贵,女教师的月薪是**26—30卢布**——她们当中(仍按平均数计)已婚的占11.5%,寡妇占4.4%——无疑这些工钱是少得可怜的,靠这些钱教师是注定要挨饿、受穷的。

从"按等级统计的"材料中我们可以看到,教区单一班级制小学校女教师有2 180人(圣彼得堡学区女教师总数为7 693人)。因此,我们面对的是教师人数很可观的一种"等级"的学校。这一等级的学校女教师的收入又是多少呢?

城市平均是302卢布,农村平均是301卢布。

俄罗斯国家把亿万资金花在官吏的薪俸、警察经费、军事开支等等方面,而叫国民学校的教师挨饿。资产阶级"同情"国民教育,但是有个条件,教师要比贵族和富翁家里的奴仆过得更差才成……

载于1913年12月4日《拥护真理报》第51号

译自《列宁全集》俄文第5版第24卷第195—197页

固执地为坏事作辩护

(1913 年 12 月 7 日〔20 日〕)

取消派先生们固执地为那条"出现在"他们的自由法案中的十月党式的条文进行辩护。这就是第 5 条,这·条故意刁难地限制结社自由,它提到,"**只要工人的行动一般不构成受刑事处分的行为**",就不应该受到处分。

这一条的反动性是显而易见的。很清楚,如果要**真正的**社会民主党人谈这种故意刁难的做法,那他们就会说出相反的意见,也就是,他们或者会说因罢工和援助被压迫的同志而采取的行为不应受处分,或者至少会说,对这些行为的处分应该从轻。

很明显,取消派将不得不把他们草案中的这一反动条文删去,因为工人会迫使他们这样做。

可是,取消派(在布勒宁—伽马领导下的)不直截了当地承认错误,而是支吾搪塞,闪烁其词,造谣中伤。哥尔斯基先生在《新取消派报》**[119]** 上硬说,国外召开的各次会议(三四年前)**[120]**,"在尼·列宁的直接参加下",在罢工草案中通过了类似条文。

所有这一切都是弥天大谎。

国外召开的各次会议的工作是这样进行的,分委员会拟定各项草案,总委员会就一些基本问题进行讨论。关于罢工问题的分委员会,列宁从未参加过(他参加的是关于八小时工作制的分委员会）。而在总委员会上，列宁是**反对**任何关于允许和承认刑事处分的条文的！！

　　哥尔斯基先生想把某位费·唐·先生（以前是罢工问题分委员会的成员！）的草案加到列宁的身上。先生们，这你们办不到。

　　布勒宁—伽马先生还举出一个不高明的理由来为坏事作辩护。

　　他写道："他们〈社会民主党人〉应该在一定范围内进行自己的阶级斗争，这不是为了尊重'资产阶级法制'，而是为了尊重广大人民群众的道德和法的意识。"

　　瞧，这就是小市民的所谓理由！

　　取消派先生，我们出于**是否适宜**的考虑，在一定范围内进行自己的阶级斗争，但是我们不允许别人（在一定的条件下）瓦解我们的队伍，不允许别人在只对他方有利等等的时候去帮助敌人对我们猛烈攻击。取消派由于不了解这些真正的原因，就爬进了机会主义的泥坑。什么是广大人民群众呢？这就是不开展的无产者和小资产者，他们有很多小市民的、民族主义的、反动的、教权主义等等的偏见。

　　我们怎么能去**"尊重"**例如反犹太主义这种**"道德和法的意识"**呢？大家不是不知道，反犹太主义，即使是在维也纳（比许多俄国城市都文明的城市）"广大人民群众"的意识中，也常常成为一种主要特征。

　　在维护为增加不足温饱的工资而罢工的激烈行动中，工贼会受到打击，那时广大**小市民**群众的"道德和法的意识"就要对这类打击进行谴责。在这种情况下我们也不**鼓吹**使用暴力，因为从**我们的**斗争的角度来看，这样做是**不适宜的**。但是，我们也不会"尊重"这种小市民意识,而要使用一切说服、宣传、鼓动的手段来同这种"意识"进行不懈的斗争。

布勒宁—伽马先生号召"尊重"广大人民群众的道德和法的意识,这是小市民号召尊重小市民的偏见。

对证明取消派先生的小市民习气的论据,已不需要再作补充(对一千个论据的补充)了。

载于 1913 年 12 月 7 日《无产阶级真理报》第 1 号

译自《列宁全集》俄文第 5 版第 24 卷第 198—200 页

俄国工人和国际

(1913 年 12 月 8 日〔21 日〕)

在本报[121]这一号里，工人同志们将读到关于不久前在伦敦召开的社会党国际局会议的详细报道，以及这次会议有关俄国社会民主党力量的统一问题的决议。

全俄觉悟的工人应当十分认真地讨论这项决议。

一个觉悟的工人会感觉到并且意识到，他不仅是**俄国**马克思主义者大家庭中的一员，他懂得，他也是**国际**马克思主义者大家庭中的一员。他对工人国际也承担了义务。他应该重视工人国际的意见和希望。他一分钟也不应该脱离国际工人大军。

工人国际渴望认真了解在我们俄国工人运动中起着十分显著作用的原则性争论，俄国工人马克思主义者对此不能不表示欢迎。俄国社会政治生活的恶劣条件，使我们的同志对我国运动情况的了解远远不如对其他任何一个国家运动情况的了解。对俄国的实际情况十分不了解，以致就在不久前德国社会民主党的代表还建议召集所有俄国社会民主党人国外小组（12 个国外"派别"）来制定新的党纲。可是众所周知，这样的纲领俄国无产阶级早在 1903 年就已经制定出来了……

值得庆幸的是，这个时期就要结束了。俄国无产阶级由于自己进行的伟大的英勇斗争，使得整个文明世界对它议论纷纷。俄国工人阶级在工人国际中占有自己应有的一席之地,而且可以有把握地说,它在国际舞台上的作用将会一年比一年突出,一年比一年大。

国际局的决定第一次使俄国工人可以有充分根据地向我们的西欧同志们介绍我们争论的实质。国际局是这样提出问题的:(1)它可以为达成统一提供同志式的帮助,(2)它认为有必要弄清实际的意见分歧,(3)为此,它委托自己的执行委员会同一切承认社会民主党纲领的社会民主党人以及纲领与社会民主党纲领接近的人们建立联系,并安排交换意见事宜。

所有这些都是俄国马克思主义者完全可以接受的。

弄清意见分歧确实十分必要。甚至不但要弄清马克思主义者同取消派之间的意见分歧,而且还要弄清马克思主义者同民粹派、同锡安社会党人**[122]**(我们认为,他们还不及崩得或波兰社会党)等等之间的意见分歧。如果国际局能清楚准确地阐明这些问题,判明政治分歧的实际根源,这就是很大的成绩了。

但是,弄清分歧当然还不等于消除分歧。分歧的根源在于对俄国当前所处的时代看法截然不同。这是**两种**策略,**两种**政策体系:无产阶级的和自由派的。这个分歧是无法消除的。

不过,准确清楚地弄清每一方为联合而提出**什么样的条件**,这也是十分必要的。

工人马克思主义者面临着一项重要任务:他们应该仔细地讨论国际局的建议,十分认真地对待这一建议并拟定自己的统一条件。

这些条件很清楚。它们是根据工人运动的整个进程提出来的。取消派应当**在实际上**承认马克思主义者整体,承认原有的三项基本要求是在群众中进行鼓动的主要口号；他们应该收回修改纲领的意见（民族文化自治）；不再大叫"罢工狂热"；谴责崩得分子的分离主义企图并要求各地融为一体；谴责危害思想斗争的恶毒人身攻击；等等。在杜马工作方面，七人团应该无条件地承认服从马克思主义者整体并收回自己的反党决定（亚格洛，取消纲领等等）。甚至在许多问题上不赞同我们的普列汉诺夫同志，在给国际局的信中也写道："由于我们的取消派同志以7比6的多数通过了一些令人遗憾的决定，我们杜马党团发生了分裂。"

为安排共同交换意见事宜，国际局究竟同谁联系为好，这个问题还不明确。显然，这里有两种办法：一种是邀请两个主要派别的代表——马克思主义者和取消派分子；一种是邀请"一切社会民主党人"，以及所有自称和社会民主党观点相近的人，那么，亚格洛代表的政党（波兰社会党）也好，形形色色的犹太社会主义团体也好，民粹派中自称和社会民主党纲领观点相近的人也好，都应邀请。

国际局提出的问题应该引起每个觉悟工人的关注。我们号召全体工人在自己的各种会议上，在小组会上，在座谈会上，在群众大会上等场合，把这个问题提上日程，进行讨论，作出自己的决议并且把自己的意见交本报发表。

不能说似乎这件事太遥远，与我们无关。如果这个问题能在维也纳国际代表大会上提出来（对此马克思主义者将会十分高兴），那就应该让国际了解俄国工人和在国内活动的无产阶级组织的意见，而不只是了解那些脱离国内工作的国外小组的意见。

同志们！请讨论这个重大问题，作出自己的决定并把决定告

知你们的报纸《无产阶级真理报》。全世界觉悟的工人都会倾听你们的声音。

载于 1913 年 12 月 8 日《无产
阶级真理报》第 2 号

译自《列宁全集》俄文第 5 版
第 24 卷第 201—204 页

取消派是如何欺骗工人的

　　社会党国际局决定采取步骤弄清俄国社会党人之间的分歧，并且决定提供善意的帮助促使他们的力量联合起来。

　　取消派利用这个决定干了些什么呢？

　　他们迫不及待地利用这个决定来**欺骗**俄国工人。

　　《新工人报》第 97 号的一篇郑重其事的编辑部文章写道：

　　"国际局拒绝了'六人团'提出的关于准许他们在各国议会工作小组取得单独代表资格的要求，不但毫不含糊地谴责了'六人团'脱离社会民主党党团的行为，而且对主要要求之一作了恰如其分的评价，6 个代表则以这些要求被拒绝为借口，企图为自己的退出作辩解。"

　　所有这些，从头至尾都是**不真实的**。

　　这一点我们在本报第 1 号上就指出过。[123]

　　被当场揭穿的取消派妄图继续用谎言来迷惑工人。

　　我们再说一遍，国际局并没有拒绝六人团的要求。它没有谴责六人团的"脱离行为"。它甚至并未对 6 个代表和 7 个代表的争论作过研究。

　　这不过是取消派的一种手法。

　　这种犯罪手法取消派先生们还在去年国际局会议后就使用过，当时，马尔托夫先生把德国社会民主党人哈阿兹从未说过的反对布尔什维克的话强加到他的头上，后来哈阿兹在报上发表声明戳穿了马尔托夫。

国际局中有关代表们的代表资格问题就是如此。马克思主义者的代表只声明了一点：七人团的代表仅仅是七人团选的，俄国社会民主党工人党团不承认他是自己的代表。国际局书记胡斯曼同志作了如下解释：关于各国议会工作小组有一个专门的章程。根据这个章程，如果一个议会中有若干独立的社会党党团，那么只有代表最多的一个党团才可以获得代表资格；与此同时，章程并不考虑该议会党团属于哪个派别，得到多少工人支持，因为各个派别都有自己单独的代表资格。

根据这个章程，如果杜马中有两个党团，比如说6个社会民主党人和7个民粹派分子，那么进入各国议会工作小组的代表资格**只能**给民粹派分子。

或者再以保加利亚为例。那里选进议会的有19个"宽广派"[124]社会党人（机会主义者）和18个马克思主义者。他们分别形成了独立的派别，并在议会里有两个独立的党团。在国际局里这两个派别也有单独的代表。但**根据章程**能够获得议会工作小组的代表资格的只有19人的"宽广派"党团。当然，这并不等于国际局"谴责了"18个马克思主义者代表。

从形式上看，事情就是如此。对这个章程可以持任何看法。但在目前它就是这个样。在这种情况下，俄国社会民主党工人党团的要求甚至连提都没法提。

假如七人团想老实办事的话，它该怎么办呢？它就应该自己抛弃形式主义。支持社会民主党工人党团的有组织的社会民主主义工人，要比支持七人团的人多好几倍，这一点现在已经得到证明并为大家所公认了。由此得出的结论是清楚的，谁愿意考虑工人的意见,谁大谈统一问题,谁就不会在这里一味坚持形式主义的观点。

可是,七人团却利用了自己在章程上的"运气"。他们再次向俄国工人挑战。不仅如此,取消派先生们还撒谎,说什么国际"谴责"六人团等等。

这就是取消派先生们对社会党国际局决议的第一个回答。

对取消派的这种勾当,工人马克思主义者的回答将是:公开痛斥这些先生。

同志们,请你们继续严肃认真地讨论国际局的决定,说出自己对这个决定的意见,对取消派欺骗俄国工人的行径作出应有的回答。

载于1913年12月10日《无产阶级真理报》第3号

译自《列宁全集》俄文第5版第24卷第205—207页

立宪民主党人和"民族自决权"

(1913 年 12 月 11 日〔24 日〕)

今年夏天,俄国自由派的主要机关报《言语报》刊载了米·莫吉梁斯基先生的一篇论述在利沃夫召开的全乌克兰学生代表大会[125]的文章。《工人真理报》[126]指出,莫吉梁斯基先生采取了一种完全不能容许的(对一个民主主义者或希望被称为民主主义者的人来说不能容许的)方式**谩骂**乌克兰的分离主义(顺便说明一下,是顿佐夫先生所宣扬的分离主义[①])。该报并立即指出,问题完全不在于是否同意顿佐夫先生的意见,因为也有很多乌克兰的马克思主义者是反对他的。问题在于,大骂"分离主义"是"梦呓"和冒险主义,**是不能容许的**,这是沙文主义的手法,而大俄罗斯民主主义者在批判某种分离(分立)的计划时,务必宣传分离**自由**,宣传分离的**权利**。

读者看到,这是一个涉及整个民主派职责的、具有原则性和纲领性的问题。

现在,过了半年之后,米·莫吉梁斯基先生又在《言语报》(第 331 号)上就这一点发表了文章,但他不是回答我们,而是回答顿佐夫先生的,因为顿佐夫先生在利沃夫的《道路报》[127]上尖锐地抨击了《言语报》,并且同时指出,"《言语报》上的沙文主义攻击只有

---

① 见本版全集第 23 卷第 354—355 页。——编者注

在俄国社会民主党报刊上受到了应有的指摘"。

莫吉梁斯基先生反驳顿佐夫的时候,**三次**声明说:"批评顿佐夫先生所提出的办法**与否认民族自决权毫无共同之处**。"

自由派的《言语报》撰稿人的这个声明非常重要,因此,我们请各位读者特别注意这个声明。自由派的先生们不再散布流行的政治反对派的流言蜚语而转向查明和分析民主派的基本主要论点,这种情况愈少,我们就愈要坚决地号召对这种转变的每一个事例进行认真评价。

我们的立宪"民主"党是否承认民族自决权呢? 这就是莫吉梁斯基先生无意之中触及的一个有趣的问题。

他三次修正自己的意见,但是对这个问题不作直接的回答!他明明知道,无论是在立宪民主党的纲领中,还是在这个党平常的政治说教(宣传和鼓动)中,都找不到对这个问题的直接、准确、明白的回答。

> 莫吉梁斯基先生写道:"应当指出,'民族自决权'也不是什么不容批评的偶像:民族生活的不良条件能引起民族自决问题上的不良倾向,而揭穿这种不良倾向并不就是否认民族自决权。"

这就是自由派的典型遁词,你们也可以在取消派的报纸上看到谢姆柯夫斯基先生之流的同样论调! 啊,是的,莫吉梁斯基先生,**任何一种民主权利都不是"偶像"**,但是也不能忘记任何一种民主权利所包含的,比如说,**阶级**内容。所有的一般民主要求都是**资产阶级的**民主要求,但是,只有无政府主义者和机会主义者才会由此得出那种反对无产阶级彻底维护这些要求的结论。

不言而喻,自决权是一回事,而某个民族在某种情况下实行自决即分离**是否适宜**,——这又是另外一回事。这是一个起码的道理。向群众(特别是向大俄罗斯的群众)宣传这种权利的重大意义及其迫切性是民主主义者的义务。但是,这种**义务**莫吉梁斯基先生承认吗? 俄国的自由派承认吗? 立宪民主党承认吗?

不会承认,根本不会承认。这正是莫吉梁斯基先生所要回避的,所要隐瞒的。这正是立宪民主党人的**民族主义和沙文主义**的根源之一,这里所指的立宪民主党人,不仅有司徒卢威、伊兹哥耶夫和其他直言不讳的立宪民主党人,而且还有立宪民主党的外交家们,如米留可夫和这个党的庸人,如…… 不过姓名是无关紧要的!

俄国的觉悟工人不会忘记,我国除民族主义反动派外,还有民族主义自由派,而民族民主主义也正在萌生(请回忆一下彼舍霍诺夫先生在1906年《俄国财富》杂志第8期上关于"谨慎对待"大俄罗斯庄稼汉的民族主义偏见的号召吧[128])。

为了同一切形式的民族主义祸害进行斗争,宣传民族自决权的意义非常重大。

载于1913年12月11日《无产阶级真理报》第4号

译自《列宁全集》俄文第5版第24卷第208—210页

好决议和坏发言

(1913 年 12 月 13 日〔26 日〕)

毫无疑问,俄国一切觉悟的工人,对国际局关于俄国问题的决议都很关心和重视。大家都知道,这个决议的要害,就是决定组织或安排俄国"工人运动的一切派别""**共同交换意见**",这里既指承认社会民主党纲领的派别,也指那些纲领同社会民主党的纲领"相一致的"(或者说"相吻合的"——im Einklange)派别。

后一种规定的范围非常广泛,不仅包括亚格洛的拥护者,而且也包括任何愿意声明自己的纲领同社会民主党的纲领"相吻合"或"相一致"的团体。不过,这个广泛的规定倒也没有任何害处,因为要"**交换意见**",自然是把参加的成员规定得广泛一些为好,甚至不排斥社会民主党的某些集团**可能愿意**与之联合的那些人。社会党国际局的会议上提出的两个方案是不能忽视的:(1)考茨基的方案,即**只**"安排共同交换意见"。当着公正无私的委员会的面,即当着社会党国际局执行委员会的面交换意见,**就会弄清楚**情况如何和意见分歧的严重程度。(2)另一个方案是罗莎·卢森堡提的,这一方案提出举行一次"联合代表会议"(Einigungskonferenz)"以便重建统一的党",考茨基对此提出异议,于是罗莎·卢森堡收回了这一方案。

当然,后一个方案是不足取的,因为首先必须收集确切的材料,更何况罗莎·卢森堡企图在这里偷偷塞进来的只是"重建"声名狼藉的"梯什卡小组"。

考茨基的方案通过了,这是一个较为慎重的方案,它主张**通过**事先"交换意见"和研究确切材料,比较有步骤地处理统一问题。因此,考茨基的决议案得到一致通过,也是十分自然的。

但是,必须把已经成为国际局决议的考茨基的决议案同考茨基的**发言**区别开,他在发言中有一处,竟说出了**荒唐话**。这一情况我们已经简要地指出过,可是,现在《前进报》(德国党的主要机关报)[129]上关于考茨基发言的报道,却使我们不能不较详细地来谈谈这个重要的问题。

考茨基在反驳罗莎·卢森堡时说:"旧党已经消失,——虽然仍然保留了旧名称,但是随着时间的推移(im Laufe der Jahre——近年来),这些名称已经获得新内容。对于老同志,决不能仅仅因为他们的党(ihre Partei)不再采用旧名称,就干脆排除他们。"

罗莎·卢森堡反对这种说法,她认为"考茨基说俄国的党已经死亡(sei tot),是一种轻率的说法",这时,考茨基只提出"抗议,否认他说过俄国社会民主党已经死亡的话。他说他只讲过旧形式已被摧毁,必须创造新形式"。

这就是正式报道中几段涉及我国问题的叙述。

考茨基没有说过而且也不会说**社会民主党**已经死亡,这是显而易见的。但是他说过,**党已经消失**,而且尽管有人反驳他,**他也没有收回这句话!**

这真令人难以置信,但这却是事实。

考茨基暴露出来的糊涂观念是十分严重的。他所谓要排除的"**老同志**"是**哪些人**呢? 是波特列索夫先生之流吗? 他是不是把一些不定型的取消派称为"他们的党"了呢?

或者说考茨基指的是在罗莎·卢森堡的说法里没有包括的"波兰社会党左派"? 不过要是这样,"老同志"这种说法就是令人费解的,因为自从有社会民主党以来,即从 1898 年起,波兰社会党的党员**从来就根本不是**社会民主党的党内同志!

在我们看来,这两种解释是一样的,因为就统一问题"交换意见"而排除取消派(问题的整个关键在于他们),这实际上同排除波兰社会党左派一样可笑(抽象地说,取消派——必须料到他们什么都干得出来?——是会坚决维护他们同波兰社会党这个**非社会民主派**结成的分裂联盟的)。但是,无论如何都应当确切地了解,取消派的先生们,还有他们的同盟者,究竟想要党怎么样。

在国际局中,考茨基竟然说俄国的党已经消失,这一事实是不容置辩的。

他怎么能说出这种荒唐话呢? 为了弄清楚这一点,俄国工人应当了解,是**谁**向德国社会民主党刊物**报道**俄国的事情的? 德国人写文章一般都回避意见分歧的问题。而当俄国人给德国社会民主党刊物写文章的时候,我们看到的,要么是国外各小集团和取消派联合起来,用最下流的话谩骂"列宁派"(1912 年春天在《前进报》上就是如此),要么是梯什卡分子、托洛茨基分子或国外小组中其他蓄意掩饰问题的人的大作。**多少年来**,就没有刊登过一个文件,没有出版过一本决议汇编,没有进行过任何思想分析,没有任何搜集实际材料的尝试!

我们真可怜德国党的领袖们,他们(他们研究理论的时候,是善于搜集和研究材料的)竟听信并且重复取消派提供情况的人的谎言,而不感到难为情。

　　国际局的**决议**将付诸实施,而考茨基的发言始终是可悲的笑话。

载于1913年12月13日《无产
阶级真理报》第6号

译自《列宁全集》俄文第5版
第24卷第211—213页

俄国的罢工[130]

(1913 年 12 月 14 日〔27 日〕)

西欧大部分国家正式的罢工统计建立的时间不长,才 10—20 年,而俄国仅仅从 1895 年才开始有罢工统计资料。我国官方统计的主要缺陷是压低罢工人数,统计对象也仅仅是工厂视察机关所属的各企业的工人。至于铁路工人、采矿工人、电车工人、纳消费税的企业和采矿等企业的工人、建筑工人、农业工人均不在统计之列。

下面就是俄国建立罢工统计以来的一般材料:

年　份	罢　工　次　数		罢工工人人数	
	共　　计	占企业总数的百分比	共　　计	占工人总数的百分比
1895	68	0.4	31 195	2.0
1896	118	0.6	29 527	1.9
1897	145	0.7	59 870	4.0
1898	215	1.1	43 150	2.9
1899	189	1.0	57 498	3.8
1900	125	0.7	29 389	1.7
1901	164	1.0	32 218	1.9
1902	123	0.7	36 671	2.2
1903	550	3.2	86 832	5.1

(续)

年 份	罢 工 次 数		罢工工人人数	
	共　计	占企业总数的百分比	共　计	占工人总数的百分比
1904	68	0.4	24 904	1.5
1905	13 995	93.2	2 863 173	163.8
1906	6 114	42.2	1 108 406	65.8
1907	3 573	23.8	740 074	41.9
1908	892	5.9	176 101	9.7
1909	340	2.3	64 166	3.5
1910	222	1.4	46 623	2.4
1911	466	2.8	105 110	5.1
1912	1 918	?	683 361	?

　　从下面一个例子中就可以看出，这些数字被压得多么低。普罗柯波维奇先生这位小心谨慎的作家援引了1912年的另一个数字：**683 000**个罢工工人，"按另一种算法得出，工厂企业中有1 248 000人，此外不属工厂视察机关监督的企业中还有215 000人"，也就是说总共有**1 463 000人**，差不多达到1 500 000人。

　　经济罢工（从1905年起）的数字如下：

年 份	罢工次数	工人人数
1905	4 388	1 051 209
1906	2 545	457 721
1907	973	200 004
1908	428	83 407
1909	290	55 803
1910	214	42 846
1911	442	96 730
1912	702	172 052

由此可见，俄国罢工的历史很明显地划分为 4 个时期(且不谈 80 年代，当时爆发了著名的莫罗佐夫工厂罢工，就连反动的政论家卡特柯夫也说那次罢工是在俄罗斯出现的"工人问题"[131])：

	每年平均罢工人数
第一时期(1895—1904 年)，革命前时期	43 000
第二时期(1905—1907 年)，革命时期	1 570 000
第三时期(1908—1910 年)，反革命时期	96 000
第四时期(1911—1912 年)，开始活跃的	
当前时期	394 000

总的说来，整个 18 年间，我国每年平均罢工人数是 345 400 人。德国在 14 年间(1899—1912 年)平均罢工人数是 229 500 人，英国在 20 年间(1893—1912 年)平均罢工人数是 344 200 人。为了具体地说明俄国罢工同政治历史的联系，我们列出 1905—1907 年的材料，**一年分四个季度**：

年份……	1905 年				1906 年				1907 年			
季度……	一	二	三	四	一	二	三	四	一	二	三	四
每三个月(一季度)的罢工人数(单位千)	革命开始时期			革命时期	第一届杜马				第二届杜马			
共 计……	810	481	294	1 277	269	479	296	63	146	323	77	193
经济罢工人数………	411	190	143	275	73	222	125	37	52	52	66	30
政治罢工人数………	399	291	151	1 002	196	257	171	26	94	271	11	163

从下面的材料中可以看出俄国各个地区工人参加罢工的

情况：

各 工 厂 区	1905 年各工厂工人的人数（单位千）	罢工人数（单位千）	
		10 年（1895—1904 年）的 总 数	1905 年一年的人 数
圣彼得堡区 ……………………	299	137	1 033
莫斯科区 ……………………	567	123	540
华沙区 ……………………	252	69	887
三个南方地区 ……………………	543	102	403
共　　计	1 661	431	2 863

由此可见，彼得堡和彼得堡区（包括里加）以及波兰明显地占首位，莫斯科较为落后，南方则更为落后。

各主要的工业部门罢工工人分布情况如下：

生 产 类 别	1904 年工人总数（单位千）	罢工人数（单位千）	
		10 年（1895—1904 年）的 总 数	1905 年一年的人 数
五金工人 …………………	252	117	811
纺织工人 …………………	708	237	1 296
印刷工人、木器工人、制革工人和化学工业工人 …………………	277	38	471
陶器工业工人和食品制造业工人 …………………	454	39	285
共　　计 ………	1 691	431	2 863

由此可以看出五金工人所起的先进作用，纺织工人较为落后，其他部门工人更为落后。

按罢工的原因，可进行下列分类（1895—1908 年这 14 年中）：参加政治罢工的占 59.9％；为工资而罢工的占 24.3％；为工作日而罢工的占 10.9％；为劳动条件而罢工的占 4.8％。

我们根据罢工的成功与否作了如下分类（其中参加以妥协告终的罢工的人数平分后分别加到胜利者和失败者的人数上去）：

参加经济罢工的人数（单位千）

	10 年(1895—1904 年)的总数	百分比	1905年	百分比	1906年	百分比	1907年	百分比	1911年	百分比	1912年	百分比
胜利者……	159	37.5	705	48.9	233	50.9	59	29.5	49	51	55	42
失败者……	265	62.5	734	51.1	225	49.1	141	70.5	47	49	77	58
共　计	424	100.0	1 439	100.0	458	100.0	200	100.0	96	100	132	100

1911 年到 1912 年这段时间的材料不完全，因此同上面的材料不完全可比。

最后，我们还要列出一些有关罢工分布情况（按企业的规模和企业所在地点）的简略材料：

在各类企业每 100 个工人中的罢工人数

企　业　类　别	1895—1904 年即 10 年的总数	1905 年一年的数字
20 个工人以下的	2.7	47.0
21—50 个工人的	7.5	89.4
51—100 个工人的	9.4	108.9
101—500 个工人的	21.5	160.2
501—1 000 个工人的	49.9	163.8
1 000 个工人以上的	89.7	231.9

城市内和城市以外所举行的罢工的百分比

	城　市　内	城　市　以　外
1895—1904 年……………	75.1	24.9
1905 年 …………………	85.0	15.0

从这些数字中可以很清楚地看到,在罢工运动中大企业居多数,而农村工厂则比较落后。

载于 1913 年 12 月 14 日(27 日)
圣彼得堡波涛出版社出版的历书
《1914 年工人手册》

译自《列宁全集》俄文第 5 版
第 24 卷第 214—218 页

俄国学校中学生的民族成分

(1913 年 12 月 14 日〔27 日〕)

　　"民族文化自治"计划,归纳起来就是实行按民族分学校,为了对这个计划有一个更确切的认识,看看一些有关俄国学校中学生的民族成分的具体材料是有好处的。关于彼得堡学区的这种材料,是通过 1911 年 1 月 18 日的学校普查收集来的。

　　下面是国民教育部所属的初等学校按学生的**母语**而划分学生的材料。这是一份有关整个圣彼得堡学区的材料,**括号内我们援**引的是**有关**圣彼得堡的**数字**。官员们总是把大俄罗斯语、白俄罗斯语和乌克兰语(官方称为"小俄罗斯语")混为一谈,统统名之为"俄语"。学生共 265 660(48 076)人。

　　俄罗斯人——232 618(44 223)人;波兰人——1 737(780)人;捷克人——3(2)人;立陶宛人——84(35)人;拉脱维亚人——1 371(113)人;日穆奇人——1(0)人;法兰西人——14(13)人;意大利人——4(4)人;罗马尼亚人——2(2)人;德意志人——2 408(845)人;瑞典人——228(217)人;挪威人——31(0)人;丹麦人——1(1)人;荷兰人——1(0)人;英吉利人——8(7)人;亚美尼亚人——3(3)人;茨冈人——4(0)人;犹太人——1 196(396)人;格鲁吉亚人——2(1)人;奥塞梯人[132]——1(0)人;芬兰人——10 750(874)人;卡累利阿人——3 998(2)人;楚德人[133]——247(0)

人；爱沙尼亚人——4 723(536)人；拉普人[134]——9(0)人；济良人[135]——6 008(0)人；萨莫耶德人[136]——5(0)人；鞑靼人——63(13)人；波斯人——1(1)人；中国人——1(1)人；民族成分不明者——138(7)人。

这是比较准确的材料。这些材料表明即使在俄国的一个最富有大俄罗斯特征的地区，居民的民族构成也是很复杂的。一望而知，圣彼得堡这样一个大城市的民族构成极其复杂。这不是偶然现象，而是世界各国和各地区资本主义的规律。大城市、工厂区、矿区、铁路区以至一切工商业区，其特点是居民必然具有非常复杂的民族构成，而正是这种居住地区发展得最快，并且不断地从偏僻乡村夺走愈来愈多的居民。

民族主义市侩们有一种极不现实的空想，这种空想叫做"民族文化自治"，或者说是(照崩得分子的说法)"使"民族文化问题，即首先是教育事业"不受国家管理"。现在你们不妨把这种空想拿来同上面说的实际生活的材料作一比较。

"使"教育事业"不受国家管理"而交给 23 个(指彼得堡的)正在发展"自己的""民族文化"的"民族联盟"去管理！！

要为证实这种"民族纲领"的荒谬性和反动性而去花费口舌，这甚至是可笑的。

非常清楚，宣扬这种计划，**实际上**就是贯彻或者支持资产阶级民族主义、沙文主义和教权主义的思想。民主派的利益，特别是工人阶级的利益所要求的恰恰相反：应当竭力使**各民族**的儿童在当**地统一的**学校里**打成一片**；应当让各民族的工人**共同**贯彻无产阶级在学校教育方面的政策，这个政策已经由弗拉基米尔省工人代表萨莫伊洛夫以俄国社会民主党国家杜马工人党团的名义作了透彻的阐述[137]。我们应当最坚决地反对任何按民族分学校的做法。

我们应当关心的不是在学校教育上想方设法来隔离各民族，恰恰相反，我们应当关心的是，为各个民族在平等基础上和睦相处创造基本的民主条件。我们不应当鼓吹"民族文化"，而应当揭穿这一口号的教权主义性质和资产阶级性质，以维护全世界工人运动的各民族共同的（国际的）文化。

有人会问我们，能不能在平等基础上对彼得堡48 076个小学生中的 **1 个格鲁吉亚儿童**的利益给予保障呢？我们对这个问题的回答是：按格鲁吉亚"民族文化"的原则在彼得堡单独办一所格鲁吉亚学校是不可能的，而宣扬这种计划，就是向人民群众灌输**有害**的思想。

但是，我们不会去坚持任何有害的东西，也不会去做任何办不到的事，我们仅仅要求让这个儿童免费利用公家场所来听格鲁吉亚语文课，听格鲁吉亚历史课等等，要求从中央图书馆借给他一些格鲁吉亚文书籍，要求用公款支付格鲁吉亚教师的部分工资等等。只有实行真正的民主，彻底铲除学校中的官僚主义和"彼列多诺夫习气"[138]，居民才能完全获得这一切。而除非**各**民族工人打成一片，否则就**不可能**获得这种真正的民主。

鼓吹为每一种"民族文化"单独办民族学校，这是反动的。但是在真正实行民主制的条件下，则完全可以保障用母语授课，讲授本民族的历史等等，**不必**按民族分学校。而完全的地方自治，也就是意味着不能用强迫手段把什么事情强加给别人，比如说，强加给凯姆县的 713 个卡累利阿儿童（那里只有 514 个俄罗斯儿童），或者强加给伯朝拉县的 681 个济良儿童（153 个为俄罗斯儿童），或者强加给诺夫哥罗德县的 267 个拉脱维亚儿童（那里有 7 000 多个俄罗斯儿童），如此等等。

　　宣扬实现不了的民族文化自治，是一种荒谬的行为，只能如目前这样，造成工人的思想分裂。宣传各民族工人打成一片，就会促进无产阶级的阶级团结，而这种团结则能够保证各民族的平等和最为和睦的相处。

载于1913年12月14日《无产阶级真理报》第7号

译自《列宁全集》俄文第5版第24卷第219—222页

论俄国社会民主工党的民族纲领

(1913 年 12 月 15 日〔28 日〕)

中央委员会会议通过了已由《通报》[139]发表的关于民族问题的决议①,并且将民族纲领问题列入代表大会议程。

为什么目前反革命势力的整个政策也好,资产阶级的阶级意识也好,俄国无产阶级的社会民主党也好,都把民族问题提得很突出,民族问题究竟是如何提出来的,这在决议中已经详尽地指出了。情况已经完全清楚,大可不必再谈这个问题。近来,在马克思主义的理论文献中,对这种情况以及对社会民主党民族纲领的原则,都进行过阐述(在这里首先要提出的是斯大林的文章[140])。因此,本文只谈纯粹是党对这个问题的提法,阐明合法刊物因受斯托雷平—马克拉柯夫压制而不能说明的问题,我们认为这样做是恰当的。

俄国社会民主党完全是凭借先进国家的经验即欧洲的经验,并且以这种经验的理论表述即马克思主义为依据而形成的。我国的特点以及在我国建立社会民主党这一历史时期的特点是:第一,我国与欧洲不同,社会民主党是**在资产阶级革命以前**就开始形成并且**在资产阶级革命时期**继续形成。第二,在我国进行了一场以划清无产阶级民主派同一般资产阶级民主派和小资产阶级民主派

---

① 见本卷第 60—62 页。——编者注

的界限为内容的不可避免的斗争，这一斗争基本上和一切国家所经历过的斗争相同，是马克思主义在西方和我国在理论方面获得完全胜利的条件下进行的。因此，这种形式的斗争与其说是一场坚持马克思主义的斗争，不如说是一场坚持或者反对以"准马克思主义"词句作掩护的种种小资产阶级理论的斗争。

这就是从"经济主义"（1895—1901年）和"合法马克思主义"（1895—1901年、1902年）产生以来的情形。只有那些害怕历史真相的人才会无视这些思潮同孟什维主义（1903—1907年）和取消主义（1908—1913年）之间的密切的直接联系和血缘关系。

旧《火星报》[141]在民族问题上也同在其他问题上一样，同小资产阶级的机会主义作过斗争。它在1901—1903年就起草并拟定了俄国社会民主工党纲领，同时通过俄国工人运动的理论和实践对马克思主义进行了初步的基本的论证。小资产阶级的机会主义首先表现为崩得的民族主义的狂热或者说民族主义的动摇思想。旧《火星报》同崩得的民族主义进行了顽强的斗争，忘记这一斗争，就又会变成健忘的伊万，就是把自己同整个俄国社会民主主义工人运动的历史基础和思想基础割断。

另一方面，在1903年8月第二次代表大会上最后批准俄国社会民主工党纲领时又对几个波兰社会民主党人的笨拙的尝试进行了斗争，他们试图对"民族自决权"提出怀疑，也就是试图完全从另一方面倒向机会主义和民族主义。这场斗争在代表大会记录上未作记载，因为事情是在几乎每个与会者都出席了的**纲领委员会**发生的。

现在10年过去了，而这场斗争仍然沿着这两条基本**路线**在进行，这同样也证明这场斗争同俄国民族问题的一切客观条件有着深刻的联系。

奥地利布隆代表大会(1899年)**否决了**克里斯坦、埃伦博根等人所维护的、并且写进了南方斯拉夫人草案中的"民族文化自治"纲领。通过的是民族**区域**自治;因此,社会民主党只宣传一切民族区域必须结成联盟,这是同"民族文化自治"思想**妥协**。这一不幸的思想的主要理论家们特地专门强调指出了这一思想**不适用于**犹太人。

在俄国**总是**有一些人认为自己的任务就是把不大的机会主义的错误扩大成为一整套机会主义的政策。德国的伯恩施坦使俄国产生了右派立宪民主党人,如司徒卢威、布尔加柯夫、杜冈之流,同样,奥托·鲍威尔"完全忘记国际因素"(根据极其谨慎的考茨基的评价!)**使俄国所有的**犹太资产阶级政党以及许多小资产阶级流派(崩得以及1907年各民族的社会革命党**代表会议**)**完全**接受了"民族文化自治"。可以说,落后的俄国提供了一个例证,即西欧的机会主义细菌是如何在我国荒野的土壤里使**流行病**大量滋生的。

我国有人喜欢说欧洲能够"容忍"伯恩施坦,但是他们忘记补充一句话,在世界上任何地方,除了在"神圣的"俄罗斯母亲那里,伯恩施坦主义没有产生过司徒卢威主义,而"鲍威尔主义"也没有导致社会民主党人替犹太资产阶级的精致的民族主义辩解。

"民族文化自治"就是最精致的、因而也是最有害的民族主义,就是用民族文化这一口号来腐蚀工人,并且宣传极其有害的甚至是反民主的按民族分学校的主张。总之,这个纲领同无产阶级国际主义是绝对矛盾的,它只符合民族主义市侩的理想。

然而有**一种情况**,这就是马克思主义者如果不愿背叛民主派和无产阶级,那他们就必须坚持民族问题上的一项特别要求,即民族自决权(俄国社会民主工党纲领第9条),也就是政治分离权。会议的决议十分详尽地阐明和论证了这项要求,根本不可能引起任何误解。

因此,我们只简略地说明一下针对纲领的这一条提出来的一些无知得令人吃惊的机会主义的反对意见。同时我们要指出,有了纲领以来的**10年中**,俄国社会民主工党的**任何一个部分**,任何一个民族组织,任何一个省代表会议,任何一个地方委员会,任何一个代表大会或会议的代表都没有提出过关于修改或取消第9条的问题!!

这是必须注意到的。这立刻向我们说明,针对这一条提出的各种反对意见有没有哪怕是一丁点严肃性和党性。

请看谢姆柯夫斯基先生在取消派报纸上的言论。他以一个取消党的人的那种轻松口气说道:"根据某些考虑,我们不同意罗莎·卢森堡把第9条从纲领中完全删掉的建议。"(《新工人报》第71号)

考虑是保密的!既然对我们党的纲领的历史这样无知,又怎能不"保密"呢?就是这位无比轻松的(那算是什么党,什么纲领呀!)谢姆柯夫斯基先生把芬兰作为例外时,又怎能不"保密"呢?

"如果波兰无产阶级希望同全体俄国无产阶级在一国范围内共同进行斗争,而波兰社会中的反动阶级则相反,希望波兰同俄国分离,希望在全民投票(征求全民意见)中赞成分离的票占多数……那又该怎么办呢?我们俄罗斯社会民主党人在中央议会中究竟跟我们的波兰同志共同投票**反对**分离呢,还是为了不破坏'自决权'而**赞成**分离呢?"

真的,要是提出这些天真幼稚、糊涂透顶的问题,那该怎么办呢?

　　亲爱的取消派先生,自决权正是意味着**不**由中央议会,而由**实行分离的少数民族**的议会、国会和全民投票来决定问题。当挪威同瑞典分离[142]时(1905年),就是由挪威(其领土比瑞典小一半)**独自**作出决定的。

　　甚至小孩子也会看出,谢姆柯夫斯基先生在乱搅和。

　　"自决权"意味着**这样**一种民主制度,即在这种制度下不仅有一般的民主,而且特别**不能有用不民主的方式**来决定分离问题的事情。一般说来,民主可以与气焰嚣张的、压迫者的民族主义并存。无产阶级要求的是那种**排除**用暴力将某一民族强行控制在一国范围内的民主。因此,"为了不违犯自决权",我们**不**应当像机灵的谢姆柯夫斯基先生考虑的那样"投票赞成分离",而应当赞成让实行分离的区域**自己**去决定这个问题。

　　看来,即使有谢姆柯夫斯基先生这样智力的人也不难领悟到,"离婚权"并不要求**投票赞成离婚**!然而批评第9条的人竟然走到了这一步,他们连起码的逻辑也忘记了。

　　当挪威同瑞典实行分离时,瑞典的无产阶级既然不愿跟着民族主义的市侩走,就**必须投票**和鼓动反对用暴力手段归并挪威,而归并正是瑞典的神父和地主竭力追求的。这很清楚,不是太难理解的。自决**权**这条原则要求**掌权的压迫**民族的无产阶级进行这种鼓动,而瑞典的民族主义民主派可能不这样做。

　　谢姆柯夫斯基先生问道:"如果反动派占多数,那又该怎么办呢?"中学三年级学生才提得出这样的问题。如果民主表决使反动派得到多数,那么应该怎么对待**俄国宪制**呢?谢姆柯夫斯基先生提了一个无聊、空洞、不着边际的问题,对这种问题有句俗话说,7个傻瓜提问题,70个聪明人也回答不过来。

　　当反动派在民主表决中居多数时,一般都有而且可能有下面两种情况:要么贯彻反动派的决定,而它所起的有害作用就会把群众较快地推向民主派方面去对付反动派;要么通过国内战争或者别的在民主条件下可能发生的(大概连谢姆柯夫斯基先生们也听说过这一点吧)战争来解决民主派同反动派的冲突。

　　谢姆柯夫斯基先生断言:承认自决权"有利于""臭名远扬的资产阶级民族主义"。这是幼稚的胡说,因为承认这种**权利**,既毫不排斥鼓动和宣传**反对**分离,也毫不排斥揭露资产阶级民族主义。但是,否认分离权则"有利于"**臭名远扬的大俄罗斯黑帮**民族主义,这是完全不容争辩的!

　　罗莎·卢森堡可笑的错误的症结也就在这里。她的这个错误无论在德国还是在俄国(1903年8月)的社会民主党中早就受到嘲笑,因为担心有利于被压迫民族的资产阶级民族主义的人们却**使压迫**民族的资产阶级民族主义,甚至黑帮民族主义有利可图。

　　假如谢姆柯夫斯基先生对党的历史和纲领的情况不是那样幼稚无知,那他会明白自己有责任驳斥普列汉诺夫。**11年前**,普列汉诺夫为维护俄国社会民主工党的纲领草案(从1903年起已成为正式纲领),曾在《曙光》杂志[143]上(第38页)**特别强调承认自决权**这一点,当时关于这一点他写道:

　　"这个要求对于资产阶级民派并不是非有不可的,甚至在理论上也是如此,但是对于我们社会民主党人是非有不可的。如果我们把它忘记了,或者不敢把它提出来,唯恐触犯我们大俄罗斯同胞的民族偏见,那么我们口里所喊的'全世界无产者,联合起来!'这个国际社会民主党的战斗口号,就会成为一句可耻的谎言。"

　　普列汉诺夫早在《曙光》杂志上就提出了那个在会议决议中得

到详尽阐发的根本论据,而谢姆柯夫斯基先生们11年来一直没有打算对这个论据给以重视。大俄罗斯人在俄国占43%,但是大俄罗斯民族主义却统治着57%的居民,压迫着所有的民族。我们的民族自由主义者(司徒卢威之流,进步党人等)已经同民族反动派为伍了,并且出现了**民族**民主主义的"先声"(请回忆一下1906年8月彼舍霍诺夫先生关于谨慎对待庄稼汉的民族偏见的号召)。

在俄国,只有取消派才认为资产阶级民主革命已经结束,而世界上任何地方的民族运动总是伴随着**这种**革命而兴起。在俄国,正是在许多边疆地区,我们看到一些被压迫的民族在邻国却享有更多的自由。沙皇制度比邻国都反动,它是经济自由发展的**最大**障碍,并且拼命激起大俄罗斯人的民族主义。当然,在马克思主义者看来,**在其他条件相同的情况下**,大国总是要比小国好一些。然而,如果认为沙皇君主制下的条件和所有欧洲国家和大部分亚洲国家的条件相同,那就是可笑而反动的。

因此,在当代的俄国否认民族自决权,就是不折不扣的机会主义,就是拒绝同至今还势力极大的黑帮大俄罗斯民族主义作斗争。

载于1913年12月15日(28日)　　　　译自《列宁全集》俄文第5版
《社会民主党人报》第32号　　　　　　第24卷第223—229页

谈谈考茨基的不可容忍的错误

(1913 年 12 月 15 日〔28 日〕)

我们在《无产阶级真理报》第 6 号上提到了考茨基同志在社会党国际局讨论俄国问题时的发言。① 这个发言使所有的俄国读者感到吃惊,因为考茨基对俄国问题无知得太可悲了。

考茨基在发言中说:俄国的"旧党已经死亡"。但是考茨基在第二次发言中答复反对意见时说:"我并没有说,俄国社会民主党已经死亡,我只是断言,旧形式已经被粉碎,必须创造新形式。"德国党(考茨基是德国党的代表)的中央机关报《前进报》(《Vorwärts》)就是这样叙述问题的。《前进报》就在考茨基居住的那个城市出版,假如考茨基发现报纸转载他的发言失实,那么他当然会立即声明更正,他在一些比整个党(而且是有代表参加国际的党)的"存在问题"意义小得多的问题上就曾一再这样做过。

但是,《新取消派报》第 101 号上却刊载了**该报**关于国际局会议的报道。这家报纸竟把考茨基的第二次发言刊载成这样,好像考茨基完全**否认**他关于"党已经死亡"的说法。

假如考茨基第二次发言真正是为了坚决放弃他所发表过的、由于对俄国党的实际情况全然不了解而形成的观点,那么我们是

---

① 见本卷第 223—226 页。——编者注

会首先感到高兴的。但是，——可惜！——我们没有任何理由对《新取消派报》的报道比对德国党中央机关报的报道给予更多的信任。

这家取消派报纸企图把问题掩盖起来，但是问题是清楚的。考茨基说旧党已经"死亡"，这不仅说明他对俄国工人运动实际情况不了解，而且也揭穿了国外取消派的造谣专家对我们的外国同志产生了什么样的影响。

考茨基说了一句荒唐话而遭到反驳，于是他就企图加以更正，从德国社会民主党中央机关报《前进报》来看，他的更正不妙；从取消派的通讯来看，——要好一些，但也只能说好得不多，——因为所谓社会民主党的"形式"，不是党又是什么呢？

但是问题并不在于考茨基如何**更正**，而在于他**所犯**的是多么不可容忍的错误，——这正是取消派在国外努力的结果。当然，俄国的觉悟工人是能够轻而易举地揭露这些国外造谣专家的。他们只要愿意就可以办到。他们也终于该这样做了！他们应该做好向国外同志报道本国运动的情况的工作，要把这项工作从那些不负责任的国外小组的手中夺过来。他们应该**使**造谣专家的努力**落空**，不让这些人利用外国党不了解情况（这是自然的）来达到他们取消派的目的。正因为这样，我们才号召工人同志们最积极地响应国际局的号召，弄清楚马克思主义者和取消派之间的意见分歧。国外的同志们应当听到的最终不是取消派造谣专家的谎言，而是工人们自己的呼声。假如我们珍视国际统一的思想，那么这样做是很重要、很有必要的。

取消派企图掩盖和歪曲国际局会议上的事实，而我们则采取针锋相对的做法，号召真正弄清楚意见分歧，号召通过工人们自己的决议、决定和表决来向外国同志报道情况。

载于 1913 年 12 月 15 日《无产
阶级真理报》第 8 号

译自《列宁全集》俄文第 5 版
第 24 卷第 230—232 页

关于社会党国际局的决定的决议

（1913 年 12 月 17 日〔30 日〕）

工人国际作出关于有必要完全、彻底弄清存在于俄国工人运动中各政治派别之间的实质性的根本分歧的决定，我们热烈欢迎这一决定。

为了响应国际的建议，我方认为，有必要指出在我们看来把马克思主义者和取消派划分成为两个不可调和的阵营的那些根本分歧。

首先我们声明，对任何一个觉悟的工人来说，问题不在于建立一个新的整体，只要巩固并彻底恢复原有的组织就行，如 15 年多以前成立时那样——沿用原有的组织的原有纲领和一系列十分重大的策略性决定。取消派已经从这个马克思主义组织分裂出去。**在杜马外的**工作方面，同他们恢复统一必须具备以下条件：

（1）完全并且毫无保留地（实际上）承认"地下组织"，无条件地服从地下组织支部的各项决定，并且保证任何情况下都不容许在报刊上对它进行任何攻击。

（2）完全并且毫无保留地承认俄国工人阶级提出的三项基本要求是当前的主要任务，本着这种精神从事工作，并且不再进行鼓吹放弃原有的任务的自由主义和改良主义的宣传。

（3）收回一切修改马克思主义者的纲领的企图（民族文化自

治),无条件地承认 1903 年制定的纲领。

(4)在与罢工运动有关的问题上,完全服从按马克思主义精神组织起来的工人的决定,并不再反对所谓"罢工狂热"。

(5)实际上承认无产阶级**独立自主的**策略,不再为了同自由派结成联盟而贬低工人阶级的任务。

(6)承认在工会的工作问题上,应该以斯图加特国际社会党代表大会以及俄国马克思主义者伦敦代表大会的决定为指针。

(7)放弃按民族原则建立工人组织的原则。在波兰和西北边疆区分别建立**统一的**组织。崩得必须执行俄国马克思主义者作为一个整体所多次重申的关于在各地融为一体的决定。

在**杜马**工作方面,实现统一要具备以下条件:

一、承认党团是一个无条件地服从马克思主义者整体的组织意志的机构。

二、收回一切违背纲领的行为(民族文化自治,吸收亚格洛等等)。

三、谴责七人团(格·瓦·普列汉诺夫在给社会党国际局的信中也对它进行过谴责)的分裂活动。

至于同哪些派别联系安排共同交换意见对国际局有利的问题,那我们首先要求**仅仅而且也只能**让俄国国内的工人组织的代表参加,而无论如何不能让与俄国国内工作毫无联系的国外小组参加。

其次我们还认为:(1)要么**只邀请在俄国国内进行斗争的两个**主要派别的代表即马克思主义者和取消派分子,(2)要么(如果希望弄清俄国社会民主党人和自称是社会民主党人的人之间的一切分歧的话)毫无例外地邀请所有在俄国国内活动并自称和社会民主党接近的工人组织。在这种情况下,无论是某些左派民粹派分子,还是与崩得竞争的、自称是社会主义集团的犹太集团等等,都没有理由排除在外。

最后,我们相信,外国社会主义报刊将会给俄国国内组织的负责代表提供篇幅,来正确阐明俄国社会民主党人之间的分歧,因为这些代表不同于侨民小组和不负责任的人物,是会向外国同志准确地说明俄国工人运动中产生分歧的思想政治根源的。

一群有组织的马克思主义者

载于 1913 年 12 月 17 日《无产阶级真理报》第 9 号

译自《列宁全集》俄文第 5 版
第 24 卷第 233—235 页

再论按民族分学校

(1913 年 12 月 17 日〔30 日〕)

　马克思主义者正在同一切形式的民族主义——从我国统治集团和右派十月党的粗暴的、反动的民族主义直到资产阶级和小资产阶级政党的比较精致的和隐蔽的民族主义进行坚决的斗争。

　　反动或黑帮民族主义力图保证一个民族的特权,而使其余一切民族处于从属、不平等甚至根本无权的地位。任何一个马克思主义者,甚至任何一个民主主义者对这种民族主义,都只能持完全敌对的态度。

　　资产阶级和资产阶级民主派的民族主义,口头上承认民族平等,行动上则维护(常常暗中,背着人民)一个民族的某些特权,并且总是力图为"自己的"民族(即为本民族的资产阶级)获得更大的利益,力图把各民族分开,划清它们之间的界限,力图发展民族的特殊性等等。资产阶级的民族主义最喜欢谈"民族文化",强调一个民族同另一个民族的差异,从而把不同民族的**工人分开**,用"民族的口号"来愚弄他们。

　　觉悟的工人反对**一切**民族压迫和**一切**民族特权,但是他们并不以此为限。他们反对一切民族主义,甚至最精致的民族主义,同时,在同反动派和形形色色的资产阶级民族主义的斗争中不仅坚持**各**民族工人团结一致,而且坚持**各**民族工人**打成一片**。我们的任务不是把各个民族分开,而是把各民族工人团结起来。我们旗帜上写的不是"民族文化",而是**各民族共同的**(国际的)文化,这种文化能使一切民族在高度的社会主义团结中打成一片,目前这种文化由于国际资本的联合正在形成。

小资产阶级的市侩民族主义的影响也使某些"也是社会主义者"受到感染,他们维护所谓"文化教育自治",即把教育事业(和整个民族文化事业)从国家手里转交到各个民族手里。显然,马克思主义者反对这种**把各民族分开**的说教,反对这种精致的民族主义,**反对按民族分学校**。当我国的崩得分子以及后来取消派**违反纲领**,企图维护"民族文化自治"的时候,谴责他们的不仅有布尔什维克,而且有孟什维克护党派[144](普列汉诺夫)。

现在,阿恩先生在《新工人报》(第103号)上试图为这件坏事辩护,他们偷换问题,大骂我们。我们不在乎这些谩骂,因为这不过是证明取消派软弱无能。

阿恩先生硬说:学校用母语讲课就是按民族分学校;真理派要取缔异族人的民族学校!

对阿恩先生的这种手法只能嗤之以鼻,因为尽人皆知,真理派主张各民族语言绝对完全平等,甚至主张不要国语! 阿恩先生恼羞成怒而开始丧失理智,——亲爱的阿恩先生,这是危险的!

使用母语的权利在马克思主义者的纲领第8条[145]中已经非常确切肯定地得到承认。

假如阿恩先生关于学校用母语讲课就是按民族分学校的说法是正确的,那么为什么崩得分子在1906年、取消派在1912年要"补充"(正确些说,是**歪曲**)这个纲领,在1903年**否决**"民族文化自治"的那次代表大会上,这个纲领不是已经**完全**承认使用**母语**的权利了吗?

不,阿恩先生,偷换问题,用喧嚷、叫喊、咒骂来掩盖取消派**破坏**这个纲领,以及掩盖他们"使社会主义迁就民族主义"(普列汉诺夫同志的提法),你这样干是不会得逞的。

我们不想破坏纲领。我们不想使社会主义迁就民族主义。我们维护充分的民主、充分的自由和各民族语言平等,但绝不会以此来为"把教育事业交给各民族"、"按民族分学校"辩护。

阿恩先生写道:"要知道,目前的问题是按民族分学校,就是说,那些互相妨碍发展的民族应当原地不动,因此,在国民教育方面**必须把它们分开**。"

我们作了着重标记的这些文字清楚地表明,取消派正在把阿恩先生从社会主义拖向民族主义。在一国之内**把各民族分开**是有害的,因此我们马克思主义者力求**使各民族接近和打成一片**。我们的目的不是把各个民族"分开",而是用充分的民主来保证各民族的平等,像在瑞士那样①和睦(相对而言)相处。

载于 1913 年 12 月 17 日《无产
阶级真理报》第 9 号

译自《列宁全集》俄文第 5 版
第 24 卷第 236—238 页

----

① 　阿恩先生大胆地说:"在瑞士各州也没有民族混合的现象。"如果我们给他指出伯尔尼、弗赖堡、格劳宾登、瓦利斯这 **4** 个州来,他不感到难为情吗?

谈谈我们的学校

(1913 年 12 月 18 日〔31 日〕)

1911 年 1 月 18 日的全俄学校普查,虽然材料整理得很不像样,但是,却为稍微揭开官方秘密的帷幕提供了可能性。

这些材料暂时仅限于彼得堡学区各个城市和乡村的情况。根据这些材料看看我们的**教区**学校是什么样子。

在城市中,共计有市立单一班级制学校 329 所,三等私立学校 139 所和教区单一班级制学校 177 所。我们把女教师(男教师是极少数)的平均薪俸作个比较:市立学校年薪为 924 卢布,私立学校为 609 卢布,教区学校则为 **302 卢布**。

女教师受穷、挨饿——我们的教区学校就是如此。

再来看看受过高等和中等世俗普通教育的教师所占的百分比有多大吧。市立学校占 76%,私立学校占 67%,教区学校则占 18%!

女教师没有受过一般教育(暂且不谈宗教课教师)——我们的教区学校就是如此。

在农村,地方办的单一班级制学校有 3 545 所,教区单一班级制学校有 2 506 所。前一类学校,女教师平均年薪为 374 卢布,后一类学校,则为 **301 卢布**。

前一类学校,受过教育的教师(一般教师)占 20%;**后一类学**

校，占 2.5％——宗教课教师仍然不包括在内。

从这些材料中可以看出，教区学校的状况是何等可怜！

通过普查还收集了一些材料，说明每个学生平均能摊到多少平方俄尺的面积和多少立方俄尺的空间，即说明学校的拥挤情况。

地方办的学校为 2.6 平方俄尺的面积和 10.1 立方俄尺的空间；教区学校则为 2.4 平方俄尺的面积和 9.6 立方俄尺的空间。

室内面积应该是窗户采光面积的 6 倍。而实际上是 9 倍，也就是说学校教室不但拥挤，而且**光线很暗**。

当然，这些材料是极其有限的。教育部想方设法，**不让**收集有关我们学校穷困状况的详细、准确、完整的材料。

但是，即使这些不完整的、经过官方删节的、整理得很不像样的材料，还是反映出教区学校可怜的穷困状况。

在即将召开的全俄国民教育代表大会上，工人文化教育组织和工会组织的代表的迫切任务之一，就是全面提出关于我们学校以及学校教师状况问题，并全面加以阐述。

载于 1913 年 12 月 18 日《无产　　　　　译自《列宁全集》俄文第 5 版
阶级真理报》第 10 号　　　　　　　　　第 24 卷第 239—240 页

1913 年底列宁制作的表格《圣彼得堡学区的国民学校（1911 年 1 月 18 日）》

论哥尔斯基先生兼论一句拉丁谚语

(1913 年 12 月 18 日〔31 日〕)

七人团通过了一条关于"受刑事处分的行为"的可悲条文,现在哥尔斯基先生又继续在取消派的报纸上为这一显而易见的错误辩护。哥尔斯基先生,一切诡辩都是无济于事的!您说不知道费·唐·的草案,这也是无济于事的,其实,您通过你们的报纸编辑部是容易弄到它的。可别让费·唐·扮演那个"根本找不到"的见证人。那就成了笑话。

哥尔斯基先生硬说,列宁、季诺维也夫和加米涅夫对费·唐·及其伙伴们的草案保持"沉默"就是表示要为这个草案承担责任。这种说法也是无济于事的。上面提到的这 3 位著作家要驳斥人世间出现的一切胡言乱语,他们每个人非得有 10 个秘书和各有一家报纸不可。

哥尔斯基先生躲在**最坏的**(不能再坏的)社会党人的背后,以为既然他们不撤销"受刑事处分的行为"的条文,那他们就一定会**减轻**对"受刑事处分的行为"的处分,这样做也是无济于事的。有一句拉丁谚语说得好:"错误人人都会犯,坚持错误的却只有笨蛋。"

哥尔斯基先生和费·唐·先生,请想一想这一句谚语吧,并请规劝七人团把关于"受刑事处分的行为"的十月党人式的条文从法案中收起来吧！

载于 1913 年 12 月 18 日《无产
阶级真理报》第 10 号

译自《列宁全集》俄文第 5 版
第 24 卷第 241 页

再论社会党国际局和取消派

(1913 年 12 月 19 日〔1914 年 1 月 1 日〕)

由于无可奈何的恼怒而口是心非,《新取消派报》的政论家们的这一基本特点还从来没有像他们就国际局决定发表的文章中表现得那么充分。[146]

从下面的事实就可以看出,他们已经到了多么严重的地步。他们有关这个问题的头几篇文章发表后,社会党国际局书记胡斯曼就不得不委托波波夫同志转告俄国工人,说他抗议《新工人报》"利用"俄国读者"不明真相来谋求自己的派别利益"的企图,抗议取消派对国际局的决定所作的"极不正确、极不忠实的"报道。

既然国际局书记对《新工人报》的政论家们下了如此明确的……评语,那么,对于他们责难**我们**歪曲伦敦决定实质的尝试,我们就可以处之泰然,不予理睬。既然国际局书记已经公开揭露他们"利用"国际局决定"来谋求自己的派别利益"和对国际局决定"不忠实",那么,不论他们如何高喊尊重国际等等,也未必会有人相信他们。唐·先生诡计多端,拼命从国际局决议中寻找党的"建设方法",寻找对六人团的"指责",寻找"拒绝"我们的"要求"和"承认"左派[147]具有社会民主主义性质的语句。现在每个工人都知道这些花招的真正用意。唐·先生,就国际局的决议表演文字魔术,这未必能说明是尊重这些决议!

不过,这些魔术家们是够狼狈的! 请看,他们不得不处处自己打自己的嘴巴!

(1)在该报第102号上,唐·先生郑重其事地写道:"社会党国际局**指责了**6个代表退出党团的行为。"隔了一号,在第104号上,另一个魔术家尔·谢·先生却同样郑重其事地宣称:"社会党国际局既没有作过褒奖,**也没有作过指责**。"而且——请注意! ——这两位可敬的人物都十分满意国际局的决定:一个是因为决定作过"指责",另一个是因为决定没有作过任何指责! 谁能设想出有比这更乱了套的局面呢?

而取消派先生们乱了套是有其原因的! 国际局决议的基本要点明明指出:**不论采取什么实际步骤以求达到统一,事先必须弄清现有的意见分歧。**

这个决定是完全正确的。

如果我们不愿意以"统一"的名义把一个由各色各样的人拼凑的不定型的大杂烩奉献给工人阶级,而愿意实现**工作上的**真正统一,那么,为此首先必须准确地弄清"分歧点"。应该通过"共同交换意见"来准确地弄清"分歧点",这样才会明白是否谈得上采取某些实际步骤以求达到统一。国际局的决议就是这样提出问题的。我们非常欢迎这样提出问题。为了回答社会党国际局的这个建议,我们号召工人再一次平心静气地仔细讨论一下意见分歧,并且对这些分歧点发表自己的意见。我们已经许诺,要用尽一切办法帮助外国同志了解现有的意见分歧。《无产阶级真理报》第9号上所登载的决议,就完全正确地归纳了我们和取消派之间的分歧点。①

————————

① 见本卷第247—249页。——编者注

我们对国际局建议的回答应该如此,当然,凡是严肃对待国际局的决定,赞同"就分歧点共同交换意见"的人,无论过去和现在,都只能这么办。

但是——全部问题也就在这里!——对取消派先生们来说,最不愉快、最不乐意和最不能接受的莫过于弄清理论上、纲领上、策略上和组织上的主要意见分歧了。他们对国际局决议多方篡改、歪曲和谩骂,完全是为了**抵制**决议关于先弄清楚意见分歧的要求的。无论是尔·谢·先生还是唐·先生都竭力抢先说话。例如,尔·谢·先生关心地说,是否可以不"查问"愿意统一的人的思想"履历"而达到某种"统一"呢?是否可以不去"援引过去的报章杂志"呢?唐·先生慌张地问道:是否可以不提"过去的事情"呢?我们非常了解他们。重提尔·谢·先生关于地下组织的文章(《光线报》第15号(总第101号))和重提唐·先生关于"争取合法性"的口号,对他们来说,并不是什么愉快的事情。国际局决定建议不追究过去的错误,我们完全同意。取消派先生们请求宽恕"过去的错误",我们也不拒绝。我们关心的不是过去的事情本身,我们关心的是今天和明天的工作。在这方面,我们想知道,取消派的机关报是否还要**继续**攻击地下组织;是否还要**继续**认为"三条鲸鱼"不适合目前的情况;是否还要坚持"八月联盟派"歪曲纲领的做法,如此等等。

如果不是照取消派那样,把"统一"理解为将所有自封为社会民主党人的人无原则地糅合在一起,那么国际局的决议认为,弄清这些问题以及在这些问题上存在多大的意见分歧,是在统一方面迈出任何一步的**先决**条件。

尔·谢·先生大发雷霆,说"责难的条款已经拟好了"。我们本来不愿意在这里提起关于作贼心虚这句俗话，但是尔·谢·先生为什么要把普通的和解条件当做"责难"呢？我们说，联合起来的组织应坚持下列原则：承认原有的纲领，承认一定的组织形式，承认不打折扣的口号和坚定的策略等等。而你们则立即宣布这种对纲领、策略和组织任务的表述无异于开一张"取消派罪过的清单"。我们很可怜你们，但是无论是我们还是国际局都认为，唯有通过弄清新组织的纲领和策略等才能建立新组织，除此别无他法。

可是，我们还犯了更为严重的罪过。我们不仅提出建立组织的条件，即不仅说明了和解的条件，而且还把这些条件交给工人去裁判。

我们坚持以下看法：为了执行国际局的决定，除了我们所选择的道路外，是没有任何别的道路可走的。

国际局号召**一切**自称为社会民主党人的**人**，都来弄清他们之间的意见分歧，作为解决统一问题的先决步骤。

我们发表了决议，对国际局的号召表了态，提出我们对纲领、策略和组织方面基本问题的看法的"清单"，并且把我们的这张"清单"交给工人同志们去讨论。如果取消派先生们也效法我们的榜样，那我们在较短的时期内，就可以得到各方面的明确意见，就可以准确地弄清楚多数有组织的工人究竟站在哪一边。那么，社会党国际局向俄国无产阶级提出的任务，也就会很快完成。但是，取消派当然要彻底背离这条道路的，原因很简单，无论是明确表述他们的政治观点，还是把这些观点交给广大工人群众去裁判，都对他们这些人不利。

在这种情况下，他们必然会竭力不执行国际局关于明确"弄清意见分歧"的要求，却搞一些无聊的私人纠纷、歪曲和篡改，来给国际局的工作造成困难,同时他们还得经常上上国际书记不得不教过取消派先生们的"忠诚老实"课。

载于 1913 年 12 月 19 日《无产阶级真理报》第 11 号

译自《列宁全集》俄文第 5 版第 24 卷第 242—246 页

民族自由主义和民族自决权

(1913 年 12 月 20 日〔1914 年 1 月 2 日〕)

自由派的《言语报》编辑部为了给思想混乱的莫吉梁斯基先生帮忙,不久前(第 340 号)曾就民族自决权这一重要问题发表了一条未署名的即编辑部的正式声明。

莫吉梁斯基先生回避直接回答问题,只表示他的观点"与否认民族自决权毫无共同之处"。现在,《言语报》正式声明,立宪民主党纲领第 11 条对"自由**文化**自决权问题作了直接、准确和明白的回答"。

我们用黑体标出的两个字特别重要,因为无论是莫吉梁斯基先生的第一篇文章,还是顿佐夫先生给他的答复,或是莫吉梁斯基先生对顿佐夫先生的反驳,谈的恰恰都**不是**"文化"自决。他们谈的是民族**政治**自决,即民族分离权,而自由派所说的"文化自决"(这是与**整个**民主运动史相矛盾的毫无意义的夸夸其谈),实质上只不过是使用语言的自由。

现在《言语报》说,《无产阶级真理报》把自决权同"分离主义",即一个民族的分离权彻底相混淆了。

到底是哪一方彻底(也许可说是蓄意……)混淆了问题呢?

在整个国际民主运动史上,特别是 19 世纪中叶以来,民族自决正是指的**政治**自决,即分离权,成立独立民族国家的权利,我们开明的"立宪民主党人"是不是要否认这一点呢？

1896年的伦敦国际社会党代表大会在重申已经确立的民主原则时（代表大会确立的原则当然不限于此），所指的也正是**政治**自决，而决不是什么"文化"自决，我们开明的"立宪民主党人"是不是要否认这一点呢？

普列汉诺夫早在1902年论述自决问题时，正是把它理解为政治自决，我们开明的"立宪民主党人"是不是也要否认这一点呢？

先生们，请说得详细一些，不要对"庶民"隐瞒你们的"教育"的果实[148]吧！

《言语报》作了如下实质性的声明：

"立宪民主党人确实从来也没有拥护过脱离俄国的'民族分离'权。"

精彩极了！感谢你们的坦率和绝对原则性的声明！请《俄国报》、《新时报》和《庶民报》[149]等等报纸注意立宪民主党人半官方刊物的这个"特别忠诚老实的"声明！

不过，立宪民主党人先生们，如果正因为如此而必须把你们称为**民族自由主义者**的话，请你们不要冒火。你们的沙文主义基础之一，你们和普利什凯维奇分子在思想上政治上结盟（或者是你们在思想上政治上依附于他们）的基础之一正在于此。普利什凯维奇之流以及他们的阶级，教愚昧无知的群众要对"抓走和不准"[150]的"权利"有"坚定的"意识。立宪民主党人先生们学过历史，所以很清楚，在实际中运用这种"古已有之的权利"往往会导致什么样的——说得委婉些——"类似大暴行的"行动。民主派如果不经常用俄罗斯语言向大俄罗斯的群众宣传政治上的而不是"文化"上的民族"自决"，也就不成其为民主派了（更不用说无产阶级的民主派了）。

　　民族自由主义处处表明，它完完全全站在普利什凯维奇分子的阶级所确定的和普利什凯维奇分子的方法所维护的（往往同经济发展要求和"文化"要求背道而驰的）关系（和范围）方面。实际上，这是迎合了农奴主的利益，迎合了统治民族最坏的民族主义偏见，而不是同这种偏见进行不断的斗争。

载于1913年12月20日《无产
阶级真理报》第12号

译自《列宁全集》俄文第5版
第24卷第247—249页

民粹主义和取消主义是
瓦解工人运动的因素

(1913 年 12 月 20 日〔1914 年 1 月 2 日〕)

不久前,彼得堡的民粹派报纸《北方思想报》¹⁵¹登载了一篇关于保险运动进展的里加通讯。作者 Б. 布赖涅斯在通讯中写道:

"抵制的浪潮只有在制鞋工人中才看得到,他们中间建立了一些抵制派小组。遗憾的是,抵制派小组的主要倡导者是民粹派。在其他企业中,运动的进展缓慢无力。"

这个坦率的自供,清楚地说明了俄国民粹主义的现状及其政治作用。马克思主义者会议对民粹主义所作的正确评价^①,出人意料特别鲜明地为民粹派自己所证实。

真难以设想,左派民粹派的报纸提不出任何反驳意见,却刊载了该报记者对抵制小组的**"主要倡导者"**是**民粹派**表示**遗憾**的文章!

这就是民粹派在政治上瓦解的典型例子。这就是俄国无党性和对党性漠不关心的典型例子。这个典型例子是应该拿来谈谈的,因为"其他"政党的生活实例可以使我们特别清楚地看到目前极常见的、深深折磨着我们的那种祸害的真正根源。

---

① 见本卷第 62—64 页。——编者注

在反革命时期，民粹派中形成了许多实际上几乎是互不相干的各种派别和集团。在这方面，民粹派和马克思主义者显然都受到六三体制的整个历史环境所产生的总的因素的影响。例如民粹派在报刊上单独发表言论的既有比我们的取消派糟糕得多的取消派集团（1908—1910年在巴黎出版的刊物），也有已经完全是无政府主义性质的集团，而这些流派的最著名的著作家已经堕落到发表自由派言论和叛徒言论（如维·切尔诺夫先生在《箴言》杂志上发表的文章）以及诸如此类的地步了。

虽然如此，但是民粹派在形式上和表面上似乎比马克思主义者要"**统一**"得多。民粹派没有公开的分裂，没有残酷的、系统的、旷日持久的内部斗争，他们总是保持着（乍看起来）某种共同的联系，在他们的一切出版物中，经常可以看到他们自负地提到民粹派的"统一"，把它同"马克思主义者的"（特别是"布尔什维克的"）"喜欢争执和分裂的倾向"进行对比。

谁想了解目前俄国的工人运动和社会主义运动中发生的事件的意义和作用，谁就必须对"马克思主义者的分裂"和"民粹派的统一"这种对比进行仔仔细细的研究。

在我们马克思主义者和靠近马克思主义者的人中间，也有许多实际上几乎是各不相干的大大小小的集团，它们鼓吹"统一"（民粹派式的）很卖力，而谴责"马克思主义者的分裂"则更为卖力。

这到底是怎么回事呢？我们应不应当羡慕"民粹派的统一"呢？我们应不应当从"某些""领导者"个人的不良品质中（这是一个非常流行的方法），或者从马克思主义者的"教条主义"和"缺乏耐心"等等不良倾向中去寻找上述差别的根源呢？

请看看事实吧！事实告诉我们，民粹派的耐心好得多，易于调和得多；他们比较"统一"，他们小集团很多，但是没有发生严重的分裂。可是事实也不容争辩地告诉我们，民粹派在政治上是**软弱无力**的，在群众中没有组织上的牢固联系，他们不能开展**任何**群众性的政治活动。里加民粹派抵制分子的例子，只是特别突出地说明了不仅在保险运动中，而且在国家杜马选举中、罢工运动中、工人报刊（以至一般民主报刊）上以及工会等等方面所反映出来的情况。例如，左派民粹派的《北方思想报》第 2 号写道：

"应当指出，使马克思主义者感到荣幸的是，他们现在在联合会〈指工会〉中有很大的影响，而我们左派民粹派在那里的活动没有一定的计划，因此我们几乎是默默无闻的。"

这有什么奇怪的呢？易调和的、有耐心的、"统一的"、不分裂的、广泛的、非教条主义的民粹派，**尽管有强烈的愿望和意图**，但是**没有开展**保险运动，在工会中**没有**影响，在国家杜马中**没有有组织**的团体。而"教条主义的"、"无休止地闹分裂的"、因而似乎是在削弱自己的马克思主义者，却出色地开展了第四届杜马的选举运动，在工会中工作很有成绩，保险运动搞得很齐心、很出色，罢工运动方面的工作做得也不错，绝大多数觉悟工人坚决、毫不动摇地一致拥护他们作出的团结的原则性强的决定。

这有什么奇怪的呢？民粹派的"易于调和"之类的绝妙气质，难道不是**虚有其表**吗？

正是虚有其表！民粹派五光十色的知识分子小集团的"统一"，是以他们在群众中政治上软弱无力的表现为代价换取的。我们马克思主义者中的托洛茨基派、取消派、"调和派"、"梯什卡派"等小集团，喊统一喊得最厉害，**也是**知识分子软弱无力的表现。而从生活中产生的、真正的、非虚构的政治运动（选举运动、保险运动、日报、罢工运动等等）表明，**多数**觉悟工人是团结在那些挨骂最多、最凶、最厉害、被指责为"分裂派"的人们的周围的。

结论很清楚。即使这个结论使许许多多知识分子小集团感到多么不愉快，但是，工人运动的发展进程是会**迫使**人们承认这个结论的。这个结论就是：那些**实际上**在发展**危害**工人运动的倾向（民粹主义、取消主义等等）的知识分子小集团，想通过"协议"或"联合"来实现"统一"，他们的这种尝试只会导致彻底瓦解和软弱无力。民粹派和取消派都以自己可悲的实例**证明了**这一点。

只有**反对**这些大大小小的集团，才能实现（通过在资本主义条件下和小资产阶级无数次动摇情况下不可避免的艰苦斗争）多数觉悟的无产者所领导的工人群众的真正统一。

天真的人们就会问：怎样把危害工人运动、瓦解工人运动并且导致工人运动软弱无力的知识分子小集团和那些（或那个）在思想上体现工人运动，团结、统一和巩固工人运动的集团区别开来呢？区别它们只需要两种手段：理论和实际经验。必须认真分析民粹主义和取消主义（瓦解工人运动的小资产阶级的主要流派）这些**思潮**的理论内容。必须仔细研究群众性工人运动的实际经验，着眼点就是把多数觉悟工人团结在就选举、保险、工会工作、罢工运动以及"地下工作"等所作的严整、周密和原则性的决定周围。

凡是仔细研究马克思主义的理论，仔细考察近几年来的实际经验的人，都会懂得，**同**五光十色、吵吵嚷嚷、大吹大擂的（实际上是无聊的、有害的）民粹派、取消派等等的小集团**相反**，俄国真正的工人政党的成员正在日益团结起来。随着这些小集团的崩溃和脱离无产阶级,工人阶级的统一正在逐渐形成。

载于 1913 年 12 月 20 日《无产
阶级真理报》第 12 号

译自《列宁全集》俄文第 5 版
第 24 卷第 250—254 页

谈谈考茨基的信[152]

(1913 年 12 月 20 日〔1914 年 1 月 2 日〕)

卡·考茨基认识到(终于认识到!),"梯什卡"和罗莎·卢森堡的梯什卡小组不能代表波兰社会民主党的工人,认识到必须重视华沙和罗兹的团体。

他终于明白了**好些年来**俄国马克思主义工作者早已清楚的事情,这很好。但是**好些年来**罗莎·卢森堡和梯什卡能够以**假**充真,这也表明德国社会民主党人,包括考茨基在内,太不了解情况了!

考茨基说,波兰社会党"左派","据他所知",为了**完全**站到社会民主党的立场上来,已经脱离了波兰社会党"右派"。这更加表明考茨基不了解情况。

显然(这里可以这样说),考茨基这次**根本不**了解他所写的事情。读者至少应当看一下亨利希·卡缅斯基的《从民族主义到取消主义》(《启蒙》杂志第 10 期)这篇文章。——这篇文章的作者是个波兰人,他很**清楚**自己所写的事情。读者从这篇文章中可以看到,波兰社会党左派根本**不是**社会民主党人。如果认为,凡是愿意并且**能够**完全站到社会民主党的立场上来的人,都可以保持"自己的"纲领和非社会民主党的名称,那是很可笑的。

俄国和波兰的**所有**社会民主党党团,将在社会党国际局执行委员会的调停下"交换意见",一定会弄清考茨基的错误,并且会表明**全体**波兰社会民主党人**不**认为也不能认为波兰社会党左派是社会民主党。

再补充一点,《前进报》(«Vorwärts»)报道了考茨基关于**俄国**"旧党已经消失"的发言。但他一声不吭,不予反驳(虽然他正是在这张《前进报》上写的文章)。考茨基这个荒唐的错误,也会通过"交换意见"被揭发出来。

载于 1913 年 12 月 20 日《无产
阶级真理报》第 12 号

译自《列宁全集》俄文第 5 版
第 24 卷第 255—256 页

《新时报》和《言语报》论民族自决权

(1913 年 12 月 25 日〔1914 年 1 月 7 日〕)

果然不出所料，《新时报》对社会民主党人和立宪民主党人就民族自决权问题开展的论战关心起来了。这家大俄罗斯民族主义的主要机关报在第 13563 号上写道：

"在社会民主党人看来是政治常识公理的东西〈即承认民族自决权，分离权〉，现在甚至在立宪民主党人中间也开始引起非议。"

《新时报》尽管对自由派说了这种黑帮式的挖苦话（用了"甚至"一词），仍然不得不援引《言语报》说的一句话，即"立宪民主党人从来也没有拥护过脱离俄国的民族分离权"。

这句话说得如此露骨，以致《新时报》不得不搪塞一下。它写道：

"在立宪民主党人看来，实质上，广义的文化自决同拥护分离主义之间的差别显然只是在行动方式方面。"

但是，《新时报》自己对于荒谬的"文化"自决和真正自决即**政治**自决之间的差别很清楚，因为它接着写道：

"立宪民主党人先生们确实从来也没有拥护过脱离俄国的民族分离权……仅仅采用过一种极其文明的，即由异族人和犹太人资助他们的报刊的办法。"

骂自由派接受犹太人的资助，这是黑帮分子陈腐可笑的花招！

但是我们还是不能因为这些不高明的花招而忘记本质的东西。《新时报》完全弄清楚了社会民主党人和立宪民主党人之间的差别，承认立宪民主党人没有拥护过**分离权**，这就是本质。

立宪民主党人和社会民主党人之间的差别，就是民族自由派和彻底民主派之间的差别。

载于1913年12月25日《无产阶级真理报》第16号

译自《列宁全集》俄文第5版第24卷第257—258页

杜马党团和杜马外的多数

(1913 年 12 月 29 日〔1914 年 1 月 11 日〕)

洛姆塔季泽就杜马党团内六人团和七人团的斗争问题写了一封信,很可笑地同关于 3 701 人拥护取消派的统计材料一起刊登在取消派报纸上(第 75 号第 2 版)。这个数字我们要在另一篇文章中加以核实,不过我们要指出,**3 天前**的《拥护真理报》(第 26 号)就报道过论敌们没有推翻的数字:5 000 人。

事实**一而再再而三地**清楚表明,七人团代表的是工人的少数。

因此,洛姆塔季泽的那些"刺耳的话"使人感到很不舒服。破口大骂也好,重提过去最残酷的斗争中的种种事件也好,叫喊"无耻、荒谬、下流"也好,等等,等等——这一切都是极端虚弱和恼羞成怒的表现。

以下事实过去推不翻现在仍然推不翻:(1)多数觉悟的工人拥护六人团;(2)七人团**不承认**多数人的意志和决定,也不承认多数人所确定的领导机构。

洛姆塔季泽很恼火,读到他下面的一段话,简直叫人感到难堪,替他害臊:

"他们〈6 个代表〉可曾指出过哪怕是一件事,足以说明杜马的政治活动是同我们事业的利益、同我们口号的利益、同我们传统的利益背道而驰的!"

洛姆塔季泽的慷慨陈词给人一种装腔作势的印象,因为我们知道,比如对七人团**违背纲领的行为**,不仅六人团,而且六人团所承认的最高领导机构,早就公开地、正式地**指出过**!

洛姆塔季泽恼羞成怒,提的问题牛头不对马嘴,这只能更加突出整个冲突的真正深刻**实质**,即这是一场**无党性分子**反对**党性**的斗争。这就是实质。而且这不是开玩笑,也不是鸡毛蒜皮的小事,这是最严重、最棘手的难题。

不是每一个满口"上帝! 上帝!"的人都能进天国。不是每一个拍着胸脯喊统一统一的人都在真正做有利于统一的事。

什么是工人阶级的统一呢?

这首先主要是指它的政治组织的统一,它的整体的统一。只有**这样的**统一才能既保证杜马党团的真正统一,又保证工人阶级的一切行动和整个斗争的真正统一。

1908 年以来党的一系列正式决议曾不止一次地指出,取消派所破坏的恰恰是这个统一。这就是问题的关键。洛姆塔季泽对这点避而不谈,这只能表明他理亏。

七人团应该对分裂负完全责任,因为是**他们**违背了纲领,是**他们**替破坏党的取消派辩护,是**他们**无视多数人的正式决定,是**他们**违背有组织的工人的意志。七人团只有认识自己的错误,承认 6 个代表是多数人的代表,并通过达成协议的途径开始不断和他们接近,别的出路是没有的。

载于 1913 年 12 月 29 日《无产阶级真理报》第 17 号

译自《列宁全集》俄文第 5 版第 24 卷第 259—260 页

给编辑部的信

(1913 年 12 月 29 日〔1914 年 1 月 11 日〕)

马尔托夫先生**确认了**《无产阶级真理报》已经指出的事实：我没有参加罢工**分委员会**，我在**委员会上反对**过"受刑事处分"①。现在我有一点补充：我决不是像马尔托夫先生所"记得"的那样仅仅主张"减轻"处分，而当然是主张**根本不容许有**这样的条款。当时我没有必要提出修正，因为在当时所讨论的草案中**根本没有这样一条**，只有费·唐恩先生想把这一条加进去，但未能如愿以偿（甚至尔·马尔托夫当时也反对费·唐恩先生）。

载于 1913 年 12 月 29 日《无产阶级真理报》第 17 号

译自《列宁全集》俄文第 5 版第 24 卷第 261 页

马克思和恩格斯通信集[153]

（1913年底）

　　早已预告出版的两位著名的科学社会主义创始人的通信集，现在终于问世了。恩格斯曾嘱托倍倍尔和伯恩施坦出版这部通信集，而倍倍尔在辞世前不久才结束他负责的那一部分编辑工作。

　　几个星期前由斯图加特狄茨出版社刊印的马克思和恩格斯的通信集共4大卷。全书共收马克思和恩格斯1844年至1883年这段漫长的岁月中所写的书信1 386封。

　　编辑工作，也就是为各个时期的通信写前言的工作，是由爱德·伯恩施坦担任的。这个工作无论在技术方面还是在思想方面，都做得不能令人满意，这原是意料中的事情。伯恩施坦既已完成向极端机会主义观点的臭名昭著的"演进"，本来也就不能担任这些充满革命精神的书信的编辑。伯恩施坦写的前言，一部分空洞无物，一部分简直错误百出，例如关于马克思和恩格斯所揭露的拉萨尔和施韦泽的机会主义错误，没有确切、明白、直接的说明，而只有一些折中主义的语句和攻击，如说"马克思和恩格斯反对拉萨尔并不全对"（第3卷第XVIII页），又如说马克思和恩格斯在策略问题上与其说同李卜克内西"接近"，不如说同施韦泽更为"接近"（第4卷第X页）。这些攻击除了掩盖和粉饰机会主义外，再没有什么别的内容。遗憾的是，在现代德国社会民主党人中，对马克思同他的许多论敌所作的思想斗争持折中主义态度的人愈来愈多了。

从技术方面来看,索引编得不能令人满意,4卷书只有一个索引(例如,考茨基和斯特林的名字均未收入);对各封书信所加的注解太少,并且不是像左尔格那样,把注解同有关的书信放在一起,而是分散在编辑写的前言里,还有其他一些不足。

这部通信集定价太贵,4卷书将近20卢布。毫无疑问,整部通信集可以而且也不应该印得那么讲究,书价可以便宜一些;此外,为了在工人中广泛传播,可以而且应该把最重要的原则摘要出版。

这个版本存在的这些缺点,对研究这部通信集当然会造成困难。这很可惜,因为这些信件的科学价值和政治价值都非常大。从这些书信中读者清晰地看到的不仅是马克思和恩格斯二人的风貌。在这些书信中,马克思主义的极其丰富的理论内容阐述得非常透彻,一目了然,因为马克思和恩格斯反复谈到他们学说的各个方面,同时对最新(就与先前的观点比较而言)、最重要和最困难的问题加以强调和说明,有时又是共同讨论,互相切磋。

读者从这些信件中可以看到非常生动的全世界工人运动的历史,看到其中最重要的时期和最重大的事件。特别有价值的是工人阶级的**政治**史。马克思和恩格斯在各种不同的历史时期,根据旧大陆各个国家和新大陆所发生的各种各样事件,探讨了有关工人阶级**政治**任务问题最原则的**提法**。而这部通信集所包括的时代,正是工人阶级从资产阶级民主派中分离出来的时代,独立工人运动兴起的时代,确定无产阶级策略和政策原则的时代。我们这个时代,由于资产阶级的停滞和腐败,由于工人领袖把注意力都集

Переписка Маркса и Энгельса.
— Энгельс как один из основателей коммунизма. 1)

Давно обещанное издание переписки знаменитых трех основателей научного социализма наконец увидело свет. Энгельс завещал издание Бебелю и Бернштейну, и Бебель успел незадолго до своей смерти покончить свою часть редакторской работы.

Переписка Маркса и Энгельса, вышедшая всего недавно тому назад в Штутгарте у Дица, представляет из себя четыре больших тома. В них вошло всего 1386 писем Маркса и Энгельса за громадный промежуток времени от 1844 по 1883 год.

Редакторская работа, т.е. составление предисловий к переписке за отдельные периоды, выполнена Эд. Бернштейном. Как и следовало ожидать, эта работа неудовлетворительна ни с технической ни

1) Начало неоконченной статьи, написанной в 1913 или в начале 1914 года.

1913 年底列宁《马克思和恩格斯通信集》手稿第 1 页

（按原稿缩小）

中到日常琐事上以及其他种种原因,各国工人运动深受机会主义之害,对这些现象观察愈深,这部通信集极其丰富的材料的价值就愈大,因为从这些材料中可以看到,通信人对无产阶级变革的**根本**目的有非常深刻的理解,并且从这些革命目的出发异常灵活地规定了相当的策略任务,对机会主义或革命空谈则寸步不让。

如果我们试图用一个词来表明整部通信集的焦点,即其中所抒发所探讨的错综复杂的思想汇合的中心点,那么这个词就是**辩证法**。运用唯物主义辩证法从根本上来修改整个政治经济学,把唯物主义辩证法运用于历史、自然科学、哲学以及工人阶级的政治和策略——这就是马克思和恩格斯最为关注的事情,这就是他们作出最重要、最新的贡献的领域,这就是他们在革命思想史上迈出的天才的一步。

———

在下面的叙述中,我们准备首先对通信集作一概述,然后对马克思和恩格斯发表的最有意思的评论和见解作一个大概的介绍,但绝不奢望对信件的全部内容作详尽的叙述。

一　概　述

通信集的开头,就是24岁的恩格斯1844年写给马克思的信。德国当时的情况历历在目。头一封信是1844年9月底写的,寄自巴门。恩格斯的家就住在这里,这里也是他的出生地。恩格斯当时还不满24岁。家庭环境使他厌倦,因此他急于要离开。他父亲是个专横的、信教的工厂主,对儿子四处参加政治集会,对他的共产主义信仰很生气。恩格斯当时写道:我很爱我的母亲,要不是为了她,那我就连离开家前的几天时间也是待不住的。他向马克思诉说:你想象不到,家里为了不让我离开,提出了怎样琐碎的理由,怎样迷信的担心。①

当恩格斯还在巴门的时候,——他因为谈恋爱,又在巴门逗留了一些时候,——他对他父亲作了让步,到工厂的办事处里(他父亲是工厂主)工作了约两个星期。他写信给马克思说:"做生意太讨厌,巴门太讨厌,浪费时间也太讨厌,而特别讨厌的是不仅要做资产者,而且还要做工厂主,即积极反对无产阶级的资产者。"恩格斯继续写道:不过我聊以自慰的是,我正在写工人阶级状况这本书(大家知道,这本书出版于 1845 年,是世界社会主义文献中的优秀著作之一)。"身为共产主义者如果不从事写作,或许还可以在外表地位上做一个资产者和一个做生意的牲口,但是,如果既要广泛地从事共产主义宣传,同时又要从事买卖和工业,那就不行了。我一定要离开这里。此外,再加上这个彻头彻尾基督教的、普鲁士的家庭里的沉闷生活,实在使我再也不能忍受下去了;我留在这里,到头来可能使自己变成一个德国庸人,并把庸人习气带到共产主义运动中去。"②这就是年轻的恩格斯写的。1848 年革命后,他为生活所迫,又回到他父亲的办事处去做了多年"做生意的牲口",然而他却在这种情况下支撑了下来,给自己创造了一个不是基督教普鲁士的,而完全是另一种同志式的环境,成了一个毕生毫不留情地反对"把庸人习气带到共产主义运动中去"的人。

1844 年德国外省的社会生活,正与 20 世纪初期 1905 年革命

---

　　① 　见《马克思恩格斯文集》第 10 卷第 17 页。——编者注
　　② 　同上书,第 30 页。——编者注

前俄国社会生活相似。大家竞相参加政治活动,大家充满了反政府的愤懑情绪,牧师们因为青年相信无神论而呵斥青年,资产者家庭的子弟因为反对父母"用贵族的态度对待仆役或工人"而同父母争吵。

普遍的反政府情绪表现在大家都自称为共产主义者。恩格斯写信给马克思说,"在巴门,警察局长是个共产主义者"。我到过科隆,杜塞尔多夫,埃尔伯费尔德,——到处都可以碰到共产主义者!"有一位非常热心的共产主义者,漫画家,他的名字叫泽耳,两个月后要去巴黎。我将把你们的地址告诉他。你们大家都会喜欢他的,因为他是一个非常热情的人,爱好音乐,而且作为一个漫画家是有用的。"①

"埃尔伯费尔德这里正在出现奇迹。昨天〈此信是 1845 年 2 月 22 日写的〉,我们在这个城市一个上等饭店的大客厅里召开了第三次共产主义者大会。第一次大会有 40 人参加,第二次大会有 130 人参加,第三次大会至少有 200 人参加。整个埃尔伯费尔德和巴门,从金钱贵族到小店主都有代表参加,只有无产阶级例外。"②

恩格斯就是这样写的,一字不差。在德国,当时人人都是共产主义者,无产阶级除外。当时共产主义是大家,特别是资产阶级表达他们的反政府情绪的一种形式。"最迟钝、最无所用心、最庸俗、对世界上任何事情都漠不关心的人,现在差不多也开始向往起共产主义来了。"③当时共产主义的主要宣传者,是类似我国民粹派、"社会革命党人"、"人民社会党人"154 等等的人物,也就是说,实际

---

① 见《马克思恩格斯文集》第 10 卷第 18、20 页。——编者注
② 参看《马克思恩格斯全集》第 1 版第 27 卷第 23 页。——编者注
③ 同上书,第 24 页。——编者注

上是一些好心的资产者，多少有点痛恨政府的人。

可是就在这种情况下，在无数的似是而非的社会主义思潮和派别当中，恩格斯终于能够为自己打通一条走向**无产阶级**社会主义的道路，不怕同许许多多好心人、激烈的革命者然而是坏的共产主义者决裂。

1846 年，恩格斯到了巴黎。当时巴黎政治生活沸腾，大家都在热烈讨论各种不同的社会主义理论。恩格斯如饥似渴地研究社会主义，与卡贝、路易·勃朗以及当时其他杰出的社会主义者结识，奔走于各报刊编辑部和各小组之间。

他的注意力主要集中在最重要的和当时传播最广的社会主义学说，即蒲鲁东主义**155**上。早**在**蒲鲁东的《贫困的哲学》一书出版**前**（该书 1846 年 10 月出版，马克思的答复——著名的《哲学的贫困》一书于 1847 年问世），恩格斯就对蒲鲁东的根本思想进行了严酷无情和异常深刻的批判，而当时德国社会主义者格律恩则竭力为之鼓吹。恩格斯的英语非常好（马克思掌握英语比恩格斯晚得多），熟悉英国书刊，这使他一下子就能够（1846 年 9 月 16 日的信）指出标榜一时的蒲鲁东的"劳动市场"在英国遭到破产的例证①。蒲鲁东**玷污**了社会主义，——恩格斯愤慨地说道，——因为照蒲鲁东的说法，工人应该**赎回**资本！

26 岁的恩格斯干脆就在消灭"真正的社会主义"**156**——这一用语我们在他 1846 年 10 月 23 日，即《共产党宣言》出版前很久所写的一封信中就看到过，那封信已经指出格律恩是真正的社会主义的主要代表人物。"反无产阶级的、小资产阶级的和庸人的"学

---

① 见《马克思恩格斯文集》第 10 卷第 35—36 页。——编者注

说,"空洞的词句",各种"全人类的"意向,"对'粗鄙的'共产主义〈Löffel-Kommunismus——直译是:"汤匙的共产主义"或"暴食的共产主义"〉的迷信般的恐惧",为人类"造福的和平计划",——这就是恩格斯对马克思以前的**各种**社会主义所作的评断。

恩格斯写道:"蒲鲁东主义问题争论了三个晚上,当时差不多所有的人都由格律恩领头来反对我。我所要做的主要就是证明暴力革命的必要性。"(1846 年 10 月 23 日)[①]最后,我发火了,迫使对方对共产主义进行了公开的攻击。我宣布,必须先表决,我们在这里是不是以共产主义者的身份来集会的。格律恩分子大为震惊,他们就辩解起来了,说他们是"为了人类的幸福"来这里集会的,想知道共产主义**究竟是什么**。我给他们下了一个最简单的定义,使他们无法回避问题的本质。恩格斯写道,我把共产主义者的宗旨规定如下:(1)实现同资产者利益相反的无产者的利益;(2)用消灭私有制而代之以财产公有的手段来实现这一点;(3)除了进行暴力的民主的革命以外,不承认有实现这些目的的其他手段(这是1848 年革命前一年半写的)。[②]

讨论的结果是,会议以 13 票对格律恩分子的 2 票通过了恩格斯提出的定义。将近 20 个木工手工业者参加了这些会议。这样,67 年前,在巴黎便奠定了德国社会民主工党的基础。

一年后,1847 年 11 月 24 日恩格斯写信告诉马克思,说他已经拟好了《共产党宣言》的草稿,并且说他反对用原来决定的那种教义问答形式。恩格斯写道,"我开头写什么是共产主义,随即转到无产阶级——它产生的历史,它和以前的劳动者的区别,无产阶

---

① 参看《马克思恩格斯文集》第 10 卷第 39 页。——编者注
② 同上书,第 40 页。——编者注

级和资产阶级之间的对立的发展,危机,结论。""最后谈到了共产主义者的党的政策……"①

恩格斯这封具有历史意义的信谈到这部著作的最初详细提纲,这部著作后来传遍全世界,它的一切基本上至今还是正确的,有生命力而且有现实意义,就好像是昨天写的。这封信清楚地表明,把马克思和恩格斯两个人的名字作为现代社会主义奠基人的名字并列在一起是很公正的。

载于 1920 年 11 月 28 日《真理报》第 268 号

译自《列宁全集》俄文第 5 版第 24 卷第 262—269 页

---

① 见《马克思恩格斯文集》第 10 卷第 56 页。——编者注

对娜·康·克鲁普斯卡娅
《论国民教育部的政策问题》
一文的补充

(1913 年底—1914 年初)

　　文明国家几乎是没有文盲的。在那里,努力设法吸引人们入学;千方百计帮助建立图书馆。而在我们这里,国民——请原谅我用这个词——"教育"部却采取最可耻的警察措施,拼命**阻碍教育事业的发展,妨碍人民学习**! 我们这里的教育部竟然**毁坏了学校图书馆**!! 世界上没有一个文化水平高的国家还有**对付图书馆的特殊规章**,还设**书报检查机关**这种可耻机构。我们这里除了对报刊普遍进行迫害,除了采取**对付**一般图书馆的野蛮措施外,还颁布了一些**对付国民图书馆的百般刁难的限制性规章**! 这是令人发指的**蒙蔽国民**的政策,是令人发指的地主企图使国家**倒退**的政策。一些有钱的人,如巴甫连科夫曾经给国民图书馆捐过款。现在,野蛮的地主的政府却毁坏了图书馆。钱不应该捐给那些归教育部管辖而又必遭破坏的图书馆,而应该捐给争取政治自由的斗争事业,由于缺乏政治自由,俄国就在野蛮状态中奄奄一息。是那些愿意**资助**俄国教育事业的人明白这一点的时候了。

译自《列宁全集》俄文第 5 版
第 24 卷第 270 页

一年4 000卢布和六小时工作制

(1914年1月1日〔14日〕)

这就是美国觉悟工人的战斗口号。他们说:我们只有一个政治问题,这就是工人的收入和工作日问题。

这种把一切社会问题和政治问题归结为一个问题的做法,俄国工人乍看起来,会觉得非常奇怪和不可理解。但是,在美利坚合众国这个最先进的国家里,在这个拥有几乎是充分的政治自由和最发达的民主机构以及劳动生产率增长很快的国家,把社会主义问题提到第一位是十分自然的。

由于在美国有充分的政治自由,就有可能对国家全部财富的生产进行统计,生产统计资料做得比任何地方都好。根据确实可信的材料作出的这种统计表明,按整数计算,美国共有1 500万个工人家庭。

这些工人家庭每年生产的消费品的总值为600亿卢布。每个工人家庭每年生产4 000卢布。

但是目前,在资本主义的社会制度下,这么巨大的生产量的一半即仅300亿卢布为占居民人数$9/10$的工人所得。另一半被资本家阶级攫取了,这个阶级加上他们所有的保护者和寄生者总共只占居民人数的$1/10$。

美国同其他国家一样,失业肆虐,生活费用愈来愈昂贵。工人的贫困处境愈来愈悲惨,愈来愈不堪忍受。美国的统计表明,**非全日工作的工人**,**几乎占**工人总数的**一半**。而不合理的、落后的、分散的,特别是农业和商业部门中保存的小生产,又造成多大的社会劳动的浪费啊!

由于有充分的政治自由和不存在农奴主-地主,在美国采用机器的程度比世界上任何地方都高。在美国仅仅加工工业一个部门,机器动力总计达**1 800万**蒸汽马力。同时,根据1912年3月14日的报告,全部水力资源的勘察结果表明,美国利用水力发电,立即就能再获得**6 000万马力**!

这个国家现在已经非常富有,它还能立即使自己的财富**增加两倍**,使自己的社会劳动生产率**提高两倍**,从而可以保证**所有的**工人家庭得到像样的、每个正常的人所应当得到的收入,实行不太长的工作制——一天工作6个小时。

可是,由于资本主义的社会制度,无论在美国的大城市,还是在乡村,我们看到:一方面存在着极其严重的失业和贫困现象,人的劳动白白地遭到掠夺;另一方面,亿万富翁即拥有亿万家产的富人却过着闻所未闻的奢侈生活。

美国的工人阶级已经迅速地觉醒起来,结成一个强大的无产阶级政党。这个政党在全体劳动者中间博得愈来愈多的同情。美国的雇佣奴隶借助优良的机器干活,处处看到技术的奇迹和组织大生产所取得的了不起的劳动成就,于是他们就开始清楚地意识到自己的任务,并且提出了简单的、明显的、当前的要求:每个工人家庭要有4 000卢布的收入,实行六小时工作制。

美国工人的这个目标,世界上每一个文明国家也是完全可以达到的;但是要达到这个目标,就要求在国内具备自由的基本条件……

　　走向自由的未来,除了通过他们自己的工人组织,通过自己的教育、工会、合作社和政治组织以外,是没有别的道路的。

载于 1914 年 1 月 1 日《无产阶级
真理报》第 19 号

译自《列宁全集》俄文第 5 版
第 24 卷第 271—273 页

关于民族问题的报告提纲[157]

(1914 年 1 月 10 日和 20 日
〔1 月 23 日和 2 月 2 日〕之间)

民 族 问 题

（根据回忆写的提纲）

(A)民族问题在当前的意义。

(B)民族运动的历史地位(或者民族问题在历史上的提法)。

(C)关于民族问题的两种理论。

(D)民族自决。

(E)平等和保障少数民族的权利。自治。

(F)民族文化自治。

(G)党的建设中的民族原则。

A. 导言。

民族问题在目前历史时期的意义

1. 政府的民族主义。一切反革命势力都涂上了一层民族主义的色彩。

2. 资产阶级自由派(司徒卢威之流)也是如此。

3. 在民族(俄国居民的 57％)遭受极其深重的、前所未闻的压

1914 年 1 月列宁《民族问题(根据回忆写的提纲)》手稿第 1 页
(按原稿缩小)

迫的情况下——被压迫民族的民族主义(泛欧争斗)。

4. 违反俄国社会民主工党的纲领(歪曲自决＋民族文化自治)。

5. 犹太分离主义的分裂活动。民族隔绝状态。

B. 6. 应当从历史和经济的角度来提民族问题。民族问题是**世界性的**现象。

7. 民族运动的时代——中世纪末和近代初,**资产阶级民主革命的时代**。这一时期**各地**都兴起民族运动。

8. 经济基础? 资本主义要求统一国内市场。市场是贸易往来的中心。人类商业交往的主要工具是**语言**。

9. 团结各民族区域(恢复语言,唤醒民族等)和创建**民族国家**。民族国家在经济上的必要性。

10. 经济之上的政治上层建筑。民主主义,民族主权。**由此**"**民族国家**"……

11. 民族国家是**世界通例**(I, 18① 上卡·考茨基的话,《国际性》第 23 页和第 23—25 页),而"**多民族国家是例外**"。

　　　卡·考茨基论奥·鲍威尔:鲍威尔**低估**了建立民族国家的趋向。

这一点要注意

("欲望的力量")

顺便指出:有些人认为,民族国家是比民族文化自治**更大的**民族主义。幼稚可笑的错觉! 民族国家是世界历史经验中的通例。民族文化自治是一些蹩脚知识分子的臆造,任何地方都未曾实现过。

---

① 指民族问题笔记第 1 册第 18 页。——俄文版编者注

12. 19 世纪民族（资产阶级民主）革命的时代（意大利，德意志）。在西欧这个时代已经结束。**在东方刚开始，而在亚洲……**

C. 马克思主义关于民族问题的两种理论。

13. 各民族国家中无产阶级政党的产生。落后的东方。民族问题的"**种种理论**"。（很少注意**理论**基础。卡·考茨基＋奥·鲍威尔。）

14. **奥·鲍威尔**。民族＝文化共同体。"民族文化"的口号（（贯穿始终））。民族性格是主要的东西。（一大堆说明，但这并不重要。）

> （考茨基的评价：文化共同体＝奥·鲍威尔的主要错误。）

15. "社会主义将加强民族原则"（奥·鲍威尔 I, 5①——**他的书第 532** 页）。

16. 鲍威尔的根本性错误——精致的民族主义。纯粹的、没有剥削、没有争斗的民族主义。

注意 ‖ 蒲鲁东替资本主义洗刷、美化、粉饰资本主义，奥·鲍威尔对待民族主义也是如此。

17. 统治阶级的政策是"保守的民族政策"，而我们的政策则是"演进的民族政策"（奥·鲍威尔）。

18. "老的国际主义不能使我们满意"（奥·鲍威尔）（奥·鲍威尔 I, 6）。

19. 奥·鲍威尔的总结

---

① 这里和下面指的是民族问题笔记第 1 册第 5、6、17 页。——俄文版编者注

(α)唯心主义的民族理论

(β)民族文化的口号(＝资产阶级的口号)

(γ)净化的、精致的、绝对的民族主义,包括社会主义

(δ)完全忘记国际主义。

总结＝**民族机会主义**(潘涅库克)。

20.**卡·考茨基**揭露了思维混乱的奥·鲍威尔。

(α)特点和弱点在于,奥·鲍威尔总是谈民族文化。

(I,17)(《国际性》第 15 页)

(β)"纯粹的民族文化目前不可能有"(同上,《国际性》

第 15 页)——

取代:

英　　法　　德

——例:

1800：20——30——30(共计＝80)

1900：125——40——70(共计＝235)

((英语可能成为世界语言,也可能＋俄语))

注意 ┃ (γ)"我们的国际主义并非因具有非侵略性、平等性
等因而与资产阶级民族主义有所区别的一种特
殊形式的民族主义,而是经济上和文化上统一
的社会机体。"(同上,第 17 页)

注意 ┃ 　奥·鲍威尔的这种观点由于他"强调民族
文化"而消失。

(δ)民族不是文化共同体,不是命运共同体,而是语
言共同体。

(ε)奥·鲍威尔得出"**强调民族因素……**"

注意 ‖ (ζ)总结(卡·考茨基的)——过分夸大民族……因
素(《国际性》第 **35** 页)。完全忘记国际因素。

21. 卡·考茨基著作中的语言和地域

历史经济理论

那 时	资产阶级**民主运动**中的	注意
——和	**民族国家**	
现 在	现在的国际主义。	

D. 纲领第 9 条＝政治自决。

22. 该条的原则意义和 1848 年以来整个国际民主运动的用
语＝政治分离,建立**民族国家**。

23. 从全世界民族运动**史**的观点来看该条的意义＝创建民族
国家。

24. 企图对这一条另作解释就很滑稽(可笑!)!! 民族问题上的

(α)(α) **民主原则**和民族运动的**历史经济**条件**不可分割地**联系在
一起。

25. 放弃民主原则就是背叛和忘记**全部**历史。

资产阶级革命尚未结束。

(β)(β)   俄国＝民族国家的基础、基地、中心

> 普斯科夫—
> 顿河畔罗斯托夫

边疆地区——少数民族的。

压迫深重。

资产阶级民主革命尚未结束,这个革命没有民族运

动,没有建立一般的**民族**国家的趋向就**不可能实现**。

26.俄国的国际环境:旁边是奥地利(在民族问题上资产阶级

(γ)(γ) 革命尚未结束)和觉醒的亚洲(共和制的中国)。

沙皇制度——最反动的国家制度。因而民族运动尤其不可避免,而且要求大俄罗斯人承认自决权。

27.具体例子。挪威(丹麦统治 6 个世纪)。19 世纪初 拿破仑战争时代 被送给(根据瑞典、英国和俄国三国条约)**瑞典**。在瑞典人同挪威人的**战争**中被占领。

归并入瑞典。保持**完全**自治(议会、军队、税收、关税等等)。几十年的摩擦和争斗。

1905 年。欧洲东部大革命的开始——旁边,在毗邻的一个西欧很自由的国家中**资产阶级民主革命尚未结束**。结果?**1905 年的挪威革命**。

挪威的八月革命。议会的决定(1905 年 8 月 17 日)。瑞典的神父和地主的鼓动。

全民投票　|　500 万瑞典人
和 200 万挪威人。

同邻国缔结条约。和约和全部完成。

瑞典工人的职责? 不仅争取一般的自由,不仅争取自治,而且一定要争取分离**权**。

28.1905 年。芬兰和波兰。

民族资产阶级同俄国资产阶级的勾结。各阶级政党的任务:反对民族主义的种种勾结,**同俄国的革命无产阶级结成联盟**。

29. 总结：(α)从整个民族运动史来看第 9 条的意义。

   (β)建立了民族国家基地以及在边疆地区存在民族压迫的条件下俄国的民族压迫。

   (γ)俄国尚未结束的资产阶级民主革命。

   (δ)俄国的国际环境。

   (ε)独立解决分离问题，但宣传是必要的。

30. 波兰社会民主党的特殊立场。

   资本主义的发展把波兰和俄国紧密地联系起来。罗兹的工厂面向俄国市场。创建新的阶级国家不是我们的事。仅此而已！！

   (α)没有说完：俄国和**东方**的资产阶级民主革命结束了没有？**没有**。

   (β)问题的实质不在于波兰和波兰的分离，而在于**俄国的庄稼汉**。

   1863 年

   1905 年 11 月

   不仅在要求不进行民族压迫的问题上，不仅在自治问题上，而且一定要在**分离权**问题上反击俄国庄稼汉的民族主义。

   | 否认或削弱这一点是荒谬而反动的。 |

   否认分离**权**意味着帮助沙皇制度，**纵容**俄国庄稼汉的民族主义。   注意

   (γ)例子：马克思对波兰(洛帕廷)和对爱尔兰的态度……**158**

马克思谈爱尔兰问题。**压制其他民族的自由的民族是不可能自由的。** 注意

波兰社会民主党的荒谬从何而来？

变相的民族主义。

被巴布亚人吓坏了。

克拉科夫——例子。

不按照那条路线。

思想荒谬而又反动的波兰社会民主党的历次表演。

1895：卡·考茨基

（α）唯物主义是**片面的**

（β）你们害怕纵容小资产阶级的民族主义？**你们在帮助俄国的反动势力！**

1903。第二次代表大会委员会与瓦尔斯基。[159]

E. 民族平等和少数民族的权利……

31. 任何一个民族、任何一种语言都不得享有任何特权。

从民主主义和工人团结的起码常识来看，这是必需的。

32. 国语。不需要。

43% 大俄罗斯人

17 小俄罗斯人

$\dfrac{6}{66}$ 白俄罗斯人

$\dfrac{6}{72\%}$ 波兰人 斯拉夫人。

33. 瑞士的例子。传单。

（α）三种语言（70—22—7%）。

(β)格劳宾登 100 000 居民

　　　　<30 000 罗马人　$\boxed{1\%}$ 。①

关于(γ)少数民族的权利和**根本法**。

　　(δ)**资产阶级**社会中解决民族问题的范例。

（比利时，芬兰等）　　$\boxed{\text{不是臆造}}$

34. 区域自治和地方自治＝民主制的一般原则。区划? 民族的＋经济的＋生活习惯的等等。

35. 能否实现? **福尔图纳托夫与麦迭姆**。

应该按最小限度的地域而不是 $\boxed{\text{最大限度的地域}}$ 来评定民族中心。

$\boxed{\text{麦迭姆著作中的“未享受权利者”的观点:小岛民族的绝}}$
$\boxed{\text{对民族主义!!!}}$

36. "既然要和经济割断"(麦迭姆)。

37. 保障少数民族的权利。国家的根本法(对照布隆第4条)。

38. 麦迭姆的反对意见 I,2② 注意))

39. 这种共同的、中央的法律(对照瑞士)的必要性。

40. 只有一般民主的和**集中**的民主制是保障。

F. 民族文化自治。

　　　　　　　　　　　　　术语:

$$\left\{ \begin{array}{l} \text{超地域的} \\ \text{按人的民族属性的} \\ \text{民族的} \end{array} \right\}$$

―――――――

① 见本卷第 122 页。――编者注

② 指民族问题笔记第 1 册第 2 页。――俄文版编者注

41. 计划是什么？(1)名册

(2)议会

(3)强制纳税。

42. 奥地利的经验(布隆)。

民族文化自治纲领。失败。教权主义。不能实现。

通过了½①纲领。其荒谬性立即可见。

43. 计划的原则基础。

(0)绝对的、净化的民族主义。彻底的。

(α)**民族文化**的口号。资产阶级的口号，对工人运动和国际主义是反动的。

民族文化和各民族共同的文化：

隔绝状态　　　　　　——团结

同资产阶级、教权派　——同其他民族的民主派及

等的联合　　　　　　　社会主义者的联合。

注意：

利沃夫民族博物馆＝"民族文化"！！

(β)"使……不受管理"。**空想！** 它的小资产阶级根据。蹩脚知识分子的臆造。

"没有夺取，没有利用多数拒绝少数的建议，没有斗争"

(麦迭姆)。参看**卡·考茨基**。

(γ)在办学问题上的民族集团。危害。美国的黑人。

(δ)客观逻辑："不是代替，而是连同"集中的民主制。

---

① 折中的。——俄文版编者注

奥地利和瑞士。

(ε)｜各民族阶级成分不平衡。

　　｜不是分开，而是分离。

｛庄稼汉民族｜
｛和城市　　｜

(ζ)犹太人——主要是商人。

　　｜崩得分子的诡辩：我们实行分离是为了**纯粹的**阶级斗
　　｜争。

44.民族自治是对犹太人的？

　　奥·鲍威尔和卡·考茨基。"帮会"。

　　犹太人在全世界文化中的功绩和犹太人中的**两个**流派。

45.俄国犹太人的帮会隔绝状态。

　　出路？（1）用各种方式巩固隔绝状态

　　　　　　（2）使他们同季阿斯波拉¹⁶⁰所在国的**民主主义**运
　　　　　　动和**社会主义**运动接近。

　　｜"把犹太人从各民族中驱逐出去"……｜

46.全世界1 050万。两个一半｜艾舍尔谈维也纳——150 000｜。

47.在俄国，**所有的**犹太资产阶级政党都通过了民族文化自治

　｛＋小资产阶级民主派 1907年｜
　｛＋崩得？　　　　　　**（部分）**｝

　　｜鲍威尔的臆造（小资产阶级机会主义的臆造）作了怎样
　　｜的掩饰？

G. 组织社会主义政党的民族原则。

奥地利。仅从维姆堡(1907)开始。(奥托·鲍威尔。

I,7. **1907 年**)

奥托·鲍威尔I,7 论奥地利的敌人

同上 I,8。[①]

分裂和**破产**。捷克分离主义者(1910 年哥本哈根代表

大会)及其对**崩得**的同情。

　　　　俄国

"最坏类型	1898—1903 年。	崩得退党。
的	1903—1906 年	
联邦制"[161]	1907—1911 年。	麦迭姆　传单

合并(高加索,里加,维尔纳)。

从下面实现统一。

———————

语言[②]:

　　(1)对照语言的推广。

════════════

列日：1914 年 2 月 2 日

拉比诺维奇：民族问题＝"臆造"

载于 1937 年《列宁文集》俄文版
第 30 卷

译自《列宁全集》俄文第 5 版
第 24 卷第 382—395 页

———————

① 指民族问题笔记第 1 册第 7、8 页。——俄文版编者注
② 从这里到结束的文字是用铅笔写在笔记本的封底上的。那里还记下一个地
址："圣格里伊埃教堂广场。人民会堂。No15　10时"。——俄文版编者注

拉脱维亚边疆区社会民主党第四次代表大会文献[162]

(1914年1月13—26日〔1月26日—2月8日〕)

1

俄国社会民主工党中央委员会的报告

列宁(俄国社会民主工党中央委员会代表):布劳恩同志说,用不着钻废纸堆和旧文件。这是对的。不过,仍然有必要以文件和其他证明材料作为依据。只有比较深入地了解了俄国社会民主工党近两年的活动,才会明白当前存在着妨碍党的恢复的取消主义。如果我们不了解党分裂的政治原因,那么对目前这种混乱局面也无法理解。1908年的代表会议以及在此后不久召开的1910年全会,早就指出过几种错误思潮。其一是召回主义,它不理解俄国的新情况;其二是取消主义,它否认党或贬低秘密党的意义。这些思潮都是资产阶级影响的产物。取消主义是一种普遍现象。1906年,社会革命党(民粹派)中早就有人企图使党合法化。这是我们看到的立宪民主党人所奉行的迁就政策。这种迁就主义精神支配着社会民主党内的取消主义。只有同这种取消主义作斗争,才能建立一个强大的党。关于这一点,1908年的代表会议已经明确地作过声明。全会以后党分裂了。中央委员会国外局[163]没有召开过全会,后来连国外局也被取消了。因此只有通过同取消派作斗争来恢复党,这一点一月代表会议做到了。代表会议通过了一项关于必须在工人选民团中与取消派作斗争的决定,但是布劳恩同志却把这个决定称为亚细亚式的决定。然而,这个决定只不过是根据全会通过的决议作出的一个更为合乎逻辑的结论而已。一月代表会议遭到了来自各方面的指责。

这个一月代表会议实际上究竟是怎么一回事呢? 如果它确实仅仅是一个分裂派的会议,那么,在这种情况下全党就应该联合起来,并且证明这个代表会议不代表党。但是这种情况并未发生。布劳恩同志说,广大群众不跟列宁走。可是一个严肃的人是不会用这种方式来解决问题的;对事实应当进行全面的考察。而事实到底说明了什么呢? 工人选民团选举总结材料已经公布:第二届杜马的选举中,拥护布尔什维克的选票占 47%,第三届杜马的选举中占 50%,第四届杜马的选举中占 67%。这些无可争辩的事实证明了一月代表会议的各项决定是正确的。代表会议作了决定的事在选举中落实了。俄国多数觉悟工人是跟着布尔什维克走的,这也证明了同取消派的斗争是必不可少的。现在连合法刊物也承认,多数觉悟工人是跟布尔什维克走的。

按照布劳恩同志的说法,八月代表会议通过了他提出的要求:建立民主共和国的口号和必须建立秘密党。既然如此,那么布劳恩同志为什么又想退出这次代表会议成立的组织委员会呢? 这可不能证明政治上的明智和政治活动中的坚定。布劳恩同志说,现在的著作家中只有个别取消派分子,根本没有什么取消派。但是,《光线报》攻击秘密党,反对护党派,这又说明了什么呢? 取消派没有履行他们给布劳恩同志许下的诺言:他们没有支持建立民主共和国的口号和建立秘密党的必要性。拉脱维亚人想退出组织委员会。这也证明八月联盟本来只是一个空架子。在取消派放弃现在的观点并将坚持截然(完全)相反的观点以前,同他们讲统一,这是可笑的,甚至是一种蛊惑宣传。只要取消派还原封不动,统一就不可能。赞成合法党的人不可能同赞成秘密党的人联合。现在有两个党,一个是真正的党,另一个则是空架子,是凭空的臆造。这个空架子的党是一个专门通过攻击秘密党来瓦解工人的知识分子集团。《光线报》甚至没有把八月联盟的所有著作家联合起来,而只联合了取消派分子。要反对取消派只有靠斗争。

"蛊惑宣传"、"统一"、"分裂派"——这不过是一些骇人听闻的字眼,这些字眼连鹦鹉也会跟着学。但是应当看看事实。《真理报》在一年之内就联合了大约2 000个工人团体,而《光线报》却只联合了550个。赞成秘密党的机关报的人要比赞成那家"所有派别"的报纸的人多3倍。事实表明,他们,即布尔什维克联合了多数俄国工人。夏季召开的会议也证明了这一点。

有人责备列宁分裂党团。可是6位代表同党团内的取消派斗争了整整一年。多数人支持布尔什维克,党支持他们。党团应当服从党的多数人,应当和党步调一致。如果他们不这样做,那就是把自己置于党外,就是同党貌合神离。到处都规定,党团应当服从党的决定。在俄国也应该如此。国家杜马的代表不是什么社会民主党的空谈家,而是党的工作者,他们必须服从党。

凡是支持取消派的,不过是空架子、空谈、漫骂。党团分裂之后到底发生了什么事呢?6 000个人签名拥护6位代表,2 000个人签名拥护7位代表。这是任何人都可以在报刊上读到的。马尔托夫说,马克思主义者的机关支持七人团,可是这样的机关并不代表党员群众,只是一个空架子而已。

布尔什维克主张统一。但是不可能参加秘密党的到底是些什么人呢?秘密党的统一是必不可少的。从下面实现统一。可是对那些攻击秘密党、贬低秘密党的意义的人,只有进行斗争。他们应当作出保证,保证秘密党不受侵犯,保证建立民主共和国的口号不被诋毁,只有在这种情况下才有可能既从上面又从下面实现统一。对那些不承认多数的人,我不知道在亚洲怎么称呼,但在欧洲,人们把这些人叫做分裂主义者。分裂主义者是不服从多数人的决定的少数人。

用拉脱维亚文载于 1915 年 5 月
14 日《工人报》第 37 号(波士顿)

译自《列宁全集》俄文第 5 版
第 24 卷第 285—288 页

2

总 结 发 言

　　列宁：有人攻击我，说我玩弄"蛊惑人心的手段"，搞分裂等等。但是对方到底搞了些什么呢？他们一贯给布尔什维克抹黑。马尔托夫那本拙劣的小册子[164]就可以作为这方面的例子。——我说布尔什维克将参加国际局的代表会议，这只是表示个人意见。但是这还得由有工人参加的中央委员会来决定。是他们，而不是列宁来决定这个问题。——那些说没有取消派的人不尊重代表大会。什么是取消派，从1908年以来的党的一系列决定早就说得很清楚了。这些决定并没有撤销，必须予以尊重。现在，"八月联盟"的报纸都在鼓吹取消主义的思想。组织委员会的拥护者们在这里硬说他们并不反对党，可是他们的报纸却在说些什么呢？这样的例子很多。连调和派分子阿恩也曾经想反对不合乎党的原则的鼓动，但是编辑部却坚持己见。同那些维护《光线报》观点的人决不能联合。为"公开的工人政党"而斗争就是取消主义。——参加即将召开的代表会议，目的不应该是同取消派联合，而是揭露他们，并证明八月联盟是个空架子。——取消派的报刊正在缩小口号，限制革命的策略。取消派没有任何秘密书刊，这种书刊只有布尔什维克才有。从最近一期（第31期）中就可以看出，俄国存在着布尔什维克组织。第四届国家杜马的选举也表明了，绝大多数的工人是跟着布尔什维克走的。这是大家都可以检验的事实。对报纸的物质援助也可以证明这一点。——高喊统一并不起什么作用，需要的是善于联合。在俄国，布尔什维克已经把多数人联合起来，与此相反，八月代表会议却什么也没有联合成。布劳恩离开了它，托洛茨基离开了它——"八月联盟"正在瓦解。布里扬诺夫也不再是7个代表之一了。——为了实现联合，必须谴责取消派。

用拉脱维亚文载于1915年7月
24日《工人报》第63号(波士顿)

译自《列宁全集》俄文第5版
第24卷第289—290页

3

关于拉脱维亚边疆区社会民主党
对俄国社会民主工党的态度的决议草案

季耶美利斯决议案

1.在俄国,一切真正的社会民主主义力量的联合以及党的严格的统一是绝对必要的,特别是现在,当工人阶级的斗争日益扩大的时候更是如此。要实现这种统一,社会民主党人只有在自己的活动中承认以下两条:

(一)俄国社会民主工党在目前只能秘密存在,所有社会民主党人都应该加入秘密的党组织;

(二)俄国社会民主党应该本着1905年革命要求的精神,在群众中进行鼓动,号召工人走在整个解放运动的前列,并为新的革命而斗争。

代表大会认为,在每一个城市中都应当有一个**社会民主党的联合组织**,各民族的工人都应加入这个联合组织,这个联合组织应当用当地无产阶级使用的各种语言来进行工作。代表大会要求各民族的社会民主党人为争取由工人自己从下面实现的、真正的、巩固的、真正无产阶级的统一而积极斗争。

2.最近5年来,党内斗争的中心问题是关于**取消派倾向**的问题。在1908年全国代表会议上,即在一切分裂发生之前,党早就作出决定:所谓取消主义,就是党内有一部分知识分子试图取消现有的俄国社会民主工党组织,代之以一种绝对要在合法范围内活动的不定型的联盟,甚至不惜以公然放弃党的纲领、策略和传统作为代价。

1910年1月,在有党内各个派别和流派的代表参加的俄国社会民主工党的中央全会上,全党又**一致**斥责了取消主义,认为它是"资产阶级对无产阶级的影响",其表现是:否认秘密的社会民主党,贬低它的作用和意义,试图缩小革命的社会民主党的纲领性和策略性的任务和口号,等等。

调和派无论如何要同取消派(1912年的八月代表会议)联合的尝试是徒劳无益的,联合派自己也落到了在思想上和政治上依附于取消派的地步。

拉脱维亚边疆区社会民主党第四次代表大会坚决斥责取消派,并决定从组织委员会召回自己的代表,因为组织委员会没有同取消派划清界限。

3.为了广泛地开展政治运动,代表大会责成中央委员会同那些持与代表大会通过的决议相一致的政治路线的组织建立联系。

4.代表大会欢迎社会党国际局关于把俄国社会民主党的统一问题提上日程的倡议,并责成中央委员会采取一切相应的步骤配合行动,同时要维护本决议的观点。

载于1957年《苏共历史问题》
杂志第3期(非全文)

译自《列宁全集》俄文第5版
第24卷第291—292页

需要强制性国语吗？

（1914 年 1 月 18 日〔31 日〕）

自由派和反动派不同的地方，在于自由派至少还承认**初等**学校享有使用母语授课的权利。但是他们在必须有强制性国语这一点上，和反动派是完全一致的。

强制性国语是什么意思呢？实际上，这就是强迫俄国其他各族居民使用仅占俄国居民**少数**的大俄罗斯人的语言。每个学校都**必须**教国语课。一切正式公文都必须使用国语，而不是使用当地居民的语言。

那些维护强制性国语的政党是用什么来论证强制性国语的必要性的呢？

黑帮的"论据"当然很简单：所有的异族人必须严加管束，不许"放肆"。俄国不可分割，一切民族都应当服从大俄罗斯人的领导，因为大俄罗斯人据说是俄国大地的建设者和集中者。因此，执政阶级的语言就应当成为强制性国语。普利什凯维奇之流先生们甚至也不反对完全禁止使用占 60％的俄国非大俄罗斯居民所使用的"粗野的方言"。

自由派的立论就"文明"和"含蓄"得多了。他们主张在一定范围内（例如初等学校）允许使用母语。但同时他们又坚持强制推行国语。据说，必须这样做，这对"文化"、对"统一的"、"不可分割的"

俄国等等都是有利的。

　　"国家本身就是确认文化的统一……　国家文化必定包括国语……　统一的政权是国家本身的基础,而国语是政权统一的工具。国语同国家本身的一切其他形式一样,是具有强制力和普遍约束力的……

　　如果俄国注定是统一而不可分割的,那就必须坚持俄罗斯标准语对全国都适用的主张。"

　　这就是自由派关于必须推行国语的典型哲学。

　　上面我们借用的是自由派报纸《日报》[165]第 7 号上登载的谢·帕特拉什金先生的一篇文章里的话。黑帮的《新时报》为这些思想而赏给(由于十分明显的原因)这些思想的创造者一个热烈的亲吻。缅施科夫的报纸(第 13588 号)说,帕特拉什金先生在这篇文章里说出了"完全合理的思想"。黑帮分子还因为这些非常"合理的"思想而经常吹捧民族自由主义的《俄国思想》杂志。既然自由派用"文明的"论据来宣传新时报派如此喜欢的东西,那怎么不吹捧他们呢?

　　自由派对我们说,俄罗斯语言是伟大而有力的。难道你们不愿意让每个住在俄国任何边疆地区的人都懂这种伟大而有力的语言吗?俄罗斯语言必将丰富异族人的文化,使他们享有伟大的文化宝藏,这一点你们就没有看到吗?如此等等。

　　我们回答他们说:自由派先生们,这一切都说得对。屠格涅夫、托尔斯泰、杜勃罗留波夫、车尔尼雪夫斯基的语言是伟大而有力的,这一点我们比你们更清楚。所有居住在俄国的被压迫阶级,不分民族,都应当尽可能地建立更密切的联系,达到兄弟般的统一,我们对这一点的希望比你们更迫切。我们当然赞成每个俄国居民都有机会学习伟大的俄罗斯语言。

　　我们不赞成的只有一点,那就是**强制的**成分。我们不赞成用棍棒把人赶进天堂,因为无论你们说了多少关于"文化"的漂亮话,**强制性**国语总还是少不了强制和灌输。我们认为,伟大而有力的俄罗斯语言不需要**用棍棒强迫**任何人学习。我们相信,俄国资本主义的发展,社会生活的整个进程,正在使各民族相互接近。数以万计的人从俄国的这个角落跑到那个角落,居民的民族成分正在混杂糅合起来,隔绝和民族保守状态一定会消失。由于自己的生活条件和工作条件而需要掌握俄罗斯语言的人,不用棍棒强迫也会学会俄罗斯语言的。而强迫(棍棒)只会引起一种后果:使伟大而有力的俄罗斯语言难以为其他民族集团所接受,主要是会加深敌对情绪,造成无数新的摩擦,增加不和和隔膜等等。

　　谁需要这些呢? 俄国人民、俄国民主派是不需要这些的。俄国人民不赞成**任何**民族压迫,哪怕它"有利于俄国文化和国家本身"。

　　因此,俄国的马克思主义者说:必须**取消**强制性国语,保证为居民设立用本地语言授课的学校,宪法中还要加一条基本法律条款,宣布任何一个民族不得享有特权,不得侵犯少数民族的权利……

载于 1914 年 1 月 18 日《无产阶级真理报》第 14 号(总第 32 号)

译自《列宁全集》俄文第 5 版第 24 卷第 293—295 页

致社会党国际局的报告

(1914 年 1 月 18—19 日
〔1 月 31 日—2 月 1 日〕)

致卡·胡斯曼

根据您的请求,我以我个人的名义写了下面一篇简短报告(bref rapport),由于时间仓促,这个报告(rapport)难免出差错,先致歉意。我们党的中央委员会大概会给社会党国际局执行委员会寄去正式报告①,我个人的报告中可能出现的错误就会得到纠正。

我们党的中央委员会和**组织委员会**之间的分歧(dissentiments)是什么呢? 问题就在这里。这些分歧可以归纳为如下六点:

一

俄国社会民主工党建立于 1898 年,它是一个**秘密**党,并且**一直**是一个秘密党。现在,我们的党仍然只能作为一个秘密党存在,因为在俄国,连温和自由派的政党也还没有合法化。

但是,在 1905 年俄国革命前,自由派在国外有过一个秘密的

---

① 见本版全集第 25 卷第 86—89 页。——编者注

机关刊物[166]。革命失败后,自由派就脱离了革命,并且气愤地否定了关于出版秘密刊物的思想。因此,革命以后,在我们党内的机会主义一翼中,就产生了背弃秘密党的思想,产生了**取消**秘密党(这就是"**取消派**"这个名称的由来)而**代之以**合法的("公开的")党的思想。

我们全党曾在 1908 年和 1910 年两次**正式地**、无保留地谴责过取消主义。这里的意见分歧是绝对不可调和的。不能同那些不相信秘密党并且根本就不想建立秘密党的人一道去恢复和建设秘密党。

组织委员会和选举组织委员会的 1912 年八月代表会议,**口头上**承认秘密党。**事实上**,俄国的取消派报纸(1912—1913 年的《光线报》和《新工人报》),在八月代表会议作出决定后,还在合法刊物上继续**攻击**秘密党的存在(尔·谢·、费·唐·、查苏利奇等人的许多文章)。

由此可见,我们之所以同组织委员会发生分歧,是因为组织委员会是一个空架子,它口头上不承认自己是取消派的组织,行动上却掩盖和粉饰俄国的取消派集团。

组织委员会不想(而且也不可能——因为它没有力量反对取消派集团)坚定不移地谴责取消主义,这是我们发生分歧的原因。

我们不同那些在合法刊物上攻击秘密党的人作斗争,就不能建立秘密党。俄国目前(从 1912 年起)有**两种**在圣彼得堡出版的工人日报。一种报纸(《真理报》)执行秘密党的决定,并且贯彻落实这些决定。另一种报纸(《光线报》和《新工人报》)攻击和嘲笑秘密党,向工人灌输不需要这样的党的思想。如果取消派集团的这种报纸不根本改变自己的方向,或者组织委员会对这种报纸坚决不予谴责,不同它断绝关系,那么,秘密党同反对它存在的集团之间的统一是不可能的。

二

我们同取消派的意见分歧,也就是任何一个地方的革命者同改良主义者的意见分歧。但是,由于取消派在合法刊物上攻击革命口号,我们的这些意见分歧就变得特别尖锐和不可调和了。例如,对于在合法刊物上声称不宜在向群众鼓动时提出建立共和国或没收地主土地这类口号的集团,我们是不可能和他们统一的。我们不可能在合法刊物上驳斥这种(在客观上)等于背叛社会主义并向自由主义和君主制让步的宣传。

而对俄国的这种君主制来说,还需要进行一系列革命,才能教育俄国沙皇接受立宪主义。

我们的秘密党在地下组织革命罢工和游行示威,它不可能和那些在合法刊物上称罢工运动为"罢工狂热"的著作家集团统一。

三

民族问题也是我们发生分歧的一个原因。这个问题在俄国十分尖锐。我们党的纲领绝对不承认所谓"超地域的民族自治"。维护这种民族自治,实际上就等于宣扬精致的资产阶级民族主义。可是取消派的八月代表会议(1912年)公开违反党的纲领,承认这种"超地域的民族自治"。在中央委员会和组织委员会之间采取中立的普列汉诺夫同志,曾经反对这种违反党的纲领的行为,并且说这种行为是使社会主义迁就民族主义。

组织委员会不愿意收回它的违反我们党的纲领的决定,这是我们发生分歧的原因。

四

其次,表现在组织方面的民族问题也是我们发生分歧的原因。哥本哈根代表大会公开谴责了按民族分开成立工会的做法。奥地利的经验已经证明,按这种办法来区分工会和无产阶级政党是行不通的。

我们党一贯主张建立一个统一的国际主义的社会民主党组织。在1908年分裂前,党曾经又一次提出关于各地各民族的社会民主主义组织合并的要求。

我们之所以同支持组织委员会的独立的犹太工人组织崩得发生分歧,是因为崩得违反党的决定,坚决拒绝宣布各地各民族组织实现统一的原则,拒绝在行动上实现这样的联合。

必须着重指出,崩得不仅拒绝同那些属于我们中央委员会领导的各个组织实现这样的联合,而且还拒绝同拉脱维亚社会民主党、波兰社会民主党和波兰社会党(左派)实现联合。因此,对崩得自称为联合者,我们不予承认,并声明:分裂分子恰恰就是崩得,因为它不实现社会民主主义工人在各地方组织中的国际主义统一。

五

组织委员会维护取消派和崩得同非社会民主主义的政党波兰社会党（左派）的联盟——**反对**波兰社会民主党的两个部分，这种做法使我们发生分歧。

波兰社会民主党在 1906—1907 年间就已经加入了我们的党。

波兰社会党（左派）**从来**也没有加入过我们的党。

组织委员会同波兰社会党结成联盟来**反对**波兰社会民主党的两个部分，进行骇人听闻的分裂活动。

组织委员会和杜马代表中拥护组织委员会的人，不顾波兰社会民主党的两个部分的正式抗议，把非社会民主党人亚格洛（波兰社会党党员）吸收进社会民主党杜马党团，制造了骇人听闻的分裂。

组织委员会不愿意谴责并解散这个同波兰社会党（左派）一起进行分裂活动的联盟，因此我们发生了分歧。

六

最后，我们之所以同组织委员会、同许多国外集团和许多空架子组织发生分歧，是因为我们的反对者不愿意公开地、老老实实地、无条件地承认俄国绝大多数的觉悟工人是支持我们党的。

我们认为这一情况具有重大意义，因为国外有人时常利用一些毫无根据的、没有确凿可靠的材料证实的说法,来散布一些骇人听闻的关于俄国国内情况的谎言。

二者必居其一:要么我们的反对者承认他们和我们之间存在着不可调和的意见分歧(如果是这样,那他们关于统一的言论是虚伪的);要么他们看不见这些不可调和的意见分歧(如果是这样,那他们要是不愿意被称为分裂分子,就应当老老实实地承认我们拥有绝对的多数)。

有哪些公开的经过核对的事实可以**证明**俄国真正占多数的有觉悟有组织的社会民主主义工人究竟站在哪一边呢?

第一,国家杜马的选举。

第二,整个1912年和几乎整个1913年社会民主党的两种报纸上的材料。

不难理解,两年来在圣彼得堡出版的两个派别的日报提供了有关我们所争论的问题的最重要材料。

第三,有关俄国工人公开声明在社会民主党两个杜马党团中拥护哪一个的材料(登载在**两种**报纸上)。

所有这三方面的材料,都已经写进了我们中央委员会递交给社会党国际局(在1913年12月14日的常会上)的正式报告。我再简单地提一下这些材料:

第一类材料。在第二届杜马(1907年)的选举中,"布尔什维克"(即拥护我们的人)占工人选民团选出的全体代表的47%;在第三届杜马(1907—1912年)中占50%;在第四届杜马中占67%。

第二类材料。从1912年1月1日到1913年10月1日,这21个月中,圣彼得堡的两种工人报纸都公布了各工人团体的捐款账目,取消派及其**所有的**同盟者有556个团体;我们党有2 181个

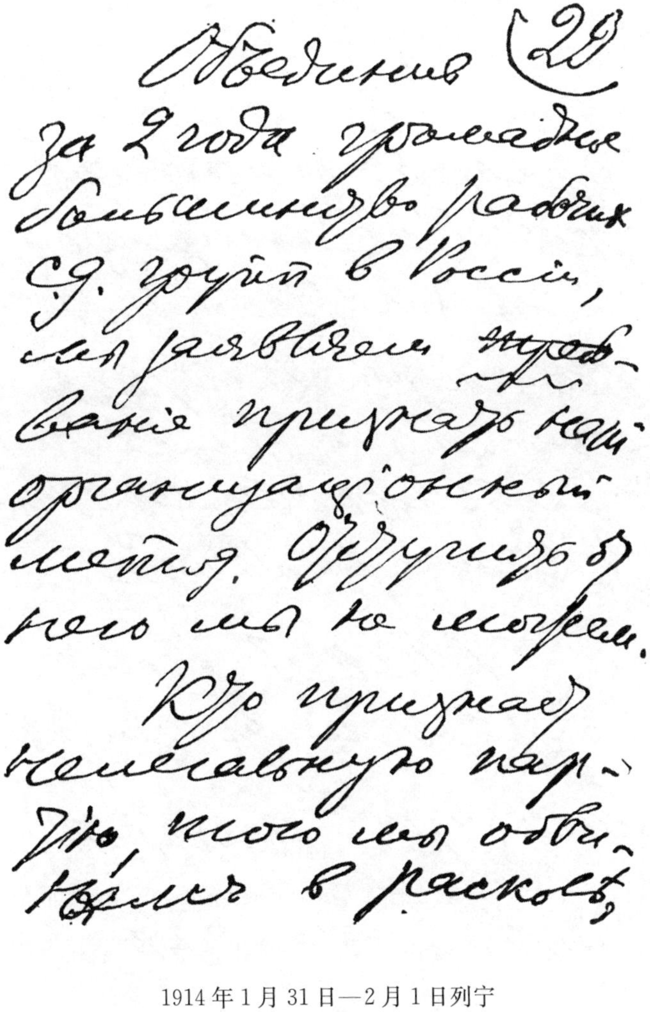

1914年1月31日—2月1日列宁
《致社会党国际局的报告》手稿第29—30页

(30)

если он не
уклад признать
наш организацион-
ный метод, подве-
денный Съездом
сбором и волей
большинства созна-
тельных рабочих.

Таков мой
краткий доклад.

С Сд. пр. Н. Ленин.
Вперед
Брюссель 31.I – 1.II.1914.

团体。

第三类材料。有4 850个工人**签名**拥护我们的杜马党团（截至1913年11月20日），有2 539个工人拥护取消派（及其所有的同盟者崩得、高加索派等等）。

这些确凿可靠的材料证明，尽管俄国秘密党遇到了前所未见的困难，我们在两年之内仍然**联合了俄国绝大多数**的社会民主主义工人团体。

（在出版秘密书刊和组织秘密的严格的党代表会议方面，我们的优势更大。）

我们在两年内联合了俄国大多数的社会民主主义工人团体，因此我们要求承认我们的组织方法。我们是不能放弃这种方法的。

谁要是承认秘密党但又不愿意承认我们两年来的经验所证实的和体现多数觉悟工人的意志的组织方法，我们就要谴责他进行分裂活动。

这就是我的简短的报告。

致社会民主主义的敬礼！

　　　　　　　　　　　　尼·列宁

　　　　　　　　　1914年1月31日—2月1日

　　　　　　　　　于布鲁塞尔

载于1924年《无产阶级革命》杂志第3期

译自《列宁全集》俄文第5版第24卷第296—303页

自由派对工人的腐蚀

(1914年1月31日〔2月13日〕)

抵制的论调,或者更确切些说,尖刻的激进空谈,正在逐渐成为取消派文章中唯一的内容,这往往使读者不去注意取消派的**原则性**说教。自由派的工人政治家们所需要的正是这一点:他们想在响亮的、热闹的、嘈杂的、泛泛的激进空谈声中,叫人不知不觉地接受**反对**马克思主义组织的资产阶级庸俗观点。

但是,工人组织的破坏者进行"政治运动"游戏的喧嚣声,是欺骗不了觉悟工人的。觉悟工人认为,每一种机关刊物的原则性是最最重要的东西。这些人在"反对派"的种种举动和喧嚣声的掩盖下,打着维护工人利益的幌子,真正教给工人的是什么呢? 这对于一个有头脑的工人来说,就是最主要最根本的,说实话,也是唯一实质性的问题,因为一个有头脑的工人知道,最危险的,就是那些充当谋士的工人的自由派朋友,他们出来捍卫工人的利益,实际上却在破坏无产阶级的阶级独立性和无产阶级的组织。

因此,我们目前的任务是要擦亮工人的眼睛,使他们看到取消派是怎样破坏无产阶级的组织的。现在,请大家来看看取消派机关刊物新年发表的纲领性社论。社论告诉我们说:

> "工人阶级正在走向公开活动的无产阶级政党,这个党很强大、很广泛,以至任何一种政治制度都不能将它置于毫无权利的地位,都不能剥夺它执行正常的政治领导职能的机会。"

多么动听的"**正常的**"自由派空谈！没有一个懂道理的自由派会拒绝举双手拥护这种绝妙的提法。取消派的报纸正在以这种提**法作掩护**"走向"并竭力破坏无产阶级近20年来在马克思主义的团结事业方面辛辛苦苦获得的一切成果。

下面就更露骨了：

"走向公开活动的政党的道路,同时也就是走向党的统一的道路。"

早在1908年和1910年,我们就千百次非常正式非常郑重地声明,说这类言论是背弃过去和取消过去的言论。但是取消派先生们却若无其事地继续唱高调,想用叫喊"统一"来欺骗一些极无知的人。

叫喊"公开的党"而背叛了马克思主义的整个过去的人,居然也来讲"统一"!…… 这简直是对觉悟工人的嘲弄。甚至这也是对1912年"八月"代表会议的嘲弄,因为在这次代表会议上,少数天真的人相信取消派已经背弃公开的党这个可耻的自由派口号。

然而,问题的实质就在于费·唐·先生、伽马先生、尔·马·先生、艾姆-艾尔先生、拉基京先生等等一伙自由派下流文人正在进行**他们的**自由派斗争,破坏马克思主义的组织,有意无视1908年和1910年的决议,竭力欺骗不觉悟的工人。据说,还有一些无知的人居然相信关于"公开的党"的诺言,不懂得这不过是变相的自由派的斗争,是为了反对真正马克思主义组织的存在! 只要还有无知的人,一小撮主张取消过去的自由派下流文人就会干他们的肮脏勾当,尽管人们多少次反复告诫说同这些破坏和瓦解组织的人"统一"是荒唐的,是骗人的。

取消派报纸的新年"社论"绝对不是孤立的。它得到所有取消

派的支持。例如,п.卡尔波夫先生在《新工人报》第 5 号(总第 123
号)上说:

> "克服〈组织工人代表大会所遇到的一切障碍〉不是别的,正是争取结社
> 自由,即争取工人运动合法化的最实际的斗争,而工人运动同争取社会民主
> 工党公开存在的斗争是紧密联系在一起的。"

没有一个自由派,甚至没有一个十月党人对争取工人运动合
法化的斗争会不表示同情! 没有一个自由派会表示反对"公开的
党"的主张,他们甚至支持那些宣传这种主张的人,把他们当做自
己愚弄工人的最好帮手。

为了履行自己的职责,我们要不厌其烦地向觉悟工人反复说
明:宣传公开的工人政党,是腐蚀工人和破坏马克思主义组织的自
由派空谈。不同那些竭尽全力来破坏马克思主义机体(近两年来
的高潮将富有生命力的新的健康养分注入了这个机体)的人作坚
决无情的斗争,马克思主义组织就**不可能**存在和发展。

载于 1914 年 1 月 31 日《真理　　　　　译自《列宁全集》俄文第 5 版
之路报》第 9 号　　　　　　　　　　　第 24 卷第 304—306 页

给编辑部的信

(1914 年 1 月 31 日〔2 月 13 日〕)

　　亚·波格丹诺夫在他发表在《新工人报》第 16 号上的一封信中,隐瞒了他同《真理报》发生分歧的主要原因。

　　这个原因是:亚·波格丹诺夫多年来早就反对马克思主义哲学,维护反对马克思和恩格斯的唯物主义的资产阶级唯心主义观点。

　　由于这个原因,马克思主义者布尔什维克早在若干年前就认为反对波格丹诺夫是责无旁贷的。因此,以格·瓦·普列汉诺夫为代表的马克思主义者孟什维克,同波格丹诺夫进行了笔战。最后,也由于这个原因,波格丹诺夫甚至同所谓"前进"集团决裂。[167]

　　的确,从波格丹诺夫一开始为《真理报》撰稿,我们就怀疑他是否能有所收敛,不在工人报纸上公开反对马克思主义的哲学。遗憾的是,亚·波格丹诺夫很快就证实了我们担心得对。他在《真理报》上发表了几篇内容不痛不痒的通俗文章,然后很快就给编辑部寄来一篇题为《意识形态》的文章,在这篇文章中他用最"通俗的"形式对马克思主义的哲学发起了攻击。**编辑部拒绝刊登这篇反马克思主义的文章。因此冲突就发生了。**

　　我们奉劝亚·波格丹诺夫,最好不要抱怨"徇私情"之风,而把**上述**题为《意识形态》的文章**登出来**(取消派报纸对反马克思主义的文章当然是不会不优待的）。这样，所有的马克思主义者就可以看清楚，我们同波格丹诺夫的真正分歧究竟在哪里，而他在自己的长信中却**只字**未提这个分歧。

我们认为，工人创办了自己的报纸，目的是**捍卫**马克思主义，而不能让报纸按照资产阶级"学者"的意思来歪曲马克思主义。

我们也十分高兴，亚·波格丹诺夫又提出他夏天在《真理报》上发表的那篇关于"前进"集团的文章的问题。既然这是亚·波格丹诺夫的要求，那他就会得到《启蒙》杂志的最详尽的解释，就会清楚这篇文章撒了多少谎，这个冒险集团给俄国工人运动带来多么大的危害[168]。

载于 1914 年 1 月 31 日《真理之路报》第 9 号　　　　译自《列宁全集》俄文第 5 版第 24 卷第 307—308 页

谈谈地方自治局的统计任务问题

（1914 年 1 月）

（奔萨省地方自治机关编。奔萨省估价统计调查总结。第 3
辑，地产调查。第 2 部，农户的按户调查。第 1 篇，关于各村的参
考资料和根据全面的按户调查编制的村社调查表。第 3 编，克拉
斯诺斯洛博茨克县。1913 年奔萨版，定价 1 卢布，序言 10 页，正
文 191 页。）

奔萨省地方自治机关根据非常完整非常详细的提纲，进行了
估价统计调查，任何一个研究俄国经济制度的人对这个提纲都会
感到极大的兴趣。

首先根据**简化**农户卡对**所有**农户进行全面的按户调查。然后
根据比较完整的**简单**农户卡，每 3 户抽查 1 户；根据更完整的所谓
详细农户卡，每 9 户登记 1 户；根据更加完整的**专门**农户卡，每 **27**
户登记 1 户；最后，每个县抽查 25 户（约占农户总数的千分之一），
进行最详细的**收支**登记。

总共是**五**类详细程度不等的调查，而较完整的调查提纲必然
包括较简单的调查提纲所涉及的一切问题。作者们在序言中对这
五类登记表的每一类应有的详细程度作了如下规定：

"收支表应包括农户的全部生产和消费项目。

专门登记表应按农户弄清销售和购买农产品的情况、畜牧业的交易额
（填在专门的表格内）以及详细农户卡中所包括的所有问题。

　　详细农户卡应列出农户的全部地产、农场和各成员从事的副业，登记家庭成员的性别、年龄和文化程度，耕畜、农具和房屋的价值；计算农场和副业的收入，农作物产量和雇用劳动力的费用。

　　简单农户卡只填写家庭成员的性别、年龄和文化程度等内容，列出地产、农场、副业、耕畜和农具。

　　简化农户卡登记家庭的男女成员人数、男劳动力人数、地产、家庭的农场（不包括租来的）、主要牲畜、男劳动力的文化程度和手工业副业以及男女学生人数。"

　　可惜书中没有附上囊括全部问题的所有五种登记表，只附有一种最简单的（"简化的"）农户卡。这种农户卡提供的登记农户的资料，其详细程度（几乎）也不亚于欧洲式的农业调查卡。

　　如果奔萨省统计人员按上述提纲对全省进行调查，那么所收集的资料可以毫不夸张地说，将是近乎理想的。假定全省有27万个农户（实际上可能更多），那我们就可以得到9万份关于租佃、全部耕畜和农具的登记表；3万份关于收成（**每一个农户的**）、雇用劳动力的费用、农具和房屋价值的登记表；1万份关于农产品销售和购买以及"畜牧业交易额"（也就是说，大概是关于牲畜的饲养和饲料条件，畜产品产量等等准确情况）的登记表；最后，还有**250份**农户收支表，如果这些农户划分成10大典型类别，那么这些收支表就提供了**每一类**的**详尽的**登记表，每一大类都有25份收支表，也就是说，要取得可靠的平均数字，这些资料已足够了。

　　一句话，如果这个提纲能实现，那么对奔萨省农民经济的研究可以说是做得很好了——要比靠西欧式的调查来进行研究不知强多少（诚然，西欧调查不是以一个省，而是以整个一个国家为对象的）。

　　全部问题就在于对这些很好的资料**进行加工整理**。这是一个主要困难。我们的地方自治机关统计工作是很周密详细的,但它的毛病也就出在这里。30万农户中每一户(或9万户中每一户,3万户中每一户,1万户中每一户)的资料可能是非常完备的,但是,如果这些资料的加工整理不能令人满意,那它们对于科学研究,对于了解俄国经济几乎是毫无用处的,因为按村社、乡、县和省得出的一般平均数字很少说明问题。

目前在俄国,半中世纪农业(宗法制的和农奴制的)正在经历资本主义改造过程。这个过程已经进行了半个世纪以上。在这个漫长的时期,俄国经济著作收集了分别**说明**这一过程的各种特点的大量资料。目前的主要问题在于,对地方自治机关周密详细地收集并经过核对的大量很好的统计资料进行必要的**加工整理**。应当对这些资料进行加工整理,以便从中**得出**准确、客观和有大量资料为依据的**答案**,来回答这半个世纪以来分析俄国改革后经济所**提出**或拟定的**所有**问题(而目前的斯托雷平的土地法令又提出大量关于俄国**革命后**经济的极重要的问题)。

应当对统计资料进行加工整理,以便**有可能**根据这些资料对旧的农奴制的、徭役制的、工役制的自然经济的破坏过程,以及对这种经济被商业性的资本主义农业所代替的过程进行研究。在俄国,任何一个有学识的(在政治经济学方面)人现在都不会怀疑这个过程正在进行。全部问题在于**如何**加工整理这些很好的按户调查资料,使**它们不致毫无用处**,而且能够根据这些资料对这个极为复杂多样的过程的**各个**方面进行研究。

要符合这些条件,在加工整理按户调查资料的时候,就应当尽可能多地、尽可能合理而详细地编制**分类表和复合表**,以便对实际生活中刚出现的或**正在出现的**(这是同样重要的)**一切类别**的农户分别进行研究。如果没有全面的、合理地编制的分类表和复合表，极为丰富的按户调查资料简直毫无用处。这就是现代统计工作的最大危险。我觉得，统计工作最近一段时间患了某种愈来愈严重的"统计痴呆症"，总是只见树木不见森林，只见一大堆数字不见各种现象的**经济类型**。而这些经济类型**只有**通过全面地、合理地编制好分类表和复合表，才能显现出来。

　　合理地编制这些表格的首要条件，是要对资本主义发展过程的一切枝节和一切形式进行仔细研究。资料加工整理要把保存得最完好的自然经济类型划分出来，要把自然经济被商业性的和资本主义的农业所代替的各种不同程度（商业性农业在不同的地方具有不同的形式，并先后吸引各农业部门为市场生产）划分出来，只有这样才算是合理的。应当把农户由完全的自然农业向**出卖**劳动力（靠出卖劳动力的所谓"手工业"）和**购买**劳动力过渡的各种不同的类型特别详细地划分出来。应当按富裕程度（按资本积累的程度以及资本形成和积累的**可能**），按整个农业生产的规模，还要按那些在当时当地最容易转变为**商业性**农业或**商业性**畜牧业等等的农业生产部门的规模，把不同类型的农业特别详细地划分出来。

　　在现代农业经济的研究工作中，全部问题的关键正在于自然经济向**商业性**经济的这种转变。官方的、自由派教授的、庸俗民粹主义的和机会主义的"理论"之所以产生无数错误和偏见，就是由于不理解这种变化或者不善于深入研究这种变化的极其多种多样的形式。

　　根据上面提到的这本汇编来看，奔萨省的统计人员不是一些用官僚主义态度对待工作的人，他们真正关心并能进行极有价值的科学调查。但是他们进行的工作仍旧使人产生统计陈规甚多的印象,或者说,有"统计迷"的毛病,并且缺乏政治经济学方面的常识与见解。

上述汇编首先包括关于各村的参考资料。这些资料所占的篇幅不到全书的$\frac{1}{10}$。其余$\frac{9}{10}$全是各村社的表格。每一个村庄的每一个村社的每一类农民(按土地的多少划分)都占一个单独的横格(全县总共有 1 009 个横格),每一个横格包括 139 栏。这些资料异乎寻常地详细,其中的$\frac{9}{10}$也许连当地求知欲最强的居民也永远不需要。

我们看到,第 119—139 这 **21** 栏提供了县内 1 000 组农户的每一组的**相对数字**即百分比,这种异乎寻常的详细已经有些接近统计狂了!!! 统计人员对一个县作了成千上万次的计算,就是当地居民也只有在极少的情况下才用得着这些数字。统计人员进行了约 15 000—20 000 次的计算,其中大概**只有**一二十个数字才是当地居民需要的,而且万一有这种需要,他们**自己**也能作出他们需要的计算。

统计人员白白浪费了大量劳动,也就是减少了他们(在目前的人力和财力即地方自治机关用于统计工作的开支很少的情况下!)可以用于研究工作的劳动量。上述汇编列出了数千项任何人都不需要的"华而不实的"统计数字,却没有提供**一项**总计。一切总计都推到出版其他分册的时候再作。可是第一,我们不相信一定会出版其他分册,就连完全受警察专横摆布的俄国地方自治机关的统计人员也不相信这一点。第二,如果不**试**编各县的各种分类表和复合表,那就永远都编不出一套在科学性上完全令人满意的各省的分类表、复合表和汇总表。

现在我们看到的是一个可悲的事实:地方自治机关的统计汇

编花费了无数的劳动,收集了大量极其丰富的、有价值的、新的(**实行11月9日法令的结果!**)资料,然而没有加以总结、综合、分类和组合,因此这个汇编的科学价值微乎其微,几乎等于零。

我们要指出,为了利用地方自治机关极其丰富的统计资料,至少有几种分类是能够而且应当进行的。最好是按情况把县和省划分为若干区,例如:按最普遍的各种商业性农业(用粮食和马铃薯加工的酿酒业,乳制品销售业,榨油业,特种商业性作物等等);按非农业性的副业和出外做零工;按地主经济的条件(近处有地主庄园或没有地主庄园;农奴制、工役制、徭役制、对分制、劳役制等等经济占优势,还是资本主义的、雇佣的、地主的经济占优势);其次,按商业发达程度和一般资本主义周转的发达程度(这是极重要的划分,必须从政治经济学的起码常识的角度来进行,虽然一般不这样做,但是很容易办到:按离开铁路、市场、商业中心等等的距离来划分村庄);按村庄的大小(克拉斯诺斯洛博茨克县的278个村庄中将近有3万个农户,而其中19个最大的村庄共有9 000多个农户——条件想必是最好的)。

最好而且必须按下列情况来划分农户,即不仅按土地占有情况,而且按播种面积大小(编者在序言中说,奔萨省的农户"主要是在自己的土地上、而不是在租来的土地上"耕作。但这种说法太笼统了,而租佃问题具有重大意义,必须加以详细研究);然后按商业性作物播种面积的大小(只要有这些作物并且能将这些作物单独分开的地区,就要进行这种分类);其次按"各种手工业"(不是用通常流行的那种粗糙的办法,只划分出"有手工业工人的农户"和没有手工业工人的农户,这种做法简直是对政治经济学的嘲弄,一定要注意人在手工业中所处的地位:划分出有大量、中等数量和少量劳动力外出当雇佣工人的各类农户,和雇用大量、中等数量和少量工人等等的拥有大小作坊的各类农户);按牲畜占有的情况(在汇编中有一部分已经这样划分了)等等。

我们假定有10种复合表,这些复合表按资本主义向农业渗透的不同特征把农户划分为10类(仍旧是大致的数目),这样就可以提供8 000个新的数字(假定有80栏),它们所占的篇幅要比任何人都不需要的2万个关于各村社的百分比的数字少得多。

这种多样化的、因而也注意到农业和农民依附于市场的许多不同形式的复合表所具有的科学价值将是极其重大的。可以毫不夸张地说,它们将给农业经济科学带来根本的变革。

载于1914年1月《启蒙》杂志
第1期

译自《列宁全集》俄文第5版
第24卷第274—281页

书　评

《1913 年圣彼得堡全俄卫生展览会
陈列的有关劳动保护的展品》
1913 年圣彼得堡版，共 78 页，价格未标

（1914 年 1 月）

　　这本书非常有用，它对全俄卫生展览会上陈列的关于劳动保护问题的资料作了扼要的综述。这本书提供了涉及工人生活的一系列问题的大量宝贵统计资料，如某些工业部门的工人数目，女工与童工，工作日与工资，卫生条件与劳动保护，工人的发病率与死亡率，酗酒，工人保险以及其他等等。

　　这本书中附有很好的关于劳动保护问题的书目索引。

　　这本书的缺点是在许多地方都没有绝对数字（只有相对数字），并且缺少一个便于按不同问题迅速查阅有关资料的总的**主题**索引。

　　希望再版时能纠正这些缺点。一切对工人问题感兴趣的人，一切工会、保险团体和其他工人团体，无疑都要使用这本书。这本书再版时想必会成为而且应当成为一本关于俄国的劳动状况和劳

动保护问题的系统的资料汇编。

载于 1914 年 1 月《启蒙》杂志
第 1 期

译自《列宁全集》俄文第 5 版
第 24 卷第 282 页

取消派领袖谈取消派的"统一"条件

(1914年2月4日〔17日〕)

任何一种运动的所有危机和转折点，往往特别值得重视（而且对于运动的参加者来说是特别有益的），因为运动的基本倾向、基本规律鲜明清楚地显示出来了。

社会党国际局关于安排俄国工人运动的各个派别"交换意见"的决定，也标志着运动的某种危机或转折点。当着有权威的国际集体领导机构的面，按照社会党国际局决议的说法，"忠实地"，即诚恳地"交换意见"，无疑是一桩有益的事情。这将使**所有的人**更清楚更深入地去观察俄国工人运动的**进程**。

应当非常非常感谢取消派的著名领袖费·唐·先生，他竟**亲自**在《新工人报》第108号上对他的"联合"观作了特别有价值的说明，这个说明只蒙了一层客套和遮羞的面纱。谨向费·唐·先生致最高的敬礼! 同论敌**本人**交谈，毕竟要比同糊涂的或无能的中间人等交谈痛快得多!

费·唐·先生以十分可嘉的率直态度，说明了和对比了对待联合的**两种**观点：一种是他反对的"极端错误的"观点；另一种是他赞赏的并且正在贯彻的观点。

费·唐·先生自己是这样说明第一种观点的：

"可以这样断定，俄国社会民主党各派别的意见分歧是微不足道的。正是由于意见分歧微不足道,我们必须在国际的帮助下想出一种联合的**组织形式**——联邦制也好,对一切多数派的权利能力作某种规定和限制也好。只要找到一种可以接受的**表面的'统一'**形式,微不足道的意见分歧就会自行'消除'——习惯成自然!"

费·唐·先生说这种观点是"极端错误的",但是,不知为什么,他却不说出持有这种观点的人的名字(托洛茨基、考茨基以及所有的"调和派")。也许是客套和遮羞的面纱妨碍费·唐·先生说出众所周知的有这种"极端错误"思想的人的名字! 但是,隐瞒真相**事实上**只对工人阶级的敌人有利!

总之,调和派的观点是"极端错误的"。为什么呢?

费·唐·先生在回答这个问题的时候,三次用面纱遮掩他害羞的面孔。他说:"**无论意见分歧是大是小**",这都会"使人发火","导致涣散"!!

这句用黑体和着重点标出的话,充分暴露了费·唐·先生的面目。口袋里藏不住锥子,更不必说用"面纱"了。

费·唐·先生,您既然说得这样露骨,那您的小小遁词就是无用的,也是可笑的。二者必居其一,我们的意见分歧是**微不足道的**或者**不是微不足道的**? 你直说了吧。这里来不得折中,因为问题就在于**有可能实现统一**(**是的**,如果意见分歧微不足道或者很小,**是有可能的**),还是没有可能实现统一(**是的**,如果意见分歧**不是**"微不足道",就**没有可能**)。

费·唐·先生斥责了意见分歧是"微不足道"的观点,**从而也就承认了意见分歧很大**。但是,他不敢直截了当地说出这一点("七人团"会说什么呢? 托洛茨基、崩得分子、阿恩和所有调和派会说什么呢?)。他竭力把自己的答案偷偷塞进了对于**第二种统一**

观点的又臭又长的议论之中。

然而,从这些冗长的议论中,还是不难抓住问题的简单的本质:

"这个纲领〈即费·唐·先生所中意的和能接受的纲领〉应当保证非列宁派有充分机会在统一的社会民主党的范围内,为社会民主党的公开存在而进行宣传和斗争。"

够了!费·唐·先生,完全够了!这就是问题的本质,不是空话,不是夸夸其谈。

保证取消派有充分的机会进行反对地下组织的斗争,这就是费·唐·先生的"纲领"的要害,因为谁都很清楚,取消派想把"为公开存在而进行斗争"当做遮羞布,来掩饰所有工人早就知道的反对"地下组织"的斗争。

这就是问题的本质,而所有这些托洛茨基分子、阿恩分子、崩得分子、调和派分子、"七人团分子"等,都是好人,但在政治上都不起作用。问题的本质在于费·唐·先生的集团,在于"原来的"取消派集团。

马克思主义组织和这个集团之间的意见分歧是绝对不可调和的,因为不仅同否定"地下组织"的人谈不上达成协议,而且同怀疑这一点的人也谈不上达成协议(更不用说统一了)。工人老早就弄清了取消派先生们的这种本质,因此在工人运动的**一切**活动场所**撤销了他们的职务**。

有一个时期,马克思主义组织斥责过取消派(1908—1909年)。这个时期早已过去了。有一个时期,马克思主义组织宣布原谅一切愿意放弃取消主义的人并且同他们言归于好(1910—1911年)。这个时期早已过去了。有一个时期,马克思主义组织动员自已的组织**反对取消派**（1912—1913 年）。这个时期也过去了。一个新的时期到来了，马克思主义组织已**争取到**反对一切取消派以及**他们的**同盟者的绝大多数觉悟工人。

　　无可争辩的事实证明了这一点。在第二届杜马的选举中，布尔什维克占工人选民团的 47％，在第三届杜马的选举中增加到 50％，在第四届杜马（1912 年秋）的选举中增加到 67％。1912 年 1 月 1 日至 1913 年 10 月 1 日，这 21 个月中，党团结了 **2 000 个**工人团体，而取消派及其**所有的**同盟者只团结了 **500 个**工人团体。费·唐·先生和他的朋友们不仅不想驳斥这些无可争辩的事实，而且在《我们的曙光》杂志上通过拉基京先生之口，**亲自**承认**工人群众**是拥护布尔什维克的。

　　显然，那些向马克思主义组织提出"纲领"，给取消派"充分机会"来取消马克思主义组织的人，那些"为了统一"而不愿意承认和尊重大多数觉悟工人的意愿的人，不过是在嘲弄"统一"罢了！

　　你们要统一吗？那你们就必须答应无条件地背弃取消主义，背弃"为公开存在而进行斗争"，老老实实地服从多数。你们不要统一吗？那就随你们的便吧，但是，假如几个月以后你们完全失去工人，成了不是"靠拢党的"知识分子，而是"靠拢立宪民主党的"知识分子，到那时你们可不要哭哭啼啼。

载于 1914 年 2 月 4 日《真理　　　　译自《列宁全集》俄文第 5 版
之路报》第 12 号　　　　　　　　　第 24 卷第 309—312 页

关于奥地利和俄国的民族纲领的历史

(1914 年 2 月 5 日〔18 日〕)

1899 年布隆代表大会讨论并通过了奥地利社会民主党的民族纲领。有一种非常流行的错误意见,认为这次代表大会通过了所谓"民族文化自治"。恰恰相反,在这次代表大会上"民族文化自治"遭到**一致否决**。

南方斯拉夫社会民主党人曾向布隆代表大会提出如下民族文化自治纲领(见德文正式记录第 XV 页):

(纲领第 2 条)"居住在奥地利的每一个民族,**不论其成员所居住的地域,**组成一个自治团体,完全独立地管理本民族的(语言的和文化的)一切事务。"

我们用黑体标出的这句话十分清楚地说明了"民族文化自治"(又称超地域自治)的**本质**:各人自己登记加入任何一个民族,国家应该把在教育事业等方面以民族划线的做法固定下来。

克里斯坦和权威人士埃伦博根在代表大会上维护这个纲领。但是这个纲领后来被撤销了。没有一个人投票赞成这个纲领。党的领袖维克多·阿德勒说:"……我怀疑是否有人在目前认为这个计划是切实可行的。"(会议记录第 82 页)

根据一些原则性的反对意见,普罗伊斯勒作出这样的结论:"克里斯坦和埃伦博根两同志的建议会产生这样的后果:沙文主义永世长存,并被搬进每一个最小的团体,每一个最小的小组。"(同

上,第92页)

在布隆代表大会通过的纲领中有关这个问题的第3条说:

"同一民族所居住的各自治区域共同组成统一的民族联盟,完全按自治原则来处理本民族的事务。"

这是一个地域主义的纲领,因此它直接排斥例如犹太民族文化自治。"民族文化自治"的主要理论家奥托·鲍威尔,曾经在他的书中(1907年)用专门一章来论证犹太人要求"民族文化自治"是行不通的。

实质上,马克思主义者是主张联盟也包括任何民族区域(县、乡、村等)联盟的充分自由的;但是,社会民主党人决不能同意用国家法律来巩固一国之内的统一的民族联盟。

在俄国,恰恰是犹太人的所有资产阶级政党(还有崩得,它实际上是这些政党的应声虫)通过了被奥地利所有的理论家和奥地利社会民主党人代表大会否决了的那个"超地域的(民族文化)自治"纲领!!

只要查阅一下《民族运动的形式》(1910年圣彼得堡版)这本有名的书和1913年《启蒙》杂志第3期[169],就很容易核实这件事,但是崩得分子常常要否认这个事实,其原因是显而易见的。

这一事实清楚地说明,较为落后、较为小资产阶级的俄国社会结构已使部分马克思主义者深受资产阶级民族主义的感染。

崩得的民族主义动摇性,早在第二次(1903年)代表大会上就遭到了正式的不容争辩的斥责,代表大会直接否决了崩得分子戈尔德布拉特提出的关于"建立保障民族发展自由的机构"("民族文化自治"的化名)的修正案。

　　高加索的孟什维克由于受到整个反革命**民族主义**气氛的影响，在1912年取消派的八月代表会议上（在这以前的10年中，他们曾和崩得作过坚决斗争）滚到了民族主义方面，当时斥责他们的**决不仅仅**是布尔什维克。孟什维克普列汉诺夫也坚决斥责过他们，指出他们的决定是"使社会主义迁就民族主义"。

　　普列汉诺夫写道："高加索的同志们只谈文化自治，而不提政治自治，这只能证明他们愚蠢地服从崩得领导权的事实。"

　　除了犹太人的资产阶级政党、崩得和取消派以外，只有左派民粹派的一些小资产阶级民族政党的代表会议通过了"民族文化自治"。但是就在这个代表会议上，也只有4个政党（犹太社会主义工人党、白俄罗斯格罗马达、达什纳克楚纯和格鲁吉亚社会联邦派[170]）通过了这个纲领，而两个最大的政党，俄国左派民粹派和波兰"弗腊克派"（波兰社会党）都**弃权**！

　　俄国的左派民粹派特别反对著名的崩得计划中**强制性的**国家法律上的各民族联盟。

　　从这个简短的历史考证中，对1913年马克思主义者的无论是二月会议或者是夏季会议之所以坚决斥责"民族文化自治"这种小资产阶级和民族主义的思想，也就可以理解了[①]。

载于1914年2月5日《真理之路报》第13号　　　　　　译自《列宁全集》俄文第5版第24卷第313—315页

---

① 见本版全集第22卷第280、284—286页，本卷第61页。——编者注

一个有爵位的自由派地主论
"地方自治的新俄国"

(1914 年 2 月 5 日〔18 日〕)

目前自由派空谈甚嚣尘上,我们因此常常忘记了自由派政党真正的"主人们"的真正阶级立场。叶夫根尼·特鲁别茨科伊公爵在《俄国思想》杂志第 12 期上绝妙地暴露了这种立场,清楚地表明目前我国的自由派地主特鲁别茨科伊之流和右翼地主普利什凯维奇之流在一切重大问题上已经多么接近。

斯托雷平的土地政策,就是这样的最重大问题之一。有爵位的自由派地主对这一政策的见解如下:

"从斯托雷平当大臣开始,政府为农村操办的一切事情主要是出于两方面的原因:一是害怕在 1905 年造成巨大灾难的普加乔夫暴动;一是想培养新型农民(这种农民很富足,因而很珍视私有财产,不会接受革命宣传)来对付普加乔夫暴动……"

单是"普加乔夫暴动"[171]一语,就表明我们这位自由派同普利什凯维奇之流完全情投意合。所不同的只有一点:普利什凯维奇之流说这句话时,咬牙切齿并且带有威胁口吻;而特鲁别茨科伊之流说这句话时却像马尼洛夫那样令人肉麻,空谈文化,高喊"新的农民社会"、"农村民主化",虚伪得令人作呕,谈神圣的东西则使人感动。

由于实行新的土地政策,农民资产阶级的成长比以往要快得多。这是无可争辩的。在俄国无论实行何种政治制度和何种土地制度,农民资产阶级不可能不成长,因为俄国是一个资本主义国家,它已经完全被卷入世界资本主义周转之中。这位自由派公爵常常谈论"马克思主义的基本原理",无比自信又无比愚昧,其实他只要在这方面有一点点起码的常识,就会明白上述情况。但是这位公爵竭尽全力抹杀这样一个根本问题:资本主义的发展,**没有任何普利什凯维奇之流**会怎么样;**有普利什凯维奇之流**的阶级无限权力的统治又会怎么样。公爵为合作社和播种牧草的成功,为"物质福利的提高"而高兴得不知所措,但是对生活费用的昂贵、大批农民破产、极端贫困和忍饥挨饿以及工役制等等却只字未提。"农民正在资产阶级化",公爵看到这一点并且为此欣喜若狂,可是在保存农奴制的盘剥关系的条件下,农民正在变成雇佣工人,这一点我们这位自由派地主就不愿意看到了。

公爵写道:"知识分子同广大农民群众的第一次接触早在1905年就有了,但是当时的接触完全是另一种性质,是破坏性的而不是建设性的。当时联合起来,只是为了共同破坏生活中的旧形式,因此联合是表面的。知识分子蛊惑农民不是把自己的独立见解灌输到农民的意识中和农民的生活中,而是顺着人民群众的本能,讨好他们,使自己的党的纲领和策略迁就他们。"

多熟悉的普利什凯维奇之流的言论!举个小小的例子:在特鲁别茨科伊老爷们的2 000俄亩土地上建立80个农民的独立农庄[172](每个独立农庄占地25俄亩),这就算"破坏";而在破了产的村社农民的土地上建立10—20个这样的独立农庄,这就算"建设"。是不是这样呢,公爵阁下?您是否想到,在前一种情况下俄国将是一个真正"资产阶级民主"国家,而在后一种情况下,它在几十年的长时期内仍将是一个普利什凯维奇统治的国家?

可是,这位自由派公爵却避而不谈这些不愉快的问题,他硬要读者相信,大土地占有者正在出卖土地,他们"很快很快"就会完全消失。

"如果政府采取的措施不太促进未来革命的发展,那么,当革命到来时,'强制转让'的问题就根本不成其为问题了,因为到那时几乎没有什么东西好转让了。"

根据内务部最近的统计[173],在1905年,3万个地主拥有7 000万俄亩土地,而1 000万个农民也只有这么多土地。但是,这与自由派公爵毫不相干!他要读者相信普利什凯维奇之流很"快"就要消失,是由于要维护普利什凯维奇之流,他只能这样做。他真正感兴趣的只有一点:

"农村中关心私有财产的人多,不仅能够对付普加乔夫式的宣传,而且能够对付任何社会主义的宣传。"

我们感谢他的这种坦率精神!

这位自由派公爵问道:"其结果将是怎样呢?是政府靠〈进入合作社等的〉知识分子的帮助把农民改造成心地善良的小地主呢,还是相反,是知识分子靠政府贷款来教育农民呢?"

公爵期望的既不是前者也不是后者。这只不过是一句口是心非的假话。事实上,我们已经看到他是一心主张把农民改造成"心地善良的小地主"的,他要人相信:"知识分子将是基础",社会主义者"煽动性的土地纲领"(照这位大人看来,这个纲领同"马克思主义的基本原理"是根本矛盾的。读者,请不要发笑!)是没有立足之地的。

　　一个地主有这样一些见解不足为奇。无神论盛行使他感到恼怒并且说了一些祷告上帝的话也不足为奇。奇怪的是,在俄国竟然还有这样一些蠢人,他们不懂得,只要这些地主和这些政治家在给整个自由派政党(包括立宪民主党)定调子,那么指望在自由派和立宪民主党人的"参加下"真正捍卫人民的利益就是可笑的。

载于1914年2月5日《真理之路报》第13号

译自《列宁全集》俄文第5版
第24卷第316—319页

民粹主义和雇佣工人阶级

（1914年2月18日〔3月3日〕）

　　民粹派以纪念自由主义民粹派作家米海洛夫斯基逝世十周年为借口,使原来关于马克思主义同民粹派斗争的意义的争论重新爆发。这场争论的意义不小:第一,这场争论有历史意义,因为这里谈的是关于俄国马克思主义的产生问题;第二,这场争论有理论意义,因为这场争论涉及的是马克思主义理论的根本问题;第三,这场争论有实践意义,**因为**彼得堡左派民粹派的报纸企图把工人吸引到他们方面去。民粹派拉基特尼科夫先生写道:

　　"当然,现在谁也不会提出60年代和70年代那样的问题,说俄国可能绕过资本主义阶段〈即梯级,时期〉。俄国已经处在这个阶段。"

　　这个左派民粹派的值得注意的声明,一下子就使我们了解到问题的"实质"。"俄国可能绕过资本主义阶段"的说法,真的只是在60年代和70年代才有的吗? 不,完全不是这样。80年代和90年代,民粹派,特别是《俄国财富》杂志(即米海洛夫斯基集团的)的那些作家也都谈过这一点。只要提一提例如尼古拉·—逊先生的名字就足以证明了。

　　那么拉基特尼科夫先生为什么向读者**隐瞒了**80年代和90年代的这种情况呢? 难道这不正是为了掩饰民粹派的错误,使民粹派的错误思想易于在工人中间传播吗? 这种手法是十分拙劣的,使用这种手法的人所干的事情也是拙劣的。

米海洛夫斯基及其集团关于"俄国可能绕过资本主义阶段"的理论一直保持到上个世纪90年代,这种理论的意义究竟何在呢?

这种理论是小市民的空想社会主义理论,也就是小资产阶级知识分子的**幻想**,他们**不是从雇佣工人同资产阶级的阶级斗争中**去寻求摆脱资本主义的出路,而是通过向"全体人民",向"社会",**也就是向资产阶级本身呼吁**,去寻求摆脱资本主义的出路。

在工人运动产生前,风行于世界各国的这些"社会主义"的学说,事实上不过是小资产阶级理论家摆脱阶级斗争、逃避阶级斗争的一种幻想。在世界各国,如同在俄国一样,自觉的工人运动不得不同这种符合于小业主的地位和观点的小资产阶级"社会主义"学说进行顽强的斗争。

不驳倒善良小业主的这种关于可能"绕过"资本主义的理论,工人运动就不可能顺利进行和发展。拉基特尼科夫先生掩盖了米海洛夫斯基集团的根本错误,从而搞乱了**阶级斗争**的理论。然而,正是这种理论才给工人指明如何摆脱自身处境的出路,指明工人自己能够而且应当争取自身的解放。

拉基特尼科夫先生写道:"俄国已经处在资本主义阶段。"

这个出色的招供等于承认米海洛夫斯基及其集团的根本性的错误。

不仅如此,它也等于完全背弃民粹主义。

同意这个招供的左派民粹派,已经不是作为民粹派,而是作为社会主义运动中的机会主义者,作为拥护小资产阶级背离社会主义的人来和马克思主义者作斗争了。

确实,如果说"俄国已经处在资本主义阶段",这就意味着,俄国是一个资本主义国家。这就是说,在俄国,像在任何资本主义国家一样,**小业主**(包括农民)就是小资产者。这就是说,在俄国,像在任何资本主义国家一样,只有雇佣工人同资产阶级进行阶级斗争才是实现社会主义的途径。

左派民粹派(更不用提他们在《俄国财富》杂志中的那些朋友了)的纲领,直到现在还不敢承认俄国是一个资本主义国家。拉基特尼科夫先生向马克思主义者**交出**民粹派的纲领,以此来为民粹主义作辩护!这种辩护是站不住脚的。

拉基特尼科夫先生不是用民粹派的观点而是用机会主义者的观点来同马克思主义者展开争论的,他说:

"支持农民经济决不等于自不量力地阻挡不可逆转的经济发展。**西方愈来愈多的社会主义者正是持这样的观点。**"

我们用黑体标出的这句话,使这位可怜的"左派民粹派"完全露出了马脚!大家知道,在西方,**只有**雇佣工人阶级这样一个阶级才能够创建社会主义政党。大家知道,西方的**农民**作为一个阶级,它所创建的不是社会主义政党,而是资产阶级政党。大家知道,在西方,支持小资产者的经济的,**不是**社会主义者,而是机会主义者。

"支持农民经济!……"　请看看你周围的情况吧。农民**业主**组织协会为的是提高粮食、干草、牛奶和肉类的销售价格,廉价雇用工人。农民愈自由,他们的土地愈多,这一点就愈明显。

拉基特尼科夫先生强迫雇佣工人阶级"支持"小资产者"经济"。这种"社会主义"实在太妙了!!

雇佣工人仅仅支持农民同农奴主和农奴制作斗争,——这完完全全不是拉基特尼科夫先生所期望的。

在俄国,1905—1907年这些伟大的年代彻底证明,只有雇佣工人阶级一个阶级是作为社会主义力量进行活动和团结起来的。农民是作为资产阶级民主力量进行活动和团结起来的。随着资本主义一天天发展,阶级之间的差异也就愈来愈大了。

"左派民粹派的"宣传事实上是用小资产阶级的口号来腐蚀和瓦解雇佣工人阶级的运动。左派民粹派先生们还是到农民中去进行民主主义工作为好,——这是非社会主义者也能胜任的。

载于1914年2月18日《真理之路报》第15号

译自《列宁全集》俄文第5版第24卷第320—323页

再论"民族主义"

(1914 年 2 月 20 日〔3 月 5 日〕)

"目前就在这个时候",有人正在策划第二次贝利斯案件,应当更加处处当心民族主义者的鼓动。不久前召开的"全俄民族联盟"[174]第二次代表大会,特别清楚地表明了这种鼓动是怎么回事。

如果以为总共只有 21 个来自俄国各地的代表参加的这个"全俄民族联盟"是无足轻重的,形同虚设的(虚构的),因而这种鼓动的作用也就无足轻重,那就大错特错了。"全俄民族联盟"是无足轻重的,是虚构的,但是它的宣传得到一切右翼政党和一切**官方机关**的支持;它在每所乡村学校、每个兵营、每个教堂中都在进行宣传。

下面就是关于 2 月 2 日在这个代表大会上所作的一个报告的新闻报道:

"国家杜马代表萨文科作了关于'马泽帕主义'[175](这是民族主义者的行话,意即乌克兰运动)的报告。报告人认为白俄罗斯人和乌克兰人中的分离主义〈即要求从国家中分离出去〉倾向特别危险。乌克兰运动尤其是一个威胁俄国统一的很大的实际危险。乌克兰人的最低纲领无非就是实行联邦制和乌克兰自治。

乌克兰人将自己实现自治的希望寄托在俄国将来同奥匈帝国和德国作战时遭到失败上。自治的波兰和乌克兰将在大俄罗斯的废墟上,在哈布斯堡王朝统治下的奥匈帝国的疆土上建立起来。

如果乌克兰人真能使 3 000 万小俄罗斯人脱离俄罗斯民族,那么大俄罗斯帝国的末日就要到了。(鼓掌)"

　　为什么这个"联邦制"既没有妨碍北美合众国的统一,也没有妨碍瑞士的统一呢? 为什么"自治"并没有妨碍奥匈帝国的统一呢? 为什么"自治"甚至在一个很长的时期内加强了英国和它的许多殖民地的统一呢?

　　萨文科先生对他所主张的"民族主义"进行了极其荒谬的阐述,因此驳倒他的思想就非常容易了。据说,乌克兰自治"威胁着"俄国的统一,而奥匈帝国由于实行普选制及其各区域的自治却**加强了自身的统一! 怎么这样奇怪呢? 为什么不能通过**乌克兰自治来**加强俄国的统一呢**,读到或听到这种"民族主义"宣传的人,脑子里难道不会产生这样的问题吗?

　　地主和资产阶级的民族主义,力图借助攻击"异族人"来离间和腐蚀工人阶级,以便麻醉工人阶级。觉悟工人对此的回答是,**在实践中捍卫了各民族工人的完全平等和团结一致**。

　　民族主义者先生们在宣布白俄罗斯人和乌克兰人是异族人的时候,忘了说明,大俄罗斯人(唯一的非"异族人")在俄国至多占人口总数的 43%。这就是说,"异族人"是多数! 少数不给予这个多**数好处**,不给予这个多数政治自由、民族平等、地方自治和区域自治等好处,怎么能稳定多数呢?

　　民族主义者攻击乌克兰人和其他民族搞"分离主义",攻击他们闹分离,用这种办法来维护大俄罗斯地主与大俄罗斯资产阶级对"自己的"国家享有的**特权**。工人阶级反对**任何**特权;因此工人阶级要捍卫民族自决权。

　　觉悟工人是不宣传**分离**的;他们知道大国的种种好处和广大工人群众联合起来的种种好处。但是,只有在各民族真正完全平

等的情况下，大国才可能成为民主国家，而各民族的这种平等，就
意味着享有分离权。

　　反对民族压迫和反对民族特权的斗争，是同捍卫分离权分不
开的。

载于1914年2月20日《真理
之路报》第17号

译自《列宁全集》俄文第5版
第24卷第324—326页

农民和雇佣劳动

（1914 年 2 月 20 日〔3 月 5 日〕）

民粹派最流行的一句话就是：马克思主义者正在驱使劳动者进行"阋墙之争"，把雇佣工人和农民分开来，并且把前者同后者对立起来。这句话最有欺骗性，因为它维护的实际上是小业主、小资产者、使用雇工的剥削者的利益。

现在我们来看看 1913 年莫斯科地方自治机关的一本统计著作（《经济统计汇编》1913 年莫斯科版第 7 分册）中的值得注意的资料。莫斯科的统计人员对莫斯科县的蔬菜业和园艺业进行了调查。调查了 5 000 多个农户。统计人员根据经营的集约化（即按每俄亩土地投入大量的资本和劳动）程度将莫斯科近郊的这些农户分为 7 个区。

对于农民使用雇工问题的调查相当详细。结果怎样呢？

在前 4 个区里，有雇工的农户占 67%（即占农户总数的⅔强）；在其余各区则占 43%—64%。由此可见，莫斯科近郊的绝大多数农户，是雇用工人的小资本家。

有关雇用年工和季节工的农户的资料更加值得注意。这类农户的百分比如下：

第一区·····································26.6%

第二区·····································16.7%

第三区·····································16.4%

第四区·····································19.0%

第五区····································· 9.9%

第六区····································· 5.0%

第七区····································· 6.4%

按照一般规律,集约化程度愈高的区,雇用年工和季节工的农民的百分比就愈高。

可是,有关各区的资料都把每个区的贫苦农民和富裕农民掺杂在一起。因此,这些资料非常粗略,是**粉饰**现实的,**掩盖了**贫富之间、无产阶级与资产阶级之间的对立。

我们现在来看看按土地使用情况(即按现有耕地数量)划分的各类农户的资料。这些资料要比份地占有情况的资料可靠得多,因为直到现在,份地占有**甚至在莫斯科近郊**还保留着官有农奴制的性质:在份地少的农户中,有租地的富人;而在份地多的农户中,却有出卖份地的、无地的更确切些说是无家业的贫苦农民。

在各区无家业的农民中,用雇工的百分比是零。这是可以理解的。无家业的农民本身就是无产者。

在拥有不到½俄亩土地的农户中,用雇工的农户占 0—57% (为了不使问题复杂化,我们这里举出的是三小类中的一小类)。

在拥有½—1俄亩土地的农户中,用雇工的农户占 0—100%。

在拥有 1—3 俄亩土地的农户中,用雇工的农户占 46%—100%(根据各个区的情况)。

在拥有 3—5 俄亩土地的农户中,用雇工的农户占 66%—97%。

　　在拥有 5 — 10 俄亩耕地的农户中,用雇工的农户占 75％—100％。

　　从这里我们可以清楚地看到,无家业的农民本身就是无产者(雇佣工人)。经营规模愈大,对雇佣劳动的剥削也就**愈多**:在拥有3—5 俄亩土地的农户中,**竟有⅔以上是使用雇佣劳动的剥削者!!**

　　这就是人所共知的简单明显的事实,而民粹派却对此加以歪曲。莫斯科近郊出现的情况到处都有,不过程度略轻。大家都知道,**每一个城市**,**每一俄里铁路**,都在把农民经济卷入资本主义商业周转。只有"左派民粹派"才不愿意看到摧毁他们的市侩理论的真相。

　　这个真相就是:**每一俄里铁路**,**每一个新开的农村小铺**,**每一个买东西方便的合作社**,**每一个工厂**等等,都在把农民经济卷入商业周转。这就是说,农民**正在日益分化**为无产者和使用雇工的**小业主**。

　　农民经济的**任何一项**改善,都**必定会**加强那些正在改善经营的农户对雇佣劳动的剥削,否则就无改善可言。

　　因此,只有马克思主义者才是捍卫劳动的利益的,才特别划分出城市的以及农村的无产者、雇佣工人。

　　民粹派谈论"农民"和"农民经济",实际上他们是维护使用雇佣劳动力的**剥削者**的利益的,因为农民愈像"业主",对雇佣劳动的**剥削就愈厉害**。

　　资产阶级(民粹派总是盲目地跟着它当尾巴)的利益要求把农民无产阶级和农民资产阶级**混为一谈**。

　　无产阶级的利益要求反对这种混为一谈的做法,要求**处处**(包括在农民中)划清阶级界限。谈论"农民"决不能自欺欺人:我们自己就应当知道,并且应当告诉农民,即使在农民中,无产阶级和资产阶级之间的鸿沟也正在日益加深。

载于1914年2月20日《真理之路报》第17号

译自《列宁全集》俄文第5版第24卷第327—329页

司徒卢威先生论"健全政权"

（1914 年 2 月 21 日〔3 月 6 日〕）

司徒卢威先生是个最露骨的反革命自由派。他特别清楚地证实了马克思主义者对机会主义所作的分析，因此剖析一下这位作家的政治论点总是很有教益的（大家知道，司徒卢威先生从机会主义开始，从"批评马克思"开始，而过了几年就滚到反革命的资产阶级民族自由主义那儿去了）。

司徒卢威先生在《俄国思想》杂志 1 月号上发表了关于"健全政权"的议论。首先，他承认斯托雷平的政策也像 1907—1914 年的整个反动势力和十月党的政策一样**遭到了破产**。司徒卢威先生写道：反动派"已经陷入危机"。他认为，进行类似把杜马改为立法咨议性机关这样的倒退的改革，最终"会使政权陷入 1905 年前早就遇到过的那样的境地"，主要不同之点是人民已经变了。"1905年人民群众的思想感情已经转到了知识分子方面。"

这是一个"路标派"分子、一个疯狂反对革命的人、一个维护最反动的理论的人写出来的。他不得不承认**群众**已经变左了，但是，这位自由派还不敢更直接、明了、确切地说，这些群众中究竟有哪些阶级在向哪些政党靠拢！

"我国人民尚未形成，尚未分化。他们长期以来停滞不前，似乎突然变得革命了，但这种情况丝毫不能说明，一旦他们蕴藏着的潜力能够充分发挥出来，他们将成什么样子。"

这就是资产者用来**掩盖**他们不喜欢的真相的典型论调。这里所说的人民,显然是指农民,因为资产阶级(地主更不用说)和工人阶级已经完全形成,已经壁垒分明。这位自由派不敢直接承认:**尽管新土地政策正在疯狂地推行,但是资产阶级农民"尚未形成"**。

司徒卢威先生问道:"摆脱现状的出路何在呢?"接着回答说:"出路只有两条:要么是国内骚动日渐加剧,在骚动中,中等阶级和代表中等阶级的温和分子……〈这么说,温和分子是"代表"中等阶级的了?——这句话不大通,但是政治方面的含义是十分清楚的。那究竟是哪些分子"代表"农民和工人的呢?〉又会被极端分子鼓动起来的人民群众的自发压力排挤到次要地位;要么是**健全政权**。第一条出路不是我们现在要讨论的。在俄国的条件下,我们有意坚持的观点,使我们不可能积极争取,甚至也不可能期待这条出路……"(司徒卢威先生,感谢您的直率! 我们的取消派就应当学习他这种直率坦白的精神,而不要像尔·马·在《我们的曙光》杂志1月号上那样拐弯抹角兜圈子。)

"……因此,我们只向社会思想界把第二条出路直接提出来,作为所有进步的同时又是防卫的力量应该齐心协力加以实现的一个迫切问题。"

关于第二条出路,司徒卢威先生除了一些空话就什么也说不出来了。资产阶级讲温和,群众走"极端"——这是自由派不得不承认的。至于那个需要健全的"政权",它的社会构造(制度,结构)究竟怎样,它的阶级支柱是什么,在资产阶级以前独揽统治大权的地主究竟到哪里去了,这一切司徒卢威先生甚至连想都不敢想。无可奈何,软弱无力,头脑空虚——自由派资产阶级向普利什凯维奇之流摇尾乞怜(像司徒卢威先生及其同伙那样),它就必然具有这些特点。

　　司徒卢威先生写道:"不管这有多么奇怪,但是最大的希望莫过于当局把那些过去发生的而且通常被当做俄国革命的事件、事实和情绪都忘掉。"

　　多么美妙的、深刻的、聪明的、严肃的政治忠告!让"当局去忘掉"吧?——上了年纪的人有时是要忘记他们所遇到的和他们周围发生的事情的。

　　未老先衰的俄国自由主义的代表人物是用自己的尺度来衡量别人的。

载于 1914 年 2 月 21 日《真理之路报》第 18 号

译自《列宁全集》俄文第 5 版第 24 卷第 330—332 页

民粹派论尼·康·米海洛夫斯基

(1914 年 2 月 22 日〔3 月 7 日〕)

自由派资产阶级和民粹派(即资产阶级民主派)的报纸发表了许多颂扬文章,纪念尼·康·米海洛夫斯基(1904 年 1 月 28 日去世)逝世十周年。自由派和资产阶级民主派吹捧米海洛夫斯基并不奇怪,但是,他们企图把米海洛夫斯基说成是社会主义者,并且证明他的资产阶级哲学和社会学同马克思主义可以相调和,那我们对这种肆意歪曲真相和腐蚀无产阶级阶级意识的行为就不能不表示抗议了。

在 19 世纪后 30 多年中,米海洛夫斯基是俄国资产阶级民主派观点最出色的代表人物和代言人之一。尽管农民是俄国具有资产阶级民主主义思想的唯一重要和广泛的(不算城市小资产阶级)群众,但是当时他们尚在沉睡之中;他们中间的优秀人物和对他们的困苦处境充满同情的人们,即所谓平民知识分子——主要是青年学生、教师以及其他知识分子代表——曾努力启发和唤醒沉睡中的农民群众。

米海洛夫斯基对解放俄国的资产阶级民主运动的伟大历史功绩在于:他热烈同情农民受压迫的处境,坚决反对农奴制压迫的一切表现,一贯在合法的、公开的刊物上对最坚决彻底的平民知识分子民主派进行活动的"地下组织"表示(哪怕暗示也好)同情和尊敬,甚至还亲自直接帮助这种地下组织。目前,不仅自由派,而且连民粹派中的取消派(《俄国财富》杂志)和马克思主义者中的取消派,对待地下组织都采取了无耻的、往往是叛徒的态度,在这个时候,我们不能不对米海洛夫斯基的这些功绩说几句好话。

尽管米海洛夫斯基热烈维护自由和被压迫的农民群众,然而资产阶级民主运动所具有的一切弱点他都有。他认为把全部土地交给农民,特别是无偿地交给农民,是一种"社会主义的"措施;因此,他就认为自己是"社会主义者"了。当然,这是一个极其错误的看法,马克思和**所有**文明国家的经验都充分揭露了这一点。这些文明国家的资产阶级民主派在农奴制度和专制制度彻底崩溃前,也**总是**以"社会主义者"自居的。在农奴主-地主的统治下,把全部土地交给农民,特别是在上述条件下交给农民,是一种很好的措施,但是这种措施是资产阶级民主主义的措施。我们这个时代的任何一个头脑清楚的社会主义者都了解这一点。整个世界的全部经验已经证明,农民从农奴主老爷那里得到的土地愈多(并且付出的代价愈少),他们的"土地和自由"愈多,资本主义的发展也就**愈快**,农民的**资产阶级**本性也就暴露得**愈快**。无产阶级支持**资产阶级民主主义**的农民反对农奴主决不等于"社会主义",如果尼·拉基特尼科夫先生(在《正确思想报》[176]第3号的文章里)直到现在还不理解这一点的话,那我们对这种幼稚无知只好一笑置之。驳斥那种早就被所有觉悟工人批驳了的错误是枯燥乏味的事。

不仅在经济学方面,而且在哲学和社会学方面,米海洛夫斯基的观点都是**资产阶级民主主义的**观点,只不过用**貌似**"社会主义的"词句作掩护罢了。他的"进步公式",他的"为个性而斗争"的理论等等就是这样的。在哲学方面,米海洛夫斯基与俄国最伟大的空想社会主义的代表车尔尼雪夫斯基相比,是向后**倒退了一步**。车尔尼雪夫斯基是一个唯物主义者,并且一直到他一生结束(即到19世纪80年代)都在嘲笑时髦的"实证论者"(康德主义者、马赫主义者等等)对唯心主义和神秘主义所作的种种让步。而米海洛夫斯基恰恰是跟在这些实证论者的后面当了尾巴。直到现在,米海洛夫斯基的学生中,甚至在最"左"的民粹派(如切尔诺夫先生之流)中,这些反动的哲学观点还占主导地位。

米海洛夫斯基和民粹派的"社会主义"只是资产阶级民主派的空话。这一点已经为1905—1907年各阶级的行动经验和这些阶级的群众斗争经验彻底证明了。第一届杜马和第二届杜马中的多数农民代表**不是**站在左派民粹派方面,而是站在"劳动派"和"人民社会党人"方面。这是不容忽视、不容歪曲的事实。而且,甚至连左派民粹派本身,如维赫利亚耶夫、切尔诺夫先生等人,也不得不跟在马克思主义者后面,承认劳动人民社会党人的资产阶级性质!!

某些同情左派民粹派的工人,应该到自己的老师那里去把左派民粹派在1906—1907年写的**反对**"劳动人民社会党人"的**全部**著作借来读一读。

这几年农民的群众性行动完全证明了,农民采取的正是**资产阶级民主主义**的立场。左派民粹派至多不过是俄国农民(即资产阶级)民主派的一小部分。工人支持过农民而且还要继续支持农民(反对农奴主),但是把这两个阶级混为一谈,把资产阶级民主派和社会主义无产阶级混为一谈,是反动的冒险行为。所有觉悟工人将坚决反对这种冒险行为,特别是现在,因为阶级的划分已经完全为1905—1907年群众斗争的伟大经验所证实,而且我国农村的阶级划分也一天比一天更明朗化。

米海洛夫斯基在很长的一个时期(10多年)是《俄国财富》杂志著作家集团的首脑和灵魂。这个集团在伟大的1905—1907年变成了什么样呢？

变成了民主派中的第一批取消派！

某些同情左派民粹派的工人，应该到自己的老师那里把1906年《俄国财富》杂志8月号以及左派民粹派所写的称这个集团为"社会立宪民主党人"的全部文章等等借来读一读！

米海洛夫斯基集团成了第一批取消派，他们在1906年秋天(比我们的马克思主义者中的取消派早2—3年)宣布成立"公开的党"，并且背弃"地下组织"及其口号。米雅柯金先生之流、彼舍霍诺夫先生之流和米海洛夫斯基的其他战友们的"公开的党"产生了什么结果呢？结果是任何政党都已完全不再存在，是民粹主义机会主义者的"公开"集团完全脱离了群众。

不能把彼舍霍诺夫先生之流、米雅柯金先生之流及其同伙推行卑鄙无耻的机会主义的责任完全推到米海洛夫斯基身上，他从来没有背弃过地下组织(或者确切些说，他去世后不久他的集团才转向取消主义)。但是，我们从《正确思想报》第3号纪念米海洛夫斯基的文章中又看到"左派"民粹派和《俄国财富》杂志的"社会立宪民主党人"拼凑了一个腐败的同盟(联盟)，这难道还不说明问题吗？如果大家还记得米海洛夫斯基在给拉甫罗夫的信中谈到的他对待革命者的态度[177]，那么，难道能够不承认"社会立宪民主党人"总的说来是他的忠实继承人吗？

我们纪念米海洛夫斯基，是因为他同农奴制，同"官僚制度"(请原谅我用词不确切)等等作过真诚而不同凡响的斗争，是因为他尊重和帮助过地下组织,而不是因为他有资产阶级民主主义的观点,不是因为他向自由主义动摇,不是因为他拼凑了一个《俄国财富》杂志的"社会立宪民主党人"集团。

俄国资产阶级民主派,首先是农民,在自由派资产者和无产者之间动摇不定并不是偶然的,而是他们本身的阶级地位决定的。而工人的任务就是使农民摆脱自由派的影响,同"民粹主义的"学说进行无情的斗争。

载于 1914 年 2 月 22 日《真理之路报》第 19 号

译自《列宁全集》俄文第 5 版第 24 卷第 333—337 页

关于亚·波格丹诺夫

（1914 年 2 月 25 日〔3 月 10 日〕）

编辑部收到一封 13 个"左派布尔什维克"寄自"高加索梯弗利斯"的联名信，信中询问编辑部如何看待亚·波格丹诺夫撰稿的问题[178]。写信人自称是"'前进'集团思想的拥护者"，他们的口吻一清二楚，分明是敌视我们报纸的。

尽管如此，我们认为我们必须同他们彻底地把问题说清楚。

为什么亚·波格丹诺夫已经不能再为坚持彻底的马克思主义观点的工人报纸和杂志撰稿了呢？这是因为亚·波格丹诺夫并非马克思主义者。

写信人沿着波格丹诺夫发表在取消派报纸上的那封信所暗示的小道，去寻找亚·波格丹诺夫从我们报纸的版面上消失的原因，认为这是由于某些个人关系和某些人居心不良等等。这一切完全是胡扯，不值得一驳，也不值得解释。事情要简单明了得多。

如果写信人关心的不是"人身攻击"，而是马克思主义者中间组织方面和思想方面的经历，那么他们就会了解到，1909 年 5 月举行的布尔什维克全权代表会议，经过仔细的和长时间的酝酿讨论，早已决定**不再**为亚·波格丹诺夫的政治著述**承担责任**了[179]。如果写信人少听些庸俗的流言蜚语，多关心点马克思主义者中间的思想斗争，那么他们就会了解，亚·波格丹诺夫在自己的著作中创立了某种社会哲学体系,**所有的**马克思主义者无论哪一派都反对这个非马克思主义的而且是反马克思主义的体系。凡是关心马克思主义历史和俄国工人运动历史的人都了解,在亚·波格丹诺夫为工人报纸撰稿问题上,有一个更为重要的原则问题,即马克思的哲学和亚·波格丹诺夫的学说之间的关系问题,谁不了解这一点,谁就**应当**学一学,读一读,问一问。已经有许多著作、小册子和文章对这个问题作了分析、研究和详细说明。从政治上评价一个著作家为工人报刊撰稿,不能看他的风格和机智,不能看他才华出众,很受欢迎,而要看他总的倾向,看他的学说给予工人群众的是**什么**。马克思主义者肯定地说:亚·波格丹诺夫的整个写作活动不外是企图向无产阶级意识灌输经过粉饰的资产阶级哲学家的唯心主义概念。

如果有人认为不是这么回事,认为在这场关于马克思主义的哲学基础的争论中,正确的不是普列汉诺夫,不是伊林,而是波格丹诺夫,那他就应当出来为波格丹诺夫的体系辩护,而不是指手划脚,说波格丹诺夫的哪篇通俗文章应该在工人报纸的版面上有一席之地。但是在马克思主义者中间我们还没有看到过有为波格丹诺夫体系作辩护的。反对波格丹诺夫的学说的,不仅有他的"派别"对手,而且有他的政治集团中的旧同僚。

关于波格丹诺夫的问题就是这样。马克思主义者已经对他"修改"和"修正"马克思主义的尝试作了分析,认为这种尝试是与现代工人运动的精神格格不入的。同他一起工作过的那些集团已经决定不再为他的写作活动以及其他一切活动承担责任。从此以后,对亚·波格丹诺夫随便抱什么态度都可以,但是为他在宣传马克思主义的起码常识的工人报刊上争版面,那就是既不理解马克思主义,也不理解波格丹诺夫的学说,更不理解对工人群众进行马克思主义教育的任务。

在我们报纸所从事的教育工人群众的事业中,我们和波格丹诺夫走的不是一条路,因为我们对这种教育的理解跟他不同。这才是问题的实质,不过由于有人因私心而影射个人关系,问题的实质就被弄得模糊不清了。珍视自己报纸的**方针**的工人,应当像清除肮脏的垃圾一样清除掉所有这些把事情归结为某些著作家的"人身攻击"的做法,应当弄清楚波格丹诺夫学说的性质这个问题。他们只要去了解这个问题,就会很快得出我们已经得出的结论:马克思主义是一回事,波格丹诺夫的学说完全是另一回事。工人报纸应当清除无产阶级意识中的资产阶级唯心主义杂质,而不应当用自己的版面来传播这种倒胃口的大杂烩。

有人会对我们说:可是《真理报》还是刊登过几篇亚·波格丹诺夫的文章呀。是的,刊登过。

但是,现在大家都已经清楚,那不过是一个错误,是创办俄国第一张工人报纸这样的新事物时难以避免的错误。主持这项工作的同志曾经希望,波格丹诺夫在给报纸写的通俗文章中,宣传马克思主义的起码常识会使他的学说中自成一派的东西退居次要的地位。结果,正如本该意料到的,情况并非如此。波格丹诺夫寄来的头几篇文章或多或少是中立的,但后来他在一篇文章中公然企图使工人报纸变成不是宣传马克思主义而是宣传他的经验一元论[180]的工具。显然,亚·波格丹诺夫认为他这篇文章的意义非同小可,因此在这之后,即从1913年春天起他就再没有寄来任何文章。

这时,关于参加撰稿的问题就成为编辑部所面临的一个原则问题了,并且已经像读者都知道的那样得到了解决。

现在来谈谈"前进"集团。我们的报纸把它叫做"冒险"集团。①

写信人由于本身不会从政治上而只会庸俗地思考问题,竟然以为这也是影射这个集团成员个人的。这也是荒谬的。马克思主义者把无政府主义者集团、恐怖主义民粹派集团等的政策称做"冒险"政策,因为他们不坚持科学社会主义立场。谁也不敢否认,前进派分子倒向无政府主义工团主义,他们纵容卢那察尔斯基的"造神说"**181**、波格丹诺夫的唯心主义和斯·沃尔斯基的理论上的无政府主义习气等。正是由于前进派分子的政策倒向无政府主义和工团主义,因此所有的马克思主义者都把这种政策称做冒险主义政策。

这不过是为"前进"集团的彻底瓦解所证实了的事实。工人运动一复兴,这个由各种各类分子拼凑起来的没有确定的政治路线、不懂得阶级政治和马克思主义基础的集团就彻底瓦解了。

工人运动将甩掉这些集团,甩掉"经验一元论者"、"造神派"、"无政府主义者"等等,而在马克思主义的旗帜下前进。

载于1914年2月25日《真理之路报》第21号

译自《列宁全集》俄文第5版第24卷第338—341页

---

① 见本卷第328页。——编者注

编辑部对老兵的《民族问题和
拉脱维亚的无产阶级》一文的意见

（1914年2月）

我们很高兴刊登老兵同志的文章，他在这篇文章中对拉脱维亚人中存在的，特别是拉脱维亚社会民主党人中存在的民族问题作了历史的概述。要是拉脱维亚马克思主义者能对夏季会议（1913年）的决定提出修改草案或补充草案，那就太好了。拉脱维亚社会民主党人长期以来对崩得的同情现在开始动摇。首先是由于马克思主义者从理论上进行了批评；其次是由于崩得分子在实践中搞分离主义，特别是在1906年以后。我们希望拉脱维亚社会民主党人关于民族问题的争论继续进行下去，并且希望最后通过一些十分明确的决定。

关于老兵同志的评论的本质，我们只想指出下面一点。老兵同志认为我们举瑞士的例子①是没有说服力的，因为那里的三个民族都是历史的民族，并且一开始就是平等的。但是，"没有历史的民族"的例子是任何地方都找不到的（除非在乌托邦），要找，只能到历史的民族之中去找。不过，"民族文化自治"的拥护者本身也是要求民族平等的。总之，文明人类的经验告诉我们，**在真正民**

---

① 见本卷第122页。——编者注

族平等和彻底的民主制**条件下**，"民族文化自治"是多余的；而**不具备**这些条件，"民族文化自治"就是空想，宣传"民族文化自治"就等于宣传精致的民族主义。

载于 1914 年 2 月《启蒙》杂志　　　　译自《列宁全集》俄文第 5 版
第 2 期　　　　　　　　　　　　　　第 24 卷第 342 页

《马克思主义和取消主义》文集序言[182]

(1914 年 2 月)

我们奉献给读者的这本文集收集了 1909—1914 年这一时期的文章。这个时期正是俄国工人运动困难重重的时期。但是马克思主义者并不满足于而且也不能满足于仅仅指出这些困难,仅仅抱怨普遍存在的瓦解和涣散等等。而必须明确:从俄国资本主义发展的特殊阶段来看,瓦解的经济和政治原因是什么;代表这种涣散的最广泛的流派**取消派**的**阶级**意义何在。

这个对于工人运动来说极其重要的问题,马克思主义者已经在 1908 年 12 月完全符合实际、明文规定的各项正式决定中作了基本的答复。对这些决定应当解释和宣传,并且广泛运用到经济和政治运动的日常问题上。我们收集在本文集中的文章,就在这方面作了探讨,很遗憾,由于"与编辑部无关的"某些原因,我们收集得还很不完备。

现在,彼得堡的马克思主义日报创刊将近两年,关于取消主义的意义以及对它的评价(不仅从理论上,而且从实践上)问题已经完全**交给**——如果可以这样说的话——工人自己去解决了。这就是俄国工人运动的大幸,也是它成熟的伟大标志。觉悟工人自己正在探索并且将弄清真相,他们将明确取消主义的阶级意义,通过自己群众运动的实践来检验对取消主义的评价,制定与之斗争的适合的方式。

我们希望这本文集的出版能够对一切关心本阶级运动的命运的工人有所帮助。这里的文章不是按年代而是按**问题**编排的，大致上是涉及理论的排在前面，涉及实践的排在后面。

首先（第一部分）是提出一些基本问题，不解决这些问题，明智的策略和政策就根本无从谈起。读者从这里可以看到对马克思主义各流派之间的斗争的历史时刻及其阶级意义的评价；其次，可以看到对取消派的主要"著作"（《社会运动》[183]）的批判以及与此相联系的对无产阶级领导权问题所作的分析；最后，还可以看到谈资产阶级"左倾"问题的一些文章。

其次（第二部分）是谈选举运动、第四届杜马选举的总结以及杜马策略的一些文章。

再其次（第三部分）是谈"公开的党"的问题以及与此密切相关的统一问题。

第四部分是论述自由派工人政策在各种不同场合的运用。这里，首先对改良主义作了总的评价，然后分析关于"局部要求"、结社自由、罢工运动、取消派和自由派相互之间的关系等问题。

最后一个问题（第五部分）是取消派和工人运动。这里，读者可以看到取消派的领袖之一（柯尔佐夫）在其主要著作中对1905—1907年的工人运动所作的评价，可以看到有关工人在实践中对待取消派的态度这个问题的分析，也可以看到有关俄国社会民主党工人杜马党团形成经过的最引人注目的资料。

在"结束语"中，对现代工人运动中各流派之间的斗争问题作了某些总结。

我们希望这本文集能够对工人查阅和研究有关争论问题的资

料提供方便。自然,要提供非常多又非常重要的资料,我们**不可能**做到。另一方面,文集收集的是许多年来不同作者撰写的文章,重复之处在所难免。当然,这些作者各有各的特色。但是,他们的这些文章整个说来仅仅是对马克思主义的各项明文规定的决定的解释(说明)和运用,而承认不承认这些决定,却是区别有觉悟有组织的工人马克思主义者与工人政党中的取消派以及脱离工人政党的人们的地方。阐明和检验这些决定,便于日后可能对决定作必要的修改和补充——这就是我们的主要目的之一。

1914 年 2 月

载于 1914 年 7 月圣彼得堡波涛出版社出版的《马克思主义和取消主义》文集第 2 册　　　译自《列宁全集》俄文第 5 版第 24 卷第 343—345 页

自由派中间的政治争论

（1914 年 3 月 1 日〔14 日〕）

上星期五《真理之路报》**184**（第 18 号）登载了一篇题为《司徒卢威先生论"健全政权"》①的文章，向读者介绍了一个最露骨最彻底的反革命自由派对俄国政治形势的评价。

第二天《言语报》登载了米留可夫先生的一篇洋洋洒洒的"攻击"司徒卢威先生的"原则性的"小品文，是针对他那篇论健全政权的文章而写的。谈谈这两个自由派的争论是有好处的，因为第一，这一争论涉及最重要的俄国政治问题；第二，这个争论揭示出资产阶级活动家的**两种政治类型**。这两种类型在很长的时期内，在几十年内，对俄国会有重大政治意义，而现在对所有的资本主义国家也有同样的政治意义。无产阶级为了自身的利益应当了解这两种类型。

司徒卢威先生近几年来充分表明了自己的观点，在《路标》文集中尤其清楚。这是反革命自由派的观点，是宗教和哲学唯心主义（通向宗教的最可靠"最科学的"道路）拥护者的观点，是民主派的敌人的观点。这个观点明确清楚，它不是具有个人的意义，而是具有阶级的意义，因为事实上，**整个俄国十月党资产阶级**和**立宪民主党**资产阶级在 1907—1914 年正是持这种观点。

---

① 见本卷第 360—362 页。——编者注

　　问题的实质在于无论是十月党资产阶级，还是立宪民主党资产阶级都向右转，离开了民主派。问题的实质在于这个资产阶级害怕人民甚于害怕反动派。问题的实质在于这种转变不是偶然事件引起的，而是资产阶级同无产阶级的阶级斗争引起的。问题的实质在于司徒卢威以及追随他的马克拉柯夫只不过比其他立宪民主党人更直率地说出了关于他们的阶级、他们的党的真实情况。

　　这个真理的光芒使立宪民主党的外交家们（以米留可夫先生为首）感到刺眼，因为他们认为必须讨好民主派，认为这个民主派的作用还没有完全发挥，因此，资产阶级也许不仅要在普利什凯维奇之流建立的制度下生活和行动，说不定还要在民主派、"平民"、"市井小民"、工人们建立的制度下生活和行动。

　　米留可夫先生跟司徒卢威先生、马克拉柯夫先生推行的是同样的路线，但是又想遮遮掩掩，在公众面前乔装打扮，欺骗民主派，牵着民主派的鼻子走。因此，米留可夫先生**假装**同"路标派"争论，同司徒卢威争论，驳斥马克拉柯夫，然而**实际上**不过是在教司徒卢威和马克拉柯夫如何更巧妙地隐藏自己的思想。

　　米留可夫先生在这篇攻击司徒卢威的冗长的小品文中责备司徒卢威"糊涂透顶"，这是文章的要害。

　　这种责备不是很厉害、很凶吗？

　　究竟什么地方糊涂呢？这就是司徒卢威"乐观地"相信健全政权，然而自己又说政权没有从"动荡"中吸取教训，因而使动荡成为不可避免的现象。司徒卢威先生认为出路要么是"骚动"，要么是健全政权。第一条出路是司徒卢威既不愿"积极争取"，甚至也不愿"期待"的。

　　不错，司徒卢威有糊涂的地方，但是**米留可夫也**完全**一个样**，因为立宪民主党（米留可夫就是该党的领袖）对第一条出路同样是既不会"期待"，也不会"积极争取"的。

证明这一点不是根据言论（只有蠢人才会根据个人和党派的言论来判断他们的政治面貌），而是根据**行动**，也就是根据1905年到1914年将近整整10年立宪民主党的**全部历史**。

立宪民主党宁可受普利什凯维奇之流的左右，也不敢站到工人方面（当然指在最低纲领的一些问题上）。

这是整个党的问题，是整个立宪民主党和十月党资产阶级的问题。米留可夫企图把这一点归咎于司徒卢威一个人，简直太可笑了。

一切国家的历史经验都向我们表明，要求进步的资产阶级总是举棋不定，是站到工人方面，还是受普利什凯维奇之流的左右。在一切国家都有两种类型的资产阶级政治家，——一个国家愈文明、愈自由，这一点就愈明显。一种类型是公开倾向于宗教，倾向于普利什凯维奇之流，倾向于公开反对民主派，并且竭力为这种倾向提出合乎逻辑的理论根据。另一种类型是专门**以讨好民主派来掩盖**这种倾向。

米留可夫之流的外交家到处都有，工人们必须善于及时看出他们的"狐狸尾巴"。

载于1914年3月1日《真理之路报》第25号

译自《列宁全集》俄文第5版第24卷第346—348页

"劳动"农民和土地买卖

(1914 年 3 月 2 日〔15 日〕)

左派民粹派关于"劳动"农民的种种说法,是一种骇人听闻的欺骗,是对工人的**社会主义**意识的腐蚀,因此对这种欺骗必须反复进行剖析。

我国的左派民粹派愈是夸夸其谈,愈是甜言蜜语,就愈是需要用有关农民经济的确切资料来驳斥他们。

左派民粹派最害怕的就是关于农民资产阶级和农民无产阶级的**确切**资料。

我们来看看最近地方自治机关统计著作中关于莫斯科近郊农民情况的资料[185]。这一地区的园艺业和蔬菜业非常发达,所以相对而言,这里的农业具有很强的商业性。这个市场优势比较发达的地区的例子,就更清楚地向我们表明资本主义统治下**各种**农民经济的**基本**特点。

莫斯科近郊农民经济第一区(很遗憾,我们只能谈第一区,因为统计人员没有提供总计数)有**2 000 多**农户。这个数字对于研究"劳动"农民中无产阶级同资产阶级的典型关系,是绰绰有余的。

值得注意的是这个地区的资本主义农业是在通常的土地上,在经营规模极小的情况下形成的。2 336 个农户占有份地 4 253 俄亩,平均每户不到 2 俄亩。加上租入土地 1 761 俄亩,减去出租土地625俄亩,总共是5 389俄亩,每户2俄亩多一点。可是有⅔的农民是用雇工的!

　　耕作技术水平愈高,农业集约化程度愈高,市场作用愈大,就愈常见这种在**小块土地**上进行的**大生产**。而资产阶级教授们和我国的左派民粹派常常忽视这一点,他们赞赏小(按土地数量来说)农户,而**抹杀**拥有雇工的现代小农户的资本主义性质。

　　我们再来看看份地的交易额。根据租入和出租的土地数字看来,这种交易额是很大的。租入的土地将近有一半是**份地**。总共出租**份地**625俄亩,租入**份地**845俄亩。可见旧的份地占有制,按其整个性质来看是同农奴制和中世纪相关的,它已经成了现代资本主义商业周转的**绊脚石**。资本主义**正在破坏**旧的份地占有制。农业现在不是迁就**官有**份地,而是要求土地买卖**自由**,要求土地自由租入和出租,这是符合市场需要和资产阶级经济结构的需要的。

　　现在来看看农民无产阶级。405户(总数2 336户中的)无地农户和每户耕地不到半俄亩的农户首先应当划入这一类。这405户共有437俄亩份地。但是他们都是贫苦农民,几乎都是无马户。他们无力经营,因此他们把绝大部分自己的土地——372俄亩出租,而自己变成了雇佣工人;405户中有376户有人"出去"当农业工人,或者当脱离农业的产业工人。

　　再看看最富有的农民资产阶级。耕种土地3俄亩以上的有526户。从事园艺业和蔬菜业的可以算是资本主义农业了。这526个户主中用雇工的有509个。他们共有本户劳力1 706个,雇工1 248个(年工和季节工),不包括雇用日工(计用日工51 000个)在内。

　　他们共有1 540俄亩份地,平均每户不到3俄亩。但是他们出租土地仅 42 俄亩,而租入土地 1 102 俄亩,——其中有 512 俄亩是份地! 这些每户**平均有 3 个本户**劳力的"劳动"农民就是用这种方式"收集"土地,而变成了典型的资产者:平均每户有 2.5 个**雇工**,使用将近 100 个日工。**农产品**的买卖促进**土地本身**的买卖(租入、出租),然后又促进**劳动力**的买卖。

　　现在请仔细想想左派民粹派的论断吧。他们说什么废除土地私有制,就等于"取缔土地"买卖! 这纯粹是市侩编造的谎话。其实正相反,废除土地私有制**会大大促进**土地进入商业周转。目前用于购买土地的资本就会腾出来,农奴制度和官僚制度(官方)对土地自由倒手设置的障碍就会消除,这样一来,资本主义就会大大发展,也就是说,无产阶级出租土地、资产阶级"收集"土地的情形就会大大发展。

　　从反对农奴主的角度来看,这种措施是有效的,其实这是资产阶级的措施,而左派民粹派却把它当做"社会主义"。无论是农民无产者,还是农民资产者,都有反对地主这一**共同的**利益。这一点是不用争辩的。这是任何一个工人马克思主义者都知道的。但是用所谓"劳动"农民的空谈来**模糊**无产阶级同资产阶级之间的阶级对立的意识,那就是站到资产阶级一边去了,站到社会主义的敌人一边去了。

　　莫斯科近郊的农业状况,好像通过放大镜使我们看到在俄国**各地**所发生的很不明显的难以确定的变化。农民不受雇于人或者自己不雇用别人("帮工"),这种情况在各地都已绝无仅有。商业日益发达,无产者(雇佣工人)同小业主、小资产者、农民之间的矛盾日益尖锐化,甚至在偏僻地区也是如此。

　　城市无产者的任务,是加强这种明确的阶级对立意识,尽管这种阶级对立在农村中被农业的特点和农奴制的残余**所掩盖**。资产阶级(小资产阶级左派民粹派缺乏理智,总是跟着它跑)的任务,是用关于"劳动"农民的毫无内容、富有极大欺骗性的空话来**干扰**这种阶级对立意识。

载于 1914 年 3 月 2 日《真理之路报》第 26 号

译自《列宁全集》俄文第 5 版第 24 卷第 349—352 页

自由派关心的问题

(1914 年 3 月 6 日〔19 日〕)

瓦·马克拉柯夫在杜马中发表演说和在报纸上发表文章，为联合立宪民主党人和十月党人的策略的"新"计划大声叫好，因此近来不少人说自由派又活跃起来了。莫斯科地方自治人士举行的宴会也使这种议论甚嚣尘上。

值得指出的是人们议论时特别强调说，**甚至连**倾向十月主义的最温和的自由派瓦·马克拉柯夫也失去信心，不再"相信没有革命爆发和灾难可能找到摆脱困境的出路"。这是盛加略夫先生发表在自由派的主要机关报《言语报》上的原话，他同米留可夫先生一起似乎"**从左的角度**"来批评"右派"立宪民主党人瓦·马克拉柯夫和彼·司徒卢威。

但是，立宪民主党人相互间的争论根本不值一谈。他们争论建议十月党人转为反对派是不是新的建议，这个已经提过一百次然而一百次不了了之的建议是否值得提第一百零一次。在这个毫无内容的吵吵嚷嚷的争论中，自由派共同**关心的**主要**问题**几乎令人觉察不到，而这个问题对俄国解放事业所起的阻碍作用，不见得比十月党人的动摇所起的阻碍作用小。自由派先生们，你们总是同十月党人争论，总是争论十月党人的问题。但是你们也该看看你们自己呀！

就看看《言语报》以 1914 年《年鉴》为标题出的政治小百科词

典吧。参加这项工作的是最杰出、最负责的立宪民主党人,是以米留可夫先生和盛加略夫先生为首的立宪民主党的公认领袖。在《我们的社会生活》(伊兹哥耶夫先生著)这篇概述中,我们读到下面这段对俄国国内政策的一些根本问题的原则性评论。

> "政府当局的过分热心只会削弱社会本身反对革命的力量。"

立宪民主党的先生们,你们在自己的出版物中宣传最地道的十月主义,而又大发雷霆地攻击十月党人,这岂不可笑吗?

伊兹哥耶夫先生写道:由于政府对教育机关进行了"无成效、不明智的"斗争,结果是

> "歪曲了生活,因此削弱了生产精神抗毒素以抵制那些真正危害国家的思想的纯社会〈!〉生机"。

这已经不仅是十月党人的口吻了。这是真正检查官的、舍格洛维托夫的口吻。似乎为了说清楚哪些是"危害国家的思想",我们这位自由派说:

> "显然〈从政府当局不明智歪曲生活的角度看来〉,这就是布尔什维克在工人大会上和工会中战胜那些比较温和、比较文明的工人运动领袖〈!?〉的原因。"

自由派已经对取消派作过无数次这种政治评价。事实上我们在这里看到的不是别的,而正是自由派和取消派的政治联盟。取消派背弃地下组织并且宣传建立公开的党,他们在工人中间干的事,也正是自由派所需要的。

载于1914年3月6日《真理之路报》第29号

译自《列宁全集》俄文第5版第24卷第353—354页

工会运动中的民粹派和取消派

(宝贵的招供)

(1914年3月7日〔20日〕)

我们在最近几天的左派民粹派的报纸上,除了看到对我们(真理派)从事"派别活动"的责难之外,还看到几个民粹派的宝贵的招供,说他们在工会运动这个重要问题上的观点同取消派的观点不谋而合。我们一向都是这么认为的。但是听到我们的对手亲口的招供特别感到痛快。

"在这个问题上,我们同布尔什维克的分歧很大,因为他们视工会为自己的世袭领地〈!〉……'孟什维克'〈民粹派分子不知何故不说"取消派"而说"孟什维克"〉认为工会是非派别组织,这个观点跟我们的〈民粹派的〉观点相同。也许,这就是过去我们所以在工作上同孟什维克关系好的原因。"《正确思想报》第6号是这样写的。

左派民粹派的这家报纸又补充说:"一直掌握在左派民粹派手中的工会理事会的行动路线同所谓取消派的工会的行动路线,没有丝毫差别。"

真是罕见的直率而又宝贵的招供!根据我们"左得不得了的"民粹派的自供可以看出,他们在工会运动中的表现同取消派完全一样。

由此也就产生了我们的报刊屡次指出的取消派和民粹派反马克思主义者的种种联盟(同盟、协议)。

民粹派的《坚定思想报》甚至公开维护左派民粹派同取消派的这些反马克思主义者的联盟。

《坚定思想报》第2号这样写道:"目前正当真理派在工会组织中占优势的时期……民粹派和光线派达成临时协议一点也不可怕,一点也不奇怪。"①

取消派却不那么直率。他们知道,"这一套"可以做但不可以说。自称社会民主党人而同时又跟别的党联合起来反对社会民主党,——这种"策略"只能悄悄地采取。

但是事情并不因此而发生变化。在工会运动中(和在教育团体中),取消派和民粹派结成联盟是**事实**。而且在目前情况下,这也是不可避免的。取消派和民粹派之所以能在一切工作领域中联合起来,是因为他们都敌视彻底的马克思主义。而他们在工会工作中之所以能联合起来,是因为他们都是"**软弱的**中立主义"、"**不由自主的**中立主义"的代表。无论是取消派,还是民粹派,在工会运动中影响都不大。他们是软弱的少数,而又要力争同马克思主义者"平等"。只有站在中立主义的立场上,才可能"从理论上"维护这种要求。工人运动中影响微弱的各集团的"中立主义"就是这样产生的。

民粹派说,他们和取消派联合,"**完全是为了维护工人组织的**

①　该文作者波里斯·沃罗诺夫先生把眼睛睁得大大的,说在某个工会理事会的会议上,竟"讨论起帮助真理派刊物的问题、编辑的技术问题(如何更好地编排通讯栏等等)来了",他认为这是不可思议的"派别活动"。啊,多么可怕!为一个团结了⁹⁄₁₀先进工人的报纸撰稿等等,这是多么大的犯罪行为啊!既然这样,民粹派怎么会不投到取消派的怀抱里去呢……

非派别性，抵制真理派的狂妄野心"。(《坚定思想报》第 2 号和第 4 号)

真理派到底有什么"野心"呢？他们对持不同政治观点的工人采取过关闭某个工会或团体的大门的做法吗？他们曾给某个工会加上"头衔"吗？他们分裂过某个组织吗？根本没有这样的事！我们的对手举不出也不可能举出一件**事实**。真理派不愿附和民粹派和取消派的小资产阶级政策，而且**在统一的工会内部**忠实地服从多数工人，为扩大自己的马克思主义思想的影响而斗争，我们的敌人就把这称之为真理派的"狂妄野心"。

这是强加给我们的罪名，我们从未犯过这种罪。犯这种罪的正是民粹派和取消派。下面就是事实。几年前民粹派在铁路工会里获得了优势。出现这种情况，是因为他们依靠的不是工人而是铁路职员，还有其他一些偶然的原因。民粹派干了些什么呢？他们立刻给这个工会"加上头衔"，强迫这个工会接受他们的特别"纲领"，排挤社会民主党人和非党分子，迫使他们建立自己的平行的工会。

这才是真正的"狂妄野心"。他们迫不及待地用加上头衔的办法来巩固偶然获得的第一个胜利。至于民粹派没有在其他工会里这么干，那并不是因为他们有道德修养，而是因为他们在工人中的影响普遍是**极其微弱**的。

取消派也是如此。他们掌握五金工会的时候，就把这个工会变成取消派的分部。他们在工会机关报上刊登了反对地下组织的挑衅性文章(见《我们之路》杂志[186]第 20 期第 2 页；《五金工人》杂志[187]第 3 期等)，尽管没有一次全体会员大会赞成取消派的路线。

真正的事实就是如此。他们把真理派力争工人自己按照多数的意志决定事情的做法叫做真理派的"狂妄野心"。如果在五金工人全体大会上有3 000人赞成真理派,而只有100—200人赞成取消派和民粹派,那么,为了所谓的"非派别性",我们就应当承认3 000和200是相等的!取消派和民粹派的"非派别性"的含义就是如此。

我们不维护中立主义,我们反对中立主义。可是我们也不会采取民粹派和取消派由于偶然在某个工会获得多数所采取的那种做法。只有那些软弱的无原则的集团才会这样做,他们一旦取得"胜利"就失去理智,急忙利用10来票的多数来"巩固"自己的胜利。为了不致放过好时机,他们"急切地"仓促修改自己的"原则",忘掉自己的中立主义,并且乱加头衔。马克思主义者是不会这样做的。他们不是工人运动中的不速之客。他们知道所有的工会迟早是会站到马克思主义的立场上来的。他们确信他们的思想将取得胜利,所以他们不去加速事变,不去鞭策工会,不去乱加头衔,不去分裂工会。

他们沉着而又满怀信心地宣传马克思主义,耐心地在现实生活的课堂上教工人学马克思主义。无论无原则集团之间进行什么样的勾结,都不能使他们偏离这条道路。

有一个时期,现在的取消派曾经要求工会具有党性,要求工会在党内有组织上的代表。有一个时期,民粹派曾经强迫铁路工会正式宣誓忠于民粹派的纲领。现在无论取消派还是民粹派都跑到另一边去了,都坚持起中立主义来了。他们政治立场的软弱性使他们不得不这样做。

我们还是走自己的老路,这是全体马克思主义者早已公开宣布并且现在仍然坚持的道路。取消派有充分的权利去同民粹派结成联盟,但这种联盟是无原则的和软弱的。取消派—民粹派联盟向工会推荐的道路不是先进工人应走的道路。

载于 1914 年 3 月 7 日《真理之路报》第 30 号

译自《列宁全集》俄文第 5 版第 24 卷第 355—358 页

天真的愿望

(1914 年 3 月 9 日〔22 日〕)

康·阿尔先耶夫号召大家多多注意收集有关行政流放的消息。不久前,自由派各报登载了这一号召或者用同情的口吻加以转述。

康·阿尔先耶夫写道:"尽管行政当局的大量无法无天的专横行径已见诸报端,但是还有其他许多令人发指(不亚于前者)的事未被披露,未被发现。如果收集这类消息时有一定的系统性,那么这个缺陷在很大程度上是可以得到弥补的。直到现在还在极其广泛地进行行政流放和逮捕,特别是对工人更是如此,关于流放和逮捕的原因大家仅仅是偶然地了解到的,因此了解得也不完全。关于被流放者在流放地的情况,报刊上也只是偶尔透露一点。"

对的总是对的! 各自由派政党、自由派杜马代表、自由派律师、自由派新闻记者、某些自由派团体等等,对于远近各地"极其广泛地进行的,特别是对工人更是如此"的**每一桩**案件,他们都完全可以收集非常完整和系统的材料,并且公开发表。

例如《言语报》就"热烈欢迎可敬的社会活动家"康·阿尔先耶夫的"所有这些意见和号召"。

那么,先生们,你们为什么按兵不动呢? 别人我不知道,可是关于你们都深恶痛绝的、一致谴责的、经常议论的俄国生活中的"常见现象",你们是有可能也有办法准确收集消息,并且公开发表的! 但是请看,自由派报纸尽管有千倍的"保障"(在一切方面)足以克服任何障碍和干扰，竟然没有一家收集有关**一切**流放和逮捕情况的确凿消息。

应该说，我国的自由派是最擅长发表天真的善良的愿望的人，至于要在阿尔先耶夫的《欧洲通报》杂志上，要在《俄罗斯新闻》或《言语报》上登出所有被流放者的名字，报道关于他们的消息，关于他们的命运的系统材料，——那是办不到的。

当然，较为容易做到（而且较为安全）的是口头上"拥护"号召而不是**做点落实**号召的事……

载于 1914 年 3 月 9 日《真理之路报》第 32 号

译自《列宁全集》俄文第 5 版第 24 卷第 359—360 页

自由派教授论平等

(1914 年 3 月 11 日〔24 日〕)

自由派教授杜冈-巴拉诺夫斯基先生向社会主义发起了进攻。这一次谈问题，他不是从政治经济学方面，而是从泛泛地谈论平等着手的（也许教授认为，泛泛地谈论对他发言的那个宗教-哲学座谈会更适合吧?）。

杜冈先生宣称:"如果不把社会主义当做经济理论，而把它当做生活的理想，那么毫无疑问，它是同平等的理想相联系的，但是平等这个概念……从经验和理性中是得不出来的。"

这就是自由派学者的论点，他一次又一次地重复那些陈腐透顶的论据，说什么经验和理性清楚地证明人**不是**平等的，可是社会主义却把自己的理想建立在平等的基础上。这就等于说，社会主义原来是荒谬的，是违背经验和理性的等等!

杜冈先生又使出反动派的老花招:先对社会主义进行歪曲，硬把一些谬论说成是社会主义，然后再得意扬扬地驳斥这些谬论!当人们说经验和理性证明人**不是**平等的时候，这里的平等是指**才能**平等或者指人的体力和智力**相同**。

当然，从这层意义上来讲，人**不是**平等的。任何一个有理智的人、任何一个社会主义者都不会忘记这一点。不过**这种**平等和社会主义没有**任何**关系。如果杜冈先生根本不会**思考**，那么无论如何阅读总还是**会的**,杜冈先生只要翻开科学社会主义的创始人之一弗里德里希·恩格斯的反对杜林的有名著作,就可以在其中读到关于平等的专门解释:在经济方面,只能把平等理解为**消灭阶级**,其他的理解都是愚蠢的。① 但是,当教授先生们开始驳斥社会主义的时候,我们真不知道最使人惊奇的是什么:是他们的愚笨呢,是他们的无知呢,还是他们的不老实。

既然是跟杜冈先生打交道,那就不得不从起码的道理讲起。

社会民主党人所理解的平等,在政治方面是指**权利平等**,在经济方面,我们刚才已经说过,是指**消灭阶级**。至于确立人类在力气和才能(体力和智力)上的平等,社会主义者连想也没有想过。

凡达到一定年龄的国家公民,只要不是患通常的痴呆病,也不是患自由派教授那样的痴呆病,都享有同样的政治权利,这是权利平等的要求。首先提出这种要求的根本不是社会主义者,不是无产阶级,而是**资产阶级**。人所共知的世界各国的历史经验可以证明这一点,如果杜冈先生不是专门为了欺骗学生和工人,不是为了用"消灭"社会主义来讨好掌权者而引证"经验"的话,他是很容易弄清这一点的。

资产阶级在同中世纪的、封建的、农奴制的等级特权的斗争中,提出了全体公民权利**平等**的要求。比如俄国跟美国、瑞士等国家不同,直到现在,在俄国的整个政治生活中,无论是国务会议¹⁸⁸选举,还是杜马的选举,无论是地方管理,还是纳税以及其他许许多多方面,都仍然保持着贵族的等级特权。

就是最迟钝最不开展的人也能领悟到,在体力和智力上,贵族

---

①   参看《马克思恩格斯文集》第 9 卷第 113 页。——编者注

等级的每个人都**不是**平等的,"纳税等级"、"平民"、"下层"或"无特权的"农民等级也一样,人们彼此之间也**不是**平等的。但是,所有的贵族在享有**权利**这一点上都是**平等的**,而所有的农民在不享有权利这一点上也都是平等的。

学识渊博的自由派教授杜冈先生现在总懂得权利平等和体力才能平等这两者之间的区别了吧?

我们现在来谈谈经济平等。在美国和其他先进国家,不存在中世纪特权。全体公民在政治权利上是平等的。但是他们**在社会生产中所处的地位**是不是平等的呢?

——不是的,杜冈先生,不是平等的。一些人掌握土地、工厂、资本,靠工人的无酬劳动生活;——这样的人只占极少数。另一些人,也就是广大居民,没有任何生产资料,只有靠出卖自己的劳动力过活;这些人就是无产者。

美国没有贵族,而且资产者和无产者享有**同样的**政治权利。可是他们的**阶级**地位**不是**平等的:一些人,即资本家阶级,他们掌握生产资料,靠工人的无酬劳动生活;另一些人,即雇佣工人、无产者阶级,他们没有生产资料,全靠在市场上出卖自己的劳动力维持生活。

消灭阶级——这就是使**全体**公民在同整个社会的**生产资料**的关系上处于**同等的**地位,这就是说,全体公民都**同样**可以利用公有的生产资料、公有的土地、公有的工厂等进行劳动。

为了开导开导学识渊博的自由派教授杜冈先生,这样来说明什么是社会主义还是必要的,也许杜冈先生在下了一番功夫之后,如今已懂得,期待社会主义社会的人们在力气和才能上**平等**是愚蠢的。

简单说来,社会主义者说平等,一向是指**社会的**平等,指社会地位的平等,决不是指个人体力和智力的平等。

读者也许会发生这样的疑问:学识渊博的自由派教授怎么会忘记这些任何一个人都可以从任何一本阐述社会主义观点的著作中了解到的起码真理呢?回答很简单:就现代教授的**个人**特征来看,他们中间甚至也有像杜冈那样少见的蠢人。但是在资产阶级社会中,教授们的**社会**地位又是这样,能够担任这个职务的只有那些出卖学识来为资本的利益效力的人,只有那些肯胡说八道发表最无耻的谬论来反对社会主义者的人。资产阶级对教授们的这一切都会原谅的,只要他们干的是"消灭"社会主义的勾当。

载于1914年3月11日《真理之路报》第33号

译自《列宁全集》俄文第5版第24卷第361—364页

英国自由党人和爱尔兰

（1914 年 3 月 12 日〔25 日〕）

当前英国议院讨论爱尔兰**自治**法案（或者更确切些说，是讨论爱尔兰的自治）的情况，无论从阶级关系的角度来看，还是从剖析民族问题和土地问题的角度来看，都是非常引人注目的。

许多世纪以来，英格兰一直奴役爱尔兰，爱尔兰农民苦不堪言，忍饥挨饿，甚至饿死，他们的土地被剥夺，几十万、几百万人被迫离乡背井迁居美洲。19 世纪初，爱尔兰有 550 万居民，现在只剩下 430 多万了。爱尔兰已人烟稀少。19 世纪的 100 年中，有 500 多万爱尔兰人迁到美洲，现在，美国的爱尔兰人要比爱尔兰的爱尔兰人还**多**！

爱尔兰农民遭受的前所未闻的灾难和痛苦是一个大有教益的例子，从中可以看到"统治"民族的地主和自由派资产者是何等残酷。英格兰的"辉煌的"经济发展，它的工商业的"繁荣"，在很大程度上是建立在对付爱尔兰农民所立下的功劳上的，这些功劳不禁使人想起俄国的女农奴主萨尔特奇哈。

英格兰"繁荣起来了"，爱尔兰则奄奄待毙，仍旧是一个不开展、半野蛮的纯农业国，一个贫困的佃农国。尽管"文明的和自由派的"英格兰资产阶级想世世代代奴役爱尔兰，使它永远贫困，可是改革还是不可避免地进行了，——尤其是因为爱尔兰人民争取自由和争取土地的革命斗争此起彼伏,愈演愈烈。1861年成立了爱尔兰革命组织——**芬尼**[189]。移居美洲的爱尔兰人都想方设法帮助它。

从1868年起,即从自由派资产者和愚蠢市侩的英雄格莱斯顿主持内阁起,在爱尔兰开始了**改革的时代**,这个时代居然太太平平地拖延到现在,——也就是拖了差不多半个世纪。瞧,自由派资产阶级的英明的国家要人多么善于"慢慢腾腾地抓紧"他们的"改革"呀!

那时卡尔·马克思已经在伦敦居住了15年多,他非常关心、非常同情地注视着爱尔兰人民的斗争。1867年11月2日他在给弗里德里希·恩格斯的信中说:"我已竭力设法激起英国工人举行示威来援助芬尼运动。过去我认为爱尔兰从英国分离出去是不可能的。现在我认为这是不可避免的,虽然分离以后会成立**联邦**……"[①]在同年11月30日的信里,马克思又谈到这个问题:"现在的问题是,我们应当给英国工人提出什么样的建议呢?我认为他们应当在自己的纲领中写上取消合并这一条〈取消合并爱尔兰〉,简单地说,就是1783年的要求,只是要把它民主化,使之适合于当前的形势。这是**英国**〈工〉党在其纲领中所能采纳的使爱尔兰获得解放的唯一合法的,因而也是唯一可能的形式。"[②]接着马克思论证了爱尔兰人需要自治和脱离英国而独立,需要土地革命,需要实行关税以抵制英国。

以上就是马克思为了帮助爱尔兰获得自由、加速爱尔兰的社会发展、帮助英国工人获得自由而向英国工人建议的纲领;因为只

---

① 参看《马克思恩格斯全集》第1版第31卷第381页。——编者注
② 参看《马克思恩格斯文集》第10卷第272页。——编者注

要英国工人帮助（或者仅仅容许）奴役其他民族，他们自己是不能获得自由的。

多么不幸啊！19 世纪最后的 30 多年中，由于一系列特殊的历史原因，英国工人一直依附于自由派，浸透了自由派工人政策的精神。他们没有成为争取自由的民族和阶级的领导者，而成了大财主的卑鄙走狗的尾巴，成了英国自由派老爷们的尾巴。

自由派已经把爱尔兰的解放事业拖延了**半个世纪**，爱尔兰的解放事业至今还没有完成！爱尔兰农民直到 20 世纪才开始从佃农变成自由的土地所有者，可是自由派老爷们还强迫他们**按"公道的"价格交纳赎金**！爱尔兰农民要向英国地主交纳千百万贡赋，而且还将继续长期交纳，以报答英国地主，因为英国地主掠夺了他们几百年，使他们常年挨饿。英国自由派资产者强迫爱尔兰农民用现金来报答地主的恩惠……

现在议院正在通过爱尔兰**地方自治**（自治）法。在爱尔兰北部有个阿尔斯特（人们往往把它错写成北爱尔兰）省，这里有一部分居民是英格兰的移民，他们与信天主教的爱尔兰人不同，都是新教徒。于是以黑帮地主普利什凯维奇……不，以卡森为首的英国保守派，疯狂叫嚣反对爱尔兰自治。据他们说，这就等于让阿尔斯特人受异教徒和异族人管辖！卡森勋爵威胁说要举行暴动，并且组织了黑帮分子的武装匪帮。

不言而喻，这种威胁是空喊。一小撮流氓谈不上什么暴动。同样也谈不上什么爱尔兰议会（它的权力是由**英国**法律决定的）"压迫"新教徒。

这不过是黑帮地主在**吓唬**自由派。

自由派害怕起来了，他们向黑帮分子讨好、让步，建议在阿尔斯特举行一次**特别的全民投票**（所谓的公民投票），把阿尔斯特的改革再延迟 **6** 年！

自由派同黑帮分子之间的讨价还价还在继续。改革暂缓，爱尔兰人既然已经等了半个世纪，那就再等一等吧，可别"得罪了"地主！

如果自由派诉诸英国人民，诉诸无产阶级，那么卡森的黑帮集团自然马上就会冰消瓦解，消失得无影无踪，爱尔兰和平的、充分的自由也就有了保障。

可是，要自由派资产者向无产阶级求援去反对地主，这难道可能吗？要知道，英国自由派也是大财主的走狗，他们只会向卡森之流摇尾乞怜。

载于 1914 年 3 月 12 日《真理之路报》第 34 号

译自《列宁全集》俄文第 5 版第 24 卷第 365—368 页

泰罗制就是用机器奴役人[190]

(1914年3月13日〔26日〕)

资本主义不可能有一分钟原地不动。它必须前进再前进。危机时期特别尖锐化的竞争(同我国的一样),迫使不断发明新手段来降低生产费用,而资本的统治则把所有这些新手段变成进一步压榨工人的工具。

泰罗制就是这种手段之一。

不久前在美国主张泰罗制的人采用了这种方法。

他们将一个小电灯泡固定在工人的手臂上,把工人的动作拍摄下来,并且研究小电灯泡移动的情况。他们发现某些动作是"多余的",于是强迫工人避免这些动作,也就是强迫工人更紧张地工作,一秒钟也不休息。

他们按下述要求绘制新厂房的平面图,即保证从运原材料进厂,把原材料从一个车间输送到另一个车间,到运成品出厂,都不浪费一分钟。他们经常拍摄电影,便于研究优秀工人的工作情况和提高劳动强度,也就是便于更加紧"驱赶"工人。

例如,他们曾把一个装配工的全天工作情况拍成影片。对他的动作进行了研究,然后采用一种高度适中的特制坐凳,使装配工不用弯腰浪费时间。他们还给装配工配备一名童工助手。这个童工必须用一种固定的最恰当的方式把机器的每一个部件递给装配工。几天之后，这个装配工只需用以前**四分之一**的时间就能完成这种机器的装配了！

劳动生产率大大提高了！……　但是工人的工资却没有增加到四倍，至多增加到一倍半，而且**仅仅在开头一段时期**才增加。工人们刚习惯新制度，工资又降到以往的水平。资本家获得巨额利润，而工人则以四倍的强度干活，以加快四倍的速度消耗自己的神经和肌肉。

他们把新来的工人带进工厂电影放映室，为他放映他所担任的工作的"标准"操作，并且要他"赶上"这个标准操作。一星期后，又在电影放映室为这个工人放映他自己的工作，并且把他的工作同"标准操作"相比较。

所有这一切巨大的改进都是**对付**工人的，使他们遭受更深重的压迫和奴役，并且用**工厂内部**恰当的、合理的分工来束缚他们。

自然会产生这样一个疑问：整个社会内部的分工又是怎样的呢？目前，由于整个资本主义生产混乱、无秩序，不知道白白糟蹋掉多少劳动！市场需要不清楚，厂主要通过成百个包买商和转买商才能弄到原料，不知要浪费多少时间！不仅是时间的浪费，而且产品本身也浪费，受损失。成品要通过无数小经纪人才送到消费者手里，不知要浪费多少时间和劳动，因为小经纪人也不可能了解买主的需要，他们不但要作无数次多余的动作，而且要进行无数次多余的采购和多余的奔波等等！

资本组织和调整工厂内的劳动，以便进一步压榨工人，增加自己的利润。但是在整个社会生产中，混乱现象依然存在并且日益增长，以致引起危机，这时积累起来的财富找不到买主，而千百万工人却找不到工作，忍饥挨饿，死于非命。

泰罗制——出乎它的创始人的意料，并且违背了他们的本意——正在酝酿着这样一个时代的来临：无产阶级将把全部社会生产掌握在自己手中，指派工人自己的委员会对整个社会劳动进行合理的分配和调整。大生产、机器、铁路、电话——有了这一切就有充分的可能把组织起来的工人的工作时间缩短$\frac{3}{4}$，保证他们享受的福利为现在的四倍。

社会劳动一旦摆脱资本的奴役，工人委员会就一定能在工会组织的协助下实行这些原则，合理地分配社会劳动。

载于1914年3月13日《真理之路报》第35号

译自《列宁全集》俄文第5版第24卷第369—371页

"负责的反对派"和立宪民主党
参加的3月1日会议

(1914年3月14日〔27日〕)

关于政府代表和某些杜马代表3月1日举行的会议[191]，各报已经谈得很多了。但是从"反对派"在杜马中的地位和任务的角度来阐述这次会议的意义，还做得很不够。

记得正是在3月1日前，自由派的许多机关刊物，彼得堡的也好，莫斯科的也好，外省的也好，都泛泛地提出关于杜马死气沉沉、缺乏生气、杜马代表离开杜马以及关于反对派的任务等等问题，并且着重进行了讨论。

正是在3月1日前，"立宪民主"党的最著名的领袖米留可夫先生和盛加略夫先生在两个首都的刊物上反对司徒卢威先生关于"健全政权"的号召；反对右派立宪民主党人瓦·马克拉柯夫关于同十月党人达成协议的"既悲观又乐观的"号召。正是在3月1日前，米留可夫先生竭力表明他是"路标主义"即彻底的、露骨的反革命自由主义思想的敌人。

3月1日会议的成员和性质一次又一次地证明：立宪民主党的领袖们反司徒卢威和瓦·马克拉柯夫的这些言论，以及他们企图把自己装扮得比上面提到的这些政治家"更左"而作的努力，完全是虚伪的，是欺骗民主派的。**事实上**，在这次会议上获胜的正是自由派中的"路标派"的政策，正是司徒卢威先生和瓦·马克拉柯夫先生的政策，而不是立宪民主党的正式领袖和外交家米留可夫先生和盛加略夫先生之流的政策。

参加会议的只有各执政党的代表和自由派资产阶级反对派的代表，——社会民主党人和劳动派分子（资产阶级民主派）都没有被邀请（似乎因为他们是"原则上的反军国主义者，并且一贯投票反对一切军事拨款"，其实是因为不愿意听到他们理由充分的公开拒绝，至少社会民主党人肯定会这样做的）。

据《言语报》的最正式的报道，反对派的代表**"也曾试图提出关于我国国内政策问题"**，可是有人对他们说，只应该谈军事拨款问题，"政府代表认为在这个会议上不可能对国内政策方面的问题作出说明"。

《言语报》写道："**虽然如此**，包括伊·尼·叶弗列莫夫和安·伊·盛加略夫等在内的几位代表在各自的发言中仍然**提到我国国内形势的问题**。"

读了这段话后，不得不说：立宪民主党的杜马代表们所扮演的角色是**太**不得当、**太**可笑、**太**愚蠢、**太**可耻了。如果他们这个党叫做温和的自由主义君主派政党，也就是换上一个能够正确地反映阶级本质和实际政治面貌的名称，那么立宪民主党的杜马代表们的行为就是符合该党原则的正常行为了！但是，这些人却希望别人把他们当做民主派，这些人中像瓦·马克拉柯夫那样最右的分子公开声明自己**已经失去信心**，不再相信"没有革命爆发和灾难可能找到摆脱困境的出路"（在2月26日《言语报》第55号上盛加略夫先生**自己**是这么叙述瓦·马克拉柯夫的观点的，——在2月25日的《言语报》上米留可夫先生**自己**也这么写的），对于这些人来说，他们同右派和十月党人一起参加会议，就是当众挨一记耳光。

立宪民主党的先生们自己打自己一记耳光。他们参加了会议，这就公开违背了自己所说的"失去信心"的话。他们已经公开表明他们有决心证明**自己的信心很足**，并且同样有决心去效力，去讨好。

别人姑且不说，但立宪民主党人非常清楚国内政策同对外政策的紧密联系，非常清楚"拨发"军事拨款的意义……

载于 1914 年 3 月 14 日《真理之路报》第 36 号

译自《列宁全集》俄文第 5 版第 24 卷第 372—374 页

附　　录

关于民族问题的决议草稿[192]

(1913 年 9 月)

关于民族问题的决议

I. 1.迫切需要详尽地、周密地确定我们对民族问题的态度,这是
　　由于

　　　　(α)历史(客观)原因:反革命时期的反动民族主义和资产
　　　　阶级进步(甚至资产阶级民主)民族主义

　　　　(β)党内生活的原因:崩得的分裂活动,它的分离主义,它
　　　　同保持民族主义特征的非社会民主主义的政党(波兰
　　　　社会党)的联盟,它利用斯德哥尔摩代表大会的妥协
　　　　性决议[193]进行的破坏活动。“最坏类型的联邦制”的
　　　　瓦解。

II. 2.关于自决这一条**只**意味着政治分离。

　　{3.这一条对俄国是必要的,这是由于

　　　　(α)一般的民主原则

　　　　(β)被压迫民族居住在边疆地区

　　（γ）资产阶级民主变革在整个东欧,特别是在俄国都未
　　　　完成

　　（δ）无论同西方还是同东方相比较,俄国的国家制度(**君主
　　　　制**)最为反动。

4. 承认自决权**只**意味着

　　（α）要求通过挪威方式的民主途径解决问题

　　（β）既同黑帮也同否认这一权利的**自由派**进行斗争——用
　　　　反民族主义的精神教育群众(庄稼汉!)。

5. 这一权利绝不排斥无产阶级独立的评价,相反正要求这种
　　评价。

6. 1905 年波兰和芬兰的例子,表明地主的政党和资产阶级民族
　　主义的政党向尼古拉二世的**君主制靠拢**,——表明波兰和芬兰
　　的工人受本国民族主义资产阶级的欺骗,——表明工人如果宁
　　可在政治上(和思想上)向**自己的**资产阶级靠拢,而不愿同其他
　　民族的无产阶级**统一**,那么这对社会主义、民主主义**和自己祖
　　国**来说,都是背叛。

III. 7. 民族和语言的一律平等。由国家出资保障当地居民的语言。

　　8. 反对"国"语。

　　9. 重新规定国家的行政区划。

　10. 关于保障少数民族权利等等的全国性法律等。

IV. 11. 对民族文化自治的否定态度

　　（α）"民族文化"的口号在思想政治上不正确

　　（β）违反无产阶级的国际主义

(γ)用资产阶级民族主义思想影响群众

(δ)不顾集中的民主变革任务(指出所谓的民族分离道路，
但在实际上只可能进行集中的民主变革)

(ε)一个处于帮会状态的民族(犹太)的**所有**资产阶级政党
宣传这一口号

(ζ)在办学校方面,把无产阶级(居住在一起的各民族的)
分开是有害的,需要联合。

V. 12.一切组织中的各民族工人打成一片。

13.不是党的联邦制,而是党的整体制(高加索等)。

载于 1937 年《列宁文集》俄文版
第 30 卷

译自《列宁全集》俄文第 5 版
第 24 卷第 377—379 页

俄国社会民主工党中央委员会在拉脱维亚边疆区社会民主党第四次代表大会上的报告大纲

(1914 年 1 月 13—20 日〔1 月 26 日—2 月 2 日〕)

中央委员会的报告大纲

1. 与取消派的愿望相反,恢复秘密党。

2. 原有的党的瓦解(崩得分子＋拉脱维亚人＋孟什维克＝$\frac{3}{5}$)。

普列汉诺夫的回答

3. 一月代表会议:攻击一切……

4. 第四届国家杜马选举((**67%**))……

$$\left\{\begin{array}{l}\text{圣彼得堡}\\\text{中部 3 省}\\\text{南部地区}\end{array}\right\}$$

5. 工人刊物……(2 000 和 500)

((自 1912 年 1 月 1 日至 1913 年 10 月 1 日))。

6. 中央委员会在俄国国内的恢复

$$\left\{\begin{array}{l}1\,912\text{——}1\text{ 春季大搜捕}\\\quad\text{(全部时间)大部分 }\textbf{2—3}\\1913\text{——}2\text{ 全部时间}\\\frac{1}{2}1913\text{——}3\text{ 全部时间}\end{array}\right\}\quad\text{大部分 }4\text{—}5$$

((工人的多数))。

7.五金工会(二月会议)。

8.夏季会议和**6 对 7**(马尔托夫)

《**我们的曙光**》**杂志**第 10—11 期

4 800 对 2 500 $\left.\begin{cases} 1\ 000 \\ \\ 600 \end{cases}\right\}$

9.恢复了**多数**。

10.统一?**什么党的**?

译自《列宁全集》俄文第 5 版
第 24 卷第 396—397 页

在拉脱维亚边疆区社会民主党
第四次代表大会上的总结发言提纲

(1914 年 1 月 13—20 日〔1 月 26 日—2 月 2 日〕)

总结发言提纲:

(1)社会党国际局。我们去不去?(列宁和中央委员会)

((中央国外局的经费))

(2)地下组织的三个否定

| 共和国 和代表 会议 | (1)《光线报》("复发") (2)查苏利奇 (3)费·唐恩 毫无价值 | 圣彼得堡委员会 莫斯科区域局 **莫斯科委员会** (和团体) |

(3)三个事实:

(1)代表 47%—50%—67%

(2)6 和 7

(3)2 000 个团体和 500 个团体。

科斯特罗马 代表会议 乌拉尔 敖德萨委员会 基辅委员会

(4)组织和群众:

一月代表会议…… 两个会议…… 中央机关报

(5)中央委员会在俄国国内

$\begin{cases} 1912\text{——} \\ 1913\text{——} \\ 1913\text{——} \end{cases}$

国外的**瓦解**和
俄国国内的
联合

$\text{I} \begin{cases} 1^0.\text{秘密党。} \\ 2^0.\text{在合法刊物上反对革命口号。} \\ 3^0.\text{民族问题　（α)民族文化自治} \\ \qquad\qquad\qquad (\beta)\text{民族组织。} \\ 4^0.\text{亚格洛……} \end{cases}$

II ‖ $5^0.$ 组织方法和多数。

译自《列宁全集》俄文第 5 版
第 24 卷第 398——399 页

注　释

1　《北方真理报》(«Северная Правда»)是《真理报》在1913年8月1日(14日)—9月7日(20日)期间使用的名称。《真理报》用这个名称共出了31号。

《真理报》(«Правда»)是俄国布尔什维克的合法报纸(日报),1912年4月22日(5月5日)起在彼得堡出版。《真理报》是群众性的工人报纸,依靠工人自愿捐款出版,拥有大批工人通讯员和工人作者(它在两年多时间内就刊载了17 000多篇工人通讯),同时也是布尔什维克党的实际上的机关报。《真理报》编辑部还担负着党的很大一部分组织工作,如约见基层组织的代表,汇集各工厂党的工作的情况,转发党的指示等。在不同时期参加《真理报》编辑部工作的有斯大林、雅·米·斯维尔德洛夫、尼·尼·巴图林、维·米·莫洛托夫、米·斯·奥里明斯基、康·斯·叶列梅耶夫、米·伊·加里宁、尼·伊·波德沃伊斯基、马·亚·萨韦利耶夫、尼·阿·斯克雷普尼克、马·康·穆拉诺夫等。第四届国家杜马的布尔什维克代表积极参加了《真理报》的工作。列宁在国外领导《真理报》,他筹建编辑部,确定办报方针,组织撰稿力量,并经常给编辑部以工作指示。1912—1914年,《真理报》刊登了300多篇列宁的文章。

《真理报》经常受到沙皇政府的迫害。仅在创办的第一年,编辑们就被起诉过36次,共坐牢48个月。1912—1914年出版的总共645号报纸中,就有190号受到种种阻挠和压制。报纸被查封8次,每次都变换名称继续出版。1913年先后改称《工人真理报》、《北方真理报》、《劳动真理报》、《拥护真理报》;1914年相继改称《无产阶级真理报》、《真理之路报》、《工人日报》、《劳动的真理报》。1914年7月8日(21日),即在第一次世界大战前夕,沙皇政府下令禁止《真理报》出版。

1917年二月革命后,《真理报》于3月5日(18日)复刊,成为俄国社会民主工党中央委员会和彼得堡委员会的机关报。列宁于4月3日(16日)回到俄国,5日(18日)就加入了编辑部,直接领导报纸工作。1917年七月事变中,《真理报》编辑部于7月5日(18日)被士官生捣毁。7月15日(28日),资产阶级临时政府正式下令查封《真理报》。7—10月,该报不断受到资产阶级临时政府的迫害,先后改称《〈真理报〉小报》、《无产者报》、《工人日报》、《工人之路报》。1917年10月27日(11月9日),《真理报》恢复原名,继续作为俄国社会民主工党中央委员会的机关报出版。1918年3月16日起,《真理报》改在莫斯科出版。——2。

2　三条鲸鱼意即三大支柱或三个要点,出典于关于开天辟地的俄国民间传说:地球是由三条鲸鱼的脊背支撑着的。布尔什维克常借用这一传说,在合法报刊和公开集会上以"三条鲸鱼"暗指建立民主共和国、没收地主全部土地、实行八小时工作制这三个基本革命口号。——2。

3　指1912年8月12—20日(8月25日—9月2日)在维也纳举行的取消派代表会议,在会议上成立了八月联盟,倡议者是列·达·托洛茨基。出席会议的代表共29名,其中有表决权的代表18名:彼得堡"中央发起小组"2名,崩得4名,高加索区域委员会4名,拉脱维亚边疆区社会民主党中央4名,莫斯科调和派小组1名,塞瓦斯托波尔、克拉斯诺亚尔斯克和黑海舰队水兵组织各1名;有发言权的代表11名:组织委员会代表2名,维也纳《真理报》代表1名,《社会民主党人呼声报》代表1名,《涅瓦呼声报》代表1名,莫斯科取消派小组代表1名,波兰社会党"左派"代表4名和以个人身份参加的尤·拉林。29人中只有3人来自俄国国内,其余都是同地方工作没有直接联系的侨民。普列汉诺夫派——孟什维克护党派拒绝出席这一会议。前进派代表出席后很快就退出了。代表会议通过的纲领没有提出建立民主共和国和没收地主土地的口号,没有提出民族自决权的要求,而仅仅提出了宪法改革、全权杜马、修订土地立法、结社自由、"民族文化自治"等自由派的要求。八月联盟还号召取消秘密的革命党。代表会议选出了试图与俄国社会民主工党中央委员会抗衡的组织委员会，但它在俄国国内只得到少数取消派小组、《光线报》和孟什维克七人团的承认。八月联盟成立后只经过一年多的时间就瓦解了。关于八月联盟的瓦解，可参看列宁的《"八月"联盟的瓦解》、《"八月联盟"的空架子被戳穿了》、《论高喊统一实则破坏统一的行为》(本版全集第 25 卷)。——3。

4　马克思主义者整体是俄国社会民主工党为应付沙皇政府的书报检查而使用的代称。——4。

5　指 1905 年 10 月 17 日(30 日)沙皇尼古拉二世迫于革命运动高涨的形势而颁布的《关于完善国家制度的宣言》。宣言是由被任命为大臣会议主席的谢·尤·维特起草的，其主要内容是许诺"赐予"居民以"公民自由的坚实基础"，即人身不可侵犯和信仰、言论、集会、结社等自由；"视可能"吸收被剥夺选举权的阶层的居民(主要是工人和城市知识分子)参加国家杜马选举；承认国家杜马是立法机关，任何法律不经它的同意不能生效。宣言颁布后，沙皇政府又相应采取以下措施：实行最高执行权力集中化；将德·费·特列波夫免职，由彼·尼·杜尔诺沃代替亚·格·布里根为内务大臣；宣布大赦政治犯；废除对报刊的预先检查；制定新的选举法。在把革命运动镇压下去以后，沙皇政府很快就背弃了自己在宣言中宣布的诺言。——4。

6　《基辅思想报》(«Киевская Мысль»)是俄国资产阶级民主派的政治文学报纸(日报)，1906—1918 年在基辅出版。1915 年以前，该报每周出版插图附刊一份；1917 年起出晨刊和晚刊。该报的编辑是 A.尼古拉耶夫和 И.塔尔诺夫斯基。参加该报工作的社会民主党人主要是孟什维克，其中有亚·马尔丁诺夫、列·达·托洛茨基等。第一次世界大战期间，该报采取护国主义立场。——5。

7　立宪民主党人是俄国自由主义君主派资产阶级的主要政党立宪民主党的成员。立宪民主党(正式名称为人民自由党)于 1905 年 10 月成立。中央委员中多数是资产阶级知识分子、地方自治人士和自由派地主。

主要活动家有帕·尼·米留可夫、谢·安·穆罗姆采夫、瓦·阿·马克拉柯夫、安·伊·盛加略夫、彼·伯·司徒卢威、约·弗·盖森等。立宪民主党提出一条与革命道路相对抗的和平的宪政发展道路,主张俄国实行立宪君主制和资产阶级的自由。在土地问题上,主张将国家、皇室、皇族和寺院的土地分给无地和少地的农民;私有土地部分地转让,并且按"公平"价格给予补偿;解决土地问题的土地委员会由同等数量的地主和农民组成,并由官员充当他们之间的调解人。1906年春,曾同政府进行参加内阁的秘密谈判,后来在国家杜马中自命为"负责任的反对派"。第一次世界大战期间,支持沙皇政府的掠夺政策,曾同十月党等反动政党组成"进步同盟",要求成立责任内阁,即为资产阶级和地主所信任的政府,力图阻止革命并把战争进行到最后胜利。二月革命后,立宪民主党在资产阶级临时政府中居于领导地位,竭力阻挠土地问题、民族问题等基本问题的解决,并奉行继续帝国主义战争的政策。七月事变后,支持科尔尼洛夫叛乱,阴谋建立军事独裁。十月革命胜利后,苏维埃政府于1917年11月28日(12月11日)宣布立宪民主党为"人民公敌的党"。该党随之转入地下,继续进行反革命活动,并参与白卫将军的武装叛乱。国内战争结束后,该党上层分子大多数逃亡国外。1921年5月,该党在巴黎召开代表大会时分裂,作为统一的党不复存在。

　　这里说的左派立宪民主党人,是指立宪民主党中一些同社会革命党人和孟什维克观点接近的分子。《同志报》是左派立宪民主党人的报纸。——7。

8 马尼洛夫精神意为耽于幻想,无所作为。马尼洛夫是俄国作家尼·瓦·果戈理的小说《死魂灵》中的一个地主,他生性怠惰,终日想入非非,崇尚空谈,刻意地讲究虚伪客套。——7。

9 指沙皇政府大臣会议主席彼·阿·斯托雷平实行的土地改革。1906年11月9日(22日),沙皇政府颁布了《关于农民土地占有和土地使用现行法令的几项补充决定》,这个法令由国家杜马和国务会议通过后称为1910年6月14日法令。1906年11月15日(28日),又颁布了《关于农民土地银行以份地作抵押发放贷款的法令》。根据这两个法令,农民可以退出村社,把自己的份地变成私产,也可以卖掉份地。村社必须为退社农民在一个地方划出建立独立田庄或独立农庄的土地。独立田庄主或独立农庄主可以从农民土地银行取得优惠贷款来购买土地。沙皇政府制定这些土地法令的目的是,在保留地主土地私有制和强制破坏村社的条件下,建立富农这一沙皇专制制度在农村的支柱。斯托雷平的土地政策通过最痛苦的普鲁士道路,在保留农奴主-地主的政权、财产和特权的条件下,加速了农业的资本主义演进,加剧了对农民基本群众的强行剥夺,加速了农村资产阶级的发展。

　　列宁称1906年斯托雷平土地法令是继1861年改革以后俄国从农奴主专制制度变为资产阶级君主制的第二步。尽管沙皇政府鼓励农民退出村社,但在欧俄部分,九年中(1907—1915年)总共只有250万农户退出村社。首先使用退出村社的权利的是农村资产阶级,因为这能使他们加强自己的经济。也有一部分贫苦农民退出了村社,其目的是为了出卖份地,彻底割断同农村的联系。穷苦的小农户仍旧像以前一样贫穷和落后。斯托雷平的土地政策并没有消除全体农民和地主之间的矛盾,只是导致了农民群众的进一步破产,加剧了富农和贫苦农民之间的阶级矛盾。——7。

10　扎波罗热营寨是16—18世纪乌克兰哥萨克在第聂伯河石滩以下地区的社会政治和军事组织。营寨的最高机关为营寨拉达,由它选举最高领导人阿塔曼。扎波罗热营寨长期保持独立,在国际关系中占有显要地位,并在乌克兰地区反对封建农奴制压迫和反对民族与宗教压迫的斗争中起了重要作用。1654年乌克兰同俄罗斯合并后,营寨与俄国其他哥萨克军一样实行自治,它一方面起屏蔽南部边界的作用,另一方面也参加反对封建农奴制的农民战争。普加乔夫起义被镇压后,扎波罗热营寨于1775年最终被沙皇政府摧毁。——9。

11　《新工人报》(《Новая Рабочая Газета》)是俄国孟什维克取消派的合法报纸(日报),1913年8月8日(21日)—1914年1月23日(2月5日)代替《现代生活报》在彼得堡出版,共出了136号。《新工人报》的实际编辑是费·伊·唐恩。关于《现代生活报》，见注19。——12。

12 这里说的是1913年8月25日(9月7日)彼得堡五金工会理事会改选一事。出席改选大会的约3 000人。尽管取消派企图挑动与会者反对布尔什维克占多数的上届理事会，改选大会仍以绝大多数票通过了对它的工作表示感谢的决议。在选举中，取消派的候选人名单只得到约150张选票。布尔什维克提出的预先登在当天《北方真理报》上的候选人名单，以压倒多数票被通过。——13。

13 《言语报》(《Речь》)是俄国立宪民主党的中央机关报(日报)，1906年2月23日(3月8日)起在彼得堡出版，实际编辑是帕·尼·米留可夫和约·弗·盖森。积极参加该报工作的有马·莫·维纳维尔、帕·德·多尔戈鲁科夫、彼·伯·司徒卢威等。1917年二月革命后，该报积极支持资产阶级临时政府的对内对外政策，反对布尔什维克。1917年10月26日(11月8日)被查封。后曾改用《我们的言语报》、《自由言语报》、《时代报》、《新言语报》和《我们时代报》等名称继续出版，1918年8月最终被查封。——14。

14 1906年3月4日(17日)法令是指沙皇政府在这一天颁布的关于结社和关于集会的两个暂行条例。这两个条例允许组织社团和集会，但同时又设置了许多障碍，实际上使之成为一纸空文。法令授权内务大臣可以酌情查封社团和拒绝新社团的登记注册。

　　1905年12月2日(15日)法令是指沙皇政府在这一天颁布的一个暂行条例。根据这项条例，参加罢工将被视为刑事犯罪。——17。

15 "社会民主主义的十月党人"一词是格·瓦·普列汉诺夫在他给С.Т.阿尔科梅德的《高加索的工人运动和社会民主党》一书写的序言里首次使用的。

　　十月党人是俄国十月党的成员。十月党(十月十七日同盟)代表和维护大工商业资本家和按资本主义方式经营的大地主的利益，属于自由派的右翼。该党于1905年11月成立，名称取自沙皇1905年10月17日宣言。十月党的主要领导人是大工业家和莫斯科房产主亚·

伊·古契柯夫、大地主米·弗·罗将柯,活动家有彼·亚·葛伊甸、德·尼·希波夫、米·亚·斯塔霍维奇、尼·阿·霍米亚科夫等。十月党完全拥护沙皇政府的对内对外政策,支持政府镇压革命的一切行动,主张用调整租地、组织移民、协助农民退出村社等办法解决土地问题。第一次世界大战期间,号召支持政府,后来参加了军事工业委员会的活动,曾同立宪民主党等结成"进步同盟",主张把帝国主义战争进行到最后胜利,并通过温和的改革来阻止人民革命和维护君主制。二月革命后,该党参加了资产阶级临时政府。十月革命后,十月党人反对苏维埃政权,在白卫分子政府中担任要职。——17。

16　指 1907 年 6 月 3 日(16 日)沙皇政府发动政变解散第二届国家杜马时颁布的新的国家杜马选举条例。依照这个选举条例,在国家杜马选举中,农民和工人的复选人与过去相比减少一半(农民复选人由占总数 44% 减到 22%,工人复选人由 4% 减到 2%),而地主和资产阶级的复选人则大大增加(地主和大资产阶级复选人共占总数 65%,其中地主复选人占 49.4%),这就保证了地主资产阶级的反革命同盟在第三届国家杜马中居统治地位。这个选举条例还剥夺了俄国亚洲部分土著居民以及某些省份的突厥民族的选举权,并削减了民族地区的杜马席位(高加索由 29 席减为 10 席,波兰王国由 37 席减为 14 席)。——20。

17　《叶尼塞思想报》(《Енисейская Мысль》)是俄国自由派资产阶级的报纸(日报),1912—1915 年在克拉斯诺亚尔斯克出版。——21。

18　《公民》(《Гражданин》)是俄国文学政治刊物,1872—1914 年在彼得堡出版,创办人是弗·彼·美舍尔斯基公爵。作家费·米·陀思妥耶夫斯基在 1873—1874 年担任过它的编辑。原为每周出版一次或两次,1887 年后改为每日出版。19 世纪 80 年代起是靠沙皇政府供给经费的极端君主派刊物,发行份数不多,但对政府官员有影响。——23。

19　《现代生活报》(《Живая Жизнь》)是俄国孟什维克取消派的合法报纸(日报),1913 年 7 月 11 日(24 日)—8 月 1 日(14 日)代替《光线报》在彼得堡出版,共出了 19 号。该报被查封后又于 8 月 8 日(21 日)起继续出版《新工人报》。《现代生活报》和《新工人报》的实际编辑是费·伊·唐恩。关于《光线报》,见注34。——25。

20 俄国社会民主工党是1898年在该党第一次代表大会上成立的。

俄国社会民主工党第一次代表大会于1898年3月1—3日(13—15日)在明斯克秘密举行。倡议召开这次代表大会的是列宁领导的彼得堡工人阶级解放斗争协会;早在1895年12月列宁就在狱中草拟了党纲草案,并提出了召开代表大会的主张。由于彼得堡等地的组织遭到警察破坏,这次代表大会的筹备工作主要由基辅的社会民主党组织担任。出席代表大会的有6个组织的9名代表:彼得堡、莫斯科、基辅和叶卡捷琳诺斯拉夫的工人阶级解放斗争协会的代表各1名,基辅《工人报》小组的代表2名,崩得的代表3名。大会通过了把各地斗争协会和崩得合并为统一的俄国社会民主工党的决议。在民族问题上,大会承认每个民族有自决权。大会选出了由彼得堡工人阶级解放斗争协会代表斯·伊·拉德琴柯、基辅《工人报》代表波·李·埃杰尔曼和崩得代表亚·约·克列梅尔三人组成的中央委员会。《工人报》被承认为党的正式机关报。国外俄国社会民主党人联合会被宣布为党的国外代表机关。

中央委员会在会后以大会名义发表了《俄国社会民主工党宣言》。《宣言》宣布了俄国社会民主工党的成立,把争取政治自由和推翻专制制度作为社会民主工党当前的主要任务,把政治斗争和工人运动的总任务结合了起来。宣言指出:俄国工人阶级应当而且一定能够担负起争取政治自由的事业。这是为了实现无产阶级的伟大使命即建立没有人剥削人的社会制度所必须走的第一步。俄国无产阶级将摆脱专制制度的桎梏,用更大的毅力去继续同资本主义和资产阶级作斗争,一直斗争到社会主义全胜为止(参看《苏联共产党代表大会、代表会议和中央全会决议汇编》1964年人民出版社版第1分册第4—6页)。

这次大会没有制定出党纲和党章,也没有形成中央的统一领导,而且大会闭幕后不久大多数代表和中央委员遭逮捕,所以统一的党实际上没有建立起来。——25。

21　健忘的伊万意为忘记自己身世者或六亲不认、数典忘祖的人。在革命前的俄国,潜逃的苦役犯和逃亡的农奴一旦落入警察之手,为了不暴露真实姓名和身份,常常自称"伊万"(俄国最常见的名字),并声称忘记了自己的身世。因此在警厅档案中,他们便被登记为"忘记身世者"。这些人就被统称为"健忘的伊万"。——26。

22　第三届国家杜马(第三届杜马)是根据1907年6月3日(16日)沙皇解散第二届杜马时颁布的新的选举条例在当年秋天选举、当年11月1日(14日)召开的,存在到1912年6月9日(22日)。这届杜马共有代表442人,先后任主席的有尼·阿·霍米亚科夫、亚·伊·古契柯夫(1910年3月起)和米·弗·罗将柯(1911年起),他们都是十月党人。这届杜马按其成分来说是黑帮—十月党人的杜马,是沙皇政府对俄国革命力量实行反革命的暴力和镇压政策的驯服工具。这届杜马的442名代表中,有右派147名,十月党人154名,立陶宛—白俄罗斯集团7名,波兰代表联盟11名,进步派28名,穆斯林集团8名,立宪民主党人54名,劳动派14名,社会民主党人19名。因此它有两个多数:黑帮—十月党人的多数和十月党人—立宪民主党人的多数。沙皇政府利用前一多数来保证推行斯托雷平的土地政策,在工人问题上采取强硬政策,对少数民族采取露骨的大国主义政策;而利用后一多数来通过微小的让步即用改良的办法诱使群众脱离革命。

　　第三届杜马全面支持沙皇政府在六三政变后的内外政策。它拨巨款给警察、宪兵、法院、监狱等部门,并通过了一个大大扩充了军队员额的兵役法案。第三届杜马的反动性在工人立法上表现得尤为明显,它把几个有关工人保险问题的法案搁置了3年,直到1911年在新的革命高潮到来的形势下才予以批准,但保险条件比1903年法案的规定还要苛刻。1912年3月5日(18日),杜马工人委员会否决了罢工自由法案,甚至不许把它提交杜马会议讨论。在土地问题上,第三届杜马完全支持斯托雷平的土地法,于1910年批准了以1906年11月9日(22日)法令为基础的土地法,而拒绝讨论农民代表提出的一切关于把土地分配给无地和少地农民的提案。在少数民族问题上,它积极支持沙皇政府的俄罗斯化政策,通过一连串的法律进一步限制少数民族的基本权利。在对外政策方面,它主张沙皇政府积极干涉巴尔干各国的内政,破坏东方各国的民族解放运动和革命。

第三届杜马的社会民主党党团,尽管工作条件极为恶劣,人数不多,在初期活动中犯过一些错误,但是在列宁的批评和帮助下,工作有所加强,在揭露第三届杜马的反人民政策和对无产阶级和农民进行政治教育等方面都做了大量的工作。

第四届国家杜马(第四届杜马)是根据1907年6月3日(16日)颁布的选举法于1912年秋天选举、当年11月15日(28日)召开的,共有代表442人,主席是十月党人米·弗·罗将柯。在这届杜马的442名代表中,有右派和民族党人185名,十月党人98名,立宪民主党人59名,进步党人和民族集团69名,劳动团10名,社会民主党人14名,无党派人士7名。这届杜马和上届杜马一样,也有两个多数:右派—十月党人的多数和自由派—十月党人的多数。第四届杜马的社会民主党党团中有6名布尔什维克、7名孟什维克和1名附和孟什维克而不享有完全权利的党团成员(华沙代表,波兰社会党"左派"的叶·约·亚格洛)。1913年10月,布尔什维克代表退出了统一的社会民主党党团,成立了独立的布尔什维克党团——俄国社会民主党工人党团。布尔什维克代表为了揭露沙皇制度的反人民政策,就大家所关心的问题不断向第四届杜马提出对政府的质询。第一次世界大战爆发后,布尔什维克代表坚决反对战争,拒绝投票赞成军事拨款,并在群众中进行革命宣传活动。1914年11月布尔什维克党团成员被捕,随后被流放到西伯利亚。1915年8月,第四届国家杜马中的地主资产阶级党团组成了所谓"进步同盟",一半以上的杜马代表参加了这个同盟。列宁认为,这是自由派和十月党人为了同沙皇在实行改革和动员工业力量战胜德国这一纲领上达成协议而结成的同盟。

1917年2月26日(3月11日),二月革命爆发后,沙皇尼古拉二世命令第四届国家杜马停止活动。2月27日(3月12日),国家杜马代表为了反对革命和挽救君主制度,成立了国家杜马临时委员会。3月1日(14日),该委员会同彼得格勒苏维埃执行委员会的社会革命党和孟什维克领导达成协议,通过了关于建立资产阶级临时政府的决议。

1917 年 10 月 6 日(19 日),在革命群众的压力下,资产阶级临时政府被迫发布了解散国家杜马的法令。——27。

23　第二届杜马(第二届国家杜马)于 1907 年 2 月 20 日(3 月 5 日)召开,共有代表 518 人。主席是立宪民主党人费·亚·戈洛文。尽管当时俄国革命处于低潮时期,而且杜马选举是间接的、不平等的,但由于各政党间的界限比第一届杜马时期更为明显,群众的阶级觉悟较前提高,以及布尔什维克参加了选举,所以第二届杜马中左派力量有所加强。按政治集团来分,第二届杜马的组成是:右派即君主派和十月党 54 名,立宪民主党和靠近它的党派 99 名,各民族代表 76 名,无党派人士 50 名,哥萨克集团 17 名,人民社会党 16 名,社会革命党 37 名,劳动派 104 名,社会民主党 65 名。

　　同第一届杜马一样,第二届杜马的中心议题是土地问题。右派和十月党人捍卫 1906 年 11 月 9 日斯托雷平关于土地改革的法令。立宪民主党人大大删削了自己的土地法案,把强制转让土地的成分降到最低限度。劳动派在土地问题上仍然采取在第一届杜马中采取的立场。孟什维克占多数的社会民主党党团提出了土地地方公有化法案,布尔什维克则捍卫全部土地国有化纲领。除土地问题外,第二届杜马还讨论了预算、对饥民和失业工人的救济、大赦等问题。在第二届杜马中,布尔什维克执行与劳动派建立"左派联盟"的策略,孟什维克则执行支持立宪民主党人的机会主义策略。

　　1907 年 6 月 3 日(16 日)沙皇政府发动政变,解散了第二届杜马;同时颁布了保证地主和大资产阶级能在国家杜马中占绝对多数的新选举法。这一政变标志着俄国历史上斯托雷平反动时期的开始。——30。

24　第一家工人日报是指布尔什维克的合法报纸《真理报》。见注 1。——30。

25　经济派是 19 世纪末—20 世纪初俄国社会民主党内的机会主义派别,是国际机会主义的俄国变种。其代表人物是康·米·塔赫塔廖夫、谢·尼·普罗柯波维奇、叶·德·库斯柯娃、波·尼·克里切夫斯基、亚·萨·皮凯尔(亚·马尔丁诺夫)、弗·彼·马赫诺韦茨(阿基莫夫)等,经济派的主要报刊是《工人思想报》(1897—1902年)和《工人事业》杂志(1899—1902年)。

经济派主张工人阶级只进行争取提高工资、改善劳动条件等等的经济斗争,认为政治斗争是自由派资产阶级的事情。他们否认工人阶级政党的领导作用,崇拜工人运动的自发性,否定向工人运动灌输社会主义意识的必要性,维护分散的和手工业的小组活动方式,反对建立集中的工人阶级政党。经济主义有诱使工人阶级离开革命道路而沦为资产阶级政治附庸的危险。

列宁对经济派进行了始终不渝的斗争。他在《俄国社会民主党人抗议书》(见本版全集第4卷)中尖锐地批判了经济派的纲领。列宁的《火星报》在同经济主义的斗争中发挥了重大作用。列宁的《怎么办?》一书(见本版全集第6卷),从思想上彻底地粉碎了经济主义。——32。

26 这句话引自1908年俄国社会民主工党第五次全国代表会议的决议《关于目前形势和党的任务》(参看《苏联共产党代表大会、代表会议和中央全会决议汇编》1964年人民出版社版第1分册第247页),列宁用它来说明沙皇制度在斯托雷平反动时期发生变化的实质。——33。

27 1906年4月10—25日(4月23日—5月8日)在斯德哥尔摩举行的俄国社会民主工党第四次(统一)代表大会废除了该党第二次代表大会通过的尔·马尔托夫所提出的党章第1条条文,并通过了列宁所提出的党章第1条条文:"凡承认党纲、在物质上支持党并亲自参加党的一个组织的人,可以作为党员。"(见本版全集第8卷第238页)——34。

28 1912年1月俄国社会民主工党第六次(布拉格)全国代表会议对第五次代表大会通过的党的组织章程所作的修改,见本版全集第21卷第161页。第五次代表大会通过的组织章程参看《苏联共产党代表大会、代表会议和中央全会决议汇编》1964年人民出版社版第1分册第215—217页。——36。

29 路标派即俄国立宪民主党的著名政论家、自由派资产阶级的代表人物尼·亚·别尔嘉耶夫、谢·尼·布尔加柯夫、米·奥·格尔申宗、亚·索·伊兹哥耶夫、波·亚·基斯嘉科夫斯基、彼·伯·司徒卢威和谢·路·弗兰克。1909年春，他们把自己论述俄国知识分子的一批文章编成文集在莫斯科出版，取名为《路标》，路标派的名称即由此而来。在这些文章中，他们企图诋毁俄国解放运动的革命民主主义传统，贬低维·格·别林斯基、尼·亚·杜勃罗留波夫、尼·加·车尔尼雪夫斯基、德·伊·皮萨列夫等人的观点和活动。他们诬蔑1905年的革命运动，感谢沙皇政府"用自己的刺刀和牢狱"把资产阶级"从人民的狂暴中"拯救了出来。列宁在《论〈路标〉》一文中对立宪民主党的这一文集作了批判分析和政治评价(见本版全集第19卷)。——36。

30　从本丢推给彼拉多意思是推来推去，不解决问题。本丢·彼拉多是罗马帝国驻犹太行省的总督。据《新约全书·路加福音》说，犹太教的当权者判处耶稣死刑，要求彼拉多批准。彼拉多在审问中得知耶稣是加利利人，就命令把他送往加利利的统治者希律那里。希律经过审讯，也无法对耶稣定罪，又把他送回到彼拉多那里。据说"从本丢推给彼拉多"是由"本丢推给希律，希律又推给彼拉多"这句话演化而成的。——36。

31　指法国社会党第十次代表大会。这次代表大会于1913年3月23—29日在法国的布列斯特市举行。——38。

32　指1913年6月29日—7月3日(7月12—16日)在莫斯科召开的工商企业职员第四次代表大会。出席大会的有378名代表，其中几乎有半数代表是靠近布尔什维克的。布尔什维克还领导了大会上的一部分左派民粹主义者，同他们一起形成了大会的多数。取消派的代表只有一小撮人。《真理报》详尽地报道了大会的工作。这次代表大会中途被沙皇政府内务大臣勒令停开。——42。

33　《我们的曙光》杂志(«Наша Заря»)是俄国孟什维克取消派的合法的社会政治刊物(月刊)，1910年1月—1914年9月在彼得堡出版。领导人是亚·尼·波特列索夫，撰稿人有帕·波·阿克雪里罗得、费·伊·唐恩、尔·马尔托夫、亚·马尔丁诺夫等。围绕着《我们的曙光》杂志形成了俄国取消派中心。第一次世界大战一开始，该杂志就采取了社会沙文主义立场。——45。

34　《光线报》(《Луч》)是俄国孟什维克取消派的合法报纸(日报)，1912 年 9 月 16 日(29 日)——1913 年 7 月 5 日(18 日)在彼得堡出版，共出了 237 号。为该报撰稿的有帕·波·阿克雪里罗得、费·伊·唐恩、弗·叶若夫(谢·奥·策杰尔包姆)、诺·尼·饶尔丹尼亚、弗·科索夫斯基等。该报主要靠自由派捐款维持。对该报实行思想领导的是组成原国外取消派机关报《社会民主党人呼声报》编辑部的尔·马尔托夫、阿克雪里罗得、亚·马尔丁诺夫和唐恩。该报反对布尔什维克的革命策略，鼓吹建立所谓"公开的党"的机会主义口号，反对工人的革命的群众性罢工，企图修正党纲的最重要的论点。列宁称该报是叛徒的机关报。从 1913 年 7 月 11 日(24 日)起，《光线报》依次改用《现代生活报》、《新工人报》、《北方工人报》和《我们的工人报》等名称出版。——45。

35　引自俄国诗人尼·阿·涅克拉索夫的讽刺诗《40 年代的人》，文字略有改动。诗中写道："我善良，我正直，我决不同意干坏事，做好事我废寝忘食，不过，遇到严重的要害的问题，有时要从旁边绕过去……"——46。

36　这是列宁起草和制定的俄国社会民主工党中央委员会波罗宁会议的各项决议。这些决议在 1913 年 12 月出版的小册子《有党的工作者参加的俄国社会民主工党中央委员会 1913 年夏季会议的通报和决议》中，略去了关于罢工运动决议的第 6 条和关于党的报刊的决议的第 1——5 条。决议全文则用胶印秘密出版。在《列宁全集》俄文第 5 版中，这些决议是根据胶印本刊印的，并参照小册子作了校勘。这次会议的记录已失落，有关这次会议的其他列宁文献尚未发现。

　　有党的工作者参加的俄国社会民主工党中央委员会波罗宁会议于 1913 年 9 月 23 日——10 月 1 日(10 月 6——14 日)在波兰扎科帕内附近的波罗宁村举行，列宁当时住在那里。出于保密考虑，会议定名为八月会议或夏季会议。出席会议的代表共 22 人，其中有表决权的 17 人，有发言权的5人。地方党组织的代表16人,几乎占代表总数的3/4(第四届杜马中的布尔什维克代表同时作为地方党组织代表出席)。彼得堡代表为伊·费·阿尔曼德、阿·叶·巴达耶夫和亚·瓦·绍特曼,莫斯科和中部工业地区代表为Ф.А.巴拉绍夫、Я.Т.诺沃日洛夫、罗·瓦·马林诺夫斯基和А.И.洛博夫(后2人后来发现是奸细),叶卡捷琳诺斯拉夫代表为格·伊·彼得罗夫斯基,哈尔科夫代表为马·康·穆拉诺夫,科斯特罗马代表为尼·罗·沙果夫,基辅代表为叶·费·罗兹米罗维奇,乌拉尔代表为С.И.杰里亚宾娜。列宁、娜·康·克鲁普斯卡娅、亚·安·特罗雅诺夫斯基等代表中央委员会国外局、中央机关报《社会民主党人报》和《启蒙》杂志出席会议。波兰社会民主党"分裂派"的雅·斯·加涅茨基和亨·卡缅斯基以有发言权代表身份出席了会议。

　　这次会议是布拉格代表会议以后召开的第二次中央委员会扩大会议。会议议程除决议所包括的各项问题外,还有各地的报告、关于波兰和立陶宛社会民主党工作的报告、关于布拉格代表会议选出的中央委员会工作的总结报告,以及关于即将在维也纳召开的国际社会党代表大会。会议是在列宁领导下进行的。他在会上致了开幕词和闭幕词,作了中央委员会工作的总结报告、关于民族问题的报告和关于将在维也纳举行的国际社会党代表大会的报告,就议程上几乎所有问题发了言并审定了全部决议。会议总结了中央委员会克拉科夫会议以来党的工作,决定了党的新任务。就所讨论的问题和通过的决议的重要性来说,这次会议相当于一次代表会议。俄国社会民主工党中央委员会关于这次会议的《通报》对这次会议作了介绍,并对会议的决议作了补充说明(参看《苏联共产党代表大会、代表会议和中央全会决议汇编》1964年人民出版社版第1分册第388—396页)。——50。

37　指俄国社会民主工党1912年一月代表会议通过的《关于"请愿运动"》的决议(见本版全集第21卷第157—158页)。

　　俄国社会民主工党1912年一月代表会议即该党第六次全国代表会议于1912年1月5—17日(18—30日)在布拉格举行,会址在布拉格民众文化馆捷克社会民主党报纸编辑部内。

　　这次代表会议共代表20多个党组织。出席会议的有来自彼得堡、莫斯科、中部工业地区、萨拉托夫、梯弗利斯、巴库、尼古拉耶夫、喀山、基辅、叶卡捷琳诺斯拉夫、德文斯克和维尔诺的代表。由于警察的迫害和其他方面的困难,叶卡捷琳堡、秋明、乌法、萨马拉、下诺夫哥罗德、索尔莫沃、卢甘斯克、顿河畔罗斯托夫、巴库瑙尔等地党组织的代表未能到会,但这些组织都送来了关于参加代表会议的书面声明。出席会议的还有中央机关报《社会民主党人报》编辑部、《工人报》编辑部、国外组织委员会、俄国社会民主工党中央运输组等单位的代表。代表会议的代表中有两位是孟什维克护党派分子 Д.M.施瓦尔茨曼和雅·达·捷文,其余都是布尔什维克。这次代表会议实际上起了代表大会的作用。

出席代表会议的一批代表和俄国组织委员会的全权代表曾经写信给拉脱维亚边疆区社会民主党中央委员会、崩得中央委员会、波兰和立陶宛社会民主党总执行委员会以及国外各集团,请它们派代表出席代表会议,但被它们所拒绝。马·高尔基因病没有到会,他曾写信给代表们表示祝贺。

列入代表会议议程的问题是:报告(俄国组织委员会的报告,各地方以及中央机关报和其他单位的报告);确定会议性质;目前形势和党的任务;第四届国家杜马选举;杜马党团;工人国家保险;罢工运动和工会;"请愿运动";关于取消主义;社会民主党人在同饥荒作斗争中的任务;党的出版物;组织问题;党在国外的工作;选举;其他事项。

列宁代表中央机关报编辑部出席代表会议,领导了会议的工作。列宁致了开幕词,就确定代表会议的性质讲了话,作了关于目前形势和党的任务的报告和关于社会党国际局的工作的报告,并在讨论中央机关报工作、关于社会民主党在同饥荒作斗争中的任务、关于组织问题、关于党在国外的工作等问题时作了报告或发了言。他起草了议程上所有重要问题的决议案,代表会议通过的决议也都经过他仔细审定。

代表会议的一项最重要的工作是从党内清除机会主义者。当时取消派聚集在两家合法杂志——《我们的曙光》和《生活事业》——的周围。代表会议宣布"《我们的曙光》和《生活事业》集团的所作所为已使它们自己完全置身于党外",决定把取消派开除出俄国社会民主工党。代表会议谴责了国外反党集团——孟什维克呼声派、前进派和托洛茨基分子——的活动,认为必须在国外建立一个在中央委员会监督和领导下进行协助党的工作的统一的党组织。代表会议还通过了关于党的工作的性质和组织形式的决议,批准了列宁提出的党的组织章程修改草案。

代表会议共开了 23 次会议,对各项决议进行了详细的讨论(《关于党的工作的性质和组织形式》这一决议,是议程上的组织问题与罢工运动和工会这两个问题的共同决议)。会议的记录至今没有发现,只保存了某些次会议的片断的极不完善的记录。会议的决议由中央委员会于 1912 年以小册子的形式在巴黎出版。

布拉格代表会议恢复了党,选出了中央委员会,并由它重新建立了中央委员会俄国局。当选为中央委员的是:列宁、菲·伊·戈洛晓金、格·叶·季诺维也夫、格·康·奥尔忠尼启则、苏·斯·斯潘达良、施瓦尔茨曼、罗·瓦·马林诺夫斯基(后来发现是奸细)。在代表会议结束时召开的中央委员会全会决定增补伊·斯·别洛斯托茨基和斯大林为中央委员。过了一段时间又增补格·伊·彼得罗夫斯基和雅·米·斯维尔德洛夫为中央委员。代表会议还决定安·谢·布勃诺夫、米·伊·加里宁、亚·彼·斯米尔诺夫、叶·德·斯塔索娃和斯·格·邵武勉为候补中央委员。代表会议选出了以列宁为首的《社会民主党人报》编辑委员会,并选举列宁为俄国社会民主工党驻社会党国际局的代表。

这次代表会议规定了党在新的条件下的政治路线和策略,决定把取消派开除出党,对俄国社会民主工党这一新型政党的进一步发展和巩固党的统一具有决定性意义。——53。

38 这里说的关于受托人的决定,见克拉科夫会议关于《秘密组织的建设》的决议(本版全集第 22 卷第 278—279 页)。波罗宁会议特别强调了由工人自己来建设组织。据阿·叶·巴达耶夫回忆,列宁在关于中央委员会工作的总结报告中说:"各地报告中谈到了工人们要求巩固和建设自己的组织的意愿和期望。要让工人们知道,只有他们自己能够建立自己的组织。除了他们以外,谁也建立不了。"中央委员会关于波罗宁会议的《通报》也专门谈到受托人问题。《通报》说:"毫无疑问,地方上的工作的领导几乎都已掌握在工人自己手中……区域的和全国的领导工作同样应当掌握在自己手中。工人应当从自己人中间推举出受托人。这些受托人应当互相磋商。他们应当着手使各个城市联系起来。**应当从受托人中间征求党的中央机关的人选。**"(参看《苏联共产党代表大会、代表会议和中央全会决议汇编》1964 年人民出版社版第 1 分册第 395—396 页)

　　有党的工作者参加的俄国社会民主工党中央委员会克拉科夫会议于 1912 年 12 月 26 日—1913 年 1 月 1 日(1913 年 1 月 8—14 日)在波兰的克拉科夫举行,出于保密考虑定名为二月会议。出席会议的有中央委员列宁、斯大林、格·叶·季诺维也夫、罗·瓦·马林诺夫斯基(后来发现是奸细),第四届杜马中的布尔什维克代表巴达耶夫、格·伊·彼得罗夫斯基、尼·罗·沙果夫,党的工作人员娜·康·克鲁普斯卡娅、列·波·加米涅夫、B.H.洛博娃以及由彼得堡、莫斯科地区、南方、乌拉尔和高加索的秘密的党组织选派的代表。

　　会议的筹备工作是由列宁直接主持的。他就组织会议的问题同俄国各地党的工作者进行了大量的通信联系,并向俄国社会民主工党中央委员会俄国局发出了指示。会议也是在列宁主持下进行的。他作了《革命高潮、罢工和党的任务》和《关于对取消主义的态度和关于统一》这两个报告(报告稿没有保存下来),起草和审定了会议的全部决议,草拟了俄国社会民主工党中央委员会关于这次会议的《通报》。

　　会议通过了关于党在革命新高潮中和罢工运动发展中的任务、关于秘密组织的建设、关于社会民主党杜马党团的工作、关于保险运动、关于党的报刊、关于民族的社会民主党组织、关于反对取消主义的斗争和关于无产阶级政党的统一等决议。这些决议对党的巩固和统一,对扩大和加强党同广大劳动群众的联系,对创造党在工人运动不断高涨条件下新的工作方式都起了巨大的作用。

　　克拉科夫会议的决议获得俄国社会民主工党中央委员会的批准,并在会议之后不久胶印出版。1913 年 2 月(公历)上半月,在巴黎出版了会议决议和中央委员会关于会议的《通报》的单行本。《关于〈真理报〉编辑部的改组和工作》这一决议可能也在会议结束后在中央委员会秘密会议上讨论过,当时为保密起见没有发表。这个决议只有克鲁普

斯卡娅的手抄件保存了下来,1956年首次在苏联的《历史问题》杂志第
11期上发表,1961年收入《列宁全集》俄文第5版第22卷(见本版全集
第22卷第286—288页)。

　　克拉科夫会议的记录没有保存下来。留存的只有列宁在会议讨论
某些问题的过程中随手作的一些简要笔记和他关于革命高潮、罢工和
党的任务的报告的简单提纲。——54。

39　指原定于在1914年8月维也纳国际社会党代表大会期间召开的俄国
社会民主工党例行代表大会。为筹备这次代表大会,在中央委员会俄
国委员会下面成立了组织委员会,同时还决定在莫斯科、高加索、南方
和乌拉尔也成立相应的委员会。到1914年7月底,代表大会的筹备工
作已基本完成。预定在大会上讨论的问题有:中央委员会的工作报告、
各地的工作报告、政治局势、党的组织任务、罢工运动的任务、保险运动
的策略、对最低纲领的若干补充、民族问题、同社会党国际局召开的会
议有关的取消派问题、参加资产阶级报刊工作以及其他迫切问题。这
次代表大会由于第一次世界大战的爆发而未能召开,但是为筹备代表
大会所做的工作对加强与巩固党组织起了很大作用。——54。

40　指《我们的道路报》。
　　《我们的道路报》(《Наш Путь》)是俄国布尔什维克的合法报纸(日
报),1913年8月25日(9月7日)在莫斯科创刊,9月12日(25日)被
沙皇政府查封,共出了16号。早在1912年夏季,列宁就曾指出,必须
在莫斯科出版一种合法的工人报纸(见本版全集第21卷第416页)。
同时列宁认为必须首先巩固《真理报》,然后再在莫斯科创办一张报纸。
列宁在给阿·马·高尔基的信中称这张报纸为《莫斯科真理报》。关于
在莫斯科出版党的机关报的问题,1913年7月27日(8月9日)在社会
民主工党中央委员会会议上讨论过。
　　《真理报》编辑部曾经组织为莫斯科工人报纸募捐的活动。列宁积
极参加了《我们的道路报》的工作。他曾把自己的文章同时寄给《真理
报》和《我们的道路报》发表。《我们的道路报》刊登了列宁的《俄国的资
产阶级和俄国的改良主义》、《各等级和各阶级在解放运动中的作用》、

《都柏林的阶级战争》、《都柏林流血事件一星期后》、《政治上的原则问题》、《哈里·奎尔奇》等文(见本版全集第23卷)。《我们的道路报》的撰稿人有斯大林、高尔基、杰米扬·别德内依、米·斯·奥里明斯基、伊·伊·斯克沃尔佐夫-斯捷潘诺夫以及第四届国家杜马布尔什维克代表阿·叶·巴达耶夫、费·尼·萨莫伊洛夫和尼·罗·沙果夫。

《我们的道路报》很受工人欢迎,有395个工人团体捐款支持它。该报被查封时,莫斯科工人曾举行罢工表示抗议。——56。

41　《启蒙》杂志(《Просвещение》)是俄国布尔什维克的合法的社会政治和文学月刊,1911年12月—1914年6月在彼得堡出版,共出了27期。该杂志是根据列宁的倡议,为代替被沙皇政府查封的布尔什维克刊物——在莫斯科出版的《思想》杂志而创办的,受以列宁为首的国外编辑委员会的领导。出版杂志的实际工作,由俄国国内的编辑委员会负责。在不同时期参加国内编辑委员会的有:安·伊·乌里扬诺娃-叶利扎罗娃、列·米·米哈伊洛夫、米·斯·奥里明斯基、A.A.里亚比宁、马·亚·萨韦利耶夫、尼·阿·斯克雷普尼克等。从1913年起,《启蒙》杂志文艺部由马·高尔基领导。《启蒙》杂志作为布尔什维克机关刊物,曾同取消派、召回派、托洛茨基分子和资产阶级民族主义者进行过斗争,登过列宁的28篇文章。第一次世界大战前夕,《启蒙》杂志被沙皇政府查封。1917年秋复刊后,只出了一期(双刊号),登载了列宁的《布尔什维克能保持国家政权吗?》和《论修改党纲》两篇文章。——56。

42　首先是指波涛出版社。

波涛出版社是俄国布尔什维克的合法出版社,1912年11月在彼得堡创办。该社对工人运动的各种问题作出反应,1913年初在所谓"保险运动"期间,出版了有关工人社会保险问题的书刊。同年7月成为俄国社会民主工党中央的出版社以后,遵照中央的指示,着重出版有关社会政治问题和党的问题的宣传鼓动性通俗读物。参加出版社工作的有安·伊·乌里扬诺娃-叶利扎罗娃、米·斯·奥里明斯基、费·伊·德拉布金娜等人。波涛出版社于1913年12月出版了袖珍历书

《1914年工人手册》，其中载有列宁的《俄国的罢工》一文；1914年出版了刊有列宁的文章的《马克思主义和取消主义》文集。第一次世界大战初期，沙皇政府加紧迫害工人出版事业，波涛出版社被迫停止活动。1917年3月复业，1918年并入共产党人出版社。——56。

43　指《社会民主党人报》。

　　《社会民主党人报》（《Социал-Демократ》）是俄国社会民主工党秘密发行的中央机关报。1908年2月在俄国创刊，第2—32号（1909年2月—1913年12月）在巴黎出版，第33—58号（1914年11月—1917年1月）在日内瓦出版，总共出了58号，其中5号有附刊。根据俄国社会民主工党第五次代表大会选出的中央委员会的决定，该报编辑部由布尔什维克、孟什维克和波兰社会民主党人的代表组成。实际上该报的领导者是列宁。1911年6月孟什维克尔·马尔托夫和费·伊·唐恩退出编辑部，同年12月起《社会民主党人报》由列宁主编。该报先后刊登过列宁的80多篇文章和短评。在斯托雷平反动时期和新的革命高涨年代，该报同取消派、召回派和托洛茨基分子进行斗争，宣传布尔什维克的路线，加强了党的统一和党与群众的联系。第一次世界大战期间，该报同国际机会主义、民族主义和沙文主义进行斗争，反对帝国主义战争，团结各国坚持国际主义立场的社会民主党人，宣传布尔什维克在战争、和平和革命等问题上提出的口号，联合并加强了党的力量。该报在俄国国内和国外传播很广，影响很大。列宁在《〈反潮流〉文集序言》中写道，"任何一个觉悟的工人，如果想了解国际社会主义革命思想的发展及其在1917年10月25日的第一次胜利"，《社会民主党人报》上的文章"是不可不看的"（见本版全集第34卷第116页）。——57。

44　指1908年12月俄国社会民主工党第五次全国代表会议通过的《关于社会民主党杜马党团》决议第3条第8款（参看《苏联共产党代表大会、代表会议和中央全会决议汇编》1964年人民出版社版第1分册第252—253页）。在这次代表会议上，列宁提出了《关于社会民主党杜马党团》决议草案中有关预算表决部分的两种方案（见本版全集第17卷第305—306页），其中第二种方案部分地写入了决议。但在已通过的决议中,这一款最后一部分仍不如列宁的方案规定得明确。因此,在有党的工作者参加的中央委员会波罗宁会议上,对这一部分作了修订,使之更为完善。——57。

45 俄国第四届国家杜马社会民主党党团中有6名布尔什维克代表和7名孟什维克代表,通称六人团和七人团。6名布尔什维克代表来自占俄国工人总数五分之四的6个主要工业中心,并且都是工人选民团的代表,他们是彼得堡省选出的阿·叶·巴达耶夫,叶卡捷琳诺斯拉夫省选出的格·伊·彼得罗夫斯基,哈尔科夫省选出的马·康·穆拉诺夫,弗拉基米尔省选出的费·尼·萨莫伊洛夫,科斯特罗马省选出的尼·罗·沙果夫和莫斯科省选出的罗·瓦·马林诺夫斯基(后来发现是奸细)。7名孟什维克代表则来自非工业省,他们是外高加索选出的尼·谢·齐赫泽、马·伊·斯柯别列夫、阿·伊·契恒凯里,顿河军屯州选出的伊·尼·图利亚科夫,乌法省选出的瓦·伊·豪斯托夫,塔夫利达省选出的安·法·布里扬诺夫,伊尔库茨克省选出的伊·尼·曼科夫。
　　在第四届国家杜马初期,布尔什维克代表和孟什维克代表组成了联合的社会民主党党团。孟什维克依仗其多数,企图贯彻执行取消派的口号,因而党团内部从一开始就存在着尖锐的矛盾。有党的工作者参加的俄国社会民主工党中央委员会夏季会议讨论了国家杜马党团问题。会议指出:孟什维克利用其偶然得到的多数,侵犯6个工人代表的基本权利,使党团的统一受到了威胁;只有党团两个部分权利完全平等,联合的党团才能继续存在下去。1913年10月1日(14日),在列宁主持下召开了有国家杜马布尔什维克代表参加的中央委员会小型会议,讨论和确定了布尔什维克代表应采取的具体步骤。根据会议的决定,布尔什维克代表在10月16日(29日)召开的社会民主党党团会议上,向孟什维克代表提出了一项最后通牒,要求六人团和七人团在解决党团内一切问题上权利平等。由于没有获得满意答复,布尔什维克代表退出了会议。次日,他们把列宁起草并经中央委员会讨论过的一项声明(见本卷第85—87页)交给了七人团。10月25日(11月7日),七人团在正式答复中拒绝承认六人团享有平等权利。布尔什维克代表随即宣布自己组成独立的党团,并向七人团建议双方在杜马讲坛上采取共同行动。根据列宁的建议,布尔什维克党团的名称确定为俄国社会民主党工人党团。

　　与此同时,根据列宁的指示,《拥护真理报》就杜马党团的问题进行了集中的宣传报道。10月18日(31日),该报发表了由布尔什维克代表署名的上述给七人团的声明。该报引用数字证明多数工人站在布尔什维克代表一边。10月20日和26日(11月2日和8日),该报又发表了六人团的两篇告全体工人书,叙述了分裂的经过,号召工人支持布尔什维克代表。10月29日(11月11日),该报在发表布尔什维克代表关于建立独立党团的声明的同时,刊载了列宁的长篇文章《关于社会民主党杜马党团内部斗争问题的材料》(见本卷第99—117页)。该报还在《工人支持自己的工人代表》的总标题下发表了大量工人集会的决议。列宁的《工人对在国家杜马中成立俄国社会民主党工人党团的反应》一文(见本版全集第25卷)对这些决议作了概括性的论述。——58。

46 指1907年在伦敦召开的俄国社会民主工党第五次代表大会和同年在斯图加特召开的国际社会党代表大会(第二国际第七次代表大会)通过的反对工会"中立"的决议。——59。

47 崩得是立陶宛、波兰和俄罗斯犹太工人总联盟的简称,1897年9月在维尔诺成立。参加这个组织的主要是俄国西部各省的犹太手工业者。崩得在成立初期曾进行社会主义宣传,后来在争取废除反犹太特别法律的斗争过程中滑到了民族主义立场上。在1898年俄国社会民主工党第一次代表大会上,崩得作为只在专门涉及犹太无产阶级问题上独立的"自治组织",加入了俄国社会民主工党。在1903年俄国社会民主工党第二次代表大会上,崩得分子要求承认崩得是犹太无产阶级的唯一代表。在代表大会否决了这个要求之后,崩得退出了党。根据1906年俄国社会民主工党第四次(统一)代表大会决议,崩得重新加入了党。从1901年起,崩得是俄国工人运动中民族主义和分离主义的代表。它在党内一贯支持机会主义派别(经济派、孟什维克和取消派),反对布尔什维克。第一次世界大战期间,崩得分子采取社会沙文主义立场。1917年二月革命后,崩得支持资产阶级临时政府。1918—1920年外国武装干涉和国内战争时期,崩得的领导人同反革命势力勾结在一起,而一般的崩得分子则开始转变,主张同苏维埃政权合作。1921 年 3 月崩得自行解散,部分成员加入俄国共产党(布)。——60。

48 指 1912 年在维也纳举行的取消派八月代表会议通过的一个认为"民族文化自治"的机会主义口号可以同俄国社会民主工党的纲领相容的决议。实际上早在 1903 年俄国社会民主工党第二次代表大会讨论党纲草案时就否决过崩得分子提出的对民族自决权的条款增补民族文化自治内容的建议。八月代表会议的决议说:"据高加索代表团报告,俄国社会民主工党高加索各地组织的最近一次代表会议和这些组织的机关刊物都表达了高加索同志们的一个意见,即必须提出民族文化自治的要求。代表会议在听取了这个报告以后,对这一要求的实质不表示意见,认定对党纲中承认每一民族均有自决权的条文这样解释和党纲原意并不抵触,并希望把民族问题列入即将召开的俄国社会民主工党代表大会的议程。"——60。

49 俄国社会民主工党关于民族问题的这一基本口号的后半部分,在该党文件中形成文字,这里是首次。——61。

50 社会革命党是俄国最大的小资产阶级政党。该党是 1901 年底—1902年初由南方社会革命党、社会革命党人联合会、老民意党人小组、社会主义土地同盟等民粹派团体联合而成的。成立时的领导人有马·安·纳坦松、叶·康·布列什柯-布列什柯夫斯卡娅、尼·谢·鲁萨诺夫、维·米·切尔诺夫、米·拉·郭茨、格·安·格尔舒尼等,正式机关报是《革命俄国报》(1901—1904 年)和《俄国革命通报》杂志(1901—1905年)。社会革命党人的理论观点是民粹主义和修正主义思想的折中混合物。他们否认无产阶级和农民之间的阶级差别,抹杀农民内部的矛盾,否认无产阶级在资产阶级民主革命中的领导作用。在土地问题上,社会革命党人主张消灭土地私有制,按照平均使用原则将土地交村社支配,发展各种合作社。在策略方面,社会革命党人采用了社会民主党人进行群众性鼓动的方法,但主要斗争方法还是搞个人恐怖。为了进行恐怖活动,该党建立了事实上脱离该党中央的秘密战斗组织。

　　在1905—1907年俄国第一次革命中,社会革命党曾在农村开展焚烧地主庄园、夺取地主财产的所谓"土地恐怖"运动,并同其他政党一起参加武装起义和游击战,但也曾同资产阶级的解放社签订协议。在国家杜马中,该党动摇于社会民主党和立宪民主党之间。该党内部的不统一造成了1906年的分裂,其右翼和极左翼分别组成了人民社会党和最高纲领派社会革命党人联合会。在斯托雷平反动时期,社会革命党经历了思想上、组织上的严重危机。在第一次世界大战期间,社会革命党的大多数领导人采取了社会沙文主义的立场。1917年二月革命后,社会革命党中央实行妥协主义和阶级调和的政策,党的领导人亚·费·克伦斯基、尼·德·阿夫克森齐耶夫、切尔诺夫等参加了资产阶级临时政府。七月事变时期该党公开转向资产阶级方面。社会革命党中央的妥协政策造成党的分裂,左翼于1917年12月组成了一个独立政党——左派社会革命党。十月革命后,社会革命党人(右派和中派)公开进行反苏维埃的活动,在国内战争时期进行反对苏维埃政权的武装斗争,对共产党和苏维埃政权的领导人实行个人恐怖。内战结束后,他们在"没有共产党人参加的苏维埃"的口号下组织了一系列叛乱。1922年,社会革命党彻底瓦解。——62。

51　《箴言》杂志(《Заветы》)是倾向俄国社会革命党的合法的文学政治刊物(月刊),1912年4月—1914年7月在彼得堡出版。为杂志撰稿的有Р.В.伊万诺夫-拉祖姆尼克、波·维·萨文柯夫、尼·苏汉诺夫、维·米·切尔诺夫等。——65。

52　劳动派分子是俄国国家杜马中的农民代表和民粹派知识分子代表组成的小资产阶级民主派集团劳动派(劳动团)的成员。劳动派于1906年4月成立。领导人是阿·费·阿拉季因、斯·瓦·阿尼金等。劳动派要求废除一切等级限制和民族限制,实行自治机关的民主化,用普选制选举国家杜马。劳动派的土地纲领要求建立由官地、皇族土地、皇室土地、寺院土地以及超过劳动土地份额的私有土地组成的全民地产,由农民普选产生的地方土地委员会负责进行土地改革,这反映了全体农民的土地要求,同时它又容许赎买土地,则是符合富裕农民阶层利益的。

在国家杜马中,劳动派动摇于立宪民主党和布尔什维克之间。布尔什维克党支持劳动派的符合农民利益的社会经济要求,同时批评它在政治上的不坚定,可是劳动派始终没有成为彻底革命的农民组织。六三政变后,劳动派在地方上停止了活动。第一次世界大战期间,劳动派多数采取沙文主义立场。二月革命后,劳动派积极支持资产阶级临时政府,1917年6月与人民社会党合并为劳动人民社会党。十月革命后,劳动派站在资产阶级反革命势力方面。——65。

53 指1907年俄国社会民主工党第五次(伦敦)代表大会通过的《关于对非无产阶级政党的态度的决议》(参看《苏联共产党代表大会、代表会议和中央全会决议汇编》1964年人民出版社版第1分册第206—207页)。这个决议是列宁起草的,并且该议题是在布尔什维克的坚持下列入代表大会议程的。——70。

54 自由党是英国的一个反映工商业资产阶级利益的政党,于19世纪50年代末至60年代初形成。自由党在英国两党制中代替辉格党的位置而与保守党相对立。19世纪至20世纪初,自由党多次执政,在英国政治生活中起了重要作用。1916—1922年,自由党领袖戴·劳合-乔治领导了自由党和保守党的联合政府。20世纪初,在工党成立后和工人运动发展的条件下,自由党力图保持它对工人的影响,推行自由派改良主义的政策,但也不惜公然动用军队来对付罢工工人。第一次世界大战结束后,自由党的势力急剧衰落,它在英国两党制中的地位为工党所取代。——72。

55 基特·基特奇(季特·季特奇·勃鲁斯科夫)是俄国剧作家亚·尼·奥斯特罗夫斯基的喜剧《无端遭祸》中的一个专横霸道、贪婪成性的富商。列宁在这里用这个文学形象来比喻十月党领袖亚·伊·古契柯夫。——72。

56 保守党是英国大资产阶级和大土地贵族的政党,于19世纪50年代末至60年代初在老托利党基础上形成。在英国向帝国主义阶段过渡的时期,保守党继续维护土地贵族利益,同时也逐步变成垄断资本的政党。保守党在英国多次执掌政权。——73。

57 进步党人是俄国进步党的成员。该党是大资产阶级和按资本主义方式
经营的地主的民族主义自由派政党,成立于1912年11月,它的核心是
由和平革新党人和民主改革党人组成的第三届国家杜马中的"进步
派",创建人有著名的大工厂主亚·伊·柯诺瓦洛夫,大地主和地方自
治人士伊·尼·叶弗列莫夫和格·叶·李沃夫等。该党纲领要点是:
制定温和的宪法,实行细微的改革,建立责任内阁即对杜马负责的政
府,镇压革命运动。列宁指出,进步党人按成分和意识形态来说是十月
党人同立宪民主党人的混合物,这个党将成为德国也有的那种"真正
的"资本主义资产阶级的政党(参看本版全集第22卷第265、352页)。

第一次世界大战期间,进步党人支持沙皇政府,倡议成立军事工业
委员会。1915年夏,进步党同其他地主资产阶级政党联合组成"进步
同盟",后于1916年退出。1917年二月革命后,进步党的一些领袖加
入了国家杜马临时委员会,又加入了资产阶级临时政府。但这时进
步党本身实际上已经瓦解。十月革命胜利后,原进步党领袖积极反对
苏维埃政权。——76。

58 《俄罗斯新闻》(《Русские Ведомости》)是俄国报纸,1863—1918年在莫
斯科出版。它反映自由派地主和资产阶级的观点,主张在俄国实行君
主立宪,撰稿人是一些自由派教授。至19世纪70年代中期成为俄国
影响最大的报纸之一。80—90年代刊登民主主义作家和民粹主义者
的文章。1898年和1901年曾经停刊。从1905年起成为右翼立宪民
主党人的机关报。1917年二月革命后支持资产阶级临时政府。十月
革命后被查封。——79。

59 列宁曾在《为坏事作的坏辩护》一文的剪报上给这篇文章加了一个副标
题:《(或者:党在哪里?)》。这份剪报保存在《马克思主义和取消主义》
这一文集的档案材料中。——82。

60 这是列宁为社会民主党国家杜马党团中的布尔什维克代表起草的声
明,在俄国社会民主工党中央会议上讨论过。关于这个声明的提出和

发表见注45。——85。

61 指社会民主党第四届国家杜马党团关于接收叶·约·亚格洛为社会民主党党团成员的决议。这一决议于1912年12月1日(14日)在《真理报》第182号和《光线报》第64号上全文公布。决议在党团内是以7票对6票强行通过的,但对亚格洛的权利作了些限制。决议规定:亚格洛作为党团成员在杜马工作问题上有表决权,在党内问题上只有发言权。列宁在《工人阶级及其"议会"代表团》一文以及有党的工作者参加的俄国社会民主工党中央委员会克拉科夫会议《关于社会民主党杜马党团》的决议中,对上述决议作了评价(见本版全集第22卷第252—253、279—281页)。亚格洛是波兰社会党"左派"的党员,不属于社会民主党。在华沙工人选民团的选举中,波兰王国和立陶宛社会民主党本已取得初选人的多数,在选举复选人时,可以获得全胜,但由于该党处于分裂状态,支持该党总执行委员会的一个初选人拉拢两个持动摇立场的初选人对属于该党分裂派的候选人投弃权票,所以该党不得不与波兰社会党和崩得的联盟订立协议,最后选出该党两名分裂派的成员(尤·布罗诺夫斯基和扎列斯基)和一名波兰社会党的成员(亚格洛)为复选人。接着在选举杜马代表时,占华沙城市选民团复选人多数的犹太民族主义者又与波兰社会党和崩得的联盟达成协议支持亚格洛,亚格洛乃当选为华沙杜马代表。社会民主党的两名复选人反对这种做法,在投票选举杜马代表时退出会场表示抗议。——86。

62 民族文化自治是奥地利社会民主党人奥·鲍威尔和卡·伦纳制定的资产阶级民族主义的解决民族问题的纲领。俄国孟什维克取消派和崩得分子都提出过民族文化自治的要求。1903年俄国社会民主工党第二次代表大会在讨论党纲草案时否决了崩得分子提出的增补民族文化自治内容的建议。列宁对民族文化自治的批判,见本卷的《关于民族问题的批评意见》、《论"民族文化"自治》以及《论民族自决权》(本版全集第25卷)等著作。

　　在制定社会民主党第四届国家杜马党团宣言时,孟什维克坚持把民族文化自治的要求写进宣言。第四届国家杜马代表孟什维克阿·

伊·契恒凯里还曾在 1912 年 12 月 10 日（23 日）的杜马会议上以党团的名义发言为民族文化自治辩护。——86。

63　这里说的保险工作者 X 是指 Б.Г.丹斯基（康·安·科马罗夫斯基）。丹斯基于 1911 年加入俄国社会民主工党，为《明星报》和《真理报》撰稿，并参加保险运动，1913—1914 年是布尔什维克《保险问题》杂志编辑部成员之一。取消派为了败坏布尔什维克的声誉，对丹斯基提出指责，说他参加资产阶级的报刊。《拥护真理报》、《启蒙》杂志和《保险问题》杂志编辑部、俄国社会民主党工人党团和波涛出版社等单位的代表组成了党的专门委员会，对此事进行调查。调查结果肯定丹斯基从加入布尔什维克党的队伍时起就已不再为资产阶级报刊服务，因此是一个正直的党员，取消派的指责纯属诬蔑。关于这个问题，还可参看本版全集第 25 卷第 408 页。——88。

64　《拥护真理报》（《За Правду》）是俄国布尔什维克党的中央机关报，1913 年 10 月 1 日（14 日）—12 月 5 日（18 日）代替被沙皇政府查封的《真理报》在彼得堡出版，共出了 52 号。关于《真理报》，见注 1。——88。

65　列宁把《关于社会民主党杜马党团内部斗争问题的材料》一文送交《拥护真理报》编辑部时，建议该报在 1913 年 10 月 27 日（11 月 9 日）星期日出版的那号报纸中出一张插页，专门刊登支持布尔什维克六人团的材料。载有列宁这篇文章的《拥护真理报》第 22 号不是在星期日，而是在 1913 年 10 月 29 日（11 月 11 日）星期二出版的。列宁得悉这一号报纸被没收后，曾写信给编辑部，建议下几号报纸重登这篇文章。但是报纸没有再次刊载这篇文章。1914 年 7 月，《马克思主义和取消主义》文集转载了这篇文章，标题为：《关于杜马中的俄国社会民主工人党团成立历史的材料》。作为这篇文章的补充，文集还刊载了列宁专门写的《工人对在国家杜马中成立俄国社会民主工人党团的反应》一文（见本版全集第 25 卷）。——99。

66　《明星报》（《Звезда》）是俄国布尔什维克的合法报纸，1910 年 12 月 16 日（29 日）—1912 年 4 月 22 日（5 月 5 日）在彼得堡出版，起初每周出版一次,从 1912 年 1 月 21 日(2 月 3 日)起每周出版两次,从 1912 年 3 月 8 日(21 日)起每周出版三次,共出了 69 号。《明星报》的续刊是《涅瓦明星报》,它是因《明星报》屡被没收(69 号中有 30 号被没收)而筹备出版的,于 1912 年 2 月 26 日(3 月 10 日)即《明星报》尚未被查封时在彼得堡创刊,最后一号即第 27 号于 1912 年 10 月 5 日(18 日)出版。根据在哥本哈根国际社会党代表大会期间召开的有布尔什维克、孟什维克护党派和社会民主党杜马党团的代表参加的会议上的协议,《明星报》编辑部起初由弗·德·邦契-布鲁耶维奇(代表布尔什维克)、尼·伊·约尔丹斯基(代表孟什维克护党派)和伊·彼·波克罗夫斯基(代表第三届国家杜马社会民主党团)组成。尼·古·波列塔耶夫在组织报纸的出版工作方面起了很大作用。这一时期,《明星报》是作为社会民主党杜马党团的机关报出版的,曾受孟什维克的影响。1911 年 6 月 11 日(24 日),该报出到第 25 号暂时停刊。1911 年 10 月复刊后,编辑部经过改组,已没有孟什维克护党派参加。该报就成为纯粹布尔什维克的报纸了。

列宁对《明星报》进行思想上的领导,他在《明星报》和《涅瓦明星报》上发表了约 50 篇文章。积极参加该报编辑和组织工作或为该报撰稿的还有尼·尼·巴图林、康·斯·叶列梅耶夫、米·斯·奥里明斯基、安·伊·叶利扎罗娃-乌里扬诺娃、瓦·瓦·沃罗夫斯基、列·米·米哈伊洛夫、弗·伊·涅夫斯基、杰米扬·别德内依、马·高尔基等。《明星报》刊登过格·瓦·普列汉诺夫的多篇文章。

在列宁的领导下,《明星报》成了战斗的马克思主义的报纸。该报与工厂工人建立了经常的密切联系,在俄国工人阶级和劳动人民中享有很高的威信。1912 年春,由于工人运动的高涨,《明星报》的作用大大增强了。

以无产阶级先进阶层为读者对象的《明星报》,还为创办布尔什维克的群众性的合法报纸《真理报》作了准备。它宣传创办布尔什维克的群众性日报的主张并从 1912 年 1 月开始为筹办这种报纸开展募捐,得到了工人群众的热烈支持。——105。

67 指《保险问题》杂志。

《保险问题》杂志(《Вопросы Страхования》)是俄国布尔什维克的合法刊物(周刊),由布尔什维克党中央领导,1913 年 10 月 26 日(11 月 8 日)—1914 年 7 月 12 日(25 日)和 1915 年 2 月 20 日(3 月 5 日)—1918 年 3 月在彼得堡出版,共出了 63 期。参加杂志工作的有列宁、斯大林、瓦·弗·古比雪夫和著名的保险运动活动家尼·阿·斯克雷普尼克、彼·伊·斯图契卡、亚·尼·维诺库罗夫、尼·米·什维尔尼克等。——108。

68 指 1908 年 12 月在巴黎举行的俄国社会民主工党第五次全国代表会议《关于工作报告》决议、1910 年中央委员会一月全体会议《关于党内状况》决议和 1912 年俄国社会民主工党第六次(布拉格)全国代表会议《关于取消主义和取消派集团》决议(参看《苏联共产党代表大会、代表会议和中央全会决议汇编》1964 年人民出版社版第 1 分册第 246、296—300、363—364 页)。——109。

69 《市政问题》杂志(《Городское Дело》)是俄国立宪民主党人的一种有关城市公用事业和市政管理问题的刊物(双周刊),1909—1918 年在彼得堡出版。编辑为米·巴·费多罗夫和列·亚·韦利霍夫。——118。

70 《关于民族问题的批评意见》一文写于 1913 年 10—12 月,并于同年 11 月 7 日(20 日)、12 月 7 日(20 日)、12 月 23 日(1914 年 1 月 5 日)发表在布尔什维克的合法刊物《启蒙》杂志第 10、11、12 期上。在写这篇文章之前,列宁曾于 1913 年夏在瑞士的苏黎世、日内瓦、洛桑和伯尔尼等城市作过关于民族问题的专题报告,并于 1913 年秋在有党的工作者参加的俄国社会民主工党中央委员会波罗宁会议上作了关于民族问题的长篇报告。——120。

71 《时报》(《Di Zait》)是崩得的机关报(周报),1912 年 12 月 20 日(1913 年 1 月 2 日)—1914 年 5 月 5 日(18 日)用依地文在彼得堡出版。——120。

72 《钟声》杂志(《Дзвiн》)是合法的资产阶级民族主义刊物(月刊),倾向孟什维克,1913年1月—1914年在基辅用乌克兰文出版,共出了18期。参加该杂志工作的有 B.П.列文斯基、弗·基·温尼琴科、列·尤尔凯维奇(雷巴尔卡)、德·顿佐夫、西·瓦·佩特留拉、格·阿·阿列克辛斯基、帕·波·阿克雪里罗得、列·达·托洛茨基等人。第一次世界大战爆发后停刊。——120。

73　《俄罗斯言论报》(《Русское Слово》)是俄国报纸(日报),1895年起在莫斯科出版(第1号为试刊号,于1894年出版)。出版人是伊·德·瑟京,撰稿人有弗·米·多罗舍维奇(1902年起实际上为该报编辑)、亚·瓦·阿姆菲捷阿特罗夫、彼·德·博博雷金、弗·阿·吉利亚罗夫斯基、瓦·伊·涅米罗维奇-丹琴科等。该报表面上是无党派报纸,实际上持资产阶级自由派立场。1917年后完全支持资产阶级临时政府,并曾拥护科尔尼洛夫叛乱。十月革命后不久被查封,其印刷厂被没收。1918年1月起,该报曾一度以《新言论报》和《我们的言论报》的名称出版,1918年7月最终被查封。——121。

74　犹太区是沙皇俄国当局在18世纪末规定的可以允许犹太人定居的区域,包括俄罗斯帝国西部15个省,以及高加索和中亚细亚的一些地区,1917年二月革命后被废除。列宁在这里借用"犹太区"这个词来形容限制农民的份地所有制。——131。

75　百分比限额是指沙皇政府从1887年起实行的限制中等学校和高等学校录取犹太人学生的办法。根据规定,在所谓"犹太区"内,中等学校和高等学校录取的犹太人学生不得超过学生总数的10%,在"犹太区"外限定在5%以内,在莫斯科和彼得堡限定在3%以内。——131。

76　后背一词出自圣经中摩西见耶和华只能看到后背的传说(见《旧约全书·出埃及记》第33章)。——131。

77　指1899年9月24—29日在布隆(现捷克布尔诺)举行的奥地利社会民主党代表大会。代表大会的中心议题是民族问题。在代表大会上提出了反映不同观点的两个决议案:一个是总的说来主张民族区域自治的

党中央委员会的决议案;另一个是主张超地域的民族文化自治的南方
斯拉夫社会民主党委员会的决议案。代表大会一致否决了民族文化自
治纲领,通过了一个承认在奥地利国家范围内的民族自治的妥协决议
(参看本卷《关于奥地利和俄国的民族纲领的历史》一文)。——138。

78　犹太社会主义工人党是俄国的小资产阶级民族主义组织,成立于 1906
年。该党的纲领基础是要求犹太人民族自治,即建立有全权决定俄国
犹太人政治制度问题的超地域的犹太议会(因此该党亦称议会派)。犹
太社会主义工人党在思想上同社会革命党人接近,并同他们一起反对
俄国社会民主工党。——138。

79　贝利斯案件是沙皇政府和黑帮分子迫害俄国一个砖厂的营业员犹太
人门·捷·贝利斯的冤案。贝利斯被控出于宗教仪式的目的杀害了
信基督教的俄国男孩 A.尤辛斯基,而真正的杀人犯却在司法大臣
伊·格·舍格洛维托夫的庇护下逍遥法外。贝利斯案件的侦查工作
从 1911 年持续到 1913 年。黑帮分子企图利用贝利斯案件进攻民主
力量,并策动政变。俄国先进的知识分子以及一些外国社会活动家则
仗义执言,为贝利斯辩护。1913 年 9—10 月在基辅对贝利斯案件进行
审判。俄国许多城市举行了抗议罢工。布尔什维克还作好准备,一旦
贝利斯被判刑,就在彼得堡举行总罢工。贝利斯终于被宣告无罪。
——140。

80　指 1907 年 4 月 16—20 日在芬兰举行的俄国各民族社会主义政党代表
会议。出席代表会议的有社会革命党和各民族与社会革命党相近的政
党的代表。代表会议通过了关于每年召开一次各民族社会主义政党代
表大会、关于组织专门的秘书处来执行会议的决议、关于各民族社会主
义政党之间的相互关系和创办秘书处的定期机关刊物等决议。《1907
年 4 月 16—20 日俄国各民族社会主义政党代表会议记录》于 1908 年
由圣彼得堡议会出版社出版。——140。

81　这里是指波兰社会党"革命派"(弗腊克派)。
波兰社会党是以波兰社会党人巴黎代表大会(1892 年 11 月)确定

的纲领方针为基础于1893年成立的。这次代表大会提出了建立独立民主共和国、为争取人民群众的民主权利而斗争的口号,但是没有把这一斗争同俄国、德国和奥匈帝国的革命力量的斗争结合起来。该党右翼领导人约·皮尔苏茨基等认为恢复波兰国家的唯一道路是民族起义,而不是以无产阶级为领导的全俄反对沙皇的革命。从1905年2月起,以马·亨·瓦列茨基、费·雅·柯恩等为首的左派逐步在党内占了优势。1906年11月在维也纳召开的波兰社会党第九次代表大会把皮尔苏茨基及其拥护者开除出党,该党遂分裂为两个党:波兰社会党"左派"和波兰社会党"革命派"("右派",亦称弗腊克派)。

波兰社会党"左派"反对皮尔苏茨基分子的民族主义及其恐怖主义和密谋策略,主张同全俄工人运动密切合作,认为只有在全俄革命运动胜利的基础上才能解决波兰劳动人民的民族解放和社会解放问题。在1908—1910年期间,主要通过工会、文教团体等合法组织进行活动。该党不同意孟什维克关于在反对专制制度斗争中的领导权属于资产阶级的论点,可是支持孟什维克反对第四届国家杜马中的布尔什维克代表。第一次世界大战爆发后,该党持国际主义立场,参加了1915年的齐美尔瓦尔德会议和1916年的昆塔尔会议。该党欢迎俄国十月革命。1918年12月,该党同波兰王国和立陶宛社会民主党一起建立了波兰共产主义工人党(1925年改称波兰共产党,1938年解散)。

波兰社会党"革命派"于1909年重新使用波兰社会党的名称,强调通过武装斗争争取波兰独立,但把这一斗争同无产阶级的阶级斗争割裂开来。从第一次世界大战开始起,该党的骨干分子参加了皮尔苏茨基站在奥德帝国主义一边搞的军事政治活动(成立波兰军团)。1917年俄国二月革命后,该党转而对德奥占领者采取反对立场,开展争取建立独立的民主共和国和进行社会改革的斗争。1918年该党参加创建独立的资产阶级波兰国家,1919年同原普鲁士占领区的波兰社会党和原奥地利占领区的加利西亚和西里西亚波兰社会民主党合并。该党不反对地主资产阶级波兰对苏维埃俄国的武装干涉,并于1920年7月参加了所谓国防联合政府。1926年该党支持皮尔苏茨基发动的政变,同年11月由于拒绝同推行"健全化"的当局合作而成为反对党。1939年该党解散。——140。

82 这里指的是发表在《启蒙》杂志上的斯大林的《马克思主义和民族问题》一文。该文第 4 章引用了奥地利社会民主党布隆代表大会通过的民族纲领的条文(见《斯大林全集》第 2 卷第 316—317 页)。参看注 140。——142。

83 列宁引用的这个材料摘自统计汇编《1911 年 1 月 18 日进行的帝国初等学校一日普查。第 1 编,第 2 册,圣彼得堡学区。阿尔汉格尔斯克省、沃洛格达省、诺夫哥罗德省、奥洛涅茨省、普斯科夫省和圣彼得堡省》1913 年圣彼得堡版第 72 页。——146。

84 《社会民主党评论》杂志(«Przegląd Socjaldemokratyczny»)是波兰社会民主党人在罗·卢森堡积极参加下办的刊物,于 1902—1904 年、1908—1910 年在克拉科夫出版。——149。

85 日穆奇人是俄罗斯人和波兰人对居住在立陶宛西部的古立陶宛部落热迈特人的称呼。——151。

86 《欧洲通报》杂志(«Вестник Европы»)是俄国资产阶级自由派的历史、政治和文学刊物,1866 年 3 月—1918 年 3 月在彼得堡出版。1866—1867 年为季刊,后改为月刊。先后参加编辑出版工作的有米·马·斯塔秀列维奇、马·马·柯瓦列夫斯基等。——152。

87 这里列宁说的是他准备写的《论民族自决权》一文。该文写于 1914 年 2—5 月,载于 1914 年 4—6 月《启蒙》杂志第 4、5、6 期(见本版全集第 25 卷)。——154。

88 《关于俄国社会民主党杜马党团的分裂》是以俄国社会民主工党中央机关报《社会民主党人报》编辑部的名义写给德国社会民主党报纸《莱比锡人民报》的一封信,信中批驳了该报 1913 年 11 月 15 日刊登的一篇关于俄国社会民主党杜马党团的分裂的歪曲事实的无署名文章。《莱比锡人民报》编辑部延至 12 月 24 日才发表了列宁的这封信。该报解释说,拖延是由于篇幅不够和"其他原因"。——158。

89 《自由思想报》(《Вольная Мысль》)是俄国左派民粹派(社会革命党)的合法报纸,1913年10月25日(11月7日)—11月19日(12月2日)在彼得堡出版,每周出两次。《自由思想报》是左派民粹派1913年在彼得堡创办的《劳动呼声报》使用过的一连串名称之一,这些名称是:《现代思想报》(1913年)、《神圣思想报》(1913年)、《自由思想报》(1913年)、《北方思想报》(1913年)、《振奋思想报》(1913—1914年)、《正确思想报》(1914年)、《坚定思想报》(1914年)、《劳动思想报》(1914年)、《勇敢思想报》(1914年)和《现代劳动思想报》(1914年)。——163。

90 合法马克思主义即司徒卢威主义,是19世纪90年代出现在俄国自由派知识分子中的一种思想政治流派,主要代表人物是彼·伯·司徒卢威。合法马克思主义利用马克思经济学说中能为资产阶级所接受的个别论点为俄国资本主义的发展作论证。在批判小生产的维护者民粹派的同时,司徒卢威赞美资本主义,号召人们"承认自己的不文明并向资本主义学习",而抹杀资本主义的阶级矛盾。合法马克思主义者起初是社会民主党的暂时同路人,后来彻底转向资产阶级自由主义。到1900年《火星报》出版时,合法马克思主义作为思想流派已不再存在。——164。

91 指原定在维也纳举行的国际社会党第十次代表大会。1913年12月社会党国际局会议讨论了维也纳代表大会的问题,决定于1914年8月召开这次代表大会,并且安排在大会开幕那天庆祝第一国际成立五十周年。代表大会议程包括以下问题:生活费用腾贵;帝国主义和反对军国主义的斗争(这个问题包括三个小问题:东方问题,各国之间的强制性仲裁法庭,欧洲联邦);酗酒;失业;俄国被囚禁和流放的政治犯的处境;其他问题。

　　各国的代表人数不得超过该国所拥有的表决票数的6倍。俄国有20票,因而俄国社会民主工党两派和左派民粹派的代表以及工会的代表名额加起来不能超过120名。在有党的工作者参加的中央委员会波罗宁会议上,列宁就维也纳国际社会党代表大会的问题作报告时,建议采取一切措施使社会民主党工人在出席维也纳代表大会的代表中占多数。

　　由于第一次世界大战爆发,这次代表大会未能召开。——166。

92　1913年11月1日(14日),罗莎·卢森堡以波兰王国和立陶宛社会民主党驻社会党国际局代表的身份致函社会党国际局,不正确地反映俄国社会民主工党的情况,把造成分裂的责任推到列宁和布尔什维克身上。还指责列宁把分裂也带进了波兰王国和立陶宛社会民主党的队伍。她建议把关于俄国社会民主工党的统一问题列入将在维也纳召开的国际代表大会的议程。列宁写了《也是"统一派"》一文回复她(见本卷第177—180页)。

　　1913年12月,社会党国际局根据卢森堡的提议讨论了俄国问题,并作出决议,建议俄国社会民主党各派恢复在俄国社会民主工党内的统一,社会党国际局责成其执行委员会"与俄国(包括波兰)工人运动各派别取得联系"。根据社会党国际局书记卡·胡斯曼的请求,列宁于1914年1月18—19日(1月31日—2月1日)就这一问题向社会党国际局寄去一份报告(见本卷第315—323页)。——166。

93　关于这次会议的《通报》参看《苏联共产党代表大会、代表会议和中央全会决议汇编》1964年人民出版社版第1分册第370—375页;本版全集第22卷第269—275页。《关于"民族的"社会民主党组织》决议第3条参看《苏联共产党代表大会、代表会议和中央全会决议汇编》1964年人民出版社版第1分册第385页;本版全集第22卷第285—286页。——166。

94　以罗·卢森堡和扬·梯什卡为首的波兰王国和立陶宛社会民主党总执行委员会指责以前总执行委员会成员、分裂派分子雅·斯·加涅茨基、亚·马·马列茨基、约·斯·温什利赫特和B.马图舍夫斯基为首的华沙委员会从事奸细活动。掌握着材料的华沙委员会否认了卢森堡和梯什卡的指责。这些材料寄给了社会党国际局成员列宁。列宁看过材料后完全否认了总执行委员会的指责。——166。

95　见《社会主义国际历史资料。第1集。文章和文献。列宁与卡米耶·

胡斯曼来往书信(1905—1914)》1963年巴黎版第112页。——166。

96 指波兰王国和立陶宛社会民主党。

波兰王国和立陶宛社会民主党成立于1893年7月,最初称波兰王国社会民主党,其宗旨是实现社会主义,建立无产阶级政权,最低纲领是推翻沙皇制度,争取政治和经济解放。1900年8月,该党和立陶宛工人运动中国际主义派合并,改称波兰王国和立陶宛社会民主党。在1905—1907年俄国革命中,波兰王国和立陶宛社会民主党提出与布尔什维克相近的斗争口号,对自由派资产阶级持不调和的态度。但该党也犯了一些错误。列宁曾批评该党的一些错误观点,同时也指出它对波兰革命运动的功绩。

1906年4月,在俄国社会民主工党第四次(统一)代表大会上,该党作为地区性组织加入俄国社会民主工党,保持组织上的独立。由于党的领导成员扬·梯什卡等人在策略问题上发生动摇,1911年12月该党分裂成两派:一派拥护在国外的总执行委员会,称为总执委会派;另一派拥护边疆区执行委员会,称为分裂派(见本版全集第22卷《波兰社会民主党的分裂》一文)。分裂派主要包括华沙和罗兹的党组织,同布尔什维克密切合作,赞同1912年俄国社会民主工党布拉格代表会议的决议。第一次世界大战期间,波兰王国和立陶宛社会民主党持国际主义立场,反对支持外国帝国主义者的皮尔苏茨基分子和民族民主党人。1916年该党两派合并。该党拥护俄国十月社会主义革命,1918年在波兰领导建立了一些工人代表苏维埃。1918年12月,在该党与波兰社会党"左派"的统一代表大会上,成立了波兰共产党。——167。

97 《俄国思想》杂志(《Русская Мысль》)是俄国科学、文学和政治刊物(月刊),1880—1918年在莫斯科出版。起初是同情民粹主义的温和自由派的刊物。90年代有时也刊登马克思主义者的文章。1905年革命后成为立宪民主党右翼的刊物,由彼·伯·司徒卢威和亚·亚·基泽韦捷尔编辑。十月革命后于1918年被查封。后由司徒卢威在国外复刊,成为白俄杂志,1921—1924年、1927年先后在索非亚、布拉格和巴黎出版。——169。

98　独立田庄是 20 世纪初俄国实行斯托雷平土地改革时从村社土地划出成为退社农民私有财产的地块。按照斯托雷平土地法令,给退社农民划出的独立田庄必须在一个地方。独立田庄与独立农庄的不同之处是农民的宅院不须迁移。许多农民得到独立田庄后又将其卖掉。在 1907—1916 年建立的独立田庄和独立农庄为农户总数的 10.3％,占村社份地总额的 8.8％。独立田庄比独立农庄多一倍。1917 年十月革命后,随着执行全俄苏维埃第二次代表大会通过的土地法令和苏维埃农村中土地的重分,独立田庄已不复存在。——169。

99　马克思和恩格斯把约·巴·施韦泽继斐·拉萨尔之后所执行的同俾斯麦政府妥协的政策称为“普鲁士王国政府的社会主义”(参看《马克思恩格斯全集》第 1 版第 16 卷第 88 页)。施韦泽是拉萨尔派代表人物之一,全德工人联合会机关报《社会民主党人报》的编辑。——172。

100　1913 年 10 月 23 日(11 月 5 日),沙皇俄国国家杜马讨论了 1906 年 3 月 4 日(17 日)集会自由法令被违反的问题。杜马代表伊·尼·图利亚科夫代表孟什维克七人团发言,把问题归结为“结社自由”问题。布尔什维克代表阿·叶·巴达耶夫发言指出,现行制度剥夺了劳动人民的言论自由,迫使工人转入地下活动,然而就像“1904 年的地下活动导致 1905 年的革命”一样,这一次运动也将导致腐朽的沙皇制度连同地主的黑帮杜马一起崩溃,“只有这时工人阶级才会取得它所争取的各种自由”。巴达耶夫的发言被国家杜马主席米·弗·罗将柯三次打断。

　　巴达耶夫和图利亚科夫的发言载于 1913 年 10 月 25 日《拥护真理报》第 19 号。——173。

101　波兰社会民主党总执行委员会同该党华沙组织之间的意见分歧是从 1908 年该党召开第六次代表大会时开始的。在这次代表大会上,以罗·卢森堡和扬·梯什卡等为首的总执行委员会,由于在俄国社会民主工党内采取无原则的立场等原因受到了尖锐的批评。大会并对总执行委员会表示了不信任。

　　1912 年,总执行委员会对华沙委员会提出毫无根据的怀疑,说它同保安机关有联系,并宣布解散华沙委员会这一“分裂的”(“分离的”)

组织,而从自己的拥护者中任命了新的华沙委员会。该党从此陷于分裂。

列宁始终关注波兰社会民主党内部斗争的进程。他不仅在俄国党内刊物上,而且在波兰刊物上发表了许多论述波兰社会民主党分裂的文章,同时还在社会党国际局公开发言,反对总执行委员会对华沙组织的攻击。

"分裂派"在许多基本论点上同意布尔什维克的策略路线,并极力从组织上靠近布尔什维克,虽然它们两者之间在民族问题上存在着意见分歧。"分裂派"参加了1913年9月召开的有党的工作者参加的俄国社会民主工党中央委员会波罗宁会议。在第一次世界大战期间,波兰社会民主党的两个派别重新合并成统一的党。——177。

102 社会党国际局是第二国际的常设执行和通讯机关,根据1900年9月巴黎代表大会的决议成立,设在布鲁塞尔。社会党国际局由各国社会党代表组成。执行主席是埃·王德威尔得,书记是卡·胡斯曼。俄国社会民主党人参加社会党国际局的代表是格·瓦·普列汉诺夫和波·尼·克里切夫斯基。从1905年10月起,列宁代表俄国社会民主工党参加社会党国际局。1914年6月,根据列宁的建议,马·马·李维诺夫被任命为社会党国际局俄国代表。社会党国际局在第一次世界大战开始后实际上不再存在。——178。

103 这里说的是1904年8月14—20日在荷兰阿姆斯特丹举行的第二国际第六次代表大会。出席这次代表大会的有各国社会党代表476人。大会讨论了社会党策略的国际准则、党的统一、总罢工、殖民政策等问题。在关于党的统一的决议中,代表大会建议法国社会主义运动中的饶勒斯派和盖得派以及其他国家的不同社会主义派别联合成为统一的社会党,以便同资本主义进行胜利的斗争。决议说:"必须做到,在每一国家,以统一的社会党同资产阶级各政党相抗衡,如同无产阶级本身是统一的一样。"但是这一决议没有包含承认革命的马克思主义是统一的原则基础和防止革命派受制于机会主义派的必要条件等内容。——179。

104 盖得派是19世纪80年代至20世纪初法国社会主义运动中以茹·盖

得为首的一个派别,基本成员是 19 世纪 70 年代末期团结在盖得创办的《平等报》周围的进步青年知识分子和先进工人。1879 年组成了法国工人党。1880 年 11 月在勒阿弗尔代表大会上制定了马克思主义纲领。在米勒兰事件上持反对加入资产阶级内阁的立场。1901 年与其他反入阁派一起组成法兰西社会党。盖得派为在法国传播马克思主义作出过重要贡献,但它的一些领导人对马克思主义的认识犯有片面性和教条主义的错误。

饶勒斯派是 19 世纪末 20 世纪初法国社会主义运动中以让·饶勒斯为首的右翼改良派。饶勒斯派以要求"批评自由"为借口,修正马克思主义基本原理,宣传无产阶级同资产阶级的阶级合作。他们认为社会主义的胜利不会通过无产阶级同资产阶级的阶级斗争而取得,这一胜利将是民主主义思想繁荣的结果。他们还赞同蒲鲁东主义关于合作社的主张,认为在资本主义条件下合作社的发展有助于逐渐向社会主义过渡。在米勒兰事件上,饶勒斯派竭力为亚·埃·米勒兰参加资产阶级内阁的背叛行为辩护。

1905 年,盖得派和饶勒斯派联合成为法国社会党(工人国际法国支部)。——179。

105 这里说的是 1910 年 8 月 28 日—9 月 3 日在丹麦哥本哈根举行的第二国际第八次代表大会。出席这次代表大会的有来自欧洲、南北美洲、南部非洲和澳洲 33 个国家的 896 名代表。大会的主要议题是反对军国主义与战争、合作社与党的关系、国际团结和工会运动的统一等问题。

代表大会讨论了捷克社会民主党脱离奥地利社会民主党的问题,通过了关于社会主义运动统一的决议。这一决议提及阿姆斯特丹代表大会的类似决议,并举法国两个社会党的统一为例来维护统一的原则。

代表大会还通过了关于工会运动的统一即每一国家的工会组织统一的决议。这一决议主要是针对捷克代表团的分离主义的,该代表团坚持在一个国家内按民族组织工会的观点,而奥地利人以及同他们站在一起的奥地利其他民族的代表都赞成工会统一而反对按民族分裂工会。哥本哈根代表大会关于工会统一的决议未能在奥地利贯彻执行。——179。

106　《社会主义月刊》（《Sozialistische Monatshefte»）是德国机会主义者的主
要刊物，也是国际修正主义者的刊物之一，1897—1933年在柏林出版。
编辑和出版者为右翼社会民主党人约·布洛赫。撰稿人有爱·伯恩施
坦、康·施米特、弗·赫茨、爱·大卫、沃·海涅、麦·席佩耳等。第一
次世界大战期间，该刊持社会沙文主义立场。——189。

107　指波兰社会党"左派"。见注81。——190。

108　从耳朵上认出出典于俄国诗人亚·谢·普希金的一首短诗«Ex ungue
leonem»。短诗的题目借自拉丁文俗语"Ex ungue leonem, ex auribus
asinum"，意思是"从趾爪上可以认出狮子，从耳朵上可以认出驴子"。
短诗回答一位匿名作者攻击普希金匿名发表的一首诗说："他从趾爪上
马上认出是我，我从耳朵上也一丝不差地认出他来。"——191。

109　指杜马代表、布尔什维克格·伊·彼得罗夫斯基在1913年11月22日
（12月5日）国家杜马会议上就新的国家杜马议事规则草案所作的发
言。这一由瓦·阿·马克拉柯夫任主席的委员会拟定的议事规则草
案，建议把发言人就新的杜马法案发言的时间限制在10分钟之内。委
员会的这一建议以128票对85票的多数被通过。——192。

110　德雷福斯案件指1894年法国总参谋部尉级军官犹太人阿·德雷福斯
被法国军界反动集团诬控为德国间谍而被军事法庭判处终身服苦役一
案。法国反动集团利用这一案件煽动反犹太主义和沙文主义，攻击共
和制和民主自由。在事实证明德雷福斯无罪后，当局仍坚决拒绝重审，
引起广大群众强烈不满。法国社会党人和资产阶级民主派进步人士
（包括埃·左拉、让·饶勒斯、阿·法朗士等）发动了声势浩大的运动，
要求重审这一案件。在社会舆论压力下，1899年瓦尔德克-卢梭政府
撤销了德雷福斯案件，由共和国总统赦免了德雷福斯。但直到1906年
7月，德雷福斯才被上诉法庭确认无罪，恢复了军职。——194。

111　米歇尔是通常用来表示粗笨和愚昧无知的德国庸人的代名词。
——196。

112　《关于波罗宁会议(1913年)的传达报告的要点》是为第四届国家杜马的布尔什维克代表写的,于1913年11月29日(12月12日)寄往彼得堡,供他们在圣诞节杜马休假期间到地方上作关于俄国社会民主工党中央委员会波罗宁会议的传达报告时使用。——197。

113　这篇文献是列宁给《拥护真理报》编辑部的信。——199。

114　"前进"集团是俄国社会民主党内的一个反布尔什维主义的集团。它是在亚·亚·波格丹诺夫和格·阿·阿列克辛斯基的倡议下,由召回派、最后通牒派和造神派于1909年12月在它们的派别活动中心卡普里党校的基础上建立的。该集团出版过《前进》文集等刊物。前进派在1910年一月中央全会上与取消派-呼声派以及托洛茨基分子紧密配合行动。他们设法使全会承认"前进"集团为"党的出版团体",并得到中央委员会对该集团刊物的津贴,在全会以后却站在召回派-最后通牒派的立场上尖锐抨击并且拒绝服从全会的决定。1912年党的布拉格代表会议以后,前进派同孟什维克取消派和托洛茨基分子联合起来反对这次党代表会议的决议。由于得不到工人运动的支持,"前进"集团于1913年实际上瓦解,1917年二月革命后正式解散。——199。

115　《关于国际局的决定问题》是列宁在获悉社会党国际局十二月会议就俄国社会民主工党统一问题通过了一些决议的最初消息后给《拥护真理报》编辑部的信。

　　俄国社会民主工党统一问题是根据罗·卢森堡(代表波兰王国和立陶宛社会民主党参加社会党国际局)的倡议提交会议讨论的。卢森堡在1913年11月1日(14日)给社会党国际局的信中不正确地反映俄国社会民主工党的情况,把造成分裂的责任推到列宁和布尔什维克身上。卢森堡还指责列宁把分裂也带进了波兰王国和立陶宛社会民主党的队伍。她建议把关于俄国社会民主工党的统一问题列入将在维也纳召开的国际代表大会的议程。

　　社会党国际局十二月会议于1913年12月13日和14日在伦敦举行。会上讨论了英国各社会主义政党和工人政党统一、维也纳代表大会和俄国事务等问题。关于俄国社会民主党的统一问题是在会议快结束时提出来讨论的。由于时间已晚,这个问题没有得到详细的讨论,社会党国际局只通过了卡·考茨基代表德国代表团提出的决议案。决议案责成社会党国际局执行委员会召开会议,由"俄国(包括俄属波兰)工人运动中所有承认党的纲领或其纲领符合社会民主党纲领的派别"的代表就各派意见分歧的问题"交换意见"。考茨基在他12月14日说明决议案的理由的发言中声称:"俄国旧的社会民主党已经消失了",必须按照俄国工人渴望统一的愿望把它重新建立起来。列宁在《好决议和坏发言》一文中批评了考茨基的发言(见本卷第223—226页)。关于这个问题,还可参看列宁1913年12月18日以后和1914年1月26日给伊·费·阿尔曼德的两封信(本版全集第46卷第257、274号文献)。

在12月14日的社会党国际局会议上还宣读了格·瓦·普列汉诺夫的信。他在信中指出,由于取消派的罪过而造成的杜马党团的分裂,是对工人运动统一的打击,因此,他将辞去作为参加社会党国际局的全党代表的职务。取消派组织委员会的代表帕·波·阿克雪里罗得取代普列汉诺夫参加了社会党国际局。——201。

116 组织委员会(组委会)是1912年在取消派的八月代表会议上成立的俄国孟什维克的领导中心。第一次世界大战期间,组委会采取社会沙文主义立场,站在沙皇政府方面为战争辩护。组委会先后出版过《我们的曙光》、《我们的事业》、《事业》、《工人晨报》、《晨报》等报刊。1917年8月孟什维克党选出中央委员会以后,组委会的职能即告终止。除了在俄国国内活动的组委会外,在国外还有一个组委会国外书记处。这个书记处由帕·波·阿克雪里罗得、伊·谢·阿斯特罗夫-波韦斯、尔·马尔托夫、亚·萨·马尔丁诺夫和谢·尤·谢姆柯夫斯基组成,持和中派相近的立场,实际上支持俄国的社会沙文主义者。书记处的机关报是《俄国社会民主工党组织委员会国外书记处通报》,1915年2月—1917年3月在日内瓦出版,共出了10号。——201。

117 《国民教师的贫困》一文是因将在1913年12月底学校放寒假期间在彼得堡举行全俄国民教育代表大会而写的。布尔什维克打算利用这次教师的代表大会作为传播布尔什维主义思想和革命要求的合法机会。本文内容与列宁的《论国民教育部的政策问题》一文有密切关联(见本版全集第 23 卷)。——207。

118　学区是沙皇俄国的教育行政单位。每一学区包括若干个省。学区由督学领导,负责监督本学区内国民教育部学校的活动。20 世纪初,全俄划分为 12 个学区。——207。

119　列宁讽刺地称孟什维克的《新工人报》为《新取消派报》。关于《新工人报》,见注 11。——210。

120　指社会民主党第三届国家杜马党团拟定法律草案协助委员会。该委员会于 1909 年在巴黎组成,布尔什维克和孟什维克都有代表参加。委员会下成立了关于起草八小时工作制法案、罢工自由法案、工会法案等分委员会。布尔什维克草拟了若干法案,例如八小时工作制法案(这个法案的《说明书》是列宁写的,见本版全集第 19 卷第 158—164 页),但是由于孟什维克的抵制,这些法案被搁置下来。罢工法案是孟什维克费·伊·唐恩起草的,他把允许因参加罢工而受刑事处分的条款列入了草案。列宁在讨论这项法案的委员会会议上坚决反对这一条款。——210。

121　指《无产阶级真理报》。
　　《无产阶级真理报》(《Пролетарская Правда》)是俄国布尔什维克党的中央机关报,1913 年 12 月 7 日(20 日)—1914 年 1 月 21 日(2 月 3 日)代替被沙皇政府查封的《真理报》在彼得堡出版,共出了 34 号。关于《真理报》,见注 1。——213。

122　锡安社会党人是指锡安社会党(锡安社会主义工人党)的成员。锡安社会党(锡安社会主义工人党)是俄国小资产阶级的犹太民族主义组织,于 1904 年成立。在一般政治问题上,锡安社会党人要求在普遍、平等、直接和无记名投票的选举基础上召开立宪会议,在第一届国家杜马选举时坚持抵制策略。但锡安社会党人认为,犹太无产阶级的主要任务是为取得自己的领土并建立自己的民族国家而斗争。锡安社会党人的民族主义活动模糊了犹太工人的阶级意识,给工人运动带来很大危害。1908年10月,社会党国际局决定不再同锡安社会党往来。1917年二月资产阶级革命后,锡安社会党同犹太社会主义工人党合并为犹太社会主义统一工人党。——214。

123　指刊载在1913年12月7日(20日)《无产阶级真理报》第1号上的马·亚·萨韦利耶夫(韦特罗夫)的《国际和统一问题》一文。文中写道:"最后我们不能不指出,取消派断言所谓国际局拒绝了六人团关于取得单独代表资格的要求,从而指责了社会民主党党团中6个工人代表提出的'联邦制'原则,这是取消派在撒谎。由于纯形式上的原因,根本没有向国际局提出给六人团单独代表资格的要求。因此,《新工人报》上关于所谓国际局谴责六人团的声明,也是取消派别有用心的谎言,他们一贯竭力用这种谎言来模糊工人阶级的意识。"——217。

124　宽广派即保加利亚社会民主工党(宽广社会党人),1903年保加利亚社会民主工党分裂后成立,领导人是扬·伊·萨克佐夫。宽广派力求把党变成包括资产阶级在内的所有"生产阶层"的宽广组织。第一次世界大战期间,宽广派持社会沙文主义立场。1918—1923年宽广派领袖曾参加资产阶级政府和灿科夫法西斯政府。——218。

125　指1913年6月19—22日(7月2—5日)在利沃夫举行的全乌克兰大学生第二次代表大会。代表大会安排在伟大的乌克兰作家、学者、社会活动家、革命民主主义者伊万·弗兰科的纪念日举行。俄国的乌克兰大学生代表也参加了代表大会的工作。会上乌克兰社会民主党人德·顿佐夫作了《乌克兰青年和民族的现状》的报告。他坚持乌克兰独立这一口号。——220。

126　《工人真理报》(《Рабочая Правда》)是俄国布尔什维克党的中央机关报,1913年7月13日(26日)—8月1日(14日)代替被沙皇政府查封的《真理报》在彼得堡出版,共出了17号。关于《真理报》,见注1。——220。

127　《道路报》(«Шляхи»)是乌克兰大学生联合会的机关报,持民族主义立
场,1913年4月—1914年3月在利沃夫用乌克兰文出版。——220。

128　这里说的是1906年8月《俄国财富》杂志第8期上发表的阿·瓦·彼
舍霍诺夫的《当前的主题。我们的纲领(它的梗概和范围)》一文。这篇
文章认为在民族问题上"也必须考虑人民在千百年历史中养成的心
理",因此"必须向群众提出的,不是民族独立的口号","而是实际生活
提出的要求,即民族自治的要求"。列宁对这篇文章的批判,见《社会革
命党的孟什维克》一文(本版全集第13卷)。

　　《俄国财富》杂志(«Русское Богатство»)是俄国科学、文学和政治刊
物。1876年创办于莫斯科,同年年中迁至彼得堡。1879年以前为旬
刊,以后为月刊。1879年起成为自由主义民粹派的刊物。1892年以后
由尼·康·米海洛夫斯基和弗·加·柯罗连科领导,成为自由主义民
粹派的中心,在其周围聚集了一批政论家,他们后来成为社会革命党、
人民社会党和历届国家杜马中的劳动派的著名成员。在1893年以后
的几年中,曾同马克思主义者展开理论上的争论。为该杂志撰稿的也
有一些现实主义作家。1906年成为人民社会党的机关刊物。1914年
至1917年3月以《俄国纪事》为刊名出版。1918年被查封。——222。

129　《前进报》(«Vorwärts»)是德国社会民主党的中央机关报(日报),1876
年10月在莱比锡创刊,编辑是威·李卜克内西和威·哈森克莱维尔。
1878年10月反社会党人非常法颁布后被查禁。1890年10月反社会
党人非常法废除后,德国社会民主党哈雷代表大会决定把1884年在柏
林创办的《柏林人民报》改名为《前进报》(全称是《前进。柏林人民
报》),从1891年1月起作为中央机关报在柏林出版,由李卜克内西任
主编。恩格斯曾为《前进报》撰稿,同机会主义的各种表现进行斗争。
1895年恩格斯逝世以后,《前进报》逐渐转入党的右翼手中。它支持过
俄国的经济派和孟什维克。第一次世界大战期间持社会沙文主义立
场。俄国十月革命以后,进行反对苏维埃的宣传。1933年停刊。
——224。

130　《俄国的罢工》一文是为袖珍历书《1914年工人手册》写的。历书由布

尔什维克党的波涛出版社于1913年12月14日(27日)出版,刊载了一些有关俄国工人立法、俄国和国际工人运动、政党、社会团体和联合会以及报刊等等方面的必要信息,提供了马克思、奥·倍倍尔、斐·拉萨尔、尼·加·车尔尼雪夫斯基等人的小传(附有画像)。历书被沙皇政府当局宣布查禁,但是警察局还没有来得及没收,初版5 000册就在一天内销售一空。1914年2月出了《手册》的修订版即第2版。为了应付书报检查,第2版作了一些删改,并增加了新的材料——自修书目索引。《工人手册》总共发行了20 000册。——227。

131 指反动政论家米·尼·卡特柯夫写的关于审判1885年1月莫罗佐夫工厂即尼科利斯科耶纺织厂的罢工参加者的文章。这次审判暴露了工人们所受的骇人听闻的剥削和压迫。被告对法庭提出的101个指控他们犯有罪行的问题一一加以批驳。1886年5月29日卡特柯夫在《莫斯科新闻》第146号上写道:"昨天,从平安无事的古城弗拉基米尔传来了101响礼炮声,庆祝在俄罗斯出现的工人问题。"——229。

132 奥塞梯人是俄国的一个民族,操奥塞梯语,人口542 000人(1979年)。——233。

133 楚德人是古代俄国史书上对居住在奥涅加湖以东直到奥涅加河与北德维纳河一带的爱沙尼亚人和与他们有亲缘关系的一些乌戈尔-芬兰人部落的统称。——233。

134 拉普人亦称拉普兰人,自称萨阿米人,是北欧的一个民族,主要居住在瑞典、挪威、芬兰的北部和俄罗斯的科拉半岛,操萨阿米语。——234。

135 济良人是科米人的旧称,现主要居住在俄罗斯西北部的科米自治共和国,操科米语(科米-济良语)。——234。

136 萨莫耶德人是操萨莫季语的民族(涅涅茨人、埃涅茨人、恩加纳桑人和谢利库普人)的旧称。现居住在阿尔汉格尔斯克、秋明、托木斯克各州和克拉斯诺亚尔斯克边疆区,人口34 000人(1970年)。——234。

137 指布尔什维克代表费·尼·萨莫伊洛夫在1913年11月26日(12月9日)国家杜马会议讨论给初级农业学校宗教课教师加薪的法案时,代表俄国社会民主党工人党团发表的声明。声明全文如下:

"考虑到:

(1)社会民主党始终坚持教会同国家分离、学校与教会分离的原则,具体表现在,要求全部取消学校里宗教课的讲授,国家不得支付任何拨款作为僧侣的薪俸;

(2)在俄国现实情况下,牧师们和初级学校宗教课教师们过去是,现在仍然是政府和至圣正教院反动政策最可靠的支柱之一,而政府和至圣正教院力图利用儿童和居民朴素的宗教感情,借助于宗教的权威在他们面前为这一反动政策辩解;

(3)社会民主党尽管一贯为争取提高国民学校教师的低微薪金而斗争,却不能不认为对现行法律提出的修正案是企图把初级学校宗教课教师更紧地束缚在现行的教会官僚教阶制度上,其目的仍然是为了不断麻醉儿童并为了实行同一反动政策,而宗教课教师正好是这一反动政策的可靠宣传者。

考虑到上述情况,社会民主党党团将投票反对因多年劳绩给初级农业国民学校宗教课教师加薪的修正案。"(见1913年11月27日(12月10日)《拥护真理报》第45号)

这个声明稿可能是列宁起草的,至少是经他审定的。——235。

138 彼列多诺夫习气一词来自俄国作家费·索洛古布的长篇小说《小鬼》(1907年)中的主人公彼列多诺夫的名字。彼列多诺夫是一个中学教员,他不仅不学无术,而且是一个迫害狂,以戕害学生为乐事。他常常无中生有地诬告学生,每天至少要训斥和恐吓一个学生。列宁在《论国民教育部的政策问题》一文中对彼列多诺夫作过评述(见本版全集第23卷)。——235。

139 《通报》是指1913年12月中央委员会在巴黎出版的小册子《有党的工作者参加的俄国社会民主工党中央委员会1913年夏季会议的通报和决议》。——237。

140　指《马克思主义和民族问题》一文。该文是斯大林于 1912 年底——1913 年初在维也纳写的,第一次发表在 1913 年《启蒙》杂志第 3、4、5 期上,当时用的题目是《民族问题和社会民主党》。这篇文章于 1914 年由彼得堡波涛出版社出了单行本,书名为《民族问题和马克思主义》。但是所有公共图书馆和阅览室都按照沙皇政府内务大臣的命令把它列为禁书。列宁在 1913 年 2 月 25 日和 3 月 29 日以前给列·波·加米涅夫的两封信里对斯大林的这篇文章作了肯定的评价(见本版全集第 46 卷第 161、167 号文献)。——237。

141　《火星报》(《Искра》)是第一个全俄马克思主义的秘密报纸,由列宁创办。创刊号于 1900 年 12 月在莱比锡出版,以后各号的出版地点是慕尼黑、伦敦(1902 年 7 月起)和日内瓦(1903 年春起)。参加《火星报》编辑部的有:列宁、格·瓦·普列汉诺夫、尔·马尔托夫、亚·尼·波特列索夫、帕·波·阿克雪里罗得和维·伊·查苏利奇。编辑部的秘书起初是因·格·斯米多维奇,1901 年 4 月起由娜·康·克鲁普斯卡娅担任。列宁实际上是《火星报》的主编和领导者。他在《火星报》上发表了许多文章,阐述有关党的建设和俄国无产阶级的阶级斗争的基本问题,并评论国际生活中的重大事件。

　　《火星报》在国外出版后,秘密运往俄国翻印和传播。《火星报》成了团结党的力量、聚集和培养党的干部的中心。在俄国许多城市成立了俄国社会民主工党列宁火星派的小组和委员会。1902 年 1 月在萨马拉举行了火星派代表大会,建立了《火星报》俄国组织常设局。

　　《火星报》在建立俄国马克思主义政党方面起了重大的作用。在列宁的倡议和亲自参加下,《火星报》编辑部制定了党纲草案,筹备了俄国社会民主工党第二次代表大会。这次代表大会宣布《火星报》为党的中央机关报。

　　根据俄国社会民主工党第二次代表大会的决议,《火星报》编辑部改由列宁、普列汉诺夫、马尔托夫三人组成。但是马尔托夫坚持保留原来的六人编辑部,拒绝参加新的编辑部,因此《火星报》第 46——51 号是由列宁和普列汉诺夫二人编辑的。后来普列汉诺夫转到了孟什维主义的立场上,要求把原来的编辑都吸收进编辑部,列宁不同意这样做,于

1903年10月19日(11月1日)退出了编辑部。《火星报》第52号是由普列汉诺夫一人编辑的。1903年11月13日(26日),普列汉诺夫把原来的编辑全部增补进编辑部以后,《火星报》由普列汉诺夫、马尔托夫、阿克雪里罗得、查苏利奇和波特列索夫编辑。因此,从第52号起,《火星报》变成了孟什维克的机关报。人们将第52号以前的《火星报》称为旧《火星报》,而把孟什维克的《火星报》称为新《火星报》。

　　1905年5月第100号以后,普列汉诺夫退出了编辑部。《火星报》于1905年10月停刊,最后一号是第112号。——238。

142　挪威于1814年被丹麦割让给瑞典,同瑞典结成了瑞挪联盟,由瑞典国王兼挪威国王。1905年7月,挪威政府宣布不承认瑞典国王奥斯卡尔二世为挪威国王,脱离联盟,成为独立王国。——241。

143　《曙光》杂志(《Заря》)是俄国马克思主义的科学政治刊物,由《火星报》编辑部编辑,1901—1902年在斯图加特出版,共出了四期(第2、3期为合刊)。第5期已准备印刷,但没有出版。杂志宣传马克思主义,批判民粹主义和合法马克思主义、经济主义、伯恩施坦主义等机会主义思潮。——242。

144　孟什维克护党派是孟什维克队伍中的一个在组织上没有完全形成的派别,于1908年开始出现,为首的是格·瓦·普列汉诺夫。1908年12月,普列汉诺夫同取消派报纸《社会民主党人呼声报》编辑部决裂;为了同取消派进行斗争,1909年他恢复出版了《社会民主党人日志》这一刊物。1909年在巴黎、日内瓦、圣雷莫、尼斯等地成立了孟什维克护党派的小组。在俄国国内,彼得堡、莫斯科、叶卡捷琳诺斯拉夫、哈尔科夫、基辅、巴库都有许多孟什维克工人反对取消派,赞成恢复秘密的俄国社会民主工党。普列汉诺夫派在保持孟什维主义立场的同时,主张保存和巩固党的秘密组织,为此目的而同布尔什维克结成了联盟。他们同布尔什维克一起参加地方党委员会,并为布尔什维克的《工人报》、《明星报》撰稿。列宁的同孟什维克护党派接近的策略,扩大了布尔什维克在合法工人组织中的影响。

　　1911年底,普列汉诺夫破坏了同布尔什维克的联盟。他打着反对俄国社会民主工党内部的"派别活动"和分裂的旗号,企图使布尔什维克党同机会主义者和解。1912年普列汉诺夫派同托洛茨基分子、崩得分子和取消派一起反对俄国社会民主工党布拉格代表会议的决议。——251。

145　指1903年7—8月俄国社会民主工党第二次代表大会通过的党纲的第8条,其中谈到:"居民有权受到用本民族语言进行的教育","每个公民都有在各种会议上讲本民族语言的权利","在一切地方的社会团体和国家机关中,本民族语言和国语地位平等"(见本版全集第7卷第427页)。——251。

146　指取消派报纸《新工人报》就社会党国际局决定召开"俄国工人运动的一切派别组织"的会议以恢复俄国社会民主工党的统一一事。1913年12月3日(16日)该报第97号刊登了一则关于社会党国际局十二月会议的伦敦来电,说社会党国际局拒绝了布尔什维克提出的派遣国家杜马中的社会民主党工人党团的代表参加第二国际各国议会部的要求。根据列宁的委托,中央委员会驻布鲁塞尔代表向社会党国际局书记卡·胡斯曼提出了一个问题:你对取消派的胡作非为将作出怎样的反应?胡斯曼不得已正式驳斥了《新工人报》的不真实报道。——257。

147　指波兰社会党"左派"。见注81。——257。

148　教育的果实是俄国作家列·尼·托尔斯泰的一部讽刺喜剧。该剧嘲笑当时俄国的一些地主、学者热衷于招魂术之类的迷信活动,说明这是他们所受的"教育"结出的"果实"。列宁在这里借用这个词来讽刺立宪民主党人。——263。

149　《俄国报》(《Россия》)是俄国黑帮报纸(日报),1905年11月—1914年4月在彼得堡出版。从1906年起成为内务部的机关报。该报接受由内务大臣掌握的政府秘密基金的资助。
　　《新时报》(《Новое Время》)是俄国报纸,1868—1917年在彼得堡出版。出版人多次更换,政治方向也随之改变。1872—1873年采取进

步自由主义的方针。1876—1912 年由反动出版家阿·谢·苏沃林掌
握,成为俄国最没有原则的报纸。1905 年起是黑帮报纸。1917 年二月
革命后,完全支持资产阶级临时政府的反革命政策,攻击布尔什维克。
1917 年 10 月 26 日(11 月 8 日)被查封。

《庶民报》(《Земщина》)是俄国黑帮报纸(日报),国家杜马极右派
代表的机关报,1909 年 6 月—1917 年 2 月在彼得堡出版。——263。

150 抓走和不准出自俄国作家格·伊·乌斯宾斯基的特写《岗亭》。书中的
主人公梅穆列佐夫是俄国某县城的岗警。在沙皇军队的野蛮训练下,
他丧失了人的一切优良天性,"抓走"和"不准"成了他的口头禅。梅穆
列佐夫这个形象是沙皇专制警察制度的化身。——263。

151 《北方思想报》(《Северная Мысль》)是俄国左派民粹派(社会革命党)的
合法报纸。参看注 89。——265。

152 这篇短评是为 1913 年 12 月 20 日(1914 年 1 月 2 日)《无产阶级真理
报》第 12 号转载卡·考茨基的信写的编后记。考茨基的这封信发表于
1913 年 12 月 24 日德国社会民主党中央机关报《前进报》第 339 号,是
对罗·卢森堡给《前进报》编辑部的信的答复。——270。

153 《马克思和恩格斯通信集》一文是列宁为 1913 年 9 月德文版四卷本《马
克思和恩格斯通信集(1844—1883 年)》的出版而计划写的一篇长文的
开头部分。这部马克思和恩格斯的通信集共收入马克思和恩格斯相互
写的书信 1 386 封(这方面的书信总共约有 1 500 封),是他们的理论遗
产的重要组成部分,同时也包含有这两位科学共产主义创始人生平的
大量珍贵资料。列宁深入地研究了这部通信集,摘记了其中 300 封信
的要点,摘抄了 15 封具有重要理论意义的信,并为一部分摘要编了名
目索引。1913 年 10 月 30 日或 31 日(11 月 12 日或 13 日)列宁写信给
妹妹玛·伊·乌里扬诺娃,说他已读完德文版四卷本《马克思和恩格斯
通信集》,认为这部通信集里有很多有意义的东西,准备为《启蒙》杂志
写一篇关于这部通信集的文章(参看本版全集第 53 卷第 244 号文献)。

列宁的《马克思和恩格斯通信集》一文原打算发表在 1914 年的《启

蒙》杂志,1913年12月14日(27日)《无产阶级真理报》第7号曾就此作过报道,但是这篇文章没有写完。直到1920年11月28日恩格斯诞辰一百周年时,文章才在《真理报》第268号上发表。列宁在文章付排前,给它加了一个副标题:《恩格斯是共产主义的创始人之一》,同时加了一个脚注,说明这是1913年或1914年初写的一篇未完成的文章的开头。

　　根据列宁笔记编成的《〈马克思和恩格斯通信集(1844—1883年)〉提要》,已收入本版全集,列为第58卷。——277。

154　人民社会党人是1906年从俄国社会革命党右翼分裂出来的小资产阶级政党人民社会党的成员。人民社会党的领导人有尼·费·安年斯基、韦·亚·米雅柯金、阿·瓦·彼岑霍诺夫、弗·格·博哥拉兹、谢·雅·叶尔帕季耶夫斯基、瓦·伊·谢美夫斯基等。人民社会党提出“全部国家政权应归人民”,即归从无产者到资产阶级知识分子的全体劳动者,主张对地主土地进行赎买和实行土地国有化,但不触动份地和经营“劳动经济”的私有土地。在俄国1905—1907年革命趋于低潮时,该党赞同立宪民主党的路线,六三政变后,因没有群众基础,实际上处于瓦解状态。第一次世界大战期间,持社会沙文主义立场。二月革命后,该党开始恢复组织。1917年6月,同劳动派合并为劳动人民社会党。这个党代表富农利益,积极支持资产阶级临时政府,十月革命后参加反革命阴谋活动和武装叛乱,1918年后不复存在。——281。

155　蒲鲁东主义是以法国无政府主义者皮·约·蒲鲁东为代表的小资产阶级社会主义流派,产生于19世纪40年代。蒲鲁东主义从小资产阶级立场出发批判资本主义所有制,把小商品生产和交换理想化,幻想使小资产阶级私有制永世长存。主张建立“人民银行”和“交换银行”,认为它们能帮助工人购置生产资料,使之成为手工业者,并能保证他们“公平地”销售自己的产品。蒲鲁东主义反对任何国家和政府,否定任何权威和法律,宣扬阶级调和,反对政治斗争和暴力革命。马克思在《哲学的贫困》(参看《马克思恩格斯全集》第1版第4卷)等著作中,对蒲鲁东主义作了彻底批判。列宁称蒲鲁东主义为不能领会工人阶级观点的

"市侩和庸人的痴想"。蒲鲁东主义被资产阶级的理论家们广泛利用来鼓吹阶级调和。——282。

156 "真正的社会主义"亦称"德国的社会主义",是从 1844 年起在德国知识分子中间传播的一种小资产阶级社会主义学说,代表人物有卡·格律恩、莫·赫斯、海·克利盖等人。"真正的社会主义者"宣扬超阶级的爱、抽象的人性和改良主义思想,拒绝进行政治活动和争取民主的斗争,否认进行资产阶级民主革命的必要性。在 19 世纪 40 年代的德国,这种学说成了不断发展的工人运动的障碍,不利于团结民主力量进行反对专制制度和封建秩序的斗争,不利于在革命斗争的基础上形成独立的无产阶级运动。马克思和恩格斯在 1845—1848 年的许多著作中对"真正的社会主义"进行了不懈的批判。——282。

157 《关于民族问题的报告提纲》看来是列宁 1914 年 1 月 10 日(23 日)在巴黎作了民族问题的报告后写的。从笔记《民族问题Ⅲ》封底上的记载看,1914 年 2 月 2 日列宁在比利时列日把这个报告重作了一次。

列宁自己编了号的关于民族问题的笔记共 4 本,其中第 1 本尚未找到,第 2、3、4 本编入了《列宁文集》俄文版第 30 卷。——290。

158 见马克思 1870 年 7 月 5 日给恩格斯的信。信中谈到对格·亚·洛帕廷的印象说:"他头脑很清醒,**有判断力**,性格开朗,像一个事事知足的俄国农民那样恬淡寡欲。弱点就是**波兰问题**。他谈论这个问题所说的话,同英国人——例如英国老宪章派——谈论爱尔兰所说的话完全一样。"(参看《马克思恩格斯全集》第 1 版第 32 卷第 505—506 页)——298。

159 在俄国社会民主工党第二次代表大会纲领委员会的第 3 次会议的晚上会议上,波兰和立陶宛社会民主党的一名代表曾提议采纳关于"保障组成国家的各民族在文化发展上的充分自由的机构"这一条文(见本版全集第 7 卷第 406—407 页)。——299。

160 季阿斯波拉(来自希腊语"分散"一词)是指居住在犹太国以外的犹太人。公元前 6 世纪初,埃及、巴比伦和地中海沿岸其他各国都有犹太人的移民区。从公元前3世纪起,季阿斯波拉迅速增加,在公元前1世纪已达450万人。在罗马帝国中,季阿斯波拉公社生活,有时组成公法性的团体(如在亚历山大),有时仅组成私人的祭祀性的联盟(如在罗马)。季阿斯波拉在宣传犹太教方面有成就,但同时也逐渐丧失了自己的民族特点和民族语言。——302。

161 最坏类型的联邦制一语见于1912年1月俄国社会民主工党第六次(布拉格)全国代表会议《关于各民族中央机关没有代表出席全党代表会议的问题》的决议,是会议对俄国社会民主工党自第四次(统一)代表大会以来同各民族社会民主党组织的相互关系的评定(参看本版全集第21卷第143—144页,第22卷第247—249页)。——303。

162 这是有关拉脱维亚边疆区社会民主党第四次代表大会的一组文献。

拉脱维亚边疆区社会民主党第四次代表大会于1914年1月13—26日(1月26日—2月8日)在布鲁塞尔召开。参加代表大会的共35人,其中有表决权的18人,有发言权的11人,来宾6人。在有表决权的代表中,布尔什维克和孟什维克各8人,调和派2人。列宁作为布尔什维克党中央委员会的代表应邀出席了大会。

这次代表大会是在该党内部布尔什维克和孟什维克进行尖锐斗争的形势下召开的。1913年底前,该党所有中央机关都被孟什维克取消派和调和派所夺取。布尔什维克组成了自己的派别,其组织中心是拉脱维亚边疆区社会民主党国外小组联合会。列宁积极参加了筹备和召开代表大会的工作。大会前他曾同拉脱维亚的布尔什维克进行了频繁的通信,到柏林和巴黎去亲自会见他们,了解大会的筹备、组成以及大会上可能出现的斗争结局等等问题。在代表大会上列宁作了关于拉脱维亚边疆区社会民主党对俄国社会民主工党和对杜马党团分裂一事的态度的报告,参加了布尔什维克代表的会议,帮助他们准备决议草案。代表大会前夕,即1914年1月12日(25日)晚,列宁在布鲁塞尔向大会的代表们就民族问题作了专题报告,阐述了布尔什维克在民族问题上的理论与策略。

代表大会在拉脱维亚边疆区社会民主党对俄国社会民主工党和对

杜马党团分裂一事的态度问题上展开了特别尖锐的斗争,最后通过了布尔什维克的决议。这个决议的草案是列宁写的。由于列宁和拉脱维亚布尔什维克在代表大会上对调和主义倾向进行了有力的斗争,拉脱维亚社会民主党人终于退出了八月联盟。列宁认为这是对托洛茨基的联盟的"致命打击"。

在列宁直接参加下召开的这次代表大会是拉脱维亚边疆区社会民主党历史上的一个转折。代表大会选举了持布尔什维克立场的中央委员会。党的中央机关报《斗争报》也转到了布尔什维克的拥护者一边。——304。

163 中央委员会国外局是由1908年8月俄国社会民主工党中央委员会全体会议批准成立的,是从属于中央委员会俄国局的全党的国外代表机构,由3人组成。其任务是与在俄国国内活动的中央委员会和在国外工作的中央委员保持经常联系,监督俄国社会民主工党国外各协助小组以及代表它们的国外中央局的活动,收纳国外组织上缴中央会计处的钱款,并为中央委员会募捐。1910年中央委员会一月全会改组了中央委员会国外局,限定它的职能为领导党的一般事务,同时相应地加强了中央委员会俄国局的权力。中央委员会国外局改由5人组成,其中有各民族组织中央委员会的代表3人,布尔什维克代表1人和孟什维克代表1人。起初组成中央委员会国外局的是:阿·伊·柳比莫夫(布尔什维克)、波·伊·哥列夫(孟什维克)、扬·梯什卡(波兰社会民主党),约诺夫(崩得)和扬·安·别尔津(拉脱维亚社会民主党)。但不久布尔什维克的代表改为尼·亚·谢马什柯,崩得代表改为米·伊·李伯尔,拉脱维亚社会民主党代表改为施瓦尔茨,后二人是取消派。这样,取消派就在中央委员会国外局的成员中取得了稳定的多数。他们极力破坏党中央机关的工作,阻挠召开中央委员会全会。布尔什维克代表谢马什柯被迫于1911年5月退出中央委员会国外局。

1911年6月在巴黎召开的俄国社会民主工党中央委员会会议作出了谴责中央委员会国外局政治路线的决议,指出国外局走上了反党的、维护派别策略的道路,决定把国外局是否继续存在的问题提交最近召开的中央委员会全会解决。1911年11月,波兰社会民主党从中央委员会国外局召回了自己的代表,随后拉脱维亚社会民主党也召回了自己的代表。1912年1月,中央委员会国外局自行撤销。——305。

164 指尔·马尔托夫的小册子《拯救者还是毁灭者?(谁破坏又是怎样破坏俄国社会民主工党)》。这本小册子由《社会民主党人呼声报》编辑部于1911年春在巴黎出版。小册子大谈布尔什维克同乌拉尔"尔博夫分子"战斗队以及1907年梯弗利斯剥夺国库事件组织者的组织关系,并且提出一系列无中生有的指责,来证明布尔什维克领导人的所谓"涅恰耶夫主义"。小册子还带有明显的政治讹诈性质。

马尔托夫把这本小册子的德译本寄给了卡·考茨基,后者在1911年8月9日给阿·瓦·卢那察尔斯基的信里说:"我们像您一样不认为列宁及其追随者是分裂的原因。我们认为,列宁的行动不过是对马尔托夫那本攻击他的令人反感的小册子的答复。这本小册子简直毫无意义,如果不是追求强行分裂的目的的话。"这封信的片段曾被格·瓦·普列汉诺夫公布在1911年10月《社会民主党人日志》第15期上。——308。

165 《日报》(《День》)是俄国自由派资产阶级的报纸(日报),1912年在彼得堡创刊。孟什维克取消派参加了该报的工作。该报站在自由派和孟什维克的立场上批评沙皇制度和资产阶级地主政党。第一次世界大战期间持护国主义立场。从1917年5月30日起,成为孟什维克的机关报,支持资产阶级临时政府,反对布尔什维克。1917年10月26日(11月8日)被查封。——313。

166 指《解放》杂志。
《解放》杂志(《Освобождение》)是俄国自由派资产阶级反对派的机关刊物(双周刊),1902年6月18日(7月1日)—1905年10月5日(18日)先后在斯图加特和巴黎出版,共出了79期。编辑是彼·伯·司徒卢威。该杂志反映资产阶级的立宪和民主要求,在资产阶级知识分子和地方自治人士中影响很大。1903年至1904年1月,该杂志筹备成立了俄国资产阶级自由派的秘密组织解放社。解放派和立宪派地方自治人士一起构成了1905年10月成立的立宪民主党的核心。——316。

167 亚·亚·波格丹诺夫于 1911 年初退出了"前进"集团。该集团成员格·阿·阿列克辛斯基在 1911 年《现代世界》杂志第 7 期发表了关于波格丹诺夫的一本小册子《当代的文化任务》的书评,谴责了他的马赫主义和"无产阶级文化"理论。——327。

168 列宁在这里指的是他打算为《启蒙》杂志写的《关于"前进派分子"和"前进"集团》一文(见本版全集第 25 卷)。该文发表于 1914 年 6 月《启蒙》杂志第 6 期。——328。

169 指斯大林的《马克思主义和民族问题》一文。见注 140。——343。

170 白俄罗斯格罗马达(白俄罗斯社会主义格罗马达)是小资产阶级民族主义政党,1902 年成立(当时称白俄罗斯革命格罗马达),1903 年 12 月在维尔诺举行第一次代表大会而最终形成。该党借用波兰社会党的纲领作为自己的纲领,要求白俄罗斯边疆区实行自治并在维尔诺设立地方议会,把地主、皇族和寺院的土地转归地方公有,允许西北边疆地区各民族实行民族文化自治。该党的多数成员代表白俄罗斯农村资产阶级的利益,但也有一些成员代表劳动农民的利益。在 1905—1907 年俄国革命时期,该党采取资产阶级改良主义的策略。随着这次革命的失败,该党滑向资产阶级自由主义立场。1907 年初,该党正式宣布解散,它的成员们开始进行合法的资产阶级民族主义活动,出版了合法报纸《我们的田地报》(1906—1915 年)。第一次世界大战期间,留在德军占领区的格罗马达分子鼓吹在德国的保护下"复兴"白俄罗斯。1917 年俄国二月革命后,白俄罗斯社会主义格罗马达恢复组织,支持资产阶级临时政府的政策。1917 年 7 月,该党右翼领袖参加了白俄罗斯拉达。十月社会主义革命后,该党分裂,它的一部分成员进行反革命活动,一部分成员转向苏维埃政权方面。

达什纳克楚纯是亚美尼亚资产阶级民族主义政党,于 1890 年在梯弗利斯成立。党员中,除资产阶级外,民族知识分子和小资产阶级占重要地位,此外,还有部分农民和工人。在 1905—1907 年革命时期,该党同社会革命党接近。1907 年,该党正式通过了具有民粹主义性质的"社会主义"纲领,并加入了第二国际。1917 年二月资产阶级民主革命后,同孟什维克、社会革命党人和阿塞拜疆资产阶级民族主义政党木沙瓦特党人结成了反革命联盟,组织了外高加索议会。1918——1920年间,该党曾领导亚美尼亚的反革命资产阶级民族主义政府。1920年11月,亚美尼亚劳动人民在布尔什维克党的领导和红军的支持下,推翻了达什纳克党人的政府,建立了苏维埃政权。1921年2月,达什纳克楚纯发动叛乱,被粉碎。随着苏维埃政权的胜利,该党在外高加索的组织陆续被清除。

　　格鲁吉亚社会联邦派是格鲁吉亚社会联邦革命党的成员。格鲁吉亚社会联邦革命党是资产阶级民族主义政党,于1904年4月建立。该党要求在俄国资产阶级地主国家范围内实行格鲁吉亚的民族自治。第一次俄国革命失败后的反动年代里,该党成了革命的公开敌人。它同孟什维克和无政府主义者共同行动,企图破坏外高加索各族劳动人民反对沙皇制度和资本主义的统一战线。十月革命后,社会联邦党人同格鲁吉亚孟什维克、达什纳克党人和木沙瓦特党人组成反革命联盟。这个反革命联盟先后得到德、土武装干涉者和英、法武装干涉者的支持。——344。

171 普加乔夫暴动即1773—1774年顿河哥萨克叶·伊·普加乔夫领导的俄国农民战争,这里用做农民起义的代称。——345。

172 独立农庄原指开垦新土地时建立的独户农业居民点,随着资本主义的发展,后来通常指拥有农业建筑物和供个人使用的地段的独立庄园。在俄国,独立农庄最早于18世纪前半期出现在顿河军屯地区,农庄主是富裕的哥萨克。到19世纪,独立农庄在波兰王国地区、波罗的海沿岸以及西部各省得到了发展。1906年以后,随着斯托雷平土地改革的实行,独立农庄的数量增加较快。到1910年,独立农庄在欧俄农户中所占比重为10.5%。十月革命后,在农业全盘集体化的过程中,多数独立农庄被取消,某些地区保存到1940年。——346。

173 指《1905年土地占有情况统计。欧俄50省资料汇编》一书。该书由沙皇政府内务部中央统计委员会于1907年在圣彼得堡出版。——347。

174 全俄民族联盟是俄国地主、官僚的反革命君主主义政党。该党前身是
1908 年初从第三届国家杜马右派总联盟中分离出来的一个独立派别，
共 20 人，主要由西南各省的杜马代表组成。1909 年 10 月 25 日，该派
同当年 4 月 19 日组成的温和右派党的党团合并成为"俄国民族党人"
共同党团(100 人左右)。1910 年 1 月 31 日组成为统一的党——全俄
民族联盟，党和党团主席是彼·尼·巴拉绍夫，领导人有帕·尼·克鲁
平斯基、弗·阿·鲍勃凌斯基、米·奥·缅施科夫和瓦·维·舒利金。
该党以维护贵族特权和地主所有制、向群众灌输好战的民族主义思想
为自己的主要任务。该党的纲领可以归结为极端沙文主义、反犹太主
义和要求各民族边疆区俄罗斯化。1915 年初，"进步"民族党人从全俄
民族联盟分离出来，后来参加了"进步同盟"。1917 年二月资产阶级民
主革命后，该党即不复存在。——353。

175 马泽帕主义得名于 17 世纪末—18 世纪初第聂伯河左岸乌克兰地区的
盖特曼伊·捷·马泽帕。他主张乌克兰独立和脱离俄国。在 1700—
1721 年的北方战争中曾公开投向瑞典国王查理十二世一方。——353。

176 《正确思想报》(《Верная Мысль》)是俄国左派民粹派(社会革命党)的
合法报纸。参看注 89。——364。

177 尼·康·米海洛夫斯基在 1873 年给彼·拉·拉甫罗夫的一些信中写
道："坦率地说，我不像害怕革命那样害怕反动。""我不是革命者，各有
所好嘛。同旧的神灵作斗争并不使我感兴趣，因为它们都不过是陈词
滥调，它们的垮台只是时间问题。新的神灵则要危险得多，并且从这种
意义上说要坏得多。"——366。

178 1912 年，在革命高潮到来的形势下，"前进"集团开始转向同布尔什维
克共同工作。这年 11 月，格·阿·阿列克辛斯基代表前进派巴黎小组
向《真理报》编辑部提出为该报撰稿的建议。编辑部接受了这个建议，
并于 12 月 11 日(24 日)在《真理报》第 190 号上公布了撰稿人的补充名
单：阿列克辛斯基、弗·巴扎罗夫、亚·波格丹诺夫、斯坦·沃尔斯基、
Ю.利亚多夫；随后又增加了"失业者"(德·扎·曼努伊尔斯基)和沃伊

诺夫(阿·瓦·卢那察尔斯基)。这个名单公布后,波格丹诺夫写信给
《光线报》编辑部,说《真理报》从未建议他为该报经常撰稿,因此要求把
他的名字从名单上删去。直到1913年2月,波格丹诺夫得到《真理报》
编辑部的单独一份建议信后,才成为该报撰稿人。吸收前进派为撰稿
人一事,中央委员会国外局事先并不知道。

　　波格丹诺夫成为《真理报》撰稿人后,曾为该报写过系列文章《外来
语词汇选释》《《纲领》《阶级》《党》《策略》)以及泰罗制的概述等,后
来由于宣传马赫主义(《意识形态》一文)而被取消了撰稿人资格。关于
这个问题,还可参看列宁1913年6月3日(16日)给《真理报》编委会的
信(本版全集第23卷第257—259页)。——368。

179　这里说的是《无产者报》扩大编辑部会议。

　　《无产者报》扩大编辑部会议于1909年6月8—17日(21—30日)
在巴黎举行。参加会议的有《无产者报》"小型"编辑部成员列宁、格·
叶·季诺维也夫、列·波·加米涅夫、亚·亚·波格丹诺夫,俄国社会
民主工党中央委员会委员、候补委员约·彼·戈尔登贝格、约·费·杜
勃洛文斯基(这两人也是"小型"编辑部成员)、阿·伊·李可夫、维·
康·塔拉图塔、维·列·尚采尔,布尔什维克地方组织代表米·巴·托
姆斯基(彼得堡)、弗·米·舒利亚季科夫(莫斯科地区)、尼·阿·斯克
雷普尼克(乌拉尔)。出席会议的还有娜·康·克鲁普斯卡娅、阿·
伊·柳比莫夫、俄国社会民主工党中央委员会俄国局秘书亚·巴·哥
卢勃科夫、第三届国家杜马代表尼·古·波列塔耶夫。这次会议实际
上是有地方代表参加的布尔什维克中央的一次全体会议。

　　会议是根据列宁的倡议召开并且在他的领导下进行的。会议注意
的中心是关于召回派和最后通牒派问题,这两派的代表是波格丹诺夫
(马克西莫夫)和尚采尔(马拉)。在一些问题上他们得到舒利亚季科夫
(多纳特)的支持。季诺维也夫、加米涅夫、李可夫和托姆斯基在一系列
问题上采取了调和主义立场。

　　会议讨论了下列问题:关于召回主义和最后通牒主义;关于社会民
主党内的造神说倾向;关于波格丹诺夫(马克西莫夫)就《走的不是一条
路》一文(载于《无产者报》第42号)提出的抗议;关于在党的其他方面

的工作中对杜马活动的态度；布尔什维克在党内的任务；关于在卡普里岛创办的党校；关于离开党单独召开布尔什维克代表大会或布尔什维克代表会议的鼓动；关于波格丹诺夫（马克西莫夫）同志分裂出去的问题及其他问题。在会议召开的前夕，举行了一次没有召回派和最后通牒派代表参加的非正式的布尔什维克会议，研究了列入议程的各项问题。列宁在这次非正式会议上详细通报了党内和布尔什维克派内的情况，他所提出的论点，构成了扩大编辑部会议通过的决议的基础。

　　会议坚决谴责了召回主义和最后通牒主义，号召所有布尔什维克同它们作不调和的斗争。会议也坚决谴责了造神说这种背离马克思主义原理的思潮，并责成《无产者报》编辑部同一切修正马克思主义哲学的表现进行斗争。会议谴责了召回派和造神派建立派别性的卡普里党校的行为。会议确认布尔什维克中央同孟什维克护党派接近的路线的正确性。会议提醒布尔什维克不要进行召开"纯布尔什维克代表大会"的鼓动，因为这客观上将导致党的分裂。会议号召不停止同取消主义和修正主义的斗争，同时主张同党的所有组成部分接近，加速召开全党的代表会议和代表大会。由于波格丹诺夫拒绝服从会议决议，《无产者报》编辑部宣布不再对他的政治活动负责任，这实际上意味着把他从布尔什维克的队伍中开除出去。会议决议重申了俄国社会民主工党第五次代表大会关于利用国家杜马讲坛的性质和目的的决议，强调必须把工人阶级的所有合法的和半合法的组织变成由党的秘密支部领导的进行社会民主主义的宣传、鼓动和组织工作的据点。会议还通过了改组布尔什维克中央的决定，在决定中规定了中央的新的结构和任务。有关这次会议的列宁文献见本版全集第19卷。——368。

180　经验一元论是亚·亚·波格丹诺夫的哲学学说。它以单一的"经验"为哲学基础，实际上是一种主观唯心主义学说和马赫主义的变种。列宁对经验一元论的批判，见《唯物主义和经验批判主义》一书第四章第5节（本版全集第18卷第235—242页）。——370。

181　造神说是在俄国1905—1907年革命失败后的反动时期俄国社会民主工党内一部分知识分子中产生的一种宗教哲学思潮。这一思潮的主要代表人物是阿·瓦·卢那察尔斯基、弗·亚·巴扎罗夫等人。造神派主张把马克思主义和宗教调和起来，使科学社会主义带有宗教信仰的性质，鼓吹创立一种"无神的"新宗教，即"劳动宗教"。他们认为马克思主义的整个哲学就是宗教哲学，社会民主运动本身是"新的伟大的宗教力量"，无产者应成为"新宗教的代表"。马·高尔基曾一度追随造神派。列宁在《唯物主义和经验批判主义》一书以及1908年2—4月、1913年11—12月间给高尔基的信（见本版全集第18、45、46卷）中揭露了造神说的反马克思主义本质。——371。

182 这是列宁为《马克思主义和取消主义》文集第2册写的序言。

《马克思主义和取消主义。关于现代工人运动的基本问题的论文集。第2册》一书于1914年7月由党的波涛出版社出版。文集收入了列宁和其他一些人的文章。列宁拟定了文集的大纲。根据这个大纲，文集分两册。两册的内容曾经在1914年3月21日《真理之路报》第42号上宣布过。

文集的第1册没有问世。文集的第2册有数十册由于出版社当时来不及运出印刷厂而被沙皇当局没收，但是大部分还是散发出去了。

文集的第2册除序言和结束语外，共收了14篇列宁的著作：《公开的党和马克思主义者》（见《几个争论的问题》）、《自由派工党的宣言》、《帕·波·阿克雪里罗得是怎样揭露取消派的》、《论崩得的分离主义》（见《俄国的分离主义者和奥地利的分离主义者》、《〈真理报〉是否证明了崩得分子的分离主义?》）、《马克思主义和改良主义》、《自由派资产阶级和改良主义》（见《政治上的原则问题》）、《自由派的盲目无知。必要的说明》（见《政论家札记》）、《经济罢工和政治罢工》、《谈谈"吃掉立宪民主党人"》、《我们同自由派论战的性质和意义》、《自由派资产阶级和取消派》、《工人阶级和工人报刊》、《关于社会民主党杜马党团内部斗争问题的材料》和《工人对在国家杜马中成立俄国社会民主党工人党团的反应》（见本版全集第20、21、22、23、25卷及本卷）。最后一篇是作为对前一篇文章的补充而专门为文集写的，1914年6月列宁给这篇文章加了一个脚注，提供了通过杜马党团给马克思主义报纸和取消派报纸捐款的情况的新材料。有些文章收入文集时，标题作了改动。

这个文集的各项准备材料,参看《列宁文稿》人民出版社版第13卷第298—310页。——374。

183 《20世纪初俄国的社会运动》是孟什维克的文集,由尔·马尔托夫、彼·巴·马斯洛夫和亚·尼·波特列索夫编辑,彼得堡公益出版社于1909—1914年出版。原计划出五卷,实际上出了四卷。格·瓦·普列汉诺夫起初曾参加编辑部,后因不同意把波特列索夫的取消主义文章《革命前时期社会政治思想的演变》编入第1卷而于1908年秋退出。——375。

184 《真理之路报》(《Путь Правды》)是俄国布尔什维克党的中央机关报,1914年1月22日(2月4日)—5月21日(6月3日)代替被沙皇政府查封的《真理报》在彼得堡出版,共出了92号。关于《真理报》,见注1。——377。

185 指莫斯科县地方自治局统计科编的《经济统计汇编。第7编。莫斯科县的蔬菜业和园艺业》1913年莫斯科版。——380。

186 《我们之路》杂志(《Наш Путь》)是俄国五金工会的机关刊物《五金业工人》杂志为应付书报检查而使用过的名称之一。《五金业工人》杂志于1906年8月30日(9月12日)在彼得堡创刊,为双周刊。除《五金业工人》外,该杂志使用过的名称先后有《锻工》(1907—1908年)、《金属加工工人通报》(1908年5—7月)、《希望》(1908年7月31日(8月13日)—10月31日(11月13日))、《统一》(1909年2—4月)和《我们之路》(1910年6月9日(22日)—1911年8月21日(9月3日))。

这里列宁指的是1911年8月11日《我们之路》杂志第20期的社论。——388。

187 《五金工人》杂志(《Металлист》)是俄国五金工会的机关刊物《五金业工人》杂志的续刊。1911年9月26日(10月9日)—1914年6月12日(25日)在彼得堡出版,共出了45期。1913年以前五金工会理事会和杂志编辑部都掌握在取消派手中。1913年5月五金工会理事会改选

后,工会和杂志编辑部的领导权转到布尔什维克手中。1913 年《五金
工人》杂志第 7、8、10 期(总第 31、32、34 期)上刊登了列宁的《1912 年五
金工人的罢工》一文。为杂志撰稿的有米·斯·奥里明斯基、阿·叶·
巴达耶夫、格·伊·彼得罗夫斯基等人。

　　这里列宁指的是 1911 年 10 月 27 日《五金工人》杂志第 3 期的社
论。——388。

188　国务会议是俄罗斯帝国的最高咨议机关,于 1810 年设立,1917 年二月
　　革命后废除。国务会议审议各部大臣提出的法案,然后由沙皇批准;它
　　本身不具有立法提案权。国务会议的主席和成员由沙皇从高级官员中
　　任命,在沙皇亲自出席国务会议时,则由沙皇担任主席。国家杜马成立
　　以后,国务会议获得了除改变国家根本法律以外的立法提案权。国务
　　会议成员半数改由正教、各省地方自治会议、各省和各州贵族组织、科
　　学院院士和大学教授、工商业主组织、芬兰议会分别选举产生。国务会
　　议讨论业经国家杜马审议的法案,然后由沙皇批准。——394。

189　芬尼是 19 世纪后半期—20 世纪初爱尔兰的小资产阶级革命共和派,
　　爱尔兰革命兄弟会的成员(芬尼一词来自爱尔兰历史上的一个传奇性
　　军事义勇队的名称 fiann)。爱尔兰革命兄弟会是秘密组织,于 1858 年
　　成立(中心在美国和爱尔兰),主要宗旨是通过秘密准备的武装起义建
　　立独立的爱尔兰共和国。该会采取密谋策略,在群众中缺乏牢固的基
　　础。——398。

190　《泰罗制就是用机器奴役人》一文的手稿在很长时间内下落不明,直到
　　1959 年才在莫斯科苏联中央历史档案馆里发现。这份手稿保存在该
　　馆的一宗被称为"物证"的 15 000 件收藏品中,原来它像《真理报》、《启
　　蒙》杂志等布尔什维克报刊的编辑部的许多其他文件一样,被警察司作
　　为《真理报》反政府活动的物证而没收了。——401。

191　这个会议是在国家杜马主席米·弗·罗将柯的办公室里举行的,讨论
　　了国防和军事拨款问题。出席会议的有:大臣会议主席(伊·洛·哥列
　　梅金),陆军、海军、外交、财政各部大臣,总参谋长,国家杜马主席团及

65 名杜马代表（右派、民族党人、十月党人、进步党人和以帕·尼·米留可夫为首的立宪民主党人）。请柬均注有"绝密"字样。社会民主党人和劳动派分子没有被邀请。——404。

192　1913 年 9 月 26 日和 28 日（10 月 9 日和 11 日），列宁在有党的工作者参加的俄国社会民主工党中央委员会波罗宁会议上，作了关于民族问题的长篇报告。关于这个问题的决议草案没有保存下来。这个决议草稿大概就是该决议草案的提纲。波罗宁会议关于民族问题的决议，见本卷第 60—62 页。——407。

193　指 1906 年 4 月 10—25 日（4 月 23 日—5 月 8 日）在斯德哥尔摩举行的俄国社会民主工党第四次（统一）代表大会所通过的《崩得同俄国社会民主工党统一的条件草案》。根据草案第 1 条，崩得被承认是"犹太无产阶级的组织，其活动不受地区范围的限制"；根据草案第 8 条，崩得有权派代表参加俄国社会民主工党的中央委员会和出席国际社会党代表大会的代表团（参看《苏联共产党代表大会、代表会议和中央全会决议汇编》1964 年人民出版社版第 1 分册第 162—163 页）。——407。

人 名 索 引

A

阿德勒，维克多（Adler，Victor 1852—1918）——奥地利社会民主党创建人和领袖之一。早年是资产阶级激进派，19世纪80年代中期参加工人运动。1883年和1889年曾与恩格斯会晤，1889—1895年同恩格斯有通信联系。是1888年12月31日—1889年1月1日奥地利社会民主党成立大会上通过的党纲的主要起草人之一。在克服奥地利社会民主主义运动的分裂和建立统一的党方面做了许多工作。在党的一系列重要政策问题上（包括民族问题）倾向改良主义立场。1886年创办《平等》周刊，1889年起任奥地利社会民主党中央机关报《工人报》编辑。1905年起为议员。第一次世界大战期间持中派立场，鼓吹阶级和平，反对工人阶级的革命发动。1918年11月短期担任奥地利资产阶级共和国外交部长。——342。

阿恩——见饶尔丹尼亚，诺伊·尼古拉耶维奇。

阿尔先耶夫，康斯坦丁·康斯坦丁诺维奇（Арсеньев，Константин Константинович 1837—1919）——俄国自由派政论家和社会活动家，律师。在地方自治机关担任过几年选任职务。1866年起为《欧洲通报》杂志撰稿，1909年起任该杂志责任编辑。1906—1907年为民主改革党领导人之一。布罗克豪斯和叶弗龙《百科词典》和新版《百科词典》总编辑。写有法律问题和文学史方面的著作。——391、392。

阿基莫夫（**马赫诺韦茨**），弗拉基米尔·彼得罗维奇（Акимов（Махновец），Владимир Петрович 1872—1921）——俄国社会民主党人，经济派代表人物。19世纪90年代中期加入彼得堡民意社，1897年被捕，1898年流放叶尼塞斯克省，同年9月逃往国外，成为国外俄国社会民主党人联合会领导人之一；为经济主义思想辩护，反对劳动解放社，后又反对《火星报》。1903

年代表联合会出席俄国社会民主工党第二次代表大会,是反火星派分子,会后成为孟什维克极右翼代表。1905—1907 年革命期间支持主张建立"全俄工人阶级组织"(社会民主党仅是该组织中的一种思想派别)的取消主义思想。作为有发言权的代表参加了俄国社会民主工党第四次(统一)代表大会的工作,维护孟什维克的机会主义策略,呼吁同立宪民主党人联合。斯托雷平反动时期脱党。——45。

阿克雪里罗得,帕维尔·波里索维奇(Аксельрод, Павел Борисович 1850—1928)——俄国孟什维克领袖之一。19 世纪 70 年代是民粹派分子。1883 年参与创建劳动解放社。1900 年起是《火星报》和《曙光》杂志编辑部成员。这一时期在宣传马克思主义的同时,也在一系列著作中把资产阶级民主制和西欧社会民主党议会活动理想化。1903 年在俄国社会民主工党第二次代表大会上是《火星报》编辑部有发言权的代表,属火星派少数派,会后是孟什维主义的思想家。1905 年提出召开广泛的工人代表大会的取消主义观点。1906 年在党的第四次(统一)代表大会上代表孟什维克作了关于国家杜马问题的报告,宣扬无产阶级同资产阶级实行政治合作的机会主义思想。斯托雷平反动时期和新的革命高涨年代是取消派的思想领袖,参加孟什维克取消派《社会民主党人呼声报》编辑部。1912 年加入"八月联盟"。第一次世界大战期间表面上是中派,实际持社会沙文主义立场;曾参加齐美尔瓦尔德代表会议和昆塔尔代表会议,属于右翼。1917 年二月革命后任彼得格勒苏维埃执行委员会委员,支持资产阶级临时政府。十月革命后侨居国外,反对苏维埃政权,鼓吹武装干涉苏维埃俄国。——47、48。

阿列克辛斯基,格里戈里·阿列克谢耶维奇(Алексинский, Григорий Алексеевич 1879—1967)——俄国社会民主党人,后蜕化为反革命分子。1905—1907 年革命期间是布尔什维克。第二届国家杜马彼得堡工人代表,社会民主党党团成员,参加了杜马的失业工人救济委员会、粮食委员会和土地委员会,并就斯托雷平在杜马中宣读的政府宣言,就预算、土地等问题发了言。作为社会民主党杜马党团代表参加了俄国社会民主工党第五次(伦敦)代表大会的工作。斯托雷平反动时期是召回派分子、派别性的卡普里党校(意大利)的讲课人和"前进"集团的组织者之一。第一次世界大战期间是社会沙文主义者,曾为多个资产阶级报纸撰稿。1917 年加入孟什维克统一派,持反革命立场;七月事变期间伙同特务机关伪造文件诬陷列宁和布尔什维克。1918年逃往国外,投入反动营垒。——199。

埃伦博根,威廉(Ellenbogen,Wilhelm 1863—1951)——奥地利社会民主党右翼领袖之一,资产阶级民族主义的民族文化自治论拥护者。1901—1914年是奥地利议会议员。第一次世界大战期间是社会沙文主义者。1918年十一月革命后为奥地利国民议会议员,后任工商业部长;推行纵容法西斯主义的政策。——142、239、342。

艾姆-艾尔——见卢柯姆斯基,梅耶尔·雅柯夫列维奇。

艾舍尔——见比恩包姆,纳坦。

安塞尔,爱德华(Anseele,Eduard 1856—1938)——比利时工人党创建人和领袖之一,比利时合作社运动著名活动家;持机会主义立场。1910年出席了哥本哈根国际社会党代表大会,任大会合作社委员会主席。曾参加第二国际社会党国际局执行委员会。1918—1921年任比利时公共工程大臣,1925—1927年任交通大臣。——202。

昂利,勒内(Henry,René 生于1871年)——法国巴黎社会政治科学高等学校教授。1907年在伯尔尼出版的《瑞士与语言问题》一书的作者。——144。

B

巴布什金,伊万·瓦西里耶维奇(Бабушкин,Иван Васильевич 1873—1906)——俄国工人,职业革命家,布尔什维克。1891年起在彼得堡谢米扬尼科夫工厂当钳工。1894年加入列宁领导的工人马克思主义小组。曾参加列宁起草的社会民主党第一份鼓动传单《告谢米扬尼科夫工厂工人书》的撰写工作,并在厂内散发。从彼得堡工人阶级解放斗争协会建立时起,就是该协会最积极的会员和列宁最亲密的助手。参加列宁的《火星报》的组织工作,是该报首批办员之一和通讯员。1902年受党的委派到工人团体中进行革命工作,参加反对经济派和祖巴托夫分子的斗争,使工人摆脱祖巴托夫"警察社会主义"的影响。多次被捕、流放和监禁。参加1905—1907年革命,是俄国社会民主工党伊尔库茨克委员会和赤塔委员会委员,赤塔武装起义的领导人之一。1906年1月从赤塔到伊尔库茨克运送武器时被讨伐队捕获,未经审讯即被枪杀。列宁为巴布什金写了悼文,高度评价他忠于革命的精神。——25。

巴达耶夫,阿列克谢·叶戈罗维奇(Бадаев,Алексей Егорович 1883 —
1951)——1904 年加入俄国社会民主工党,在彼得堡做党的工作。第四届
国家杜马彼得堡省工人代表,参加布尔什维克杜马党团,同时在杜马外做
了大量的革命工作,是中央委员会俄国局成员,为布尔什维克的《真理报》
撰稿,出席了有党的工作者参加的俄国社会民主工党中央委员会克拉科夫
会议和波罗宁会议。因进行反对帝国主义战争的革命活动,1914 年 11 月
被捕,1915 年流放图鲁汉斯克边疆区。1917 年二月革命后从流放地回来,
在彼得格勒参加布尔什维克组织的工作,是十月武装起义的参加者。十月
革命后在党、苏维埃和经济部门担任领导工作。在党的第十四至第十八次
代表大会上当选为中央委员。1938—1943 年任俄罗斯联邦最高苏维埃主
席团主席和苏联最高苏维埃主席团副主席。——99、102、103、160、173。

巴甫连科夫,弗洛连季·费多罗维奇(Павленков,Флорентий Федорович
1839—1900)——俄国进步图书出版商。出版过科普丛书、俄国和西方文
学经典作家的文集及其他许多书籍,还出版过恩格斯的《家庭、私有制和国
家的起源》、维·格·别林斯基和德·伊·皮萨列夫的文集,并在俄国首次
出版了亚·伊·赫尔岑的文集。巴甫连科夫死后,遵照他的遗嘱,用其遗
产建立了 2 000 所免费的国民图书馆。——285。

巴索克——见美列涅夫斯基,马里安·伊万诺维奇。

鲍威尔,奥托(Bauer,Otto 1882—1938)——奥地利社会民主党和第二国际
领袖之一,"奥地利马克思主义"理论家。同卡·伦纳一起提出资产阶级民
族主义的民族文化自治论。1907 年起任社会民主党议会党团秘书,同年
参与创办党的理论刊物《斗争》杂志。1912 年起任党中央机关报《工人报》
编辑。第一次世界大战期间应征入伍,在俄国前线被俘。俄国 1917 年二
月革命后在彼得格勒,同年 9 月回国。敌视俄国十月革命。1918 年 11
月—1919 年 7 月任奥地利共和国外交部长,赞成德奥合并。1920 年在维
也纳出版反布尔什维主义的《布尔什维主义还是社会民主主义?》一书。
1920 年起为国民议会议员。第二半国际和社会主义工人国际的组织者和
领袖之一。曾参与制定和推行奥地利社会民主党的机会主义路线,使奥地
利工人阶级的革命斗争遭受严重损失。晚年修正了自己的某些改良主义

观点。——131、140—141、186、239、291、294、295、296、302、303、343。

贝尔特朗，路易（Bertrand，Louis 生于 1856 年）——比利时社会党人，改良主义者；比利时工人党的创建人之一。1894 年起是议会议员，多年领导社会党议会党团。创办并主编《人民报》，是社会党国际局成员。1918 年进入内阁。——202。

倍倍尔，奥古斯特（Bebel，August 1840—1913）——德国工人运动和国际工人运动活动家，德国社会民主党和第二国际的创建人和领袖之一，马克思和恩格斯的朋友和战友；旋工出身。19 世纪 60 年代前半期开始参加政治活动，1867 年当选为德国工人协会联合会主席，1868 年该联合会加入第一国际。1869 年与威·李卜克内西共同创建了德国社会民主工党（爱森纳赫派），该党于 1875 年与拉萨尔派合并为德国社会主义工人党，后又改名为德国社会民主党。多次当选国会议员，利用国会讲坛揭露帝国政府反动的内外政策。1870—1871 年普法战争期间持国际主义立场，在国会中投票反对军事拨款，支持巴黎公社，为此曾被捕和被控叛国，断断续续在狱中度过近六年时间。在反社会党人非常法施行时期，领导了党的地下活动和议会活动。90 年代和 20 世纪初同党内的改良主义和修正主义进行斗争，反对伯恩施坦及其拥护者对马克思主义理论的歪曲和庸俗化。是出色的政论家和演说家，对德国和欧洲工人运动的发展有很大影响。马克思和恩格斯高度评价了他的活动。——159、277。

比恩包姆，纳坦（艾舍尔）（Birnbaum，Nathan（Asher）1864—1937）——奥地利哲学家，反动的民族主义运动——犹太复国主义的理论家和领导人之一。晚年成为无神论者。——302。

彼得罗夫斯基，格里戈里·伊万诺维奇（Петровский，Григорий Иванович 1878—1958)——1897 年参加俄国社会民主主义运动。俄国第一次革命期间是叶卡捷琳诺斯拉夫工人运动的领导人之一。第四届国家杜马叶卡捷琳诺斯拉夫省工人代表，布尔什维克杜马党团主席。1912 年被增补为党中央委员。因进行反对帝国主义战争的革命活动，1914 年 11 月被捕，1915 年流放图鲁汉斯克边疆区，在流放地继续进行革命工作。积极参加十月革命。1917—1919 年任俄罗斯联邦内务人民委员，1919—1938 年任全乌克兰中央执行委员会主席。1922—1937 年为苏联中央执行委员会主

席之一,1937—1938 年任苏联最高苏维埃主席团副主席。在党的第十至
第十七次代表大会上当选为中央委员,1926—1939 年为中央政治局候补
委员。1940 年起任国家革命博物馆副馆长。—— 99、102、103、160、
192—193。

彼舍霍诺夫,阿列克谢·瓦西里耶维奇(Пешехонов, Алексей Васильевич
1867—1933)——俄国社会活动家和政论家。19 世纪 90 年代为自由主义
民粹派分子。《俄国财富》杂志撰稿人,1904 年起为该杂志编委;曾为自由
派资产阶级的《解放》杂志和社会革命党的《革命俄国报》撰稿。1903 —
1905 年为解放社成员。小资产阶级政党"人民社会党"的组织者(1906)和
领袖之一,该党同劳动派合并后(1917 年 6 月),参加劳动人民社会党中央
委员会。1917 年二月革命后任彼得格勒工兵代表苏维埃执行委员会委
员,同年 5—8 月任临时政府粮食部长,后任预备议会副主席。十月革命
后反对苏维埃政权,参加了反革命组织"俄罗斯复兴会"。1922 年被驱逐
出境,成为白俄流亡分子。—— 222、243、366。

别尔嘉耶夫,尼古拉·亚历山德罗维奇(Бердяев, Николай Александрович
1874—1948)——俄国宗教哲学家。学生时代参加社会民主主义运动。
19 世纪 90 年代末曾协助基辅的工人阶级解放斗争协会,因协会案于 1900
年被逐往沃洛格达省。早期倾向合法马克思主义,试图将马克思主义同新
康德主义结合起来;后转向宗教哲学。1905 年加入立宪民主党。斯托雷
平反动时期是宗教哲学流派"寻神说"的代表人物之一。曾参与编撰《路
标》文集。十月革命后创建"自由精神文化学院"。1921 年因涉嫌"战术中
心"案而被捕,后被驱逐出境。著有《自由哲学》、《创造的意义》、《俄罗斯的
命运》、《新中世纪》、《论人的奴役与自由》、《俄罗斯思想》等。—— 141。

别尔津(季耶美利斯),扬·安东诺维奇(Берзин(Зиемелис), Ян Антонович
1881—1938)——拉脱维亚革命运动最早的参加者之一。1902 年加入俄
国社会民主工党。曾参加 1905—1907 年革命。1908 年起侨居国外,是俄
国社会民主工党中央委员会国外局和拉脱维亚边疆区社会民主党国外小
组联合会的成员。拉脱维亚边疆区社会民主党第四次代表大会(1914 年 1
月)代表,会后是该党国外委员会委员和中央机关报《斗争报》的编辑部成
员。第一次世界大战期间持国际主义立场,曾出席齐美尔瓦尔德代表会议

并参与建立齐美尔瓦尔德左派。1917年夏返回彼得格勒,积极参加十月革命。在俄国社会民主工党(布)第六次代表大会上当选为中央委员,第七次代表大会上当选为候补中央委员。1918年领导苏俄驻瑞士公使馆。1919年任苏维埃拉脱维亚教育人民委员。1920年起再次从事外交工作。1932年起任苏联和俄罗斯联邦中央档案局局长。——310—311。

波波夫,伊万·费多罗维奇(Попов, Иван Фёдорович 1886—1957)——俄国社会民主党人,后成为苏联著名作家。1905—1914年是布尔什维克党党员,在莫斯科和国外从事革命工作。1908年移居比利时,负责建立俄国社会民主工党中央委员会同社会党国际局之间的联系。曾为《真理报》、《启蒙》杂志和比利时工人党机关报《人民报》等撰稿。第一次世界大战期间被德国人俘虏。1918年回国后被派到瑞士任商务代办,后在工农检查人民委员部出版社、报刊部门以及戏剧单位工作。写有一些以俄国革命事件为题材的作品,创作了反映列宁少年时代的著名话剧《家》。——257。

波尔费罗夫,雅柯夫·雅柯夫列维奇(Полферов, Яков Яковлевич)——俄国自由派新闻工作者和政论家,资产阶级经济学报纸撰稿人。1913年参加立宪民主党《俄国思想》杂志的工作。十月革命后从事教学工作。——169—172。

波格丹诺夫,亚·(**马林诺夫斯基,亚历山大·亚历山德罗维奇**)(Богданов, А.(Малиновский, Александр Александрович)1873—1928)——俄国社会民主党人,哲学家,社会学家,经济学家;职业是医生。19世纪90年代参加社会民主主义小组。1903年成为布尔什维克。在党的第三、第四和第五次代表大会上被选入中央委员会。曾参加布尔什维克机关报《前进报》和《无产者报》编辑部,是布尔什维克《新生活报》的编辑。在对待布尔什维克参加第三届国家杜马的问题上持抵制派立场。1908年是反对布尔什维克在合法组织里工作的最高纲领派的领袖。斯托雷平反动时期和新的革命高涨年代背离布尔什维主义,领导召回派,是"前进"集团的领袖。在哲学上宣扬经验一元论。1909年6月因进行派别活动被开除出党。第一次世界大战期间持国际主义立场。十月革命后是共产主义科学院院士,在莫斯科大学讲授经济学。1918年是无产阶级文化派的思想家。1921年起从事老年医学和血液学的研究。1926年起任由他创建的输血研究所所长。

主要著作有《经济学简明教程》(1897)、《经验一元论》(第 1—3 卷,1904—1906)、《生动经验的哲学》(1913)、《关于社会意识的科学》(1914)、《普遍的组织起来的科学(组织形态学)》(1913—1922)。——327—328、368—371。

波克罗夫斯基,瓦西里·伊万诺维奇（Покровский, Василий Иванович 1838—1915)——俄国经济学家和统计学家。1871—1893 年领导特维尔省地方自治局的统计工作,参加编写有关特维尔省的研究报告 20 多卷。1893 年领导彼得堡市的统计工作。1894 年起主持财政部关税司统计处的工作;曾领导自由经济学会统计委员会。1902 年被选为彼得堡科学院通讯院士。——207、208。

波特列索夫,亚历山大·尼古拉耶维奇（Потресов, Александр Николаевич 1869—1934)——俄国孟什维克领袖之一。19 世纪 90 年代初参加马克思主义小组。1896 年加入彼得堡工人阶级解放斗争协会,后被捕,1898 年流放维亚特卡省。1900 年出国,参与创办《火星报》和《曙光》杂志。在俄国社会民主工党第二次代表大会上是《火星报》编辑部有发言权的代表,属火星派少数派,会后是孟什维克刊物的主要撰稿人和领导人。斯托雷平反动时期和新的革命高涨年代是取消派思想家,在《复兴》杂志和《我们的曙光》杂志中起领导作用。第一次世界大战期间是社会沙文主义者。1917 年在反布尔什维克的资产阶级《日报》中起领导作用。十月革命后侨居国外,为克伦斯基的《白日》周刊撰稿,攻击苏维埃政权。——44、224。

伯恩施坦,爱德华（Bernstein, Eduard 1850—1932)——德国社会民主党和第二国际右翼领袖之一,修正主义的代表人物。1872 年加入社会民主党,曾是欧·杜林的信徒。1879 年和卡·赫希柏格、卡·施拉姆在苏黎世发表《德国社会主义运动的回顾》一文,指责党的革命策略,主张放弃革命斗争,适应俾斯麦制度,受到马克思和恩格斯的严厉批评。1881—1890 年任党的中央机关报《社会民主党人报》编辑。从 90 年代中期起完全同马克思主义决裂。1896—1898 年以《社会主义问题》为题在《新时代》杂志上发表一组文章,1899 年发表《社会主义的前提和社会民主党的任务》一书,从经济、政治和哲学方面对马克思主义的理论和策略作了全面的修正。1902 年起为国会议员。第一次世界大战期间持中派立场。1917 年参加德国独立社会民主党,1919年公开转到右派方面。1918年十一月革命失败后出任艾伯特—谢德曼政府的财政部长助理。——13—15、239、277。

勃朗,路易(Blanc,Louis 1811—1882)——法国小资产阶级社会主义者,历史学家。19世纪30年代成为巴黎著名的新闻工作者,1838年创办自己的报纸《进步评论》。1848年二月革命期间参加临时政府,领导所谓研究工人问题的卢森堡宫委员会,推行妥协政策。1848年六月起义失败后流亡英国,是在伦敦的小资产阶级流亡者的领导人之一。1870年回国。1871年当选为国民议会议员,对巴黎公社抱敌视态度。否认资本主义制度下阶级矛盾的不可调和性,反对无产阶级革命,主张同资产阶级妥协,幻想依靠资产阶级国家帮助建立工人生产协作社来改造资本主义社会。主要著作有《劳动组织》(1839)、《十年史,1830—1840》(1841—1844)、《法国革命史》(12卷,1847—1862)等。——282。

布尔加柯夫,谢尔盖·尼古拉耶维奇(Булгаков,Сергей Николаевич 1871—1944)——俄国经济学家、哲学家和神学家。19世纪90年代是合法马克思主义者,后来成了"马克思的批评家"。修正马克思关于土地问题的学说,企图证明小农经济稳固并优于资本主义大经济,用土地肥力递减规律来解释人民群众的贫困化;还试图把马克思主义同康德的批判认识论结合起来。后来转向宗教哲学和基督教。1901—1906年和1906—1918年先后在基辅大学和莫斯科大学任政治经济学教授。1905—1907年革命失败后追随立宪民主党,为《路标》文集撰稿。1918年起是正教司祭。1923年侨居国外。1925年起在巴黎的俄国神学院任教授。主要著作有《论资本主义生产条件下的市场》(1897)、《资本主义和农业》(1900)、《经济哲学》(1912)等。——239。

布赖涅斯,Б.(科辛斯基,Б.)(Брайнес,Б.(Косинский,Б.)生于1884年)——俄国新闻工作者。1904年参加革命运动,起初是社会民主党人,后为社会革命党人。1912年起参加里加五金工会活动,为社会革命党的报刊撰稿。1917年二月革命后任彼得格勒苏维埃委员和第一届中央执行委员会委员。1918年脱离社会革命党,1923年加入俄共(布),从事经济工作。——265。

布劳恩——见扬松,扬·埃内斯托维奇。

布勒宁，维克多·彼得罗维奇（Буренин, Виктор Петрович 1841—1926）——俄国政论家，诗人。1876 年加入反动的《新时报》编辑部，成为新时报派无耻文人的首领。对一切进步社会思潮的代表人物肆意诽谤，造谣诬蔑。——210—212。

布里扬诺夫，安德列·法捷耶维奇（Бурьянов, Андрей Фаддеевич 生于 1880 年）——俄国孟什维克。斯托雷平反动时期和新的革命高涨年代是取消派分子。第四届国家杜马塔夫利达省代表，社会民主党杜马党团成员。1914 年脱离取消派，加入孟什维克护党派，第一次世界大战期间倾向护国派。——103、160、309。

布罗诺夫斯基，尤里安·M.（Броновский, Юлиан М. 1856—1917）——工人，波兰王国和立陶宛社会民主党党员。1912 年起加入"分裂派"。第四届国家杜马选举时为华沙工人选民团复选代表。——167。

布洛赫尔，爱德华（Blocher, Edward 生于 1870 年）——德国神父。1899 年起为《普鲁士年鉴》杂志和保守派其他刊物撰稿。德国瑞士语言学会的创建人之一，写有一些学术论文。——144。

布宁，尤利·阿列克谢耶维奇（Бунин, Юлий Алексеевич）——俄国新闻工作者。新的革命高涨年代是立宪民主党报纸《俄罗斯新闻》撰稿人。——79。

C

策杰尔包姆，谢尔盖·奥西波维奇（叶若夫，弗·）（Цедербаум, Сергей Осипович（Ежов, В.）1879—1939）——1898 年参加俄国社会民主主义运动，在彼得堡工人旗帜社工作。后被捕，在警察公开监视下被逐往波尔塔瓦。曾担任从国外运送《火星报》的工作。1904 年秋侨居国外，加入孟什维克。1905 年 4 月参加了在日内瓦召开的孟什维克代表会议。不久回国，在孟什维克彼得堡组织中工作，1906 年编辑孟什维克合法报纸《信使报》。斯托雷平反动时期和新的革命高涨年代是取消派分子，参加孟什维克取消派报刊的工作，是取消派彼得堡"发起小组"的领袖之一。第一次世界大战期间是护国派分子。1917 年为孟什维克的《前进报》撰稿。十月革命后脱离政治活动。——44。

策列铁里，伊拉克利·格奥尔吉耶维奇（Церетели, Ираклий Георгиевич

1881—1959)——俄国孟什维克领袖之一。1902 年参加社会民主主义运动。第二届国家杜马代表,在杜马中领导社会民主党党团,参加土地委员会,就斯托雷平在杜马中宣读的政府宣言以及土地等问题发了言。作为社会民主党杜马党团的代表参加了俄国社会民主工党第五次(伦敦)代表大会的工作。斯托雷平反动时期和新的革命高涨年代是取消派分子。第一次世界大战期间是中派分子。1917 年二月革命后任彼得格勒苏维埃执行委员会委员、第一届中央执行委员会主席团委员,护国派分子。1917 年5—7 月任临时政府邮电部长,七月事变后任内务部长,极力反对布尔什维克争取政权的斗争。十月革命后领导立宪会议中的反苏维埃联盟;是格鲁吉亚孟什维克反革命政府首脑之一。1921 年格鲁吉亚建立苏维埃政权后流亡法国。1923 年是社会主义工人国际的组织者之一。1940 年移居美国。——204、206。

查苏利奇,维拉·伊万诺夫娜(Засулич, Вера Ивановна 1849—1919)——俄国民粹主义运动和社会民主主义运动活动家。1868 年在彼得堡参加革命小组。1878 年 1 月 24 日开枪打伤下令鞭打在押革命学生的彼得堡市长费·费·特列波夫。1879 年加入土地平分社。1880 年侨居国外,逐步同民粹主义决裂,转到马克思主义立场。1883 年参与创建劳动解放社。80—90 年代翻译了马克思的《哲学的贫困》和恩格斯的《社会主义从空想到科学的发展》,写了《国际工人协会史纲要》等著作;为劳动解放社的出版物以及《新言论》和《科学评论》等杂志撰稿,发表过一系列文艺批评文章。1900 年起是《火星报》和《曙光》杂志编辑部成员。在俄国社会民主工党第二次代表大会上是《火星报》编辑部有发言权的代表,属火星派少数派,会后成为孟什维克领袖之一,参加孟什维克的《火星报》编辑部。1905 年回国。斯托雷平反动时期和新的革命高涨年代是取消派分子。第一次世界大战期间是社会沙文主义者。1917 年是孟什维克统一派分子。对十月革命持否定态度。——25—49、316、412。

车尔尼雪夫斯基,尼古拉·加甫里洛维奇(Чернышевский, Николай Гаврилович 1828—1889)——俄国革命民主主义者和空想社会主义者,作家,文学评论家,经济学家,哲学家;俄国社会民主主义先驱之一,俄国 19 世纪 60 年代革命运动的领袖。1853 年开始为《祖国纪事》和《同时代人》等杂志撰稿，1856—1862 年是《同时代人》杂志的领导人之一，发扬别林斯基的民主主义批判传统，宣传农民革命思想，是土地和自由社的思想鼓舞者。因揭露 1861 年农民改革的骗局，号召人民起义，于 1862 年被沙皇政府逮捕，入狱两年，后被送到西伯利亚服苦役。1883 年解除流放，1889 年被允许回家乡居住。著述很多，涉及哲学、经济学、教育学、美学、伦理学等领域。在哲学上批判了贝克莱、康德、黑格尔等人的唯心主义观点，力图以唯物主义精神改造黑格尔的辩证法。对资本主义作了深刻的批判，认为社会主义是由整个人类发展进程所决定的，但作为空想社会主义者，又认为俄国有可能通过农民村社过渡到社会主义。所著长篇小说《怎么办？》(1863)和《序幕》(约 1867—1869)表达了社会主义理想，产生了巨大的革命影响。——134、313、365。

D

大卫，爱德华(David，Eduard 1863—1930)——德国社会民主党右翼领袖之一，经济学家；德国机会主义者的主要刊物《社会主义月刊》创办人之一。1893 年加入社会民主党。公开修正马克思主义关于土地问题的学说，否认资本主义经济规律在农业中的作用。1903 年出版《社会主义和农业》一书，宣扬小农经济稳固，维护所谓土地肥力递减规律。1903—1918 年和1920—1930 年为国会议员，社会民主党国会党团领袖之一。第一次世界大战期间是社会沙文主义者；在《世界大战中的社会民主党》(1915)一书中为德国社会民主党右翼在第一次世界大战中的机会主义立场辩护。1919年 2 月任魏玛共和国国民议会第一任议长。1919—1920 年任内务部长，1922—1927 年任中央政府驻黑森的代表。——159。

丹尼尔逊，尼古拉·弗兰策维奇(尼古拉·—逊)(Даниельсон，Николай Францевич (Николай—он)1844—1918)——俄国经济学家，政论家，自由主义民粹派理论家。他的政治活动反映了民粹派从对沙皇制度进行革命斗争转向与之妥协的演变。19 世纪 60—70 年代与革命的青年平民知识分子小组有联系。接替格·亚·洛帕廷译完了马克思的《资本论》第 1 卷(1872 年初版)，以后又译出第 2 卷 (1885)和第 3 卷(1896)。在翻译该书期间同马克思和恩格斯有过书信往来。但不了解马克思主义的实质，认为马克思主义理论不适用于俄国,资本主义在俄国没有发展前途;主张保存村社土地所有制,维护小农经济和手工业经济。1893年出版了《我国改革后的社会经济概况》一书,论证了自由主义民粹派的经济观点。列宁尖锐地批判了他的经济思想。——349。

丹斯基,Б.Г.(科马罗夫斯基,康斯坦丁·安东诺维奇;X)(Данский,Б.Г.(Комаровский,Константин Антонович,Х)生于1883年)——1901年加入波兰社会党,1911年加入俄国社会民主工党。曾为《明星报》和《真理报》撰稿。1913—1914年任《保险问题》杂志编辑。1917年任革命军事委员会军事检查院政治委员。十月革命后主管《真理报》的一个专栏,在国营萨哈林石油瓦斯工业托拉斯工作。1923—1926年任《保险问题》杂志主编,后在苏联驻维也纳全权代表处工作。——88。

德拉哥马诺夫,米哈伊尔·彼得罗维奇(Драгоманов,Михаил Петрович 1841—1895)——乌克兰历史学家,民间创作研究家和政论家,资产阶级自由派代表人物之一。1864年起任基辅大学讲师;曾为自由派刊物撰稿。1875年因政治上"不可靠"被大学解聘,1876年侨居瑞士。在国外继续从事政论活动,揭露沙皇政府的政策,同时又反对社会主义和阶级斗争理论,批评民意党人和社会民主党人。把地方自治运动看做是同沙皇制度作斗争的支柱。1883年任《自由言论》周刊编辑。乌克兰民族解放运动温和派著名领导人之一,主张民族文化自治。1889年起任索非亚大学教授。写有《俄国的自由主义和地方自治机关》(1889)以及有关乌克兰历史、乌克兰和斯拉夫民间创作方面的著作。——149。

杜勃罗留波夫,尼古拉·亚历山德罗维奇(Добролюбов,Николай Александрович 1836—1861)——俄国革命民主主义者,文学评论家,唯物主义哲学家,车尔尼雪夫斯基最亲密的朋友和战友。1857年参加《同时代人》杂志的编辑工作,1858年开始主持杂志的书评栏,1859年又创办了杂志附刊《哨声》。1859—1860年发表了一系列论文:《什么是奥勃洛摩夫性格?》、《黑暗的王国》、《真正的白天什么时候来?》、《黑暗王国的一线光明》等,这些论文是战斗的文学批评的典范。一生坚决反对专制制度和农奴制度,热情支持反对专制政府的人民起义。与赫尔岑、别林斯基和车尔尼雪夫斯基同为俄国社会民主主义的先驱。——313。

杜冈——见杜冈-巴拉诺夫斯基,米哈伊尔·伊万诺维奇。

杜冈-巴拉诺夫斯基,米哈伊尔·伊万诺维奇(杜冈)(Туган-Барановский,
Михаил Иванович (Туган) 1865 — 1919)——俄国经济学家和历史学家。
1895—1899 年任彼得堡大学政治经济学讲师,1913 年起任彼得堡工学院
教授。90 年代是合法马克思主义的代表人物。曾为《新言论》杂志和《开
端》杂志等撰稿,积极参加同自由主义民粹派的论战。20 世纪初起公开维
护资本主义,修正马克思主义的基本原理,成了"马克思的批评家"。
1905—1907 年革命期间加入立宪民主党。十月革命后成为乌克兰反革命
势力的骨干分子,1917—1918 年任乌克兰中央拉达财政部长。主要著作
有《现代英国的工业危机及其原因和对人民生活的影响》(1894)、《俄国工
厂今昔》(第 1 卷,1898)等。——141、239、393—396。

杜林,欧根·卡尔(Dühring,Eugen Karl 1833—1921)——德国哲学家和经济
学家。毕业于柏林大学,当过见习法官,1863—1877 年为柏林大学非公聘
讲师。70 年代起以"社会主义改革家"自居,反对马克思主义,企图创立新
的理论体系。在哲学上把唯心主义、庸俗唯物主义和实证论混合在一起;
在政治经济学方面反对马克思的劳动价值学说和剩余价值学说;在社会主
义理论方面以资产阶级改良主义精神阐述自己的社会主义体系,反对科学
社会主义。他的思想得到部分德国社会民主党人的支持。恩格斯在《反杜
林论》一书中系统地批判了他的观点。主要著作有《国民经济学和社会主
义批判史》(1871)、《国民经济学和社会经济学教程》(1873)、《哲学教程》
(1875)等。——394。

顿佐夫,德米特里(Донцов,Дмитрий 生于 1883 年)——乌克兰社会民主工
党党员,利沃夫的《道路报》和在莫斯科出版的《乌克兰生活》杂志撰稿人。
第一次世界大战期间参与组建资产阶级民族主义组织"乌克兰解放协会",
该组织企图依靠奥地利君主国的帮助来实现"独立自主的乌克兰"的口号。
十月革命后为流亡分子。——130、134、220—221、262。

多姆斯基(卡缅斯基),亨利希·Г.(Домский (Каменский),Генрих Г.
(Domski (Kamenski), Heinrich) 1883 — 1937)——新闻工作者。1904 年
加入波兰王国和立陶宛社会民主党,1906 年为该党华沙委员会委员,参加
波兰社会民主党报刊的工作。1912 年起为布尔什维克的《真理报》和《启

蒙》杂志撰稿。1915 年起任波兰王国和立陶宛社会民主党边疆区执行委
员会委员,主编《我们的论坛》,参加齐美尔瓦尔德代表会议。1918 年 12
月起为波兰共产党中央委员。1923—1928 年是"托季联盟"成员;1928 年
被开除出党,1930 年恢复党籍,1935 年被再次开除出党。——270。

E

恩格斯,弗里德里希(Engels, Friedrich 1820—1895)——科学共产主义创始
　　人之一,世界无产阶级的领袖和导师,马克思的亲密战友。—— 277 —
　　284、327、394、398。

尔·马·——见马尔托夫,尔·。

尔·谢·— —见柯尔佐夫,德·。

F

费·唐·——见唐恩,费多尔·伊里奇。

弗·(Ф.)——104。

弗兰克,路德维希(Frank, Ludwig 1874—1914)——德国社会民主党人,社会
　　沙文主义者;职业是律师。1907 年起为帝国国会议员。1910 年在德国社
　　会民主党马格德堡代表大会上投票赞成军事拨款。第一次世界大战爆发
　　后以志愿兵身份入伍,死于前线。——159。

弗·伊·;弗·伊林——见列宁,弗拉基米尔·伊里奇。

福尔图纳托夫,К. А.(Фортунатов, К. А.)——《俄国的民族地区(对 1897 年
　　普查材料的统计研究的探讨)》一书的作者,该书于 1906 年由彼得堡劳动
　　和斗争出版社出版。——300。

福斯特纳(Forstner)——普鲁士贵族,男爵,驻萨韦纳(阿尔萨斯)第 99 步兵
　　团中尉。—— 194。

G

伽马——见马尔托夫,尔·。

盖得,茹尔(巴西尔,马蒂厄)(Guesde, Jules(Basile, Mathieu)1845 —
　　1922)——法国工人运动和国际工人运动活动家,法国工人党创建人之一,

第二国际的组织者和领袖之一。19世纪60年代是资产阶级共和主义者。拥护1871年的巴黎公社。公社失败后流亡瑞士和意大利,一度追随无政府主义者。1876年回国。在马克思和恩格斯影响下逐步转向马克思主义。1877年11月创办《平等报》,宣传社会主义思想,为1879年法国工人党的建立作了思想准备。1880年和拉法格一起在马克思和恩格斯指导下起草了法国工人党纲领。1880—1901年领导法国工人党,同无政府主义者和可能派进行坚决斗争。1889年积极参加创建第二国际的活动。1893年当选为众议员。1899年反对米勒兰参加资产阶级内阁。1901年与其拥护者建立了法兰西社会党,该党于1905年同改良主义的法国社会党合并,盖得为统一的法国社会党领袖之一。20世纪初逐渐转向中派立场。第一次世界大战一开始即采取社会沙文主义立场,参加了法国资产阶级政府。1920年法国社会党分裂后,支持少数派立场,反对加入共产国际。——179。

戈尔德布拉特——见麦迭姆,弗拉基米尔·达维多维奇。

戈洛索夫,格里·——见尼古拉耶夫斯基,波里斯·伊万诺维奇。

哥尔斯基,阿·弗·(杜布瓦,阿纳托利·爱德华多维奇)(Горский, А. В. (Дюбуа, Анатолий Эдуардович)生于1881年)——俄国孟什维克取消派分子,曾为《复兴》杂志、《新工人报》等取消派报刊撰稿,是取消派《我们的曙光》杂志出版人。参加过第三届和第四届国家杜马社会民主党党团工作。第一次世界大战期间是社会沙文主义者,十月革命后反对苏维埃政权,后为白俄流亡分子。——210、211、255—256。

格·拉·——见列维茨基,弗拉基米尔·奥西波维奇。

格格奇柯利,叶夫根尼·彼得罗维奇(Гегечкори, Евгений Петрович 1881—1954)——格鲁吉亚孟什维克。第三届国家杜马库塔伊西省代表,社会民主党杜马党团领袖之一。1917年二月革命后任临时政府外高加索特别委员会委员。1917年11月起任外高加索反革命政府——外高加索委员会主席,后为格鲁吉亚孟什维克政府的外交部长和副主席。1921年格鲁吉亚建立苏维埃政权后为白俄流亡分子。——204、206。

格莱斯顿,威廉·尤尔特(Gladstone, William Ewart 1809—1898)——英国国务活动家,自由党领袖。1843—1845年任商业大臣,1845—1847年任

殖民大臣,1852—1855 年和 1859—1866 年任财政大臣,1868—1874 年、1880—1885 年、1886 年和 1892—1894 年任内阁首相。用政治上的蛊惑宣传和表面上的改革来笼络居民中的小资产阶级阶层和工人阶级上层分子。推行殖民扩张政策。对爱尔兰的民族解放运动采取暴力镇压政策,同时也作一些细微的让步。——398。

格里戈里耶夫(**帕特拉什金**),谢尔盖·季莫费耶维奇(Григорьев (Патрашкин),Сергей Тимофеевич 1875—1953)——俄国作家和政论家。1899 年起在萨马拉和萨拉托夫为一些资产阶级报纸撰稿,1913—1917 年任自由派资产阶级的《日报》和《俄罗斯言论报》编委。十月革命后在萨马拉和莫斯科从事经济工作。1922 年起成为职业作家,写有许多少年儿童读物。——313。

格律恩,卡尔(Grün,Karl 1817—1887)——德国政论家,19 世纪 40 年代中期是"真正的社会主义"的主要代表之一。大学时代接近青年黑格尔派,1842—1843 年主编资产阶级激进派的《曼海姆晚报》,1848—1849 年革命时期为小资产阶级民主派,普鲁士国民议会议员。1851 年起流亡比利时,1861 年回到德国。他的"真正的社会主义"是一种空想学说,根据这种学说,在靠教育、博爱等等建立起来的未来社会中,"真正的"人的本质、"真正的人道主义"才会实现。他把费尔巴哈哲学的唯心主义方面同蒲鲁东的无政府主义思想结合了起来。马克思和恩格斯批判了"真正的社会主义",认为这是德国小市民利益的表现。主要著作有《法兰西和比利时的社会运动》(1845)、《费尔巴哈和社会主义者》(1845)、《现代哲学》(1876)等。1874 年出版了费尔巴哈的两卷遗著。——282—283。

古尔维奇,伊萨克·阿道福维奇(Гурвич,Исаак Адольфович 1860—1924)——俄国经济学家。早年参加民粹派活动,1881 年流放西伯利亚。在流放地考察了农民的迁移,1888 年出版了根据考察结果写的《农民向西伯利亚的迁移》一书。从流放地归来后,在工人中进行革命宣传,参加组织明斯克的第一个犹太工人小组。1889 年移居美国,积极参加美国工会运动和民主运动。20 世纪初成为修正主义者。所著《农民向西伯利亚的迁移》、《俄国农村的经济状况》(1892)和《移民与劳动》(1912)等书,得到列宁的好评。——96。

古契柯夫,亚历山大·伊万诺维奇(Гучков, Александр Иванович 1862 —
1936)——俄国大资本家,十月党的组织者和领袖。1905—1907 年革命期
间支持政府镇压工农。1907 年 5 月作为工商界代表被选入国务会议,同
年 11 月被选入第三届国家杜马;1910 年 3 月—1911 年 3 月任杜马主席。
第一次世界大战期间是中央军事工业委员会主席和国防特别会议成员。
1917 年 3—5 月任临时政府陆海军部长。同年 8 月参与策划科尔尼洛夫
叛乱。十月革命后反对苏维埃政权,1918 年起为白俄流亡分子。——6、
72、134、172。

H

哈阿兹,胡戈(Haase, Hugo 1863—1919)——德国社会民主党领袖之一,中
派分子。1911—1917 年为德国社会民主党执行委员会主席之一。1897—
1907 年和 1912—1918 年为帝国国会议员。1912 年起任社会民主党国会
党团主席。第一次世界大战期间持中派立场。1917 年 4 月同考茨基等人
一起建立德国独立社会民主党。1918 年十一月革命期间参加所谓的人民
代表委员会,支持镇压无产阶级革命运动。——217。

豪斯托夫,瓦连廷·伊万诺维奇(Хаустов, Валентин Иванович 生于 1884
年)——俄国社会民主党人,孟什维克;职业是旋工。第四届国家杜马乌法
省工人代表,社会民主党杜马党团成员。第一次世界大战期间是国际主义
者。——103、160。

胡斯曼,卡米耶(Huysmans, Camille 1871—1968)——比利时工人运动最早
的活动家之一,比利时社会党领导人之一,语文学教授,新闻工作者。
1905—1922 年任第二国际社会党国际局书记。第一次世界大战期间持中
派立场,实际上领导社会党国际局。1910—1965 年为议员,1936—1939
年和 1954—1958 年任众议院议长。1940 年当选为社会主义工人国际常
务局主席。多次参加比利时政府,1946—1947 年任首相,1947—1949 年
任教育大臣。——202、218、257、261、315。

J

季诺维也夫(拉多梅斯尔斯基),格里戈里·叶夫谢耶维奇(斯科·,恩·;斯

科宾·，恩·）（Зиновьев（Радомысльский），Григорий Евсеевич（Ск.，Н.，
Скоп.，Н.）1883—1936）——1901 年加入俄国社会民主工党，党的第二次
代表大会后是布尔什维克。在党的第五至第十四次代表大会上当选为
中央委员。1908—1917 年侨居国外，参加布尔什维克《无产者报》编辑
部和党的中央机关报《社会民主党人报》编辑部。斯托雷平反动时期对
取消派、召回派和托洛茨基分子采取调和主义态度。1912 年后和列宁一
起领导中央委员会俄国局。第一次世界大战期间持国际主义立场。
1917 年 4 月回国，进入《真理报》编辑部。十月革命前夕反对举行武装起
义的决定。1917 年 11 月主张成立有孟什维克和社会革命党人参加的联
合政府，遭到否决后声明退出党中央。1917 年 12 月起任彼得格勒苏维
埃主席。1919 年共产国际成立后任共产国际执行委员会主席。1919 年
当选为党中央政治局候补委员，1921 年当选为中央政治局委员。1925
年参与组织"新反对派"，1926 年与托洛茨基结成"托季联盟"。1926 年
被撤销中央政治局委员和共产国际的领导职务。1927 年 11 月被开除出
党，后来两次恢复党籍，两次被开除出党。1936 年 8 月 25 日被苏联最高
法院军事审判庭以"参与暗杀基洛夫、阴谋刺杀斯大林及其他苏联领导
人"的罪名判处枪决。1988 年 6 月苏联最高法院为其平反。——83、
141、255。

季耶美利斯——见别尔津，扬·安东诺维奇。

加米涅夫（**罗森费尔德**），列夫·波里索维奇（Каменев（Розенфельд），Лев
Борисович 1883—1936）——1901 年加入俄国社会民主工党，党的第二
次代表大会后是布尔什维克。是高加索联合会出席党的第三次代表
大会的代表。1905—1907 年在彼得堡从事宣传鼓动工作，为党的报刊
撰稿。1908 年底出国，任布尔什维克的《无产者报》编委。斯托雷平反动
时期对取消派、召回派和托洛茨基分子采取调和主义态度。1914 年初回
国，在《真理报》编辑部工作，曾领导第四届国家杜马布尔什维克党团。
1914 年 11 月被捕，在沙皇法庭上宣布放弃使沙皇政府在帝国主义战争
中失败的布尔什维克口号，次年 2 月被流放。1917 年二月革命后反对列
宁的《四月提纲》。从党的第七次全国代表会议（四月代表会议）起多次
当选为中央委员。十月革命前夕反对举行武装起义的决定。在全俄苏

维埃第二次代表大会上当选为全俄中央执行委员会第一任主席。1917
年 11 月主张成立有孟什维克和社会革命党人参加的联合政府,遭到否
决后声明退出党中央。1918 年起任莫斯科苏维埃主席。1922 年起任人
民委员会副主席,1924—1926 年任劳动国防委员会主席。1923 年起为
列宁研究院第一任院长。1919—1925 年为党中央政治局委员。1925 年
参与组织"新反对派",1926 年 1 月当选为中央政治局候补委员,同年参
与组织"托季联盟",10 月被撤销政治局候补委员职务。1927 年 12 月被
开除出党,后来两次恢复党籍,两次被开除出党。1936 年 8 月 25 日被苏
联最高法院军事审判庭以"参与暗杀基洛夫、阴谋刺杀斯大林及其他苏
联领导人"的罪名判处枪决。1988 年 6 月苏联最高法院为其平反。
——255。

K

卡贝,埃蒂耶纳(Cabet,Étienne 1788—1856)——法国小资产阶级政论家,空
想共产主义的代表人物。认为对资本主义制度的弊端无须使用暴力,只要
采用和平改造社会的方法就能消除。在《伊加利亚旅行记》(1848)一书中
阐述了自己的观点,并试图通过在美洲建立共产制公社的实践来实现这些
观点,但遭到彻底失败。马克思称他为"最受欢迎然而也是最肤浅的共产
主义的代表人物"(见《马克思恩格斯文集》第 1 卷第 335 页)。——282。

卡尔波夫,П.(Карпов,П.)——俄国孟什维克取消派分子,1913 年为《新工人
报》撰稿。——326。

卡缅斯基,亨·——见多姆斯基,亨利希·Г.。

卡森,爱德华·亨利(Carson,Edward Henry 1854—1935)——英国政治活动
家,保守党人,勋爵,爱尔兰自治的疯狂反对者。为了反对爱尔兰民族解放
运动,1912 年在阿尔斯特(爱尔兰北部)组织了主张英格兰和爱尔兰合并
的"统一派"的黑帮武装集团。1915 年任英国海军大臣,1917—1918 年任
不管部大臣。1921 年起不再积极参加政治活动。——399、400。

卡特柯夫,米哈伊尔·尼基福罗维奇(Катков,Михаил Никифорович 1818—
1887)——俄国地主,政论家。开始政治活动时是温和的贵族自由派的拥
护者。1851—1855 年编辑《莫斯科新闻》,1856—1887 年出版《俄罗斯通

报》杂志。60年代初转入反动营垒,1863—1887年编辑和出版《莫斯科新闻》,该报从1863年起成了君主派反动势力的喉舌。自称是"专制制度的忠实警犬",他的名字已成为最无耻的反动势力的通称。——229。

考茨基,卡尔(Kautsky,Karl 1854—1938)——德国社会民主党和第二国际的领袖和主要理论家之一。1875年加入奥地利社会民主党,1877年加入德国社会民主党。1881年与马克思和恩格斯相识后,在他们的影响下逐渐转向马克思主义。从19世纪80年代到20世纪初写过一些宣传和解释马克思主义的著作:《卡尔·马克思的经济学说》(1887)、《土地问题》(1899)等。但在这个时期已表现出向机会主义方面摇摆,在批判伯恩施坦时作了很多让步。1883—1917年任德国社会民主党理论刊物《新时代》杂志主编。曾参与起草1891年德国社会民主党纲领(爱尔福特纲领)。1910年以后逐渐转到机会主义立场,成为中派领袖。第一次世界大战前夕提出超帝国主义论,大战期间打着中派旗号支持帝国主义战争。1917年参与建立德国独立社会民主党,1922年拥护该党右翼与德国社会民主党合并。1918年后发表《无产阶级专政》等书,攻击俄国十月革命,反对无产阶级专政。——131、143、202—203、223—226、239、244—246、270—271、278、291、294、295、296、299、301、302、339。

柯尔佐夫,德·(**金兹堡,波里斯·阿布拉莫维奇**;尔·谢·;谢多夫,尔·)(Кольцов, Д.(Гинзбург, Борис Абрамович, Л. С., Седов, Л.)1863—1920)——俄国社会民主党人,孟什维克。19世纪80年代前半期参加民意党人运动,80年代末转向社会民主主义。1893年初侨居瑞士,接近劳动解放社。1895—1898年任国外俄国社会民主党人联合会书记。1900年联合会分裂后,退出该组织。曾参加第二国际伦敦代表大会(1896)和巴黎代表大会(1900)的工作。作为有发言权的代表出席了俄国社会民主工党第二次代表大会,属火星派少数派;会后成为孟什维克骨干分子,为孟什维克报刊《社会民主党人报》、《开端报》等撰稿。1905—1907年革命期间在彼得堡参加工会运动,1908年起在巴库工作。斯托雷平反动时期和新的革命高涨年代持取消派立场。第一次世界大战期间是社会沙文主义者。1917年二月革命后任彼得格勒工兵代表苏维埃劳动委员。敌视十月革命。1918—1919年在合作社组织中工作。——2、44、258—260、316、375。

柯瓦列夫斯基,马克西姆·马克西莫维奇(Ковалевский, Максим Максимович 1851—1916)——俄国历史学家、法学家和社会学家,资产阶级自由派政治活动家。1878—1887 年任莫斯科大学法律系教授。1887 年出国。1901 年和叶·瓦·罗伯蒂一起在巴黎创办俄国社会科学高等学校。1905 年回国。1906 年创建立宪君主主义的民主改革党,同年被选入第一届国家杜马,次年被选入国务会议。1906—1907 年出版民主改革党的机关报《国家报》,1909 年收买《欧洲通报》杂志社的产权并任杂志编辑。在他的学术研究中,比较重要的是论述公社和氏族关系方面的著作。主要著作有《公社土地占有制,它的瓦解原因、过程和后果》、《家庭及所有制的起源和发展概论》、《现代民主制的起源》、《社会学》等。——79。

科辛斯基,В.А.(Косинский, В.А. 生于 1866 年)——俄国民粹派农业经济学家。1904—1909 年任敖德萨新俄罗斯大学教授,后任基辅工学院教授。1918 年在乌克兰统领斯科罗帕茨基的反革命政府中任劳动部副部长,后移居国外。著有论述土地问题的著作。——5。

克里斯坦,埃特宾(Kristan(Кристан,Этбин)1867—1953)——斯洛文尼亚政治活动家,作家和新闻工作者。第一次世界大战前是斯洛文尼亚社会民主党领袖之一。曾为一些工人报纸撰稿。1914 年侨居美国,在南斯拉夫劳动者侨民中开展工作,是斯洛文尼亚民主党人联合会主席。1921 年回到斯洛文尼亚,但不久又被迫移居美国。第二次世界大战期间支持南斯拉夫人民解放运动。1951 年回到南斯拉夫。写有许多诗歌、特写、短篇小说和剧本。——141—142、239、342。

克鲁普斯卡娅,娜捷施达·康斯坦丁诺夫娜(Крупская, Надежда Константиновна 1869—1939)——列宁的妻子和战友。1890 年在彼得堡大学生马克思主义小组中开始革命活动。1895 年参与组织彼得堡工人阶级解放斗争协会。1896 年 8 月被捕,后被判处流放三年,先后在舒申斯克和乌法服刑。1901 年流放期满后侨居国外,任《火星报》编辑部秘书。曾参加俄国社会民主工党第二次代表大会的筹备工作,作为有发言权的代表出席了大会。1904 年起先后任布尔什维克的《前进报》和《无产者报》编辑部秘书。曾参加党的第三次代表大会的筹备工作。1905—1907 年革命期间在国内担任党中央委员会秘书。斯托雷平反动时期积极参加反对取消派和召回派的斗争。1911年在隆瑞莫党校(法国)工作。1912年党的布拉格代表会议后协助列宁同国内党组织、《真理报》和第四届国家杜马布尔什维克党团保持联系。第一次世界大战期间参加国际妇女运动和布尔什维克国外支部的活动,担任国外组织委员会秘书并研究国民教育问题。1917年二月革命后和列宁一起回国,在党中央书记处工作,参加了十月武装起义。十月革命后任教育人民委员部部务委员,领导政治教育总委员会;1929年起任俄罗斯联邦副教育人民委员。1924年起为党中央监察委员会委员,1927年起为党中央委员。历届全俄中央执行委员会和苏联中央执行委员会委员,苏联第一届最高苏维埃代表和主席团委员。——285—286。

克伦斯基,亚历山大·费多罗维奇(Керенский, Александр Федорович 1881—1970)——俄国政治活动家,资产阶级临时政府首脑。1917年3月起为社会革命党人。第四届国家杜马代表,劳动派党团领袖。第一次世界大战期间是护国派分子。1917年二月革命后任彼得格勒工兵代表苏维埃副主席、国家杜马临时委员会委员。在临时政府中任司法部长(3—5月)、陆海军部长(5—9月)、总理(7月21日起)兼最高总司令(9月12日起)。执政期间继续进行帝国主义战争,七月事变时镇压工人和士兵,迫害布尔什维克。1917年11月7日彼得格勒爆发武装起义时,从首都逃往前线,纠集部队向彼得格勒进犯,失败后逃亡巴黎。在国外参加白俄流亡分子的反革命活动,1922—1932年编辑《白日》周刊。1940年移居美国。——185。

L

拉比诺维奇(Рабинович)——303。

拉波波特,沙尔(Rappoport, Charles 1865—1941)——法国社会党人,在哲学上是康德主义者。因主张修正马克思主义哲学,受到保·拉法格的批评。写有许多哲学和社会学方面的著作。——199。

拉甫罗夫,彼得·拉甫罗维奇(Лавров, Петр Лаврович 1823—1900)——俄国革命民粹主义思想家,哲学家,政论家,社会学家。1862年加入秘密革命团体——第一个土地和自由社。1866年被捕,次年流放沃洛格达省,在那里写了对俄国民粹主义知识界有很大影响的《历史信札》(1868—1869)。1870年从流放地逃到巴黎,加入第一国际,参加了巴黎公社。

1871 年 5 月受公社的委托去伦敦,在那里与马克思和恩格斯相识。
1873—1876 年编辑《前进》杂志,1883—1886 年编辑《民意导报》,后参加
编辑民意社文集《俄国社会革命运动史资料》(1893—1896)。作为社会学
主观学派的代表,否认社会发展的客观规律,把人类的进步视为"具有批判
头脑的个人"活动的结果,被认为是民粹主义"英雄"与"群氓"理论的精神
始祖。还著有《国际史论丛》、《1873—1878 年的民粹派宣传家》等社会思
想史、革命运动史和文化史方面的著作。——366。

拉基京,格·——见列维茨基,弗拉基米尔·奥西波维奇。

拉基特尼科夫,尼古拉·伊万诺维奇(Ракитников, Николай Иванович 生于
1864 年)——俄国民粹派分子,后为社会革命党人;新闻工作者。1901 年
起为社会革命党中央委员,在俄国许多城市和国外从事活动,为社会革命
党的报刊撰稿。1916 年回国,为《萨拉托夫通报》撰稿。1917 年二月革命
后任临时政府农业部副部长。十月革命后参加萨马拉的反革命立宪会议
委员会的活动。1919 年退出社会革命党中央委员会,承认苏维埃政权。
后脱离政治活动。——349—352、364。

拉萨尔,斐迪南(Lassalle, Ferdinand 1825—1864)——德国工人运动活动家,
小资产阶级社会主义者,德国工人运动中的机会主义——拉萨尔主义的代
表人物。积极参加德国 1848 年革命。曾与马克思和恩格斯有过通信联
系。1863 年 5 月参与创建全德工人联合会,并当选为联合会主席。在联
合会中推行拉萨尔主义,把德国工人运动引上了机会主义道路。宣传超阶
级的国家观点,主张通过争取普选权和建立由国家资助的工人生产合作社
来解放工人。曾同俾斯麦勾结并支持在普鲁士领导下"自上而下"统一德
国的政策。在哲学上是唯心主义者和折中主义者。——277。

劳合—乔治,戴维(Lloyd George, David 1863—1945)——英国国务活动家和
外交家,自由党领袖。1890 年起为议员。1905—1908 年任商业大臣,
1908—1915 年任财政大臣。对英国政府策划第一次世界大战的政策有很
大影响。曾提倡实行社会保险等措施,企图利用谎言和许诺来阻止工人阶
级建立革命政党。1916—1922 年任首相,残酷镇压殖民地和附属国的民
族解放运动;是武装干涉和封锁苏维埃俄国的鼓吹者和策划者之一。曾参
加 1919 年巴黎和会,是凡尔赛和约的炮制者之一。——72—75。

老兵——见斯图契卡,彼得·伊万诺维奇。

累德堡,格奥尔格(Ledebour,Georg 1850—1947)——德国工人运动活动家,德国独立社会民主党创建人和领袖之一。1900—1918 年和 1920—1924年是国会议员。斯图加特国际社会党代表大会的参加者,在会上反对殖民主义。第一次世界大战期间是中派分子,主张恢复国际的联系;曾出席齐美尔瓦尔德代表会议,参加齐美尔瓦尔德右派。德国社会民主党分裂后,1916 年加入帝国国会的社会民主党工作小组,该小组于 1917 年构成德国独立社会民主党的基本核心。曾参加 1918 年十一月革命。1920—1924年在国会中领导了一个人数不多的独立集团。1931 年加入社会主义工人党。希特勒上台后流亡瑞士。——159。

李卜克内西,威廉(Liebknecht,Wilhelm 1826—1900)——德国工人运动和国际工人运动活动家,德国社会民主党的创建人和领袖之一,马克思和恩格斯的朋友和战友。积极参加德国 1848 年革命,革命失败后流亡国外,在国外结识马克思和恩格斯,接受了科学共产主义思想。1850 年加入共产主义者同盟。1862 年回国。第一国际成立后,成为国际的革命思想的热心宣传者和国际的德国支部的组织者之一。1868 年起任《民主周报》编辑。1869 年与倍倍尔共同创建了德国社会民主工党(爱森纳赫派),任党的中央机关报《人民国家报》编辑。1875 年积极促成爱森纳赫派和拉萨尔派的合并。在反社会党人非常法施行期间与倍倍尔一起领导党的地下工作和斗争。1890 年起任党的中央机关报《前进报》主编,直至逝世。1867—1870 年为北德意志联邦国会议员,1874 年起多次被选为德意志帝国国会议员,利用议会讲坛揭露普鲁士容克反动的内外政策。因革命活动屡遭监禁。是第二国际的组织者之一。——277。

李普曼,弗·(格尔什,П. М.)(Либман,Ф.(Герш,П. М.)生于 1882年)——著名的崩得分子,1911 年进入崩得中央委员会,是《崩得评论》编辑部成员,追随取消派。第一次世界大战期间支持沙皇政府的兼并政策;住在瑞士。——120、125、126、128—130、142—143、145、146、147—148、154。

列宁,弗拉基米尔·伊里奇(乌里扬诺夫,弗拉基米尔·伊里奇;弗·伊·;弗·伊林;伊林)(Ленин,Владимир Ильич(Ульянов,Владимир Ильич,В.

И., В. Ильин, Ильин) 1870—1924)——83、125、142—143、145、148、202、203、210—211、255、276、304—306、308、315、369、412。

列维茨基(**策杰尔包姆**),弗拉基米尔·奥西波维奇(格·拉·;拉基京,格·)(Левицкий (Цедербаум), Владимир Осипович (Г. Р., Ракитин, Г.)生于1883年)——俄国社会民主党人,孟什维克。19世纪90年代末参加革命运动,在德文斯克崩得组织中工作。1906年初是俄国社会民主工党统一的彼得堡委员会委员;彼得堡组织出席党的第四次(统一)代表大会的代表。在第二届国家杜马选举期间主张同立宪民主党结盟。斯托雷平反动时期和新的革命高涨年代是取消派领袖之一;加入孟什维克中央,在关于取消党的"公开信"上签了名;编辑《我们的曙光》杂志并为《社会民主党人呼声报》、《复兴》杂志以及孟什维克取消派的其他定期报刊撰稿。炮制了"不是领导权,而是阶级的政党"的"著名"公式。第一次世界大战期间是社会沙文主义者,支持护国派极右翼集团。敌视十月革命,反对苏维埃政权。1920年因"战术中心"案受审。后从事写作。——44、70、71、155—157、325、341。

卢卡舍维奇(**图怡普斯基**),帕维尔·卢基奇(Лукашевич (Тучапский),Павел Лукич 1869—1922)——1893年参加俄国革命运动,基辅工人阶级解放斗争协会成员。曾被流放,后流亡国外。乌克兰社会民主联盟("斯皮尔卡")中央委员会委员,该联盟于1905年4月加入俄国社会民主工党孟什维克派。"斯皮尔卡"分裂后,在孟什维克中工作。1917—1918年编辑孟什维克的《南方工人报》(敖德萨)。1921年起任乌克兰科学院图书管理员。——132。

卢柯姆斯基,梅耶尔·雅柯夫列维奇(艾姆-艾尔)(Лукомский, Меер Яковлевич (Эм-Эль) 1872—1931)——1916年以前是俄国孟什维克,后为无党派人士;职业是医生。斯托雷平反动时期和新的革命高涨年代是取消派分子。1912—1913年是孟什维克取消派报纸《光线报》编辑部成员。第一次世界大战期间是前线医生。十月革命后在卫生人民委员部机关工作。——325。

卢那察尔斯基,阿纳托利·瓦西里耶维奇(Луначарский, Анатолий Васильевич 1875—1933)——19世纪90年代初参加俄国社会民主主义运动。俄国社会民主工党第二次代表大会后是布尔什维克。曾先后参加布尔什维克的《前进报》、《无产者报》和《新生活报》编辑部。代表《前进报》编辑部出席了党的第三次代表大会,受列宁委托,在会上作了关于武装起义问题的报告。党的第四次(统一)代表大会和第五次(伦敦)代表大会的参加者,布尔什维克出席第二国际斯图加特代表大会(1907)和哥本哈根代表大会(1910)的代表。斯托雷平反动时期脱离布尔什维克,参加"前进"集团;在哲学上宣扬造神说和马赫主义。第一次世界大战期间持国际主义立场。1917年二月革命后参加区联派,在俄国社会民主工党(布)第六次代表大会上随区联派集体加入布尔什维克党。十月革命后到1929年任教育人民委员,以后任苏联中央执行委员会学术委员会主席。1930年起为苏联科学院院士。在艺术和文学方面著述很多。——371。

卢森堡,罗莎(Luxemburg,Rosa 1871—1919)——德国、波兰和国际工人运动活动家,德国社会民主党和第二国际左翼领袖和理论家之一,德国共产党创建人之一。生于波兰。19世纪80年代后半期开始革命活动,1893年参与创建和领导波兰王国社会民主党,为党的领袖之一。1898年移居德国,积极参加德国社会民主党的活动,反对伯恩施坦主义和米勒兰主义。曾参加俄国第一次革命(在华沙)。1907年参加俄国社会民主工党第五次(伦敦)代表大会,在会上支持布尔什维克。斯托雷平反动时期和新的革命高涨年代对取消派采取调和主义态度。1912年波兰王国和立陶宛社会民主党分裂后,曾谴责最接近布尔什维克的所谓分裂派。第一次世界大战期间持国际主义立场,是建立国际派(后改称斯巴达克派和斯巴达克联盟)的发起人之一。参加领导了德国1918年十一月革命,同年底参与领导德国共产党成立大会,作了党纲报告。1919年1月柏林工人斗争被镇压后,于15日被捕,当天惨遭杀害。主要著作有《社会改良还是革命》(1899)、《俄国社会民主党的组织问题》(1904)、《资本积累》(1913)等。——149—151、154、166—168、177—179、190、199、203、223—225、240、242、270。

罗季切夫,费多尔·伊兹迈洛维奇(Родичев,Федор Измаилович 1853—1932)——俄国地主,地方自治运动活动家,立宪民主党领袖之一,该党中央委员。1904—1905年地方自治人士代表大会的参加者。第一届至第四届国家杜马代表。1917年二月革命后任临时政府芬兰事务委员。十月革命后为白俄流亡分子。——73。

罗日柯夫，尼古拉·　亚历山德罗维奇（Рожков, Николай Александрович
1868—1927）——俄国历史学家和政治活动家。19 世纪 90 年代接近合法
马克思主义者。1905 年加入俄国社会民主工党，布尔什维克。1907 年当
选为中央委员，进入中央委员会俄国局。1905—1907 年革命失败后成为
取消派的思想领袖之一，为《我们的曙光》杂志撰稿，编辑孟什维克取消派
的《新西伯利亚报》。1917 年二月革命后在临时政府担任了几个月的邮电
部副部长。同年 8 月加入孟什维克党，当选为该党中央委员。敌视十月革
命，在外国武装干涉和国内战争时期反对苏维埃政权。20 年代初因与孟
什维克的反苏维埃活动有关而两次被捕。1922 年同孟什维克决裂。后在
一些高等院校和科研机关工作。写有俄国史方面的著作。——169—173。

洛姆塔季泽，维肯季·比莫维奇（Ломтатидзе, Викентий Бимович 1879—
1915）——俄国社会民主党人，孟什维克，斯托雷平反动时期是取消派分
子。代表古里亚党组织参加了俄国社会民主工党第四次（统一）代表大会。
1907 年是第二届国家杜马代表。因第二届杜马社会民主党党团案被判处
服苦役，后改为七年监禁。——274—275。

洛帕廷，格尔曼·亚历山德罗维奇（Лопатин, Герман Александрович 1845—
1918）——俄国民粹派革命家。19 世纪 70 年代在国外居住期间，与马克
思和恩格斯关系密切。1870 年被选入第一国际总委员会。与尼·弗·丹
尼尔逊一起把马克思的《资本论》第 1 卷译成俄文。因从事革命活动多次
被捕。1887 年被判处死刑，后改为终身苦役，在施吕瑟尔堡要塞的单人囚
房服刑。1905 年大赦时获释，后脱离政治活动。——298。

M

马尔赫列夫斯基，尤利安·约瑟福维奇（尤·卡·）（Marchlewski, Julian
（Мархлевский, Юлиан Юзефович (J.K.)）1866—1925）——波兰工人运动
和国际工人运动活动家。1889 年参与组织波兰工人联合会。1893 年流亡
瑞士，是波兰王国社会民主党的创建人之一。曾帮助列宁组织出版《火星
报》。在华沙积极参加俄国 1905—1907 年革命。1907 年在俄国社会民主
工党第五次（伦敦）代表大会上当选为候补中央委员。第二国际苏黎世代

表大会和斯图加特代表大会的代表。1909 年起主要在德国社会民主党内工作。第一次世界大战期间,反对社会沙文主义者,参与创建斯巴达克联盟。1916 年被捕入狱。在苏俄政府的坚决要求下,1918 年从德国集中营获释,来到苏俄;被选入全俄中央执行委员会,担任执行委员会委员直至逝世。执行过许多重要的外交使命,参加过与波兰、立陶宛、芬兰、日本和中国的谈判。1919 年当选为德国共产党中央委员。参与创建共产国际。1920 年为俄共(布)中央委员会波兰局成员、波兰临时革命委员会主席。1923 年起任国际支援革命战士协会中央委员会主席。写有一些经济问题、波兰历史和国际关系方面的著作。——189—190。

马尔柯夫,尼古拉·叶夫根尼耶维奇(马尔柯夫第二)(Марков, Николай Евгсньевич (Марков 2-й)生于 1876 年)——俄国大地主,反动的政治活动家,黑帮组织"俄罗斯人民同盟"和"米迦勒天使长同盟"领袖之一。第三届和第四届国家杜马代表,杜马中极右翼领袖之一。十月革命后为白俄流亡分子。——172。

马尔托夫,尔·(策杰尔包姆,尤利·奥西波维奇;尔·马·;伽马)(Мартов, Л.(Цедербаум, Юлий Осипович, Л. М., Гамма) 1873 — 1923)——俄国孟什维克领袖之一。1895 年参与组织彼得堡工人阶级解放斗争协会。1896 年被捕并流放图鲁汉斯克三年。1900 年参与创办《火星报》,为该报编辑部成员。在俄国社会民主工党第二次代表大会上是《火星报》组织的代表,领导机会主义少数派,反对列宁的建党原则;从那时起成为孟什维克中央机关的领导成员和孟什维克报刊的编辑。曾参加党的第五次(伦敦)代表大会的工作。斯托雷平反动时期和新的革命高涨年代是取消派分子,编辑《社会民主党人呼声报》,参与组织"八月联盟"。第一次世界大战期间是中派分子,参加齐美尔瓦尔德代表会议和昆塔尔代表会议。曾参加孟什维克组织委员会国外书记处,为书记处编辑机关刊物。1917 年二月革命后领导孟什维克国际主义派。十月革命后反对镇压反革命和解散立宪会议。1919 年当选为全俄中央执行委员会委员,1919—1920 年为莫斯科苏维埃代表。1920 年 9 月侨居德国。参与组织第二半国际,在柏林创办和编辑孟什维克杂志《社会主义通报》。—— 44、177、210—212、217—218、276、306—307、308、325、361、411。

马赫诺韦茨——见阿基莫夫,弗拉基米尔·彼得罗维奇。

马克拉柯夫,瓦西里·阿列克谢耶维奇(Маклаков, Василий Алексеевич 1870—1957)——俄国立宪民主党领袖之一,地主。1895 年起为律师,曾为多起政治诉讼案出庭辩护。1906 年起为立宪民主党中央委员。第二届、第三届和第四届国家杜马代表。1917 年二月革命后任国家杜马临时委员会驻司法部委员;支持帕·尼·米留可夫,主张把帝国主义战争进行到"最后胜利"。同年 7 月起任临时政府驻法国大使。十月革命后为白俄流亡分子。——192—193、237、378、384、404、405。

马克思,卡尔(Marx, Karl 1818—1883)——科学共产主义的创始人,世界无产阶级的领袖和导师。——1、66、68、119、132、172、195、277—284、298、299、327、364、369、398。

马林诺夫斯基,罗曼·瓦茨拉沃维奇(Малиновский, Роман Вацлавович 1876—1918)——俄国社会民主主义运动中的奸细,莫斯科保安处密探;职业是五金工人。1906 年出于个人动机参加工人运动,后来混入俄国社会民主工党;曾任工人委员会委员和五金工会理事会书记。1907 年起主动向警察局提供情报,1910 年被录用为沙皇保安机关密探。在党内曾担任多种重要职务,1912 年在党的第六次(布拉格)全国代表会议上当选为中央委员。在保安机关暗中支持下,当选为第四届国家杜马莫斯科省工人选民团的代表,1913 年任布尔什维克杜马党团主席。1914 年辞去杜马职务,到了国外。1917 年 6 月,他同保安机关的关系被揭穿后,1918 年回国,被捕后由全俄中央执行委员会最高法庭判处枪决。——99、102、103、160。

马宁,С. Л.(Манин, С. Л.)——崩得分子。1913 年为孟什维克取消派的《光线报》撰稿。——141。

麦迭姆(格林贝格),弗拉基米尔·达维多维奇(戈尔德布拉特)(Медем(Гринберг), Владимир Давидович (Гольдблат)1879—1923)——崩得领袖之一。1899 年参加俄国社会民主主义运动,1900 年加入明斯克崩得组织。曾流放西伯利亚,1901 年从流放地逃往国外。1903 年起为崩得国外委员会委员,代表该委员会出席俄国社会民主工党第二次代表大会,会上是反火星派分子。1906 年当选为崩得中央委员。曾参加俄国社会民主工党第五次(伦敦)代表大会工作,支持孟什维克。十月革命后领导在波兰的崩得组织。1921年到美国,在犹太右翼社会党人的《前进报》上撰文诽谤苏维埃俄国。——151—152、300、301、303、343。

曼科夫,伊万·尼古拉耶维奇(Маньков, Иван Николаевич 生于1881年)——俄国孟什维克取消派分子,第四届国家杜马伊尔库茨克省代表,社会民主党杜马党团成员。第一次世界大战期间是社会沙文主义者,1915年违背社会民主党党团决议,在杜马中投票赞成军事预算,因而被开除出杜马党团。——103、115、160。

曼努伊洛夫,亚历山大·阿波罗诺维奇(Мануилов, Александр Аполлонович 1861—1929)——俄国经济学家,教授。19世纪90年代是自由主义民粹派分子,后来成为立宪民主党人,任该党中央委员。所拟定的土地改革方案是立宪民主党土地纲领的基础。1907—1911年为国务会议成员。1905—1908年任莫斯科大学副校长,1908—1911年任莫斯科大学校长。1917年二月革命后任临时政府国民教育部长。十月革命后一度侨居国外,但很快回国,并同苏维埃政权合作,在高等院校任教。写有许多经济问题方面的著作。主要著作有《爱尔兰的地租》(1895)、《古典学派经济学家学说的价值的概念》(1901)、《政治经济学讲义教程》第1编(1914)等。——79。

美列涅夫斯基,马里安·伊万诺维奇(巴索克;索柯洛夫斯基)(Меленевский, Мариан Иванович(Басок, Соколовский)1879—1938)——乌克兰小资产阶级民族主义者,孟什维克,乌克兰社会民主联盟("斯皮尔卡")的领导人之一。1912年参加了托洛茨基在维也纳召开的反布尔什维克的八月代表会议。第一次世界大战期间是资产阶级民族主义组织"乌克兰解放协会"的骨干分子。十月革命后从事经济工作。——132。

美舍尔斯基,弗拉基米尔·彼得罗维奇(Мещерский, Владимир Петрович 1839—1914)——俄国政论家,公爵。曾在警察局和内务部供职。1860年起为《俄罗斯通报》杂志和《莫斯科新闻》撰稿。1872—1914年出版黑帮刊物《公民》,1903年创办反动杂志《慈善》和《友好的话》,得到沙皇政府大量资助。在这些报刊上,不仅反对政府向工人作任何让步,而且反对政府向自由派资产阶级作任何让步。——23—24。

米海洛夫斯基,尼古拉·康斯坦丁诺维奇(Михайловский, Николай

Константинович 1842—1904)——俄国自由主义民粹派理论家,政论家,文艺批评家,实证论哲学家,社会学主观学派代表人物。1860 年开始写作活动。1868 年起为《祖国纪事》杂志撰稿,后任编辑。1879 年与民意党接近。1882 年以后写了一系列谈"英雄"与"群氓"问题的文章,建立了完整的"英雄"与"群氓"的理论体系。1884 年《祖国纪事》杂志被查封后,给《北方通报》、《俄国思想》、《俄罗斯新闻》等报刊撰稿。1892 年起任《俄国财富》杂志编辑,在该杂志上与俄国马克思主义者进行激烈论战。——349、350、363—367。

米留可夫,帕维尔・尼古拉耶维奇(Милюков, Павел Николаевич 1859—1943)——俄国立宪民主党领袖,俄国自由派资产阶级思想家,历史学家和政论家。1886 年起任莫斯科大学讲师。90 年代前半期开始政治活动,1902 年起为资产阶级自由派的《解放》杂志撰稿。1905 年 10 月参与创建立宪民主党,后任该党中央委员会主席和中央机关报《言语报》编辑。第三届和第四届国家杜马代表。第一次世界大战期间为沙皇政府的掠夺政策辩护。1917 年二月革命后任第一届临时政府外交部长,推行把战争进行到"最后胜利"的帝国主义政策;同年 8 月积极参与策划科尔尼洛夫叛乱。十月革命后同白卫分子和武装干涉者合作。1920 年起为白俄流亡分子,在巴黎出版《最新消息报》。著有《俄国文化史概要》、《第二次俄国革命史》及《回忆录》等。——79、222、377—379、384、385、404、405。

米宁,А. Н.(Минин, А. Н. 生于 1881 年)——俄国民粹派农学家。1910 年起在哈尔科夫、切尔尼戈夫和莫斯科等省任农艺师。1918—1920 年任全俄合作社代表大会委员会主席团委员。1920 年起任沃罗涅日农学院教授。——5。

米雅柯金,韦涅季克特・亚历山德罗维奇(Мякотин, Венедикт Александрович 1867—1937)——俄国人民社会党领袖之一,历史学家和政论家。1893 年为《俄国财富》杂志撰稿人,1904 年起为杂志编委。1905—1906 年是资产阶级知识分子组织"协会联合会"的领导人之一。敌视十月革命,反对苏维埃政权。1918 年是反革命组织"俄罗斯复兴会"的创建人之一,同年流亡国外。——366。

缅施科夫,米哈伊尔・奥西波维奇(Меньшиков, Михаил Осипович 1859—

1919)——俄国政论家,黑帮报纸《新时报》撰稿人。十月革命后反对苏维埃政权,1919 年被枪决。——313。

莫吉梁斯基,米哈伊尔·米哈伊洛维奇(Могилянский,Михаил Михайлович 1873—1942)——俄国律师,政论家。1906 年加入立宪民主党,为该党中央机关报《言语报》和俄罗斯及乌克兰的其他定期报刊撰稿。十月革命后退出立宪民主党。30 年代在乌克兰苏维埃社会主义共和国科学院工作。——220—222、262。

穆拉诺夫,马特维·康斯坦丁诺维奇(Муранов,Матвей Константинович 1873—1959)——1904 年加入俄国社会民主工党,布尔什维克;职业是钳工。曾在哈尔科夫做党的工作。第四届国家杜马哈尔科夫省工人代表,参加布尔什维克杜马党团。曾为布尔什维克的《真理报》撰稿。因进行反对帝国主义战争的革命活动,1914 年 11 月被捕,1915 年流放图鲁汉斯克边疆区。1917—1923 年在党中央机关工作。1923—1934 年是苏联最高法院成员。在党的第六、第八和第九次代表大会上当选为中央委员。1922—1934 年为中央监察委员会委员。——99、102、103、160。

N

尼古拉二世(**罗曼诺夫**)(Николай II (Романов)1868—1918)——俄国最后一个皇帝,亚历山大三世的儿子。1894 年即位,1917 年二月革命时被推翻。1918 年 7 月 17 日根据乌拉尔州工兵代表苏维埃的决定在叶卡捷琳堡被枪决。——408。

尼古拉·—逊——见丹尼尔逊,尼古拉·弗兰策维奇。

尼古拉耶夫斯基,波里斯·伊万诺维奇(戈洛索夫,格里·)(Николаевский,Борис Иванович (Голосов,Гр.)1887—1967)——俄国孟什维克。1905 年起先后在萨马拉、乌法和西伯利亚工作,曾为孟什维克报刊撰稿。十月革命后在流亡国外的孟什维克办的报刊上撰文反对苏维埃政权。后住在美国,继续撰写歪曲马克思列宁主义和苏联共产党历史的文章。——82—84。

尼孔(**别松诺夫,尼·**)(Никон (Бессонов,Н.)1868—1919)——俄国第四届国家杜马沃伦省代表,在杜马中参加右派党团。1913 年被委任为叶尼塞

斯克主教和克拉斯诺亚尔斯克助理教务主教,1917 年辞去主教职务。十
月革命后参加白卫组织,反对苏维埃国家,曾任乌克兰资产阶级民族主义
督政府宗教事务部部长。——9—11、20—22。

涅克拉索夫,尼古拉·阿列克谢耶维奇(Некрасов, Николай Алексеевич
1821—1878)——俄国诗人,革命民主主义者。出身于地主家庭。19 世纪
30 年代末开始创作活动。40 年代初结识了别林斯基,在他的帮助和影响
下,逐渐走上革命民主主义者和"真正诗人"的道路。先后主编《同时代人》
和《祖国纪事》等杂志。他的诗歌鲜明地体现了农民的革命民主主义思想。
主要作品有《谁在俄罗斯能过好日子》、《严寒,通红的鼻子》、《铁路》、《俄罗
斯妇女》等。——46。

P

帕特拉什金,谢·——见格里戈里耶夫,谢尔盖·季莫费耶维奇。

潘涅库克,安东尼(Pannekoek, Antonie 1873—1960)——荷兰工人运动活动
家,天文学家。1907 年是荷兰社会民主工党左翼刊物《论坛报》创办人之
一。1909 年参与创建荷兰社会民主党。1910 年起与德国左派社会民主党
人关系密切,积极为该党的报刊撰稿。第一次世界大战期间是国际主义
者,曾参加齐美尔瓦尔德左派理论刊物《先驱》杂志的出版工作。1918—
1921 年是荷兰共产党党员,参加共产国际的工作。20 年代初是极左的德
国共产主义工人党领袖之一。1921 年退出共产党,不久脱离政治活动。
——295。

蒲鲁东,皮埃尔·约瑟夫(Proudhon, Pierre-Joseph 1809—1865)——法国政
论家,经济学家,社会学家,小资产阶级思想家,无政府主义理论的创始人
之一。1840 年出版《什么是财产?》一书,从小资产阶级立场出发批判大资
本主义所有制,幻想使小私有制永世长存。主张由专门的人民银行发放无
息贷款,帮助工人购置生产资料,使他们成为手工业者,再由专门的交换银
行保证劳动者"公平地"销售自己的劳动产品,而同时又不触动生产工具和
生产资料的资本主义所有制。认为国家是阶级矛盾的主要根源,提出和平
"消灭国家"的空想主义方案,对政治斗争持否定态度。1846 年出版《经济
矛盾的体系,或贫困的哲学》,阐述其小资产阶级的哲学和经济学观点。马

克思在《哲学的贫困》一书中对该书作了彻底的批判。1848年革命时期被选入制宪议会后,攻击工人阶级的革命发动,赞成1851年12月2日的波拿巴政变。——136、282、294。

普利什凯维奇,弗拉基米尔·米特罗范诺维奇（Пуришкевич, Владимир Митрофанович 1870—1920）——俄国大地主,黑帮反动分子,君主派。1900年起在内务部任职,1904年为维·康·普列韦的内务部特别行动处官员。1905年参与创建黑帮组织"俄罗斯人民同盟",1907年退出同盟并成立了新的黑帮组织"米迦勒天使长同盟"。第二届、第三届和第四届国家杜马代表,因在杜马中发表歧视异族和反犹太人的演说而臭名远扬。第一次世界大战期间鼓吹把战争进行到"最后胜利"。1917年二月革命后主张恢复君主制。十月革命后竭力反对苏维埃政权,是1917年11月初被揭露的军官反革命阴谋的策划者。——6、7、9、80、123、127、131、134、140、164、172、173、184、193、194、196、263、264、312、345、346、347、361、378、379、399。

普列汉诺夫,格奥尔吉·瓦连廷诺维奇（Плеханов, Георгий Валентинович 1856—1918）——俄国早期的马克思主义理论家,后来成为孟什维克和第二国际机会主义领袖之一。19世纪70年代参加民粹主义运动,是土地和自由社成员及土地平分社领导人之一。1880年侨居瑞士,逐步同民粹主义决裂。1883年在日内瓦创建俄国第一个马克思主义团体——劳动解放社。翻译和介绍了马克思和恩格斯的许多著作,对马克思主义在俄国的传播起了重要作用;写过不少优秀的马克思主义著作,批判民粹主义、合法马克思主义、经济主义、伯恩施坦主义、马赫主义。20世纪初是《火星报》和《曙光》杂志编辑部成员。曾参与制定俄国社会民主工党纲领草案和参加党的第二次代表大会的筹备工作。在代表大会上是劳动解放社的代表,属火星派多数派,参加了大会常务委员会,会后逐渐转向孟什维克。1905—1907年革命时期反对列宁的民主革命的策略,后来在孟什维克和布尔什维克之间摇摆。在俄国社会民主工党第四次（统一）代表大会上作了关于土地问题的报告,维护马斯洛夫的孟什维克方案;在国家杜马问题上坚持极右立场,呼吁支持立宪民主党人的杜马。斯托雷平反动时期和新的革命高涨年代反对取消主义,领导孟什维克护党派。第一次世界大战期间持社会沙文主义立场。1917 年二月革命后支持资产阶级临时政府。对十月革命持否定态度,但拒绝支持反革命。最重要的理论著作有《社会主义与政治斗争》(1883)、《我们的意见分歧》(1885)、《论一元论历史观之发展》(1895)、《唯物主义史论丛》(1896)、《论个人在历史上的作用》(1898)、《没有地址的信》(1899—1900),等等。——134、159、199、200、201、215、242、248、251、252、263、318、327、344、369、410。

普罗柯波维奇,谢尔盖·尼古拉耶维奇(Прокопович, Сергей Николаевич 1871—1955)——俄国经济学家和政论家。曾参加国外俄国社会民主党人联合会,是经济派的著名代表人物,伯恩施坦主义在俄国最早的传播者之一。1904 年加入资产阶级自由派的解放社,为该社骨干分子。1905 年为立宪民主党中央委员。1906 年参与出版半立宪民主党、半孟什维克的《无题》周刊,为左派立宪民主党人的《同志报》积极撰稿。1917 年 8 月任临时政府工商业部长,9—10 月任粮食部长。1921 年在全俄赈济饥民委员会工作,同反革命地下活动有联系。1922 年被驱逐出境。——32、33、45、228。

普罗伊斯勒,罗伯特(Preußler, Robert)——奥地利社会民主党人。19 世纪90 年代初是陶器工业工会创建人之一。参加过奥地利社会民主党布隆代表大会(1899)的工作。——342。

Q

齐赫泽,尼古拉·谢苗诺维奇(Чхеидзе, Николай Семенович 1864—1926)——俄国孟什维克领袖之一。19 世纪 90 年代末参加社会民主主义运动。俄国社会民主工党第二次代表大会后是孟什维克。第三届和第四届国家杜马代表,第四届国家杜马孟什维克党团主席。第一次世界大战期间是中派分子。1917 年二月革命后任国家杜马临时委员会委员、彼得格勒工兵代表苏维埃主席和第一届中央执行委员会主席,极力支持资产阶级临时政府。1918 年起是反革命的外高加索议会主席,1919 年起是格鲁吉亚孟什维克政府——立宪会议主席。1921 年格鲁吉亚建立苏维埃政权后流亡法国。——46、82—83、84、103、160。

契恒凯里,阿卡基·伊万诺维奇(Чхенкели, Акакий Иванович 1874—

1959)——格鲁吉亚孟什维克领袖之一;职业是律师。1898年参加社会民主主义运动。斯托雷平反动时期和新的革命高涨年代是取消派分子。第四届国家杜马代表,参加孟什维克杜马党团。第一次世界大战期间是社会沙文主义者。1917年二月革命后是临时政府驻外高加索的代表。1918年4月任外高加索临时政府主席,后任格鲁吉亚孟什维克政府外交部长。1921年格鲁吉亚建立苏维埃政权后成为白俄流亡分子。——103、115、160、185。

切尔诺夫,维克多·米哈伊洛维奇(Чернов, Виктор Михайлович 1873—1952)——俄国社会革命党领袖和理论家之一。1902—1905年任社会革命党中央机关报《革命俄国报》编辑。曾撰文反对马克思主义,企图证明马克思的理论不适用于农业。第一次世界大战期间持社会沙文主义立场,曾参加齐美尔瓦尔德代表会议和昆塔尔代表会议。1917年5—8月任临时政府农业部长,对夺取地主土地的农民实行残酷镇压。敌视十月革命。1918年1月任立宪会议主席;曾领导萨马拉的反革命立宪会议委员会,参与策划反苏维埃叛乱。1920年流亡国外,继续反对苏维埃政权。在他的理论著作中,主观唯心主义和折中主义同修正主义和民粹派的空想混合在一起;企图以资产阶级改良主义的"结构社会主义"对抗科学社会主义。——65、266、365。

切列万宁,涅·(利普金,费多尔·安德列耶维奇)(Череванин, Н.(Липкин, Федор Андреевич)1868—1938)——俄国政论家,"马克思的批评家",后为孟什维克领袖之一,取消派分子。俄国社会民主工党第四次(统一)代表大会和第五次(伦敦)代表大会的参加者,取消派报刊撰稿人,16个孟什维克关于取消党的"公开信"的起草人之一。1912年反布尔什维克的八月代表会议后是孟什维克领导中心——组委会成员。第一次世界大战期间是社会沙文主义者。1917年是孟什维克中央机关报《工人报》编辑之一和孟什维克中央委员会委员。敌视十月革命。——35。

R

饶尔丹尼亚,诺伊·尼古拉耶维奇(阿恩)(Жордания, Ной Николаевич(Ан)1869—1953)——俄国社会民主党人。19世纪90年代开始政治活动,加

入格鲁吉亚第一个社会民主主义团体"麦撒墨达西社",领导该社的机会主
义派。1903 年在俄国社会民主工党第二次代表大会上是有发言权的代
表,属火星派少数派,会后为高加索孟什维克的领袖。1905 年编辑孟什维
克的《社会民主党人报》(格鲁吉亚文),反对布尔什维克在资产阶级民主革
命中的策略。第一届国家杜马代表,社会民主党党团领袖。1907—1912
年为俄国社会民主工党中央委员(代表孟什维克)。斯托雷平反动时期和
新的革命高涨年代形式上参加孟什维克护党派,实际上支持取消派。1914
年为托洛茨基的《斗争》杂志撰稿。第一次世界大战期间是社会沙文主义
者。1917 年二月革命后任梯弗利斯工人代表苏维埃主席。1918—1921
年是格鲁吉亚孟什维克政府主席。1921 年格鲁吉亚建立苏维埃政权后成
为白俄流亡分子。——46、251—252、308、339、340。

饶勒斯,让(Jaurès,Jean 1859—1914)——法国社会主义运动和国际社会主
义运动活动家,法国社会党领袖,历史学家和哲学家。1885 年起多次当选
议员。原属资产阶级共和派,90 年代初开始转向社会主义。1898 年同
亚·米勒兰等人组成法国独立社会党人联盟。1899 年竭力为米勒兰参加
资产阶级政府的行为辩护。1901 年起为社会党国际局成员。1902 年与可
能派、阿列曼派等组成改良主义的法国社会党。1903 年当选为议会副议
长。1904 年创办《人道报》,主编该报直到逝世。1905 年法国社会党同盖
得领导的法兰西社会党合并后,成为统一的法国社会党的主要领导人。在
理论和实践问题上往往持改良主义立场,但始终不渝地捍卫民主主义,反
对殖民主义和军国主义。由于呼吁反对临近的帝国主义战争,于 1914 年
7 月 31 日被法国沙文主义者刺杀。写有法国大革命史等方面的著作。
——179。

S

萨尔特奇哈(萨尔蒂科娃,达里娅·伊万诺夫娜)(Салтычиха(Салтыкова,
Дарья Ивановна)1730—1801)——俄国莫斯科省波多利斯克县的女地主,
以虐待农奴闻名。曾把 139 个农民折磨致死。在社会舆论的压力下,叶
卡捷琳娜二世不得不对萨尔特奇哈案进行侦讯。1768 年被判处死刑,后
改为在修道院监狱终身监禁。她的名字成了农奴主惨无人道地虐待农

奴的同义词。——397。

萨莫伊洛夫,费多尔·尼基季奇(Самойлов, Федор Никитич 1882—1952)——1903 年加入俄国社会民主工党,布尔什维克;职业是纺织工人。曾积极参加俄国第一次革命,在伊万诺沃-沃兹涅先斯克做党的工作。第四届国家杜马弗拉基米尔省工人代表,参加布尔什维克杜马党团。因进行反对帝国主义战争的革命活动,1914 年 11 月被捕,1915 年流放图鲁汉斯克边疆区。1917 年二月革命后任伊万诺沃-沃兹涅先斯克苏维埃主席和党的委员会委员;在弗拉基米尔省参加建立苏维埃政权的领导工作。十月革命后在乌克兰和莫斯科工作。1921 年起任全俄中央执行委员会委员,1922—1928 年任俄共(布)中央党史委员会副主任,1932—1935 年任全苏老布尔什维克协会副主席,1937—1941 年任国家革命博物馆馆长。——99、102、103、160、234。

萨文科,阿纳托利·伊万诺维奇(Савенко, Анатолий Иванович 生于 1874 年)——俄国资产阶级民族主义者,政论家,大地主。1908 年在基辅创办俄罗斯民族主义者俱乐部。第四届国家杜马基辅省代表,在杜马中加入进步同盟。曾为黑帮报纸《新时报》和《基辅人报》撰稿。十月革命后反对苏维埃国家,后为白俄流亡分子。——353—354。

沙果夫,尼古拉·罗曼诺维奇(Шагов, Николай Романович 1882—1918)——1905 年加入俄国社会民主工党,布尔什维克;职业是织布工人。第四届国家杜马科斯特罗马省工人选民团的代表,1913 年加入布尔什维克杜马党团。曾出席有党的工作者参加的俄国社会民主工党中央委员会克拉科夫会议和波罗宁会议。因进行反对帝国主义战争的革命活动,1914 年 11 月被捕,1915 年流放图鲁汉斯克边疆区,1917 年二月革命后回到彼得格勒。——99、102、103、160。

沙霍夫斯科伊,德米特里·伊万诺维奇(Шаховской, Дмитрий Иванович 1861—1939)——俄国地方自治运动活动家,公爵。自由派资产阶级刊物《解放》杂志的创办人和撰稿人之一,解放社的组织者之一。1905 年起为立宪民主党中央委员。1906 年为国家杜马代表,杜马和立宪民主党团秘书。1917 年 5—6 月任第一届联合临时政府国家救济部长。1918 年为反革命组织"俄罗斯复兴会"的领导人之一。1920 年起在合作社系统工作。——7。

舍格洛维托夫,伊万·格里戈里耶维奇(Щегловитов, Иван Григорьевич 1861—1918)——俄国大地主,极端反动分子。1906—1915 年任司法大臣。推行黑帮政策,公然使法院服从于警察当局的指令。是建立战地法庭、发动六三政变、审判第二届和第四届国家杜马社会民主党代表和策划贝利斯案件的主谋之一。1917 年任国务会议主席。——385。

盛加略夫,安德列·伊万诺维奇(Шингарев, Андрей Иванович 1869—1918)——俄国立宪民主党人,地方自治运动活动家;职业是医生。立宪民主党沃罗涅日省委员会主席,1907 年起为立宪民主党中央委员。第二届、第三届和第四届国家杜马代表,立宪民主党杜马党团副主席。1917 年二月革命后在第一届和第二届临时政府中分别任农业部长和财政部长。——384、385、404、405。

施韦泽,约翰·巴蒂斯特(Schweitzer, Johann Baptist 1833—1875)——德国工人运动活动家,拉萨尔派代表人物之一;职业是律师。政治活动初期是自由主义者,在拉萨尔的影响下参加工人运动。1864—1871 年任全德工人联合会机关报《社会民主党人报》编辑,1867 年起任联合会主席。执行拉萨尔主义的机会主义路线,支持俾斯麦所奉行的在普鲁士领导下“自上而下”统一德国的政策。在联合会内实行个人独裁,引起会员不满,1871 年被迫辞去主席职务。1872 年因同普鲁士当局的勾结被揭露而被开除出全德工人联合会。——172、277。

司徒卢威,彼得·伯恩哈多维奇(Струве, Петр Бернгардович 1870—1944)——俄国经济学家,哲学家,政论家,合法马克思主义主要代表人物,立宪民主党领袖之一。19 世纪 90 年代编辑合法马克思主义者的《新言论》杂志和《开端》杂志。1896 年参加第二国际第四次代表大会。1898 年参加起草《俄国社会民主工党宣言》。在 1894 年发表的第一部著作《俄国经济发展问题的评述》中,在批判民粹主义的同时,对马克思的经济学说和哲学学说提出“补充”和“批评”。20 世纪初同马克思主义和社会民主主义彻底决裂,转到自由派营垒。1902 年起编辑自由派资产阶级刊物《解放》杂志,1903 年起是解放社的领袖之一。1905 年起是立宪民主党中央委员,领导该党右翼。1907 年当选为第二届国家杜马代表。第一次世界大战爆发后鼓吹俄国的帝国主义侵略扩张政策。十月革命后敌视苏维埃政权,是邓尼金和弗兰格尔反革命政府成员,后逃往国外。——45、127、134、141、222、239、243、290、360—362、377—379、384、404、405。

斯大林(**朱加施维里**),约瑟夫·维萨里昂诺维奇(Сталин(Джугашвили),Иосиф Виссарионович 1879—1953)——苏联共产党和国家领导人,国际共产主义运动活动家。1898年加入俄国社会民主工党,党的第二次代表大会后是布尔什维克。曾在梯弗利斯、巴统、巴库和彼得堡做党的工作。多次被捕和流放。1912年1月在党的第六次(布拉格)全国代表会议选出的中央委员会会议上,被缺席增补为中央委员并被选入中央委员会俄国局;积极参加布尔什维克《真理报》的编辑工作。1917年二月革命后从流放地回到彼得格勒,参加党中央委员会俄国局。在党的第七次全国代表会议(四月代表会议)以及此后的历次代表大会上当选为中央委员。在十月革命的准备和进行期间参加领导武装起义的彼得格勒军事革命委员会和党总部。在全俄苏维埃第二次代表大会上当选为全俄中央执行委员会委员;参加第一届人民委员会,任民族事务人民委员。1919年3月起兼任国家监察人民委员,1920年起为工农检查人民委员。国内战争时期任共和国革命军事委员会委员和一些方面军的革命军事委员会委员。1922年4月起任党中央总书记。1941年起同时担任苏联人民委员会主席,1946年起为部长会议主席。1941—1945年卫国战争时期任国防委员会主席、国防人民委员和苏联武装力量最高统帅。1919—1952年为中央政治局委员,1952—1953年为苏共中央主席团委员。1925—1943年为共产国际执行委员会委员。——237。

斯柯别列夫,马特维·伊万诺维奇(Скобелев,Матвей Иванович 1885—1938)——1903年参加俄国社会民主主义运动,孟什维克;职业是工程师。1906年侨居国外,为孟什维克出版物撰稿,参加托洛茨基的维也纳《真理报》编辑部。第四届国家杜马代表,社会民主党杜马党团领袖之一。第一次世界大战期间是中派分子。1917年二月革命后任彼得格勒工兵代表苏维埃副主席、第一届中央执行委员会副主席;同年5—8月任临时政府劳动部长。十月革命后脱离孟什维克,先后在合作社系统和对外贸易人民委员部工作。1922年加入俄共(布),在经济部门担任负责工作。1936—

1937年在全苏无线电委员会工作。——115。

斯科·，恩·；斯科宾·，恩·——见季诺维也夫，格里戈里·叶夫谢耶维奇。

斯特林，詹姆斯·哈钦森（Stirling, James Hutchinson 1820—1909）——英国哲学家，新黑格尔主义创始人之一。写过一本关于黑格尔的书及其他著作。——278。

斯图契卡，彼得·伊万诺维奇（老兵）（Стучка, Петр Иванович（Ветеран）1865—1932）——19世纪80年代末参加俄国革命运动，是拉脱维亚社会民主工党创建人和领袖之一。曾被捕和流放。1907年起在彼得堡从事革命活动。1917年二月革命后任俄国社会民主工党（布）彼得堡委员会委员和彼得格勒工兵代表苏维埃执行委员会委员。在彼得格勒参加十月武装起义。十月革命后任俄罗斯联邦司法人民委员，1918—1919年任拉脱维亚苏维埃政府主席，1919—1923年任俄罗斯联邦副司法人民委员，1923—1932年任俄罗斯联邦最高法院院长。1919年在俄共（布）第八次代表大会上当选为中央委员。1919年起为共产国际执行委员会委员，1924年起为国际监察委员会主席。曾任全俄中央执行委员会和苏联中央执行委员会委员。写有论述国家和法的著作。——372—373。

斯托雷平，彼得·阿尔卡季耶维奇（Столыпин, Петр Аркадьевич 1862—1911）——俄国国务活动家，大地主。1884年起在内务部任职。1902年任格罗德诺省长。1903—1906年任萨拉托夫省省长，因镇压该省农民运动受到尼古拉二世的嘉奖。1906—1911年任大臣会议主席兼内务大臣。1907年发动"六三政变"，解散第二届国家杜马，颁布新选举法以保证地主、资产阶级在杜马中占统治地位，残酷镇压革命运动，大规模实施死刑，开始了"斯托雷平反动时期"。实行旨在摧毁村社和培植富农的土地改革。1911年被社会革命党人 Д. Г. 博格罗夫刺死。——7、104、108、237、331、345、360。

索柯洛夫斯基——见美列涅夫斯基，马里安·伊万诺维奇。

T

唐·——见唐恩，费多尔·伊里奇。

唐恩（**古尔维奇**），费多尔·伊里奇（费·唐·；唐·）（Дан（Гурвич），Федор

Ильич（**Ф. Д.，Д.**）1871—1947）——俄国孟什维克领袖之一；职业是医生。1894年参加社会民主主义运动，加入彼得堡工人阶级解放斗争协会。1896年8月被捕，监禁两年左右，1898年流放维亚特卡省，为期三年。1901年夏逃往国外，加入《火星报》柏林协助小组。1902年作为《火星报》代办员参加了俄国社会民主工党第二次代表大会的筹备会议，会后再次被捕，流放东西伯利亚。1903年9月逃往国外，成为孟什维克。俄国社会民主工党第四次（统一）代表大会和第五次（伦敦）代表大会及一系列代表会议的参加者。斯托雷平反动时期和新的革命高涨年代在国外领导取消派，编辑取消派的《社会民主党人呼声报》。第一次世界大战期间是社会沙文主义者。1917年二月革命后任彼得格勒苏维埃执行委员会委员和第一届中央执行委员会主席团委员，支持资产阶级临时政府。十月革命后反对苏维埃政权，1922年被驱逐出境，在柏林领导孟什维克进行反革命活动。1923年参与组织社会主义工人国际。同年被取消苏联国籍。——14—15、44、46、155、175、177、179、211、255、257—258、259、276、316、325、338—341、412。

特鲁别茨科伊，叶夫根尼·尼古拉耶维奇（Трубецкой，Евгений Николаевич 1863—1920）——俄国资产阶级自由派思想家，宗教哲学家，公爵。曾先后任基辅大学和莫斯科大学法哲学教授，为俄国唯心主义者的纲领性文集《唯心主义问题》（1902）和《俄罗斯新闻》等出版物撰稿。1906年以前是立宪民主党人，1906年是君主立宪派政党"和平革新党"的组织者之一。在沙皇政府镇压1905—1907年革命和建立斯托雷平体制的过程中起过重要作用。第一次世界大战期间主张将战争进行到"最后胜利"。十月革命后反对苏维埃政权，是邓尼金的骨干分子。写有一些宗教神秘主义的哲学著作。——345—348。

梯什卡，扬（约吉希斯，莱奥）（Tyszka，Jan（Jogiches，Leo）1867—1919）——波兰和德国工人运动活动家。1893年参与创建波兰王国社会民主党（1900年改组为波兰王国和立陶宛社会民主党），1903年起为该党总执行委员会委员。曾积极参加俄国1905—1907年革命。1907年出席俄国社会民主工党第五次（伦敦）代表大会，当选为候补中央委员。斯托雷平反动时期和新的革命高涨年代谴责取消派，但往往采取调和主义态度。1912

年反对布拉格代表会议的决议。列宁尖锐地批评了他在这一时期的活动。第一次世界大战期间在德国,参加德国社会民主党的工作,持国际主义立场;是斯巴达克联盟的组织者和领导人之一。1916 年被捕入狱,1918 年十一月革命时获释。积极参与创建德国共产党,在该党成立大会上当选为中央委员会书记。1919 年 3 月被捕,于柏林监狱遇害。——177—179、190、199、267、270。

图利亚科夫,伊万·尼基季奇(Туляков,Иван Никитич 生于 1877 年)——俄国工人,社会民主党人,孟什维克,第四届国家杜马顿河军屯州代表。——103、160、173。

图恰普斯基——见卢卡舍维奇,帕维尔·卢基奇。

屠格涅夫,伊万·谢尔盖耶维奇(Тургенев,Иван Сергеевич 1818—1883)——俄国作家,对俄罗斯文学语言的发展作出重大贡献。他的作品反映了 19 世纪 30—70 年代俄国社会的思想探索和心理状态,揭示了俄国社会生活的特有矛盾,塑造了一系列"多余人"的形象;这些"多余人"意识到贵族制度的必然灭亡,但对于改变这一制度又束手无策。在俄国文学中第一次描写了新一代的代表人物——平民知识分子。反对农奴制,但寄希望于亚历山大二世,期望通过"自上而下"的改革使俄国达到渐进的转变,主张在俄国实行立宪君主制。——313。

托尔斯泰,列夫·尼古拉耶维奇(Толстой,Лев Николаевич 1828—1910)——俄国作家。出身贵族。他的作品深刻地反映了俄国社会整整一个时代(1861—1905)的矛盾,列宁称托尔斯泰为"俄国革命的镜子"。作为天才的艺术家,托尔斯泰创作了无与伦比的俄国生活的图画,创作了世界文学中第一流的作品,对俄国文学和世界文学产生了巨大影响;同时他的作品又突出地表现了以宗法制社会为基础的农民世界观的矛盾:一方面无情地揭露沙皇专制制度和新兴资本主义的种种罪恶,另一方面又鼓吹"不用暴力抵抗邪恶",鼓吹不问政治和道德上的自我修养。列宁在一系列著作中评述了托尔斯泰的世界观,并对他的全部活动作了评价。——313。

托洛茨基(**勃朗施坦**),列夫·达维多维奇(Троцкий(Бронштейн),Лев Давидович 1879—1940)——1897 年参加俄国社会民主主义运动。在俄国社会民主工党第二次代表大会上是西伯利亚联合会的代表,属火星派少数

派。1905年同亚·帕尔乌斯一起提出和鼓吹"不断革命论"。斯托雷平反
动时期和新的革命高涨年代,打着"非派别性"的幌子,实际上采取取消派
立场。1912年组织"八月联盟"。第一次世界大战期间持中派立场。
1917年二月革命后参加区联派,在党的第六次代表大会上随区联派集体
加入布尔什维克党,当选为中央委员。参加十月武装起义的领导工作。
十月革命后任外交人民委员,1918年初反对签订布列斯特和约,同年3
月改任共和国革命军事委员会主席、陆海军人民委员等职。参与组建红
军。1919年起为党中央政治局委员。1920年起历任共产国际执行委员
会候补委员、委员。1920—1921年挑起关于工会问题的争论。1923年起
进行派别活动。1925年初被解除革命军事委员会主席和陆海军人民委员
职务。1926年与季诺维也大结成"托季联盟"。1927年被开除出党,1929
年被驱逐出境,1932年被取消苏联国籍。在国外组织第四国际。死于墨
西哥。——267、309、339、340。

W

瓦尔斯基,阿道夫(**瓦尔沙夫斯基,阿道夫·绍洛维奇**)(Warski, Adolf
(Варшавский, Адольф Саулович)1868—1937)——波兰革命运动活动家。
1889年是波兰工人联合会组织者之一。先后参加波兰王国社会民主党以
及波兰王国和立陶宛社会民主党的建党工作。1893年侨居国外,与罗·
卢森堡等人一起出版波兰社会民主党人最早的报纸《工人事业报》,后又出
版《社会民主党评论》杂志。是波兰王国和立陶宛社会民主党出席俄国社
会民主工党第四次(统一)代表大会的有发言权的代表,会后进入俄国社会
民主工党中央委员会。在党的第五次(伦敦)代表大会上当选为中央委员。
1909—1910年是俄国社会民主工党中央机关报《社会民主党人报》编辑之
一。第一次世界大战期间是国际主义者,参加了齐美尔瓦尔德代表会议和
昆塔尔代表会议。1916年回到波兰,因进行反战宣传被德国人逮捕。1917
年获释后成为波兰王国和立陶宛社会民主党领导成员。1918年参与创建
波兰共产党,是波共中央委员(1919—1929)和政治局委员(1923—1929)。
曾被选为波兰议会议员,是议会共产党党团主席。1929年移居苏联,在马
克思恩格斯列宁研究院从事波兰工人运动史的研究工作。——299。

王德威尔得,埃米尔(Vandervelde, Émile 1866—1938)——比利时政治活动家,比利时工人党领袖,第二国际的机会主义代表人物。1885 年加入比利时工人党,90 年代中期成为党的领导人。1894 年起多次当选为议员。1900 年起任第二国际常设机构——社会党国际局主席。第一次世界大战爆发后成为社会沙文主义者,是大战期间欧洲国家中第一个参加资产阶级政府的社会党人。1918 年起历任司法大臣、外交大臣、公共卫生大臣、副首相等职。俄国 1917 年二月革命后到俄国鼓吹继续进行战争。敌视俄国十月革命,支持武装干涉苏维埃俄国。曾积极参加重建第二国际的活动,1923 年起是社会主义工人国际书记处书记和常务局成员。——202。

韦利霍夫,列夫·亚历山德罗维奇(Велихов, Лев Александрович 生于 1875 年)——俄国立宪民主党人,第四届国家杜马彼得堡代表,在杜马中任财政委员会和城市事务委员会秘书。1909 年起为立宪民主党《市政问题》杂志的编辑兼出版人。1917 年二月革命后任敖德萨临时政府委员。十月革命后在高等院校从事教学工作。1923 年起任北高加索大学政治经济学教授。——118—119。

维赫利亚耶夫,潘捷莱蒙·阿列克谢耶维奇(Вихляев, Пантелеймон Алексеевич 1869—1928)——俄国统计学家和农学家,自由主义民粹派分子,后为社会革命党人。1896—1898 年主持特维尔地方自治局经济处的工作,1907—1917 年主持莫斯科地方自治局统计处的工作。写过一些有关沙俄时期农民经济方面的统计著作,否认农民的阶级分化,赞扬村社制度。1917 年二月革命后在临时政府中任农业部副部长。十月革命后在中央统计局工作,同时在莫斯科大学和莫斯科其他高等院校任教。——365。

维诺格拉多夫,帕维尔·加甫里洛维奇(Виноградов, Павел Гаврилович 1854—1925)——俄国历史学家,彼得堡科学院院士(1914 年起)。1884 年起任莫斯科大学教授。1902 年到英国,1903 年起任牛津大学教授。在政治观点上倾向立宪民主党人。从自由派资产阶级立场出发来看待 1905—1907 年革命,这种立场反映在他发表于 1905 年 8 月 5 日《俄罗斯新闻》上的《政治书信》中。1908 年回到莫斯科大学。敌视十月革命和苏维埃政权。十月革命后转入英国国籍。大部分著作研究英国中世纪史,著有《英国中世纪社会史研究》(1887)、《英国中世纪的领地》(1911)等。——80。

沃尔斯基,斯坦尼斯拉夫(**索柯洛夫,安德列·弗拉基米罗维奇**)(Вольский,
　　Станислав(Соколов,Андрей Владимирович)生于 1880 年)——俄国社会
　　民主党人。俄国社会民主工党第二次代表大会后加入布尔什维克。
　　1904—1905 年在莫斯科做党的工作,参加过十二月武装起义。斯托雷平
　　反动时期和新的革命高涨年代是召回派领袖之一,曾参与组织派别性的卡
　　普里和博洛尼亚党校(意大利)的工作,加入"前进"集团。1917 年二月革
　　命后任《新生活报》编委,在彼得格勒苏维埃军事部工作。敌视十月革命,
　　反对苏维埃政权。一度侨居国外,但很快回国。曾在林业合作社、国家计
　　划委员会和商业人民委员部工作。1927 年起从事著述。——371。

沃罗诺夫,波里斯(**列别捷夫,波里斯·尼古拉耶维奇**)(Воронов,Борис
　　(Лебедев,Борис Николаевич)1883—1919)——俄国社会革命党人,经济
　　学家和政论家。1909—1910 年是社会革命党中央委员。1912 年起为社
　　会革命党报刊撰稿。第一次世界大战期间是社会沙文主义者。1917—
　　1918 年在社会革命党的《人民权力报》编辑部工作,后在合作社系统工作。
　　——387。

X

谢多夫,尔·——见柯尔佐夫,德·。

谢姆柯夫斯基,谢·(**勃朗施坦,谢苗·尤利耶维奇**)(Семковский,С.
　　(Бронштейн,Семен Юльевич)1882—1937)——俄国社会民主党人,孟什
　　维克。曾加入托洛茨基的维也纳《真理报》编辑部,为孟什维克取消派报刊
　　和外国社会民主党人的报刊撰稿;反对民族自决权。第一次世界大战期间
　　是中派分子,孟什维克组织委员会国外书记处成员。1917 年回国后,进入
　　孟什维克中央委员会。1920 年同孟什维克决裂。后在乌克兰高等院校任
　　教授,从事科学著述。——142—143、145、154、221、240—243。

Y

亚格洛,叶夫根尼·约瑟福维奇(Ягелло(Jagiełło),Евгений Иосифович
　　1873—1947)——波兰工人运动活动家,波兰社会党"左派"党员;职业是
　　旋工。1912 年第四届国家杜马选举期间,由波兰社会党"左派"和崩得联

盟提名为杜马代表候选人;尽管波兰社会民主党人反对,仍当选为杜马代表,并在布尔什维克的反对下由孟什维克"七人团"投票通过参加社会民主党杜马党团。第一次世界大战结束后参加波兰工人运动左翼,后脱离政治活动。——86、89、103、114、160、167、181、190、215、223、248、319、413。

扬松(布劳恩),扬·埃内斯托维奇(Янсон(Браун),Ян Эрнестович 1872—1917)——拉脱维亚社会民主主义运动活动家,政论家和文艺批评家;1905年拉脱维亚革命运动的领导人之一。屡遭沙皇政府迫害,1906年流亡国外。斯托雷平反动时期和新的革命高涨年代对取消派采取调和主义态度,参加"八月联盟"。曾参加拉脱维亚边疆区社会民主党国外委员会。第一次世界大战期间是国际主义者。1917年二月革命后在回国途中死去。——304—306、309。

叶弗列莫夫,伊万·尼古拉耶维奇(Ефремов,Иван Николаевич 生于1866年)——俄国大地主,第一届、第三届和第四届国家杜马代表。和平革新党组织者之一,后为资产阶级的进步党领袖。1917年二月革命后任国家杜马临时委员会委员,七月事变后参加临时政府,任国家救济部长。——405。

叶若夫,弗·——见策杰尔包姆,谢尔盖·奥西波维奇。

伊林——见列宁,弗拉基米尔·伊里奇。

伊兹哥耶夫(兰德),亚历山大·索洛蒙诺维奇(Изгоев(Ланде),Александр Соломонович 1872—1935)——俄国政论家,立宪民主党思想家。早年是合法马克思主义者,一度成为社会民主党人,1905年转向立宪民主党。曾为立宪民主党的《言语报》、《南方札记》杂志和《俄国思想》杂志撰稿,参加过《路标》文集的工作。十月革命后为颓废派知识分子的《文学通报》杂志撰稿。因进行反革命政论活动,于1922年被驱逐出境。——222、385。

尤·卡·——见马尔赫列夫斯基,尤利安·约瑟福维奇。

尤尔凯维奇(雷巴尔卡),列夫(Юркевич(Рыбалка),Лев 1885—1918)——乌克兰民族主义者,乌克兰民族社会党人,乌克兰社会民主工党中央委员。1913—1914年参加资产阶级民族主义的《钟声》杂志的工作。第一次世界大战期间在洛桑出版《斗争》月刊,主张乌克兰工人单独成立社会民主主义政党,主张将乌克兰从俄国分离出去并建立地主资产阶级的乌克兰君主国。——120、130、132—134、141、154。

Z

扎克，萨穆伊尔·谢尔盖耶维奇（Зак，Самуил Сергеевич 1868—1930）——俄
国经济学家和政论家，社会革命党人。曾为民粹派的一些杂志撰稿。1917
年二月革命后参加左派社会革命党，进入敖德萨工兵代表苏维埃执行委员
会，是第二届全俄中央执行委员会委员。1920年同左派社会革命党断绝
关系，后从事学术和写作活动。晚年是俄罗斯联邦国家计划委员会的研究
员，写有一些经济学著作。——65—67。

扎列夫斯基，卡齐米尔（Залевский，Казимир 1869—1918）——波兰王国和立
陶宛社会民主党党员，该党总执行委员会委员。立陶宛社会民主党创建人
之一。1917年加入俄国社会民主工党（布）。十月革命后在《消息报》编辑
部工作。——167。

泽耳，理查（Seel，Richard 1819—1875）——德国美术家，并以作曲家和作家
闻名。1845—1848年侨居巴黎，与恩格斯相识。——281。

左尔格，弗里德里希·阿道夫（Sorge，Friedrich Adolph 1828—1906）——美
国工人运动和国际工人运动活动家，马克思和恩格斯的学生和战友。生于
德国，参加过德国1848—1849年革命。革命失败后先后流亡瑞士、比利时
和英国，1852年移居美国。在美国积极宣传马克思主义，是纽约共产主义
俱乐部（1857年创立）和美国其他一些工人组织和社会主义组织的领导人
之一。第一国际成立后，积极参加国际的活动，是第一国际美国各支部的
组织者。1872年第一国际总委员会从伦敦迁至纽约后，担任总委员会总
书记，直到1874年。1876年参加北美社会主义工人党的创建工作，领导
了党内马克思主义者对拉萨尔派的斗争。与马克思和恩格斯长期保持通
信联系。90年代从事美国工人运动史的研究和写作，著有《美国工人运
动》一书以及一系列有关美国工人运动史的文章，主要发表在德国社会民
主党理论刊物《新时代》杂志上。晚年整理出版了他与马克思和恩格斯等
人的书信集。1907年书信集俄译本出版，并附有列宁的序言。列宁称左
尔格为第一国际的老战士。——278。

————

Х——见丹斯基，Б.Г.。

文 献 索 引

阿恩——见饶尔丹尼亚,诺·尼·。

阿尔先耶夫,康·康·《当前的任务》(Арсеньев,К.К.Ближайшие задачи.—«Русские Ведомости»,М.,1914,№49,28 февраля,стр.2)——391、392。

阿克雪里罗得,帕·波·《过去和现在》(Аксельрод,П.Б.Прежде и теперь.(О русском рабочем движении).—«Живая Жизнь»,Спб.,1913,№13,25 июля,стр.2)——47—48。

昂利,勒·《瑞士与语言问题,附语言分类和地区明细图》(Henry,R. La Suisse et la question des langues,avec une carte des groupes linguistiques et de cartons. Bern,1907. 34 p.)——144。

鲍威尔,奥·《民族问题和社会民主党》(Bauer,O.Die Nationalitätenfrage und die Sozialdemokratie. Wien, Volksbuchh. Brand, 1907. VIII, 576 S. (Marx—Studien. Blätter zur Theorie und Politik des wissenschaftlichen Sozialismus. Hrsg. von M.Adler und R.Hilferding. Bd.2))——131、140—141、186、239、294—295、296、302、303、343。

彼舍霍诺夫,阿·瓦·《当前的主题。我们的纲领(它的梗概和范围)》(Пешехонов,А.В. На очередные темы. Наша платформа (ее очертания и размеры). —«Русское Богатство»,Спб.,1906,［№8］,стр.178 — 206)——222、243、366。

波波夫,伊·费·《取消派对国际的诽谤》(Попов, И. Ф. Ликвидаторская клевета на Интернационал.—«Пролетарская Правда»,Спб.,1913,№4,11 декабря,стр.1)——257、260—261。

波尔费罗夫,雅·雅·《农民经济概述》(Полферов,Я.Я.Очерки крестьянского хозяйства.—«Русская Мысль»,М.—Пб.,1913, кн. VIII, стр. 55 — 70)——169—170、171、172。

波格丹诺夫,亚 •《给编辑部的信》(Богданов, А. Письмо в редакцию.—
　　《Новая Рабочая Газета», Спб., 1914, №16 (134), 21 января, стр. 2 — 3)
　　——327 — 328、368。

—《用事实说明》(给编辑部的信)(Фактическое разъяснение.(Письмо в
　　редакцию).—«Правда», Спб., 1913, №120 (324), 26 мая, стр. 2 — 3)——
　　328、370。

[伯恩施坦,爱 •]《[《马克思和恩格斯通信集》一书]前言》(载于《马克思和恩
　　格斯通信集》第 1 卷)([Bernstein, E.] Vorbemerkung[zu dem Buch: «Der
　　Briefwechsel zwischen Friedrich Engels und Karl Marx...»].—In: Der
　　Briefwechsel zwischen Friedrich Engels und Karl Marx. 1844 bis 1883.
　　Hrsg. von A. Bebel und E. Bernstein. Bd. 1. Stuttgart, Dietz, 1913, S. XI—
　　XX)——277 — 278。

—《[《马克思和恩格斯通信集》一书]前言》(载于《马克思和恩格斯通信集》
　　第 2 卷)(Vorbemerkung[zu dem Buch: «Der Briefwechsel zwischen
　　Friedrich Engels und Karl Marx...»].—Ibidem, Bd. 2, S. VII—XXIV)
　　——277 — 278。

—《[《马克思和恩格斯通信集》一书]前言》(载于《马克思和恩格斯通信集》
　　第 3 卷)(Vorbemerkung[zu dem Buch: «Der Briefwechsel zwischen
　　Friedrich Engels und Karl Marx...»].—Ibidem, Bd. 3, S. VII—XXIV)
　　——277。

—《[《马克思和恩格斯通信集》一书]前言》(载于《马克思和恩格斯通信集》
　　第 4 卷)(Vorbemerkung [zu dem Buch: «Der Briefwechsel zwischen
　　Friedrich Engels und Karl Marx...»].—Ibidem, Bd. 4, S. VII—XX)
　　——277。

布赖涅斯,Б. 里加(《保险运动的进展》)(Брайнес, Б. Рига. Ход страховой
　　кампании.—«Северная Мысль», Спб., 1913, №1, 23 ноября, стр. 3, в отд.:
　　Страхование)——265。

—《是这样吗?》(Так ли? —«Верная Мысль», Спб., 1914, №6, 5 февраля,
　　стр. 1)——386。

布洛赫尔,爱 •《瑞士的民族》(Blocher, E. Die Nationalitäten in der Schweiz. —

«Preußische Jabrbücher», Berlin, 1910, Bd. 140, Hft. III, Juni, S. 470 — 480)——122、144。

策列铁里,伊·《格·巴拉甘斯克》[给社会民主党党团代表齐赫泽的电报] (Церетели, И. Г. Балаганск. [Телеграмма предс. с.-д. фракции Чхеидзе].—«Новая Рабочая Газета», Спб., 1913, №81, 13 ноября, стр. 2, в отд.: За с.-д. фракцию)——204、206。

查苏利奇,维·伊·《关于一个问题》(Засулич, В. И. По поводу одного вопроса.—«Живая Жизнь», Спб., 1913, №8, 19 июля, стр. 2 — 3)——25—47。

达林,С.《在社会党国际局》(Далин, С. В Международном социалистическом бюро.—«Новая Рабочая Газета», Спб., 1913, №101, 7 декабря, стр. 2)——244—245。

顿佐夫,德·《俄国报刊论最近一次代表大会》(Донцов, Д. Російська преса про останній з'їзд.—«Шляхи», Львов, 1913, №8 — 9, 1 падолиста)——220—221、262。

[多姆斯基,亨·Г.]《从民族主义到取消主义》([Домский, Г. Г.] От национализма к ликвидаторству. (О так называемой левице ППС).—«Просвещение», Спб., 1913, №10, стр. 83 — 95. Подпись: Г. Каменский)——270。

恩格斯,弗·《反杜林论》(Энгельс, Ф. Анти-Дюринг. Переворот в науке, произведенный господином Евгением Дюрингом. 1876 — 1878 гг.)——394。

—《给布鲁塞尔委员会的信》(1846 年 9 月 19 日(16 日))(Engels, F. Brief an das Brüsseler Komitee. Nr. II. 19. [16.] September 1846.—In: Der Briefwechsel zwischen Friedrich Engels und Karl Marx. 1844 bis 1883. Hrsg. von A. Bebel und E. Bernstein. Bd. 1. Stuttgart, Dietz, 1913, S. 28 — 34)——282。

—《给布鲁塞尔委员会的信》(1846 年 10 月 23 日)(Brief an das Brüsseler Komitee. Nr. III. 23. Oktober 1846.—Ibidem, S. 40—45)——282—283。

—[《给卡·马克思的信》](1844 年 9 月底)([Brief an K. Marx]. Ende

September 1844.—Ibidem,S.1—4)——279—280、281。

—[《给卡·马克思的信》](1845 年 1 月 20 日)([Brief an K.Marx].20. Januar 1845.—Ibidem,S.10—14)——281。

—[《给卡·马克思的信》](1845 年 2 月 22 日)([Brief an K.Marx].22. Februar 1845.—Ibidem,S.14—18)——281。

—[《给卡·马克思的信》](1847 年 11 月 24 日)([Brief an K.Marx].24. November 1847.—Ibidem,S.83—84)——283—284。

—《英国工人阶级状况》(Die Lage der arbeitenden Klasse in England.Nach eigner Anschauung und authentischen Quellen.Leipzig,Wigand,1845.358 S.)——280。

尔·马·——见马尔托夫,尔·。

尔·谢·——见柯尔佐夫,德·。

费·唐·——见唐恩,费·伊·。

弗·《关于"某些数字"》(Ф.О «некоторых цифрах».—«Новая Рабочая Газета»,Спб.,1913,№61,19 октября,стр.1)——104。

伽马——见马尔托夫,尔·。

戈洛索夫,格里·——见尼古拉耶夫斯基,波·伊·。

哥尔斯基,阿·弗·《社会民主党党团关于自由的法案》(Горский,А.В. Законопроект с.-д.фракции о свободах.—«Новая Рабочая Газета»,Спб., 1913,№92,27 ноября,стр.1—2)——210、211。

—《是真的吗?》》(Правда ли ? —«Новая Рабочая Газета»,Спб.,1913, №104,11 декабря,стр.1)——255—256。

格格奇柯利,叶·彼·《关于社会民主党党团的分裂》(Гегечкори,Е.П.К расколу соц.-дем.фракции.—«Новая Рабочая Газета»,Спб.,1913,№81, 13 ноября,стр.2,в отд.:За с.-д. фракцию)——204、206。

格·拉·——见列维茨基,弗·。

[格里戈里耶夫,谢·季·]《有力的语言》([Григорьев,С.Т.] Могучий язык.—«День»,Спб.,1914,№7 (449),8 января,стр.3.Подпись:С. Патрашкин)——313、314。

古尔维奇,伊·《移民与劳动》(Hourwich,I. Immigration and Labor. The

Economic Aspects of European Immigration to the United States. New York—London, Putnam, 1912. XVII, 544 p.）——96。

［季诺维也夫，格·叶·］《谈谈崩得分子是如何揭露取消派的》（［Зиновьев，Г. Е.］ О том, как бундисты разоблачили ликвидаторов.—«Просвещение», Спб.，1913，№3，стр.77—81. Подпись：Н.Ск.）——141、343。

卡尔波夫，П.《论工人代表大会》（Карпов，П. О рабочих съездах.—«Новая Рабочая Газета»，Спб.，1914，№5（123），7 января，стр.1）——326。

卡缅斯基，亨·——见多姆斯基，亨·Г.。

［卡特柯夫，米·尼·］莫斯科，5 月 28 日。（［Катков，М. Н.］ Москва, 28 мая.—«Московские Ведомости»，1886，№146，29 мая，стр.2）——229。

考茨基，卡·《民族性和国际性》（Kautsky, K. Nationalität und Internationalität.［Stuttgart, Singer, 1908］. 36 S.（Ergänzungshefte zur «Neuen Zeit». Nr.1. 1907/1908. Ausgegeben am 18. Januar 1908））——131、143、239、291、294、295、296、299、301。

—《再谈国际局》（Nochmals das Internationale Bureau.—« Vorwärts», Berlin, 1913, Nr. 339, 24. Dezember, S. 3. Unter der Rubrik: Aus der Partei)——270—271。

［柯尔佐夫，德·］《工人群众和地下组织》（［Кольцов，Д.］ Рабочие массы и подполье.—«Луч»，Спб.，1913，№15（101），19 января，стр.1）——259。

—《我们同谁在一起》（С кем мы.—«Луч»，Спб.，1913，№108（194），12 мая，стр.1. Подпись：Л.С.）——2—3、53、317。

—《1905—1907 年的工人》（Рабочие в 1905—1907 гг.—В кн.：Общественное движение в России в начале XX-го века. Под ред. Л. Мартова, П. Маслова и А. Потресова. Т. II. Ч. I. а) Международное положение России перед революцией. b) Массовое движение. Спб.，тип. «Общественная Польза»，1909，стр.185—341)——375。

—《再论社会党国际局的决定》（Еще о решении Междунар. соц. бюро.— «Новая Рабочая Газета»，Спб.，1913，№104，11 декабря，стр. 1. Подпись：Л.С.)——258、259、260。

拉基京，格·——见列维茨基，弗·。

拉基特尼科夫,尼·伊·《米海洛夫斯基和马克思》(Ракитников, Н. И. Михайловский и Маркс.—«Верная Мысль», Спб., 1914, №3, 29 января, стр. 4 — 5) —— 349 — 351、364、366。

老兵——见斯图契卡,彼·伊·。

李普曼,弗·《旧过失的新翻版》(Либман, Ф. Новое издание старой ошибки. (К национальному вопросу). —«Цайт», Пб., 1913, №28, 17 (30) сентября, стр. 3 — 4. На евр. яз.) —— 120 — 121、125、128 — 130、142、143、145 — 146、147 — 148、154。

李维诺夫《俄国问题在社会党国际局》(Литвинов. Русские дела в Межд. соц. бюро. —«Пролетарская Правда», Спб., 1913, №2, 8 декабря, стр. 1) —— 213、218、224。

[列宁,弗·伊·]《都柏林流血事件一星期后》([Ленин, В. И.] Неделю спустя после побоища в Дублине. —«Северная Правда», Спб., 1913, №27, 3 сентября, стр. 2, в отд.: за рубежом) —— 16。

——《俄国的资产阶级和俄国的改良主义》(Российская буржуазия и российский реформизм. —«Северная Правда», Спб., 1913, №21, 27 августа, стр. 1. Подпись: В. Ильин) —— 2。

——《革命高潮、罢工和党的任务》[有党的工作者参加的俄国社会民主工党中央委员会克拉科夫会议通过的决议](Революционный подъем, стачки и задачи партии. [Резолюция, принятая на Краковском совещании ЦК РСДРП с партийными работниками]. —В кн.: [Ленин, В. И.] Извещение и резолюции совещания Центрального Комитета с партийными работниками. Февраль 1913. Изд. ЦК РСДРП. [Париж, первая половина февраля 1913], стр. 9 — 11. (РСДРП)) —— 55。

——《给编辑部的信》(Письмо в редакцию. —«Путь Правды», Спб., 1914, №9, 31 января, стр. 3. Подписи: В. Ильин, Г. Зиновьев, Ю. Каменев) —— 327 — 328、371。

——《关于罢工运动》[有党的工作者参加的俄国社会民主工党中央委员会1913年夏季会议的决议](О стачечном движении. [Резолюция, принятая на летнем 1913 г. совещании ЦК РСДРП с партийными работниками].—

В кн.: Извещение и резолюции летнего 1913 года совещания Центрального Комитета РСДРП с партийными работниками. Изд. ЦК. [Париж, декабрь] 1913, стр. 14—15. (РСДРП))——197。

—《关于党的报刊》[有党的工作者参加的俄国社会民主工党中央委员会1913年夏季会议的决议](О партийной печати. [Резолюция, принятая на летнем 1913 г. совещании ЦК РСДРП с партийными работниками].—В кн.: Извещение и резолюции летнего 1913 года совещания Центрального Комитета РСДРП с партийными работниками. Изд. ЦК. [Париж, декабрь] 1913, стр. 15. (РСДРП))——198。

—《关于第四届国家杜马的选举》[1912年1月俄国社会民主工党第六次(布拉格)全国代表会议通过的决议](О выборах в 4-ую Государственную думу. [Резолюция, принятая на Шестой (Пражской) Всероссийской конференции РСДРП в январе 1912 г.].—В кн.: Всероссийская конференция Рос. соц.-дем. раб. партии 1912 года. Изд. ЦК. Paris, кооп. тип. «Идеал», 1912, стр. 18—21. (РСДРП))——305。

—《关于对取消主义的态度和关于统一》[有党的工作者参加的俄国社会民主工党中央委员会克拉科夫会议通过的决议](Об отношении к ликвидаторству и об единстве. [Резолюция, принятая на Краковском совещании ЦК РСДРП с партийными работниками].—В кн.: [Ленин, В. И.] Извещение и резолюции совещания Центрального Комитета РСДРП с партийными работниками. Февраль 1913. Изд. ЦК РСДРП. [Париж, первая половина февраля 1913], стр. 18—24. (РСДРП))——308。

—《关于各民族中央机关没有代表出席全党代表会议的问题》[1912年1月俄国社会民主工党第六次(布拉格)全国代表会议通过的决议](Об отсутствии делегатов от национальных центров на общепартийной конференции. [Резолюция, принятая на Шестой (Пражской) Всероссийской конференции РСДРП в январе 1912 г.].—В кн.: Всероссийская конференция Рос. соц.-дем. раб. партии 1912 года. Изд. ЦК. Paris, кооп. тип. «Идеал», 1912, стр. 15—16. (РСДРП))——303、408。

—《关于合法团体中的工作》[有党的工作者参加的俄国社会民主工党中央

委员会1913年夏季会议的决议](О работе в легальных обществах. [Резолюция, принятая на летнем 1913 г. совещании ЦК РСДРП с партийными работниками].—В кн.: Извещение и резолюции летнего 1913 года совещания Центрального Комитета РСДРП с партийными работниками. Изд. ЦК. [Париж, декабрь] 1913, стр.19 — 20.(РСДРП))——197。

—《关于马克西莫夫同志分裂出去的问题》[《无产者报》扩大编辑部会议决议](Об отколе т. Максимова. [Резолюция совещания расширенной редакции «Пролетария».—«Пролетарий», [Париж], 1909, №46. Приложение к №46 газеты «Пролетарий», 16 (3) июля, стр.7)——327、368、369。

—《关于民粹派》[有党的工作者参加的俄国社会民主工党中央委员会1913年夏季会议的决议](О народниках. [Резолюция, принятая на летнем 1913 г.совещании ЦК РСДРП с партийными работниками].—В кн.: Извещение и резолюции летнего 1913 года совещания Центрального Комитета РСДРП с партийными работниками. Изд. ЦК. [Париж, декабрь] 1913, стр.23 — 24.(РСДРП))——265。

—《关于"民族的"社会民主党组织》[有党的工作者参加的俄国社会民主工党中央委员会克拉科夫会议通过的决议](О «национальных» с.-д. организациях. [Резолюция, принятая на Краковском совещании ЦК РСДРП с партийными работниками].—В кн.: [Ленин, В. И.] Извещение и резолюции совещания Центрального Комитета с партийными работниками. Февраль 1913. Изд. ЦК РСДРП. [Париж, первая половина февраля 1913], стр.21 — 23.(РСДРП))——344。

—《关于民族问题的决议[有党的工作者参加的俄国社会民主工党中央委员会1913年夏季会议的决议]》(Резолюция по национальному вопросу, [принятая на летнем 1913 г. совещании ЦК РСДРП с партийными работниками].—В кн.: Извещение и резолюции летнего 1913 года совещания Центрального Комитета РСДРП с партийными работниками. Изд.ЦК.[Париж, декабрь] 1913, стр.20 — 23.(РСДРП))——145、146、

〔Резолюция, принятая на Краковском совещании ЦК РСДРП с партийными работниками〕.—В кн.: 〔Ленин, В. И.〕 Извещение и резолюции совещания Центрального Комитета с партийными работниками. Февраль 1913. Изд. ЦК РСДРП. 〔Париж, первая половина февраля 1913〕, стр. 14—16. (РСДРП))——275、344。

—《关于社会民主党杜马党团》〔有党的工作者参加的俄国社会民主工党中央委员会1913年夏季会议的决议〕(О думской с.-д. фракции. 〔Резолюция, принятая на летнем 1913 г. совещании ЦК РСДРП с партийными работниками〕.—В кн.: Извещение и резолюции летнего 1913 года совещания Центрального Комитета РСДРП с партийными работниками. Изд. ЦК. 〔Париж, декабрь〕 1913, стр. 18 — 19. (РСДРП)) —— 112 — 113、174、175、197。

—《关于社会民主党杜马党团内部斗争问题的材料》(Материалы к вопросу о борьбе внутри с.-д. думской фракции. —"За Правду", Спб., 1913, №22, 29 октября, стр. 2 — 3, в отд.: К вопросу о социал-демократической фракции)——159—161、175—176。

—《关于组织问题和党代表大会的决议〔有党的工作者参加的俄国社会民主工党中央委员会1913年夏季会议的决议〕》(Резолюция по организационному вопросу и о партийном съезде, 〔принятая на летнем 1913 г. совещании ЦК РСДРП с партийными работниками〕)——В кн.: Извещение и резолюции летнего 1913 года совещания Центрального Комитета РСДРП с партийными работниками. Изд. ЦК. 〔Париж, декабрь〕1913, стр. 14. (РСДРП))——197—198。

—《好决议和坏发言》(Хорошая резолюция и плохая речь. —"Пролетарская Правда", Спб., 1913, №6, 13 декабря, стр. 1)——244。

—《决议〔有党的工作者参加的俄国社会民主工党中央委员会克拉科夫会议通过〕》(Резолюции, 〔принятые на Краковском совещании ЦК РСДРП с партийными работниками〕.—В кн.: 〔Ленин, В. И.〕 Извещение и резолюции совещания Центрального Комитета с партийными работниками. Февраль 1913. Изд. ЦК РСДРП. 〔Париж, Первая половина февраля

1913],стр.9 — 23.(РСДРП))——205。

—《决议[有党的工作者参加的俄国社会民主工党中央委员会1913年夏季会议的决议]》(Резолюции,[принятые на летнем 1913 г. совещании ЦК РСДРП с партийными работниками].—В кн.: Извещение и резолюции летнего 1913 года совещания Центрального Комитета РСДРП с партийными работниками.Изд.ЦК.[Париж,декабрь] 1913,стр.12 — 24. (РСДРП))——197、198、205。

—《立完民主党人论乌克兰问题》(Кадеты об украинском вопросе.—«Рабочая Правда»,Спб.,1913,No3,16 июля,стр.1.Подпись: М.)——220。

—《论民族自决权》(О праве наций на самоопределение.—«Просвещение», Спб.,1914,No4, стр. 34 — 47; No5, стр. 57 — 71; No6, стр. 33 — 47. Подпись: В.Ильин)——148、154。

—《秘密组织的建设》[有党的工作者参加的俄国社会民主工党中央委员会克拉科夫会议通过的决议](Строительство нелегальной организации. [Резолюция, принятая на Краковском совещании ЦК РСДРП с партийными работниками].—В кн.: [Ленин, В. И.] Извещение и резолюции совещания Центрального Комитета РСДРП с партийными работниками.Февраль 1913. Изд. ЦК РСДРП. [Париж, первая половина февраля 1913],стр.12—14.(РСДРП))——54。

—《声明》(Заявление.—«За Правду»,Спб.,1913,No13,18 октября, стр.2,в отд.: В соц.-демократической фракции. Подписи: А. Е. Бадаев, Р. В. Малиновский, М. К. Муранов, Г. И. Петровский, Н. Г. Самойлов, Ф. Н. Шагов)——99、102、113、115、161、174。

—《司徒卢威先生论"健全政权"》(Г-н Струве об «оздоровлении власти».— «Путь Правды»,Спб.,1914,No18,21 февраля,стр.1)——377。

—《顽固地为坏事作辩护》(Упорство в защите плохого дела.—«Пролетарская Правда»,Спб.,1913,No1,7 декабря,стр.2)——276。

—《为坏事作坏的辩护》(Плохая защита плохого дела.—«За Правду», Спб.,1913,No12,17 октября,стр.1.Подпись: В.Ильин)——90。

—《为马克思主义而斗争》(Борьба за марксизм.—«Северная Правда»,

Спб.,1913,№27,3 сентября,стр.2.Подпись: В.Ильин)——12。

—《维·查苏利奇是怎样毁掉取消主义的》(Как В. Засулич убивает ликвидаторство. —«Просвещение»,Спб.,1913,№9,стр.46—61.Подпись: В.Ильин; В.И.)——82—83。

—《修改党的组织章程》[1912 年 1 月俄国社会民主工党第六次（布拉格）全国代表会议通过的决议](Изменения организационного устава партии. [Резолюция, принятая на Шестой (Пражской) Всероссийской конференции РСДРП в январе 1912 г.].—В кн.: Всероссийская конференция Рос. соц.-дем. раб. партии 1912 года. Изд. ЦК. Paris, кооп. тип. «Идеал», 1912, стр.29.(РСДРП))——35—36。

—《有组织的马克思主义者论国际局的干预》(Организованные марксисты о вмешательстве Международного бюро. —«Путь Правды», Спб., 1914, №61,15 апреля,стр.1)——315。

—《自由派和民主派对语言问题的态度》(Либералы и демократы в вопросе о языках. —«Северная Правда», Спб., 1913, №29, 5 сентября, стр. 1. Подпись: В.И.)——121—124、125、126、129、142—143、145、372。

列宁,弗·伊·等人《马克思主义和取消主义》(Ленин,В.И. и др. Марксизм и ликвидаторство. Сборник статей об основных вопросах современного рабочего движения. Ч. II. Спб., «Прибой», 1914. IV, 214 стр. Перед загл. авт.: Г.Зиновьев, В.Ильин, Ю.Каменев)——374—376。

[列维茨基,弗·]《工人群众和工人知识分子》([Левицкий, В.] Рабочая масса и рабочая интеллигенция. —«Наша Заря», Спб., 1913, №9, стр. 52—60.Подпись: Г.Ракитин)——155—157、341。

—《关于为工人报刊捐款》(О сборах на рабочую печать.—«Новая Рабочая Газета»,Спб.,1913,№24,5 сентября,стр.1.Подпись:Г.Р.)——70、71。

卢森堡,罗·《民族问题和自治》(Luxemburg, R. Kwestja narodowościowa i autonomja.—«Przegląd Socjaldemokratyczny», [Kraków], 1908, N 6, sierpień, s.482—515; N 7, wrzesień, s.597—631; N 8—9, październik—listopad, s.687—710; N 10, grudzień, s.795—818; 1909, N 12, czerwiec, s.136—163; N 14—15, sierpień—wrzesień, s. 351—376)——149—

151、154。

罗日柯夫, 尼 • 亚 •《俄国土地问题现状》(Рожков, Н. А. Современное положение аграрного вопроса в России. — «Наша Заря», Спб., 1913, №6, стр. 39—44) — 169—173。

洛姆塔季泽, 维 •《远方来信》(Ломтатидзе, В. Письмо издалека. — «Новая Рабочая Газета», Спб., 1913, №75, 5 ноября, стр. 2, в отд.: За с.-д. фракцию) — 274—275。

[马尔赫列夫斯基, 尤 •]《俄国社会民主党党团的分裂》([Marchlewski, J.] Die Spaltung in der russischen sozialdemokratischen Fraktion. — «Leipziger Volkszeitung», 1913, Nr. 276, 28. November, S. 2. Unterschrift: J. K.) — 189—190。

[马尔托夫, 尔 •]《国际的干预和俄国社会民主党的统一》([Мартов, Л.] Вмешательство Интернационала и с.-д. единство в России. — «Наша Заря», Спб., 1914, №1, стр. 104—112. Подпись: Л. М.) — 361。

—《空弹发射》(Холостой выстрел. — «Новая Рабочая Газета», Спб., 1913, №87, 20 ноября, стр. 1—2. Подпись: Гамма) — 211—212。

—《论一则谎言》(По поводу одной неправды. — «Новая Рабочая Газета», Спб., 1913, №111, 19 декабря, стр. 2) — 276。

—《社会民主党党团内的分裂》(Раскол в социал-демократической фракции. — «Наша Заря», Спб., 1913, №10—11, стр. 89—101) — 412。

—《拯救者还是毁灭者? (谁破坏又是怎样破坏俄国社会民主工党)》(Спасители или упразднители? (Кто и как разрушал РСДРП). Изд. «Голоса Социал-Демократа». Париж, imp. Gnatovsky, 1911. 47 стр. (РСДРП)) — 308。

马克拉柯夫, 瓦 • 阿 •《反对派的策略》(Маклаков, В. А. Тактика оппозиции. — «Русские Ведомости», М., 1914, №45, 23 февраля, стр. 3) — 378、384、404。

马克思, 卡 •《哥达纲领批判》(Маркс, К. Критика Готской программы. Замечания к программе германской рабочей партии. 5 мая 1875 г.) — 195。

—[《给弗·恩格斯的信》](1867 年 11 月 2 日)(Marx, K. [Brief an F. Engels]. 2. November 1867.—In: Der Briefwechsel zwischen Friedrich Engels und Karl Marx. 1844 bis 1883. Hrsg. von A. Bebel und E. Bernstein. Bd. 3. Stuttgart, Dietz, 1913, S. 419—422)——299、398—399。

—[《给弗·恩格斯的信》](1867 年 11 月 30 日)([Brief an F. Engels]. 30. November 1867.—Ibidem, S. 433—436)——299、398—399。

—[《给弗·恩格斯的信》](1870 年 7 月 5 日)([Brief an F. Engels]. 5. Juli 1870.—Ibidem, Bd. 4, S. 291—294)——298。

—《声明》(Erklärung. An die Redaktion des Sozialdemokrat! —Ibidem, Bd. 3, S. 231)——172。

—《哲学的贫困》(Misère de la philosophie. Réponse à la philosophie de la misère de M. Proudhon. Paris—Bruxelles, Frank—Vogler, 1847. 178 p.) ——282。

马克思, 卡·和恩格斯, 弗·《共产党宣言》(德文版)(Marx, K. u. Engels, F. Manifest der Kommunistischen Partei. London, « Bildungs-Gesellschaft für Arbeiter », 1848. 30 S.)——282。

—《共产党宣言》(俄文版)(Маркс, К. и Энгельс, Ф. Манифест Коммунистической партии. Декабрь 1847 г.—январь 1848 г.)——283。

马宁, С. Л.《戏法》(Манин, С. Л. Фокусы.—«Луч», Спб., 1913, № 105 (191), 9 мая, стр. 1)——141。

麦迭姆, 弗·达·《关于俄国民族问题的提法》(Медем, В. Д. К постановке национального вопроса в России.—«Вестник Европы», Спб., 1912, [№ 8], стр. 149—163; [№ 9], стр. 149—165)——152、300、301、303。

[美舍尔斯基, 弗·彼·]《日志》([Мещерский, В. П.] Дневники.—«Гражданин», Спб., 1913, № 36, 15 сентября, стр. 10—15)——23—24。

米哈伊洛夫, Ф.《一派的统一, 两派的统一, 还是三派的统一》(Михайлов, Ф. Одноединство, двуединство или триединство.—«Вольная Мысль», Спб., 1913, № 3, 1 ноября, стр. 1)——163—165。

米海洛夫斯基, 尼·康·《给彼·拉·拉甫罗夫的两封信(1873)》(Михайловский, Н. К. Два письма П. Л. Лаврову (1873).—В кн.:

［Михайловский, Н. К.］ Полное собрание сочинений Н. К. Михайловского. Т. 10. Под ред. и с примеч. Е. Е. Колосова. С прил. вступ. статьи Н. С. Русанова, предметного систематического указателя ко всем сочинениям Н. К. Михайловского, указателя литературы о нем и краткого именного указателя. Изд. 2-е Н. Н. Михайловского. Спб., тип. Стасюлевича, 1913, стлб. 63—68)——366。

米留可夫, 帕·尼·《是新道路吗?》(Милюков, П. Н. Новый путь? —«Речь», Спб., 1914, №54 (2723), 25 февраля (10 марта), стр. 2. Подпись: П. Н.)——378、384、404、405—406。

—《在学说的束缚下》(В тисках доктрины. —«Речь», Спб., 1914, №51 (2720), 22 февраля (7 марта), стр. 3—4)——377、378、379、384、404。

莫吉梁斯基, 米·米·《"全乌克兰"大学生代表大会》(Могилянский, М. М. «Всеукраинский» съезд студенчества. —«Речь», Спб., 1913, №174 (2486), 29 июня (12 июля), стр. 2—3)——220、262。

—《自决权和分立主义》(Самоопределение и сепаратизм. —«Речь», Спб., 1913, №331 (2643), 3 (16) декабря, стр. 3)——220—222、262。

［尼古拉耶夫斯基, 波·伊·］《争取杜马党团的统一》(［Николаевский, Б. И.］ За единство думской фракции. —«Новая Рабочая Газета», Спб., 1913, №52, 9 октября, стр. 2. Подпись: Гр. Голосов)——82—84。

尼孔《给编辑部的信》(Никон. Письмо в редакцию. —«Енисейская Мысль», Красноярск, 1913, №181, 27 августа, стр. 2—3)——21。

涅克拉索夫, 尼·阿·《悼友人》(Некрасов, Н. А. Памяти приятеля)——389。

—《40年代的人》(Человек сороковых годов)——46、82。

帕特拉什金, 谢·——见格里戈里耶夫, 谢·季·。

蒲鲁东, 皮·约·《经济矛盾的体系, 或贫困的哲学》(Proudhon, P. J. Système des contradictions économiques, ou Philosophie de la misère. Nouvelle édition. T. 1—2. Paris, Guillaumin, Marpon—Flammarion, 1846. 2 vol.)——136、282。

普列汉诺夫, 格·瓦·《俄国社会民主工党纲领草案》(Плеханов, Г. В. Проект программы Российской социал-демократической рабочей партии. —

《Заря》，Stuttgart，1902，№4，август，стр. 11 — 39，в отд.： А.）——243、263。

——《格·瓦·普列汉诺夫给社会党国际局的信》(Письмо Г.В.Плеханова в Междунар.с.бюро.——《Пролетарская Правда》,Спб.,1913,№2,8 декабря, стр.2)——215、248。

——《又一个分裂的代表会议》(Еще одна раскольничья конференция.——《За Партию》,[Париж],1912,№3,15（2）октября，стр. 1 — 3)——159、251、252、317—318、344、411。

——《[С.Т.阿尔科梅德《高加索的工人运动和社会民主党》一书]序言》(Предисловие [к книге С. Т. Аркомеда 《Рабочее движение и социал-демократия на Кавказе》].—В кн.：Аркомед, С. Т. Рабочее движение и социал-демократия на Кавказе. Ч. I. С предисл. Г. В. Плеханова. Женева, imp.Chaulmontet,1910,стр.V—XVI)——17。

普希金,亚·谢·《从趾爪上可以认出狮子》(Пушкин, А.С. Ex ungue leonem.（По когтям узнают льва))——191。

——《叶甫盖尼·奥涅金》(Евгений Онегин)——152。

切列万宁,涅·《俄国社会民主工党伦敦代表大会》(Череванин, Н. Лондонский съезд РСДРП.1907 г. С прилож.принятых резолюций и их проектов.[Спб.],«Борьба»,[1907].102 стр.)——35。

[饶尔丹尼亚,诺·尼·]《论民族问题》([Жордания,Н.Н.] К национальному вопросу.——«Новая Рабочая Газета»,Спб.,1913,№103,10 декабря,стр.1. Подпись：Ан.)——251—252。

——《再论"地下组织"》(Еще о «подполье».——«Луч»,Спб.,1913,№95（181),26 апреля,стр.2.Подпись：Ан.)——46、308。

[萨韦利耶夫,马·亚·]《国际和统一问题》[Савельев,М.А.] Интернационал и вопрос о единстве.——« Пролетарская Правда»,Спб.,1913,№1,7 декабря,стр.1.Подпись：И.Ветров)——217。

盛加略夫,安·伊·《悲观的乐观主义的事实和策略》(Шингарев,А.И.Факты и тактика пессимистического оптимизма.——« Речь»,Спб.,1914,№55（2724),26 февраля（11 марта),стр.2)—— 384、404、405—406。

—《艰难的道路》(Тернистый путь.—«Русские Ведомости», М., 1914, №45, 23 февраля, стр. 2—3)——404。

司徒卢威, 彼·伯·《健全政权》(Струве, П. Б. Оздоровление власти. Посвящается С. Л. Франку.—«Русская Мысль», М.—Пб., 1914, кн. I, стр. 148—158) ——360—362、377、378、379、384、404。

—《知识分子和革命》(Интеллигенция и революция.—В кн.: Вехи. Сборник статей о русской интеллигенции. М., [тип. Саблина, март] 1909, стр. 127—145)——377—378。

[斯大林, 约·维·]《民族问题和社会民主党》([Сталин, И. В.] Национальный вопрос и социал-демократия.—«Просвещение», Спб., 1913, №3, стр. 50—62; №4, стр. 22—41; №5, стр. 25—36. Подпись: К. Сталин)——142、237、343。

斯科·, 恩·; 斯科宾·, 恩·——见季诺维也夫, 格·叶·。

[斯图契卡, 彼·伊·]《民族问题和拉脱维亚的无产阶级》([Стучка, П. И.] Национальный вопрос и латышский пролетариат.—«Просвещение», Спб., 1914, №2, стр. 32—48. Подпись: Ветеран)——372—373。

索洛古布, 费·《小鬼》(Сологуб, Ф. Мелкий бес)——235。

唐·——见唐恩, 费·伊·。

[唐恩, 费·伊·]《面对工人国际》([Дан, Ф. И.] Перед рабочим Интернационалом.—«Новая Рабочая Газета», Спб., 1913, №102, 8 декабря, стр. 1. Подпись: Д.)——258、259。

—《面向国际》(Навстречу Интернационалу.—«Новая Рабочая Газета», Спб., 1913, №108, 15 декабря, стр. 1. Подпись: Ф. Д.)——338—341。

—《瓦解组织分子的派别》(Фракция дезорганизаторов.—«Новая Рабочая Газета», Спб., 1913, №70, 30 октября, стр. 2, в отд.: К борьбе за единство с.-д. фракции. Подпись: Ф. Д.)——175。

—《为同盟的自由而斗争》(Борьба за свободу коалиций.—«Новая Рабочая Газета», Спб., 1913, №23, 4 сентября, стр. 1. Подпись: Д.)——15。

特鲁别茨科伊, 叶·尼·《地方自治的新俄国》(Трубецкой, Е. Н. Новая земская Россия. (Из наблюдений земского деятеля).—«Русская Мысль»,

М.—Пб.,1913,кн.XII,стр.1—12)——345—348。

[托洛茨基,列·]《俄国党内生活所见》([Trotzki, L.] Aus dem russischen Parteileben.—«Vorwärts», Berlin, 1912, Nr. 72, 26. März. 1. Beilage des «Vorwärts», S.1)——225。

韦利霍夫,列·亚·《基辅市民代表大会》(Велихов, Л. А. Киевский съезд городских представителей. Мысли и факты.—«Городское Дело», Спб., 1913,№20,15 октября,стр.1334—1343)——118—119。

维诺格拉多夫,帕·加·《政治书信》(载于 1905 年 8 月 5 日《俄罗斯新闻》第 210 号)(Виноградов, П. Г. Политические письма.—«Русские Ведомости», М.,1905,№210,5 августа,стр.3)——80。

[沃龙佐夫-达什科夫,И.И.]《副官长沃龙佐夫-达什科夫伯爵八年来高加索管理情况奏章》([Воронцов-Дашков, И. И.] Всеподданнейший отчет за восемь лет управления Кавказом генерал-адъютанта графа Воронцова-Дашкова.Спб., гос. тип.,1913.36 стр.)——121。

沃罗诺夫,波·《我们同谁一起走?》(Воронов, Б. С кем мы вместе идем? —«Стойкая Мысль», Спб.,1914,№2,28 февраля,стр.1)——387。

乌斯宾斯基,格·伊·《岗亭》(Успенский, Г.И. Будка)——263。

谢姆柯夫斯基,谢·尤·《民族问题中的简单化的马克思主义》(Семковский, С.Ю.Упрощенный марксизм в национальном вопросе.—«Новая Рабочая Газета», Спб., 1913, №71, 31 октября, стр. 2)—— 142、143、145、154、240—242、243。

伊兹哥耶夫,亚·索·《我们的社会生活》(Изгоев, А.С. Наша общественная жизнь.—В кн.: Ежегодник газеты «Речь» на 1914 год. Изд. ред. газ. «Речь». Спб., [1914], стр. 202 — 215. (Бесилатное приложение к газете «Речь»))——385。

尤尔凯维奇,列·《俄国的马克思主义者和乌克兰的工人运动》(Юркевич, Л. Російські марксісти і український робітничий рух.—«Дзвін», [Київ], 1913,№7—8,стр.83—94)——120、132—133、134、141、154。

尤·卡·——见马尔赫列夫斯基,尤·约·。

扎克,萨·谢·《关于工人纲领问题》(Зак, С. С. К вопросу о рабочей

программе. — «Заветы», [Спб.], 1912, №3, июнь, стр. 58 — 89; №4, июль, стр. 1 — 31) —— 65 — 68。

*　　　*　　　*

《保险问题》杂志(圣彼得堡)(《Вопросы Страхования》, Спб.) —— 197。

《报刊评论》(载于 1913 年 8 月 29 日《新工人报》第 18 号)(Обзор печати. — «Новая Рабочая Газета», Спб., 1913, №18, 29 августа. стр. 1 — 2) —— 2、3。

《报刊评论》(载于 1913 年 9 月 4 日《新工人报》第 23 号)(Обзор печати. — «Новая Рабочая Газета», Спб., 1913, №23, 4 сентября, стр. 1) —— 12。

《北方思想报》(圣彼得堡)(«Северная Мысль», Спб., 1913, №1, 23 ноября, стр. 3) —— 265。

— 1913, №2, 26 ноября, стр. 2. —— 267。

《北方真理报》(圣彼得堡)(«Северная Правда», Спб.) —— 14。

— 1913, №20, 25 августа, стр. 2. —— 107。

— 1913, №21, 27 августа, стр. 1. —— 2。

— 1913, №27, 3 сентября, стр. 2. —— 12、15。

— 1913, №29, 5 сентября, стр. 1. —— 120 — 124、124、126、129、130、142、145、372 — 373。

《奔萨省估价统计调查总结(弗·古·格罗曼主编)》》(Итоги оценочно-статистического исследования Пензенской губернии, под общим руководством В. Г. Громана. Серия III. Исследование земельных имуществ под непосредственным руководством В. Г. Громана совместно с Я. В. Бляхером. Ч. II. Подворная перепись крестьянского хозяйства. Обр. Г. В. Шубом. Отд. 1. Справочные сведения о селениях и пообщинные таблицы по данным сплошной подворной переписи. Вып. 3. Краснослободский уезд. Пенза, типолит. Рапопорт, 1913. X, 191 стр., 2 табл. прилож. (Пензенское губ. земство. Оценочное отд.)) —— 329 — 335。

[《崩得同俄国社会民主工党统一的条件草案(俄国社会民主工党第四次(统一)代表大会通过)》](［Проект условия объединения Бунда с РСДРП,

демократической рабочей партии. (Выработанный редакцией «Искры» и «Заря»).—«Заря», Stuttgart, 1902, №4, август, стр.1—10, в отд.: А.) ——242。

《俄国社会民主工党伦敦代表大会(1907年召开)》(记录全文)(Лондонский съезд Российской соц.-демокр. раб. партии (состоявшийся в 1907 г.). Полный текст протоколов. Изд. ЦК. Paris, 1909. 486 стр. (РСДРП))——38、59、62、63、70、248。

《俄国社会民主工党组织章程(党的第二次代表大会通过)》(Организационный устав Российской соц.-дем. рабочей партии, принятый на Втором съезде партии.—В кн.: Второй очередной съезд Росс. соц.-дем. рабочей партии. Полный текст протоколов. Изд. ЦК. Genève, тип. партии, [1904], стр.7—9. (РСДРП))——34。

《[俄国社会民主工党]组织章程[俄国社会民主工党第四次(统一)代表大会通过]》(Организационный устав [РСДРП, принятый на IV (Объединительном) съезде РСДРП].—В кн.: Протоколы Объединительного съезда РСДРП, состоявшегося в Стокгольме в 1906 г. М., тип. Иванова, 1907, стр.419—420)——34、35、36。

《俄国思想》杂志(莫斯科)(«Русская Мысль», М.)——310。
—1913, кн. VIII, стр.55—70.——169、170、171、172—173。
—1913, кн. XII, стр.1—12.——345—348。
—1914, кн. I, стр.148—158.——360—362、377、378、379、384、404。

《俄罗斯新闻》(莫斯科)(«Русские Ведомости», М.)——79—81、392。
—1905, №210, 5 августа, стр.3.——80—81。
—1914, №45, 23 февраля, стр.2—3.——378、384、404。
—1914, №49, 28 февраля, стр.2.——391、392。

《俄罗斯言论报》(莫斯科)(«Русское Слово», М., 1913, №198, 28 августа (10 сентября), стр.2)——121—122。

《俄语》[社论](Русский язык. [Передовая].—«Русское Слово», М., 1913, №198, 28 августа (10 сентября), стр.2)——121—122。

《20世纪初俄国的社会运动》(第1—4卷)(Общественное движение в России

в начале XX-го века. Под ред. Л. Мартова, П. Маслова и А. Потресова. Т.
I—IV.Спб., тип.«Общественная Польза», 1909—1914.5 т.)——375。

——第 2 卷第 1 册 (Т. II. Ч. I. а) Международное положение России перед
революцией. ь) Массовое движение. 1909. VI, 341 стр.)——375。

《法兰克福报》(美因河畔法兰克福) («Frankfurter Zeitung», Frankfurt am
Main)——188。

《该工人说话了!》[社论] (Слово за рабочими ! [Передовая].—«Новая
Рабочая Газета», Спб., 1913, №60, 18 октября, стр. 1)——102、104。

《给执政参议院的命令[关于农民退出村社和把份地确定为私人财产]》(1906
年 1 1 月 9 日 (22 日)) (Указ правительствующему Сенату [о выходе
крестьян из общин и закреплении в собственность надельных участков. 9
(22) ноября 1906 г.].—« Правительственный Вестник», Спб., 1906,
№252, 12 (25) ноября, стр. 1)——334。

《工会运动的统一》[哥本哈根国际社会党代表大会决议] (Die Einheit der
Gewerkschaftsbewegung. [Die Resolution des Internationalen Sozialisten-
kongresses zu Kopenhagen].—In: Internationaler Sozialistenkongreß zu
Kopenhagen. 28. August bis 3. September 1910. Berlin, Buchh.
«Vorwärts», 1910, S. 43—44)——179、303、318。

《工人代表大会和非党工人组织》[俄国社会民主工党第五次(伦敦)代表大会
通 过 的 决 议] (Рабочий съезд и беспартийные рабочие организации.
[Резолюция, принятая на V (Лондонском) съезде РСДРП].—В кн.:
Лондонский съезд Российской соц.-демокр. раб. партии (состоявшийся в
1907 г.). Полный текст протоколов. Изд. ЦК. Paris, 1909, стр. 455.
(РСДРП))——59。

《工人真理报》(圣彼得堡) («Рабочая Правда», Спб., 1913, №3, 16 июля, стр.
1)——220。

《工人支持自己的工人代表》(Рабочие за своих рабочих депутатов.—«За Правду»,
Спб., 1913, №26, 2 ноября, стр. 2, в отд.: К вопросу о соц.-демократ. фракции)
——274。

《公民》(圣彼得堡) («Гражданин», Спб.)——23。

—1913,№36,15 сентября,стр.10—15.——23—24。

[《关于罢工的暂行条例（1905 年 12 月 2 日（15 日）批准）》]（[Временные правила о стачках, утвержденные 2（15）декабря 1905 г.].—«Собрание узаконений и распоряжений правительства, издаваемое при правительствующем Сенате», Спб., 1905, отд. I, №233, 3 декабря, ст. 1923, стр. 3187）——17。

《关于崩得在党内的地位》[俄国社会民主工党第二次代表大会通过的主要决议]（О месте Бунда в партии. [Главнейшие резолюции, принятые на Втором съезде РСДРП].—В кн.: Второй очередной съезд Росс. соц.-дем. рабочей партии. Полный текст протоколов. Изд. ЦК. Genève, тип. партии, [1904], стр. 12, 62. (РСДРП)）——114。

《关于波兰社会党》[1912 年取消派八月代表会议通过的决议]（О Польской социалистической партии. [Резолюция, принятая на августовской конференции ликвидаторов 1912 г.].—В кн.: Извещение о конференции организаций РСДРП. Изд. ОК. [Wien], сентябрь 1912, стр. 30 — 32. (РСДРП)）——319。

《关于党的建设的组织形式》[1912 年取消派八月代表会议通过的决议]（Об организационных формах партийного строительства. [Резолюция, принятая на августовской конференции ликвидаторов 1912 г.].—Там же, стр. 28 — 29)——316, 325。

《关于地方民族组织的统一》[俄国社会民主工党第五次代表会议（1908 年全国代表会议）通过的决议]（Об объединении национ[альных] орган[изаций] на местах. [Резолюция, принятая на Пятой конференции РСДРП (Общероссийской 1908 г.)].—В кн.: Извещение Центрального Комитета Российской с.-д. рабочей партии о состоявшейся очередной общепартийной конференции. [Изд. ЦК РСДРП. Paris, 1909], стр. 6. (РСДРП)）——248, 318。

《关于对非无产阶级政党的态度的决议[俄国社会民主工党第五次（伦敦）代表大会通过]》（Резолюция об отношении к непролетарским партиям, [принятая на V (Лондонском) съезде РСДРП].—В кн.: Лондонский

《关于民族文化自治问题》[1912年取消派八月代表会议通过的决议](По вопросу о культурно-национальной автономии. [Резолюция, принятая на августовской конференции ликвидаторов 1912 г.].—В кн.: Извещение о конференцииорганизаций РСДРП. Изд. ОК. [Wien], сентябрь 1912, стр. 42. (РСДРП)) —— 60、120、185、215、247 — 248、251 — 252、259、317、344。

《关于目前形势和党的任务》[俄国社会民主工党第五次代表会议(1908年全国代表会议)通过的决议](О современном моменте и задачах партии. [Резолюция, принятая на Пятой конференции РСДРП (Общероссийской 1908 г.)].—В кн.: Извещение Центрального Комитета Российской с.-д. рабочей партии о состоявшейся очередной общепартийной конференции. [Изд. ЦК РСДРП. Paris, 1909], стр. 4—5. (РСДРП)) —— 33。

《关于社会民主党杜马党团》[俄国社会民主工党第五次代表会议(1908年全国代表会议)通过的决议](О думской с.-д. фракции. [Резолюция, принятая на Пятой конференции РСДРП (Общероссийской 1908 г.)].— В кн.: Извещение Центрального Комитета Российской с.-д. рабочей партии о состоявшейся очередной общепартийной конференции. [Изд. ЦК РСДРП. Paris, 1909], стр. 5—6. (РСДРП)) —— 57。

《关于社会民主党杜马党团的分裂》(Zur Spaltung in der sozialdemokratischen Dumafraktion.—«Vorwärts», Berlin, 1913, Nr. 306, 21. November. 1. Beilage des «Vorwärts», S. 2. Unter der Rubrik: Aus der Partei) —— 178、179。

《关于五金工人全体大会》(К общему собранию металлистов.—«Новая Рабочая Газета», Спб., 1913, №15, 25 августа, стр. 1—2. Подпись: Ф. Ю.) —— 107。

《关于选举运动的统一》[1912年取消派八月代表会议通过的决议](Об единстве избирательной кампании. [Резолюция, принятая на августовской конференции ликвидаторов 1912 г.].—В кн.: Извещение о конференции организаций РСДРП. Изд. ОК. [Wien], сентябрь 1912, стр. 26 — 27. (РСДРП)) —— 318。

社会民主党全国代表大会上提出的决议草案〕(Die internationale Sozial-
demokratie und der Nationalitätenstreit in Österreich.〔Der Resolutions-
entwurf der Exekutive der südslavischen sozialdemokratischen Partei,
angetragen dem Gesamtparteitag der Sozialdemokratie in Österreich,
abgehalten zu Brünn〕.—In: Verhandlungen des Gesamtparteitages der
Sozialdemokratie in Österreich,abgehalten zu Brünn vom 24.bis 29.Sep-
tember 1899 im «Arbeiterheim».Nach dem stenographischen Protokolle.
Wien,Volksbuchh. Brand, 1899, S. XV)——138、141—142、144、185、
186、239、342、343。

《国际社会民主党和奥地利民族纠纷》〔在布隆召开的奥地利社会民主党全国
　代表大会决议〕(Die Internationale Sozialdemokratie und der
　Nationalitätenstreit in Österreich.〔Die Resolution des Gesamtparteitages
　der Sozialdemokratie in Österreich, abgehalten zu Brünn〕.—Ibidem, S.
　XV—XVI)——142、146、152、153、186、239、300、301、342、343。

《国家杜马》(10 月 23 日会议)(Государственная дума. Заседание 23-го
　октября.—«За Правду», Спб., 1913, №19, 25 октября, стр. 2 — 3)
　——173。

《国家杜马》(11 月 22 日会议)(Государственная дума. Заседание 22-го
　ноября.—«За Правду»,Спб.,1913,№42,23 ноября,стр.3)——192、193。

《国家杜马》(11 月 26 日会议)(Государственная дума. Заседание 26-го
　ноября.—«За Правду»,Спб.,1913,№45,27 ноября,стр.2)——234。

《〔国家杜马的〕速记记录》(1908 年第 1 次常会。第 2 册)(Стенографические
　отчеты〔Государственной думы〕.1908 г. Сессия первая. Ч. II. Заседания
　31—60 (с 21 февраля по 6 мая 1908 г.).Спб., гос. тип., 1908. XV стр.,
　2962 стлб.(Государственная дума.Третий созыв))——4。

《〔国家杜马的〕速记记录》(1912 — 1913 年第 1 次常会。第 1 册)
　(Стенографические отчеты〔Государственной думы〕. 1912 — 1913 гг.
　Сессия первая.Ч. I.Заседания 1 — 30 (с 15 ноября 1912 г.по 20 марта
　1913 г.). Спб., гос. тип., 1913. XXI стр., 2437 стлб. (Государственная
　дума.Четвертый созыв))——114、159、191、247—248。

《国家杜马选举条例》〔1905 年 8 月 6 日（19 日）〕（Положение о выборах в Государственную думу.〔6 (19) августа 1905 г.〕.—«Правительственный Вестник», Спб., 1905, №169, 6 (19) августа, стр. 2—4）——101。

《国家杜马选举条例》〔1907 年 6 月 3 日（16 日）〕（Положение о выборах в Государственную думу.〔3 (16) июня 1907 г.〕.—«Собрание узаконений и распоряжений правительства, издаваемое при правительствующем Сенате», Спб., 1907, отд. I, №94, 3 июня, стр. 1303 — 1380）—— 20、102、104。

《国外组织地区委员会通报》（巴黎）（«Известия Областного Комитета Заграничной Организации», Париж）——266。

《护党报》〔巴黎〕（«За Партию», 〔Париж〕, 1912, №3, 15 (2) октября, стр. 1—3）—159、251、252、317—318、344、412。

《火星报》（旧的、列宁的）〔莱比锡—慕尼黑—伦敦—日内瓦〕（«Искра» (старая, ленинская), 〔Лейпциг—Мюнхен—Лондон—Женева〕）——238。

《基辅思想报》（«Киевская Мысль»）——45。
—1913, №242, 2 сентября, стр. 2.——5。
—1913, №244, 4 сентября, стр. 3.——5—8。
—1913, №246, 6 сентября, стр. 3.——9—11。

《坚定思想报》（圣彼得堡）（«Стойкая Мысль», Спб., 1914, №2, 28 февраля, стр. 1）——387。
—1914, №4, 5 марта, стр. 2.——387。

《捷克斯洛伐克社会民主党人》杂志（布拉格）（«Der Čechoslavische Sozialdemokrat», Prag, 1913, Nr. 3, 15. April, S. 23）——303。

《解放》杂志（斯图加特—巴黎）（«Освобождение», Штутгарт—Париж）——315—316。

《今后怎样?》（Что же дальше? —«Луч», Спб., 1912, №53, 17 ноября, стр. 1）——3、46、215、248、317。

《经济统计汇编》（Экономическо-статистический сборник. Вып. VII. Огородничество и садоводство в Московском уезде. М., 1913.〔292〕стр. (Статистич. отдние Моск. уезд. земской управы)）——356—359、380—383。

《决议[俄国社会民主工党第五次代表会议(1908年全国代表会议)通过]》
（Резолюции,［принятые на Пятой конференции РСДРП（Обще-
российской 1908 г.)].—В кн.: Извещение Центрального Комитета
Российской с.-д. рабочей партии о состоявшейся очередной общепартийной
конференции.［Изд. ЦК РСДРП. Paris, 1909], стр. 4—7.（РСДРП))
——374。

《决议[1912年1月俄国社会民主工党第六次(布拉格)全国代表会议通过]》
（Резолюции,［принятые на Шестой （Пражской) Всероссийской
конференции РСДРП в январе 1912 г.].—В кн.: Всероссийская
конференция Рос. соц.-дем. Раб. партии 1912 года. Изд. ЦК. Paris, кооп.
тип. «Идеал», 1912, стр.14—34.（РСДРП))——205、305。

《考茨基的决议案》（Резолюция Каутского.—«Пролетарская Правда», Спб.,
1913, №2, 8 декабря, стр.1—2.Подписи: Каутский, Эберт, Молькенбур.)
——213、214、215、217、219、223、224、225、247、257—258、259、260—
261、311、338。

《科辛斯基教授的报告》（Доклад проф. Косинского. Победа трудового хозяйства.—
«Киевская Мысль», 1913, №242, 2 сентября, стр. 2. Под общ. загл.:
Сельскохозяйственный съезд)——5。

《莱比锡人民报》（«Leipziger Volkszeitung», 1913, Nr. 266, 15. November, 3.
Beilage zu Nr. 266 «Leipziger Volkszeitung», S.1)——158—162、189。
—1913, Nr.276, 28. November, S.2.——189—190。
—1913, Nr.282, 5. Dezember, S.2.——195。

《劳动真理报》（圣彼得堡）（«Правда труда», Спб., 1913, №12, 24 сентября,
стр.1)——109。

《理事会和监察委员会委员候选人名单》（Список кандидатов в члены
правления и ревизионной комиссии.—«Северная Правда», Спб., 1913,
№20, 25 августа, стр.2)——107。

《立宪民主党纲领[第二次代表大会通过]》（Программа конституционно-
демократической партии,［принятая на II съезде].—В кн.:
Конституционно-демократическая партия.（Партия народной свободы).

Постановления II-го съезда 5—11 января 1906 г. и программа. Спб., тип. «Общественная Польза», 1906, стр. 21—30)——221、262。

《路标（关于俄国知识分子的论文集）》(Вехи. Сборник статей о русской интеллигенции. М.,［тип. Саблина, март］1909. II, 209 стр.)——377—378。

《论工会运动中的左派民粹派观点》(К левонароднической позиции в профессиональном движении.—«Северная Мысль», Спб., 1913, №2, 26 ноября, стр. 2. Подпись: Б. Г—н)——267。

《马克思和恩格斯通信集》(Der Briefwechsel zwischen Friedrich Engels und Karl Marx. 1844 bis 1883. Hrsg. von A. Bebel und E. Bernstein. Bd. 1—4. Stuttgart, Dietz, 1913. 4 Bd.)——277—284。

—第1卷(Bd. 1. XX, 448 S.)—277、278、279—284。

—第2卷(Bd. 2. XXIV, 429 S.)—277、278。

—第3卷(Bd. 3. XXIV, 442 S.)——172、277—278、298、398—399。

—第4卷(Bd. 4. XX, 536 S.)——277—278、298。

《美国第十二次人口普查概况》(Abstract of the Twelfth Census of the United States. 1900. 3-d ed. Washington, Government Printing Office, 1904, XV, 454 p. (Bureau of the Census. S. N. D. North, Director))——131。

《美国统计汇编》(Statistical abstract of the United States. 1911. No. 34. Prepared by the Bureau of the secretary of commerce and labor. Washington, 1912. 803 p. (Department of commerce and labor))——95—96。

《民族党人代表大会》(Съезд националистов.—«Речь», Спб., 1914, №33 (2702), 3 (16) февраля, стр. 2)——353—354。

《明星报》(圣彼得堡)(«Звезда», Спб.)——105。

《莫斯科新闻》(«Московские Ведомости», 1886, №146, 29 мая, стр. 2)——229。

《尼孔主教关于乌克兰学校和社会团体的法案》(Законопроект епископа Никона об украинских школах и обществах.—«Киевская Мысль», 1913, №246, 6 сентября, стр. 3)——9—11。

《涅米罗夫-科洛德金工厂》(Фабрика Немирова-Колодкина.—«Новая Рабочая Газета», Спб., 1913, №24, 5 сентября, стр. 2, в отд.: Рабочие о рабочей печати)——71。

《欧洲通报》杂志(圣彼得堡)(«Вестник Европы»,Спб.)——392。

— 1912,[No8], стр. 149 — 163;[No9], стр. 149 — 165.—— 152、300、301、303。

《普鲁士年鉴》(柏林)(«Preußische Jahrbücher», Berlin, 1910, Bd. 140, Hft. III,Juni,S.470—480)——122、144。

《启蒙》杂志(圣彼得堡)(«Просвещение»,Спб.)——56。

— 1913,No3,стр.50—62,77—81;No4,стр.22—41;No5,стр.25—36.—— 141、142、237、343。

— 1913,No9,стр.46—61.——82—83。

— 1913,No10,стр.83—95,95—105;No11,стр.55—59;No12,стр.56—64.——142、270、300、372—373。

— 1914,No2,стр.32—48.——372—373。

— 1914,No4,стр.34—47;No5,стр.57—71;No6,стр.33—47,85—89.—— 149、154、328。

《前进报》(柏林)(«Vorwärts», Berlin, 1912, Nr. 72, 26. März. 1. Beilage des «Vorwärts»,S.1)——225。

— 1913, Nr. 306, 21. November. 1. Beilage des «Vorwärts», S. 2.—— 178、179。

— 1913,Nr.333,18.Dezember,S.3.——224、225、244、245、271。

— 1913,Nr.339,24.Dezember,S.3.——270—271。

《日报》(圣彼得堡)(«День»,Спб.,1914,No7（449）,8 января,стр. 3）—— 313、314。

《撒谎者!》(Лжецы ! —«За Правду»,Спб.,1913,No12,17 октября,стр.2,в отд.: Вопросы страхования)——88。

《社会党策略的国际准则》[阿姆斯特丹国际社会党代表大会决议] (Internationale Regeln der sozialistischen Taktik. [Die Resolution des Internationalen Sozialistenkongresses zu Amsterdam].—In: Internationaler Sozialistenkongreß zu Amsterdam. 14. bis 20. August 1904. Berlin, Expedition der Buchh. «Vorwärts»,1904,S.31—32)——179。

《社会党国际局的决议》——见《考茨基的决议案》。

《社会革命党协助小组国外联合会通报》(巴黎) (《Вестник Заграничной Федерации Групп Содействия Партии Соц.-Рев.», Париж)——266。

《社会民主党党团提出如下集会和结社自由的法案》(С [оциал]-д[емократическая] фракция вносит следующий законопроект о свободе собраний, союзов и коалиций.—«Новая Рабочая Газета», Спб., 1913, №76, 6 ноября, стр. 1—2)——210、255。

《社会民主党评论》杂志[克拉科夫] (« Przegląd Socialdemokratyczny», [Kraków], 1908, N 6, sierpień, s. 482—515; N 7, wrzesień, s. 597—631; N 8—9, październik—listopad, s. 687—710; N 10, grudzień, s. 795—818; 1909, N 12, czerwiec, s. 136—163; N 14—15, sierpień—wrzesień, s. 351—376)——149—151、154。

《社会民主党人报》([维尔诺—圣彼得堡]—巴黎—日内瓦) (« Социал-Демократ», [Вильно — Спб.]—Париж — Женева)——55、57、162、414。
——[Париж], 1910, №11, 26 (13) февраля, стр. 10.——109、304、305、308、311、325。

《社会主义月刊》(柏林) (« Sozialistische Monatshefte», Berlin)——189。

圣彼得堡, 8 月 11 日。[社论] (С.-Петербург, 11 августа. [Передовая].—«Наш Путь», Спб., 1911, №20, 11 августа, стр. 1—3)——388。

圣彼得堡, 10 月 20 日。[社论] (С.-Петербург, 20 октября. [Передовая].—«Речь», Спб., 1913, №287 (2599), 20 октября (2 ноября), стр. 2)——92、93—94、111。

《10 月 17 日同盟宣言》(Воззвание Союза 17-го октября.—«Речь», Спб., 1913, №275 (2587), 8 (21) октября, стр. 5, в отд.: Вечерние известия)——76—77。

《时报》(彼得堡) (« Цайт» («Di Zait»), Пб., 1913, №28, 17 (30) сентября, стр. 3—4. На евр. яз.)——120—121、125—126、128—131、142、143、145—146、147—148、154。

《市政问题》杂志(圣彼得堡) (« Городское Дело», Спб., 1913, №20, 15 октября, стр. 1334—1343)——118—119。

《曙光》杂志(斯图加特)(《Заря》,Stuttgart,1902,№4,август,стр.1—10,11—39)——242、243、263。

《庶民报》(圣彼得堡)(《Земщина》,Спб.)——263。

《泰晤士报》(伦敦)(《The Times》,London,1913,No.40,341,October 13,p.13)——72—75。

《土地规划和农村贫苦农民》(Землеустройство и деревенская беднота.—《Киевская Мысль》,1913,№244,4 сентября,стр.3,в отд.:Секция общественной агрономии. Под общ.загл.:Сельскохозяйственный съезд)——5—8。

《土地"运动"》(Land «campaign». Opening speeches by Mr.Lloyd George.—«The Times»,London,1913,No.40,341,October 13)——72—75。

《我们的道路报》(莫斯科)(《Наш Путь》,М.)——42、56、86、105、106、158、160、205。

《我们的曙光》杂志(圣彼得堡)(《Наша Заря》,Спб.)——45、156、189。
　—1913,№6,стр.39—44,45.——169—173。
　—1913,№9,стр.52—60.——155—157、341。
　—1913,№10—11,стр.89—101.——411。
　—1914,№1,стр.104—112.——361。

《我们害了什么病?》(Чем мы больны?(Рабочий—рабочим).—《Луч》,Спб.,1912,№56,21 ноября,стр.2.Подпись: В.А.)——3。

《我们之路》杂志(圣彼得堡)(《Наш Путь》,Спб.,1911,№20,11 августа,стр.1—3)——388。

《无产阶级真理报》(圣彼得堡)(《Пролетарская Правда》,Спб.)——216、262。
　—1913,№1,7 декабря,стр.1,2.——217、276。
　—1913,№2,8 декабря,стр.1—2.——213、216、217、218、219、223、224、225、247、248、257、258、260—261、311、338。
　—1913,№4,11 декабря,стр.1.——257、260—261。
　—1913,№6,13 декабря,стр.1.——244。
　—1913,№9,17 декабря,стр.2.——258、260。

《无产者报》[巴黎](《Пролетарий》,[Париж],1909,№46. Приложение к

№46 газеты «Пролетарий», 16 (3) июля, стр. 7) —— 327、368、369。

《五金工人工会理事会通知我们公布按地区拟定的理事会和监察委员会委员候选人名单》(Правление проф. общ. рабоч. металлистов сообщает нам для опубликования список кандидатов в члены правления и ревизионной комиссии, намеченных по районам. — «Новая Рабочая Газета», Спб., 1913, №15, 25 августа, стр. 1) —— 107。

《五金工人》杂志(圣彼得堡)(«Металлист», Спб., 1911, №3, 27 октября, стр. 1) —— 388。

《现代国家的民族运动的形式》(Формы национального движения в современных государствах. Австро-Венгрия. Россия. Германия. Под ред. А. И. Кастелянского. Спб., «Общественная Польза», 1910. XIII, 821 стр.) —— 61、183、184、234、343。

《现代生活报》(圣彼得堡)(«Живая Жизнь», Спб.) —— 47。

—1913, №8, 19 июля, стр. 2—3. —— 25—47。

—1913, №13, 25 июля, стр. 2. —— 47—48。

《向好的方面转变》(Eine Wendung zum Besseren. — «Der Čechoslavische Sozialdemokrat», Prag, 1913, Nr. 3, 15. April, S. 23. Unter der Rubrik: Notizen) —— 303。

《新的一年》[社论](Новый год. [Передовая]. — «Новая Рабочая Газета», Спб., 1914, №1 (119), 1 января, стр. 1) —— 324—325、326。

《新工人报》(圣彼得堡)(«Новая Рабочая Газета», Спб.) —— 71、88、93、94、109、111、155、158、161、181、190、204、257、316、327。

—1913, №6, 14 августа, стр. 2. —— 12。

—1913, №15, 25 августа, стр. 1—2. —— 107—108。

—1913, №18, 29 августа, стр. 1—2. —— 2、3。

—1913, №23, 4 сентября, стр. 1, 4. —— 12、13—16。

—1913, №24, 5 сентября, стр. 1—2. —— 16—17、70、71。

—1913, №52, 9 октября, стр. 2. —— 82—84。

—1913, №55, 12 октября, стр. 3. —— 88。

—1913, №56, 13 октября, стр. 4. —— 88。

—1913，№60，18 октября，стр.1.——99、102、104。

—1913，№60，18 октября，стр.2.——88。

—1913，№61，19 октября，стр.1.——104、113、115—116。

—1913，№62，20 октября，стр.1.——104、109—110。

—1913，№67，26 октября，стр.1.——175、176。

—1913，№70，30 октября，стр.2.——175。

—1913，№71，31 октября，стр.2.—— 141 — 142、143、145、154、240 —
242、243。

—1913，№75，5 ноября，стр.2.——274—275。

—1913，№76，6 ноября，стр.1—2.——210、255—256。

—1913，№81，13 ноября，стр.2.——204、206。

—1913，№86，19 ноября，стр.2.——188—191。

—1913，№87，20 ноября，стр.1—2.——211—212。

—1913，№92，27 ноября，стр.1—2.——210、211。

—1913，№97，3 декабря，стр.1.——217、219、257、258。

—1913，№101，7 декабря，стр.2.——244—245。

—1913，№102，8 декабря，стр.1.——258、259。

—1913，№103，10 декабря，стр.1.——251—252。

—1913，№104，11 декабря，стр.1.——255—256、258、259、260。

—1913，№108，15 декабря，стр.1.——338—341。

—1913，№111，19 декабря，стр.2.——276。

—1914，№1（119），1 января，стр.1.——324—325、326。

—1914，№5（123），7 января，стр.1.——326。

—1914，№16（134），21 января，стр.2—3.——327—328、368。

《〈新工人报〉办事处 8 月 21 日至 9 月 3 日（含 9 月 3 日）现金收支表》
（Денежный отчет конторы «Новой Рабочей Газеты» с 21 августа по 3
сентября включительно.—«Новая Рабочая Газета»，Спб.，1913，№23，4
сентября，стр.4）——12。

《新任务》（Новая задача.—«Правда Труда»，Спб.，1913，№12，24 сентября，
стр.1. Подпись：Депутаты Р. В. Малиновский，Г. И. Петровский，А. Е.

Бадаев, М. К. Муранов, Ф. Н. Самойлов, Н. Р. Шагов)——109。

《新时报》(圣彼得堡)(«Новое Время», Спб.)——263。

—1913, №13563, 13 (26) декабря, стр. 4.——272—273。

—1914, №13588, 9 (22) января, стр. 5.——302。

《〈新时报〉谈社会民主党人和立宪民主党人就民族自决权问题开展的论战》
([«Новое Время» о полемике социал-демократов и кадетов по вопросу о
праве наций на самоопределение].—« Новое Время », Спб., 1913,
№13563, 13 (26) декабря, стр. 4, в отд.: Среди газет и журналов)——
272—273。

《〈新时报〉谈谢·帕特拉什金〈有力的语言〉一文》([«Новое Время» по
поводу статьи С. Патрашкина «Могучий язык»].—«Новое Время», Спб.,
1914, №13588, 9 (22) января, стр. 5, в отд.: Среди газет и журналов)
——313。

[《信条》]([Credo].—В кн.: [Ленин, В. И.] Протест российских социал-
демократов. С послесл. от ред. « Рабочего Дела ». Изд. Союза русских
социал-демократов. Женева, тип. « Союза », 1899, стр. 1 — 6. (РСДРП.
Оттиск из №4—5 «Рабочего Дела»))——31—32。

《宣言》(1905 年 10 月 17 日 (30 日))(Манифест. 17 (30) октября 1905 г.—
«Правительственный Вестник», Спб., 1905, №222, 18 (31) октября, стр.
1)——77。

《学生的决议》(Резолюция учащихся.—«За Правду», Спб., 1913, №21, 27
октября, стр. 2, в отд.: В социал-демократической фракции)——108。

《言语报》(圣彼得堡)(«Речь», Спб.)——14、392。

—1913, №174 (2486), 29 июня (12 июля), стр. 2—3.——220、262。

—1913, №275 (2587), 8 (21) октября, стр. 5.——76—77。

—1913, №287 (2599), 20 октября (2 ноября), стр. 2.——92、93—94、111。

—1913, №321 (2633), 23 ноября (6 декабря), стр. 7.——192—193。

—1913, №331 (2643), 3 (16) декабря, стр. 3.——220—222、262。

—1913, №340 (2652), 12 (25) декабря, стр. 2.——262—263、272、273。

—1914, №33 (2702), 3 (16) февраля, стр. 2.——353—354。

—1914，№51（2720），22 февраля（7 марта），стр.3—4.——377、378、379、384、404。

—1914，№54（2723），25 февраля（10 марта），стр.2.——378、384、404、405—406。

—1914，№55（2724），26 февраля（11 марта），стр.2.——384、404、405—406。

—1914，№59（2728），2（15）марта，стр.2，3.——391、392、404—406。

《〈言语报〉年鉴（1914 年）》（Ежегодник газеты «Речь» на 1914 год. Изд. ред. газ. «Речь». Спб., ［1914］. 616 стр. （Бесплатное приложение к газете «Речь»））——384—385。

《叶尼塞思想报》（克拉斯诺亚尔斯克）（«Енисейская Мысль», Красноярск, 1913，№181，27 августа，стр.2—3）——21。

《1897 年俄罗斯帝国第一次人口普查》（Первая всеобщая перепись населения Российской империи 1897 г. Т. XI, LIX. Изд. Центр. стат. ком. м-ва внутр. дел под ред. Н. А. Тройницкого. ［Спб.］，1904. 2 т.）——151。

《1899 年 9 月 24—29 日于布隆"工人之家"召开的奥地利社会民主党全国代表大会记录》（Verhandlungen des Gesamtparteitages der Sozialdemokratie in Österreich, abgehalten zu Brünn vow 24. bis 29. September 1899 im «Arbeiterheim». Nach dem stenographischen Protokolle. Wien, Volksbuchh. Brand, 1899, XX, 144 S.）——138、141—142、144、146、152、153、185、186、239、300、301、342—343。

《1905 年土地占有情况统计。欧俄 50 省资料汇编》（Статистика землевладения 1905 г. Свод данных по 50-ти губерниям Европейской России. Спб., тип. Минкова, 1907. 199 стр.；L стр. табл. （Центр. стат. ком. м-ва внутр. дел））——347。

《1906 年 11 月 9 日法令》——见《给执政参议院的命令［关于农民退出村社和把份地确定为私人财产］》。

《1911 年 1 月 18 日进行的帝国初等学校一日普查》（Однодневная перепись начальных школ в империи, произведенная 18 января 1911 года. Вып. I, ч. 2. С.-Петербургский учебный округ. Губернии: Архангельская, Вологодская,

Новгородская，Олонецкая，Псковская и С.-Петербургская. Спб.，типолит. «Экономия»，1912. 110 стр.) —— 146、207 — 209、233 — 234、235 — 236、253 — 254。

《1912 年 8 月联合起来的社会民主主义工人领导机关的意见》(От руководящего учреждения с.-д. рабочих，объединившихся в августе 1912 г. —«Новая Рабочая Газета»，Спб.，1913，№81，13 ноября，стр. 2，в отд.: За с.-д. фракцию) —— 204、206。

《1913 年 3 月 23、24、25 日布列斯特第十次全国代表大会》(10-e Congrès National tenu à Brest Les 23，24 et 25 Mars 1913. Compte rendu sténographique. Au Siège du Conseil National. Paris，[1913]. 358 p. (Parti Socialiste. (Section Française do I'Internationale Ouvrière))) —— 38、39。

《1913 年圣彼得堡全俄卫生展览会陈列的有关劳动保护的展品》(Экспонаты по охране труда на Всероссийской гигиенической выставке в С.-Петербурге в 1913 г. Спб.，тип. Борозина，1913. I，78 стр.) —— 336 — 337。

《以斯托雷平选民团为基础》(На почве столыпинских курий. —«Новая Рабочая Газета»，Спб.，1913，№62，20 октября，стр. 1，в отд.: К борьбе за единство с.-д. фракции. Подпись: С.) —— 104、109 — 110。

《议会弹劾首相》(Das Parlamentsurteil gegen den Kanzler. —«Leipziger Volkszeitung»，1913，Nr. 282，5. Dezember，S. 2) —— 195。

《拥护真理报》(圣彼得堡)(«За Правду»，Спб.) —— 88、93、107、108、158。

—1913，№12，17 октября，стр. 1. —— 90。

—1913，№12，17 октября，стр. 2. —— 88。

—1913，№13，18 октября，стр. 2. —— 99、102 — 103、113、115 — 116、159 — 160、161 — 162、174。

—1913，№19，25 октября，стр. 2 — 3. —— 173。

—1913，№21，27 октября，стр. 2. —— 107。

—1913，№22，29 октября，стр. 2 — 3. —— 159 — 161、175 — 176。

—1913，№26，2 ноября，стр. 2. —— 274。

—1913，№42，23 ноября，стр. 3. —— 192、193。

—1913，№45，27 ноября，стр. 2. —— 234。

《有党的工作者参加的俄国社会民主工党中央委员会1913年夏季会议的通报和决议》（Извещение и резолюции летнего 1913 года совещания Центрального Комитета РСДРП с партийными работниками. Изд. ЦК. ［Париж, декабрь］1913. 24 стр. (РСДРП)）——112—113、145、146、153、174、175、197—198、205、237、240、242、265、306、314、344、372。

《有关社会民主党党团的若干数字》（Некоторые цифры по поводу с.-д. фракции.—«За Правду», Спб., 1913, №13, 18 октября, стр. 2, в отд.: В соц.-демократической фракции）——102—103、160。

《有组织的社会民主主义的无产阶级反对分裂，反对分裂分子》（Организованный с.-д. пролетариат против раскола и раскольников.—«Новая Рабочая Газета», Спб., 1913, №75, 5 ноября, стр. 2, в отд.: За с.-д. фракцию）——274。

《遇到三棵松树就迷了路》（Заблудились в трех соснах.—«Новая Рабочая Газета», Спб., 1913, №24, 5 сентября, стр. 1—2. Подпись: А. Г.）——16—17。

《约·菲·贝克尔、约·狄慈根、弗·恩格斯、卡·马克思等致弗·阿·左尔格等书信选集》（Briefe und Auszüge aus Briefen von Joh. Phil. Becker, Jos. Dietzgen, Friedrich Engels, Karl Marx und A. an F. A. Sorge u. Andere. Stuttgart, Dietz, 1906. XII, 422 S.）——278。

《在国家杜马中》（В Государственной думе. Сессия II-я, заседание 17-е.—«Речь», Спб., 1913, №321 (2633), 23 ноября (6 декабря), стр. 7. Подпись: Л. Неманов）——192—193。

《怎样进行论战》（Как ведут полемику.—«Стойкая Мысль», Спб., 1914, №4, 5 марта, стр. 2）——387。

《真理报》（圣彼得堡）（«Правда», Спб.）——30、42、71、83、85—86、105、106、116、161、162、181、205、206、306、316、320、327、328、370。

　—1913, №120 (324), 26 мая, стр. 2—3.——328、370。

《真理之路报》（圣彼得堡）（«Путь Правды», Спб.）——368、370。

　—1914, №2, 23 января, стр. 3.——327。

　—1914, №9, 31 января, стр. 3.——371。

——1914,№18,21 февраля,стр.1.——377。

——1914,№61,15 апреля,стр.1.——315。

《箴言》杂志［圣彼得堡］(«Заветы»,［Спб.］)——65、266。

——1912,№3,июнь,стр.58—89；№4,июль,стр.1—31.——65—68。

《争取社会民主党党团的统一》(За единство с.-д. фракции.—«Новая Рабочая Газета»,Спб.,1913,№61,19 октября,стр. 1. Подписи：Н. Чхеидзе, В. Хаустов, А. Бурьянов, Е. Ягелло, И. Туляков, Матв. Скобелев)——113、116。

《正确思想报》(圣彼得堡)(«Верная Мысль»,Спб.)——386。

——1914,№3,29 января,стр.4—5.——349—352、364、366。

——1914,№6,5 февраля,стр.1.——386。

《政党和工会的关系》［斯图加特国际社会党代表大会决议］(Die Beziehungen zwischen der politischen Partei und den Gewerkschaften.［Die Resolution des Internationalen Sozialistenkongresses zu Stuttgart］.—In：Internationaler Sozialistenkongreß zu Stuttgart. 18. bis 24. August 1907. Berlin, Buchh. «Vorwärts»,1907,S.50—51)——59、248。

《政府代表和国家杜马代表会议》(Совещание представителей правительства и Гос. думы.—«Речь»,Спб.,1914,№59 (2728),2 (15)марта,стр.3,в отд.：Вечерние известия)——404—406。

《政府通报》(圣彼得堡)(«Правительственный Вестник»,Спб.,1905,№169,6 (19)августа,стр.2—4)——101。

——1905,№222,18 (31)октября,стр.1.——77。

——1906,№54,8 (21)марта,стр.1—2.——17。

——1906,№252,12 (25)ноября,стр.1.——333—334。

《政治活动》［伦敦国际社会主义工人和工会代表大会决议］(Die politische Aktion.［Die Resolution des Internationalen Sozialistischen Arbeiter-und Gewerkschaftskongresses zu London］.—In：Verhandlungen und Beschlüsse des Internationalen Sozialistischen Arbeiter-und Gewerkschaftskongresses zu London vom 27. Juli bis 4.August 1896. Berlin,Expedition der Buchh. «Vorwärts»,1896,S.18)——263。

《致五金工人同志》（К товарищам металлистам.—«Новая Рабочая Газета»，Спб.，1913，№15，25 августа，стр.1）——107。

《钟声》杂志［基辅］（«Дзвiн»，［Київ］，1913，№7—8，стр.83—94）——120、132—133、134、141、154。

《追究责任!》（载于 1913 年《新工人报》第 55 号）（К ответу！—«Новая Рабочая Газета»，Спб.，1913，№55，12 октября，стр.3）——88。

《追究责任!》（载于 1913 年《新工人报》第 56 号）（К ответу！—«Новая Рабочая Газета»，Спб.，1913，№56，13 октября，стр.4）——88。

《自由思想报》（圣彼得堡）（«Вольная Мысль»，Спб.，1913，№3，1 ноября，стр.1）——163—164。

年　表

（1913 年 9 月—1914 年 3 月）

1913 年

1913 年 9 月—1914 年 3 月

列宁侨居在波兰的波罗宁和克拉科夫。

9 月 12 日（25 日）

列宁的《马克思主义和改良主义》一文发表在《劳动真理报》第 2 号上。

9 月 13 日（26 日）

列宁的《土地规划和农村贫苦农民》、《尼孔主教是怎样保护乌克兰人的?》和《政论家札记》三篇文章发表在《劳动真理报》第 3 号上。

彼得堡出版委员会查禁《劳动真理报》第 3 号,因为它发表了列宁的《土地规划和农村贫苦农民》一文。

9 月 17 日（30 日）以前

收到阿·马·高尔基从卡普里岛的来信,信中谈到自己的健康状况和回俄国去的打算。

9 月 17 日（30 日）

致函在卡普里岛的阿·马·高尔基,对高尔基的健康状况表示不安,建议他认真治疗。

列宁的《文明的野蛮》一文发表在《劳动真理报》第 6 号上。

不早于 9 月 17 日（30 日）

在给自己的一篇文章(篇名不详)写的附言中,提请《劳动真理报》编辑部注意,一部分新闻的语调和内容必须改变,使报纸取得合法地位并能通过书报检查。

9月18日（10月1日）

委托娜·康·克鲁普斯卡娅写信给在柏林的扬·鲁迪斯-吉普斯利斯，信中请鲁迪斯-吉普斯利斯派一名拉脱维亚边疆区社会民主党代表参加俄国社会民主工党中央委员会波罗宁会议，并说这次会议是绝对保密的。

9月19日（10月2日）

波兰社会民主党人亚·马·马列茨基在给雅·斯·加涅茨基的信中，提名列宁为波兰王国和立陶宛社会民主党的反对派即分裂派驻社会党国际局的代表。

9月20日（10月3日）

致函在斯图加特的亨·狄茨，代表俄国社会民主工党中央委员会并以个人的名义祝贺狄茨70寿辰，说俄国社会民主工党永远不会忘记他在出版《火星报》和《曙光》杂志的过程中所作出的宝贵贡献，愿他为国际马克思主义的利益更长久地工作。

9月21日（10月4日）

收到费·尼·伊林从苏黎世的来信，信中说给列宁寄了一份援助政治犯的呼吁书。

9月23日—24（10月6日—7日）

同第四届杜马中的布尔什维克代表就实际工作问题进行非正式磋商。

9月23日—10月1日（10月6日—14日）

主持召开有党的工作者参加的俄国社会民主工党中央委员会波罗宁会议，起草和审定提交会议通过的各项决议草案。

9月23日和10月1日（10月6日和14日）之间

同俄国社会民主工党中央委员会波罗宁会议的代表在休会时参观扎科帕内疗养区及其周围地区。

9月25日（10月8日）

向俄国社会民主工党中央委员会波罗宁会议的代表致欢迎词（这篇欢迎词没有找到）。

9月25日和26日（10月8日和9日）

记录莫斯科和中部工业地区的代表在俄国社会民主工党中央委员会波

罗宁会议上的报告和发言。

9 月 26 日（10 月 9 日）

上午,出席俄国社会民主工党中央委员会波罗宁会议,作俄国社会民主工党中央委员会的总结报告,总结俄国社会民主工党第六次(布拉格)全国代表会议以来的中央委员会的工作,确定在革命高涨时期党的任务和党的工作的主要形式(这份报告没有找到)。

晚上,出席波罗宁会议,作关于民族问题的报告(报告持续两个晚上)。

列宁的《论黑帮》和《关于俄国的管理和关于俄国的改良》两篇文章发表在《劳动真理报》第 14 号上。

不晚于 9 月 26 日（10 月 9 日）

写《关于民族问题的决议草稿》。

9 月 27 日（10 月 10 日）

出席波罗宁会议,在讨论关于社会民主党杜马党团状况的报告时发言,谴责孟什维克七人团破坏工人代表最基本的权利和导致党团分裂的行径,指出布尔什维克代表政治工作的巨大意义。

9 月 27 日（10 月 10 日）以后

开始研究由奥·倍倍尔和爱·伯恩施坦出版的《马克思和恩格斯通信集》第 1—4 卷。

9 月 28 日（10 月 11 日）

在讨论关于社会民主党的杜马工作的决议时发言。

晚上,出席波罗宁会议,继续作关于民族问题的报告(这份报告没有找到)。

9 月 29 日（10 月 12 日）

列宁的《维·查苏利奇是怎样毁掉取消主义的》一文发表在《启蒙》杂志第 9 期上。

9 月 29 日—30 日（10 月 12 日—13 日）

波罗宁会议讨论列宁作的关于民族问题的报告。列宁听取讨论发言并记录对关于民族问题的决议的修改意见。

9 月 30 日（10 月 13 日）

上午,波罗宁会议通过列宁起草的关于民族问题、关于社会民主党的杜马工作和关于社会民主党杜马党团的决议。

在波罗宁会议上作关于即将在维也纳召开的国际社会党代表大会的报告,在报告中提出派遣一个由不少于 30 人组成的俄国代表团参加代表大会,以及在举行国际社会党代表大会的同时召开下一次俄国社会民主工党代表大会(这份报告没有找到)。

不晚于 9 月 30 日(10 月 13 日)

在波罗宁会议讨论关于党的报刊问题时发言。

波罗宁会议通过列宁起草的关于组织问题和党代表大会、关于罢工运动、关于合法社团中的工作、关于民粹派等决议。

10 月 1 日(14 日)

出席俄国社会民主工党波罗宁会议的闭幕会议并致闭幕词(闭幕词没有找到)。

主持俄国社会民主工党中央委员会会议。会议讨论第四届杜马中的布尔什维克代表对待孟什维克七人团的具体措施;决定了关于中央委员会的组成人员、关于中央委员会代表出席即将举行的拉脱维亚边疆区社会民主党第四次代表大会、关于组织雅·米·斯维尔德洛夫和约·维·斯大林从流放地逃跑等问题。会议还通过了列宁以布尔什维克代表的名义写给孟什维克七人团的《声明》,《声明》中要求杜马中的布尔什维克代表和孟什维克代表都享有完全平等的权利。

列宁的《也是劳动派分子》一文发表在《劳动真理报》第 18 号上。

10 月 1 日(14 日)以后

同俄国社会民主工党中央委员会波罗宁会议的代表商谈具体贯彻所通过的各项决议。

同第四届杜马中的布尔什维克代表谈话,建议他们深入全国各地,要多会见工人群众,加强在工厂里的秘密工作。

建议格·伊·彼得罗夫斯基见阿·马·高尔基,并请彼得罗夫斯基对《真理报》给予帮助。

根据俄国社会民主工党中央委员会的决定,列宁委托 Ф.А.巴拉绍夫(出席俄国社会民主工党中央委员会波罗宁会议的莫斯科代表)在会议以后留在索斯诺维茨(靠近国境线),领导组织往国内运送书刊的工作。

10 月 4 日（17 日）

列宁的《糊涂的无党性分子》一文发表在《拥护真理报》第 3 号上。

10 月 7 日（20 日）

同娜·康·克鲁普斯卡娅一起从比亚韦-杜纳耶茨村返回克拉科夫。

10 月 8 日（21 日）

在列·波·加米涅夫给彼得堡《拥护真理报》编辑部的信上写附言，建议
要更多地重视布尔什维克代表为争取平等权利而同孟什维克七人团所
进行的斗争。

10 月 8 日和 15 日（21 日和 28 日）之间

列宁的《关于布尔什维主义》一文发表在尼·亚·鲁巴金的《书林概述》
第 2 卷。

10 月 12 日（25 日）

列宁的《英国的自由党人和土地问题》一文发表在《拥护真理报》第 8
号上。

10 月 13 日（26 日）以前

在致《拥护真理报》编辑部的信的附言中，认为在使报纸进一步合法化方
面可以而且应该再做许多事情，还询问了报纸发行量等情况。

不早于 10 月 14 日（27 日）

致函《拥护真理报》编辑部，对该报第 8 号发表《马克思主义者的会议》一
文提出抗议，因为这篇文章详细介绍了俄国社会民主工党波罗宁秘密会
议的工作；认为发表这篇文章是帮助了敌人。后来查明，该文章的作者
米·叶·切尔诺马佐夫是混入俄国社会民主工党的奸细。

10 月 15 日（28 日）

列宁的《十月党人和工人运动》和《关于"俄国知识分子纪念日"》两篇文
章发表在《拥护真理报》第 10 号上。

　　致函在巴黎的弗·列德尔，建议他设法使波兰王国和立陶宛社会民
主党总执行委员会拒绝重新审查卡·伯·拉狄克案件。

10 月 17 日（30 日）

列宁的《为坏事作的坏辩护》一文发表在《拥护真理报》第 12 号上。

10 月 17 日（30 日）以后

收到弗·列德尔从巴黎的来信,信中说波兰王国和立陶宛社会民主党总执行委员会拒绝拿出有关卡·伯·拉狄克案件的材料,还说卡·胡斯曼建议把这一案件移交给社会党国际局仲裁委员会。

10 月 18 日（31 日）

列宁以布尔什维克代表的名义写给孟什维克七人团的《声明》发表在《拥护真理报》第 13 号上。

不早于 10 月 19 日（11 月 1 日）

致函《拥护真理报》编辑部,揭露取消派指责《明星报》和《真理报》撰稿人、《保险问题》杂志编辑 Б.Г.丹斯基的诽谤活动;建议如果《拥护真理报》遭查封,则必须降低文章的调子。

起草各工人组织就取消派诬蔑保险工作者 Б.Г.丹斯基一事的决议草案。

10 月 20 日（11 月 2 日）

祝贺第四届杜马中的布尔什维克代表在同孟什维克七人团争取享有平等权利的斗争中取得的初步胜利。

10 月 20 日和 25 日（11 月 2 日和 7 日）之间

致函《拥护真理报》编辑部,对布尔什维克六人团公开反对孟什维克七人团的破坏活动表示祝贺,并提出布尔什维克代表在成立独立的杜马党团以前的斗争计划。

10 月 21 日（11 月 3 日）以前

收到卡·胡斯曼从布鲁塞尔的来信,信中询问谁是俄国社会民主工党驻社会党国际局的代表。

10 月 21 日（11 月 3 日）

用法文致函卡·胡斯曼,说俄国社会民主工党驻社会党国际局的代表将由列·波·加米涅夫担任。

不早于 10 月 21 日（11 月 3 日）

致函《拥护真理报》编辑部,对已经开展起来的维护布尔什维克代表权利的运动表示满意;提出必须派工人代表团到杜马党团去。

10 月 25 日（11 月 7 日）以前

写《关于社会民主党杜马党团内部斗争问题的材料》一文的提纲。

不晚于 10 月 25 日（11 月 7 日）

　　致函《拥护真理报》编辑部,建议在 1913 年 10 月 27 日（11 月 9 日）出一
张关于拥护布尔什维克六人团运动的星期日增刊;告知寄上《关于社会
民主党杜马党团内部斗争问题的材料》一文。

10 月 25 日（11 月 7 日）

　　列宁的《杜马"七人团"》一文发表在《拥护真理报》第 19 号上。

　　　　致函《拥护真理报》编辑部,要求六人团的行动要贯彻始终,如果能
采取逻辑上和政治上必不可少的步骤,声明自己是一个党团,就能有把
握取胜;希望能按时寄送报纸。

10 月 26 日（11 月 8 日）

　　列宁的《自由派资产阶级和取消派》一文发表在《拥护真理报》第 20
号上。

10 月 28 日（11 月 10 日）

　　致函在伯尔尼的格·李·什克洛夫斯基,说收到克·蔡特金关于"保管
人"保管的钱款问题的信件的抄件;建议草拟一封给蔡特金的详细的复
信;询问金克尔能否把俄国社会民主工党中央委员会向 11 月 30 日（12
月 13 日）召开的社会党国际局伦敦会议提出的报告译成德文。

10 月 29 日（11 月 11 日）以前

　　研读伊·阿·古尔维奇的《移民与劳动》一书,在写《资本主义和工人移
民》一文时引用了该书的材料。

　　　　致函在纽约的尼·尼·纳科里亚科夫,请他寄来华盛顿统计局的出
版物并告知伊·阿·古尔维奇的地址（这封信没有找到）。

10 月 29 日（11 月 11 日）

　　列宁的《资本主义和工人移民》和《关于社会民主党杜马党团内部斗争问
题的材料》两篇文章发表在《拥护真理报》第 22 号上。

10 月 29 日和 11 月 15 日（11 月 11 日和 28 日）之间

　　致函《拥护真理报》编辑部,建议第四届杜马的布尔什维克代表在成立独
立的党团时定名为俄国社会民主党工人党团。

10 月 30 日（11 月 12 日）

　　列宁的《"照马克思那样"发议论的立宪民主党人房产主》一文发表在《拥

护真理报》第 23 号上。

10 月 30 日—31 日（11 月 12 日—13 日）

函告住在沃洛格达的妹妹玛·伊·乌里扬诺娃：已读完四卷《马克思和恩格斯通信集》，并想为《启蒙》杂志写一篇关于该通信集的文章。

10 月 31 日（11 月 13 日）以前

致函在卡普里岛的阿·马·高尔基，告知寄去弗·萨·沃伊京斯基的小说《浪潮》的开头部分，并询问能否在《启蒙》杂志上刊登这部小说；建议高尔基认真治病；说彼得堡的一切合法团体中的工人正在团结起来。

10 月 31 日或 11 月 1 日（11 月 13 日或 14 日）

致函阿·马·高尔基，批评他发表在《新工人报》第 69 号上的《再论卡拉玛卓夫气质》一文，这篇文章的最后一段流露出了造神说观点。

不早于 10 月 31 日（11 月 13 日）

致函《拥护真理报》编辑部，祝贺第四届杜马中的布尔什维克代表组成俄国社会民主党工人党团，祝贺多数人同破坏分子斗争的胜利。

10 月 31 日（11 月 13 日）以后

研读麦·贝尔的《英国社会主义史》一书并作摘录。

不晚于 10 月

研读 1908 年和 1909 年的《社会民主党评论》杂志，在罗·卢森堡的《民族问题和自治》一文上作记号并作摘录，在写《关于民族问题的批评意见》和《论民族自决权》两篇文章时引用了这些材料。

10 月—12 月

写《关于民族问题的批评意见》一文。

11 月初

写《工人群众和工人知识分子》和《关于俄国社会民主党杜马党团的分裂》两篇文章。

11 月 1 日或 2 日（14 日或 15 日）

致函阿·马·高尔基，说同意他关于不在《启蒙》杂志上发表弗·萨·沃伊京斯基的小说《浪潮》的意见。

不早于 11 月 1 日（14 日）

在给《拥护真理报》编辑部的信中说，由于该报第 22 号被没收，建议重新刊登他的《关于社会民主党杜马党团内部斗争问题的材料》一文。

11 月 1 日(14 日)以后

致函阿·马·高尔基,揭露造神说的反动本质,批评高尔基在这个问题
上的观点,强调指出,任何捍卫或庇护神的观念的行为都是庇护反动派
的行为。

不早于 11 月 3 日(16 日)

在给《拥护真理报》编辑部的信中指出,该报第 25 号上刊登的署名"自己
人"(米·叶·切尔诺马佐夫)的文章写得不好,建议不要追求尖刻的言
词,这样才不致使报纸遭到没收。

11 月 7 日(20 日)

列宁的《关于民族问题的批评意见》一文的开头部分发表在《启蒙》杂志
第 10 期上。

11 月 7 日(20 日)以后

阅读 1913 年《启蒙》杂志第 10 期,在卡·马克思的《政治冷淡主义》和
伊·伊·斯捷潘诺夫的《帝国主义》两篇文章上作记号。

11 月 9 日(22 日)

致函在伯尔尼的格·李·什克洛夫斯基,提出加快解决"保管人"保管的
钱款问题的具体措施。

11 月 13 日(26 日)

列宁的《左派民粹派论马克思主义者之间的斗争》一文发表在《拥护真理
报》第 34 号上。

　　主持俄国社会民主工党中央委员会会议。会议讨论关于改进《真理
报》编辑部的工作、关于进一步活跃各地方党组织的工作、关于加强支持
布尔什维克代表的独立党团的运动等问题。

　　委托亚·安·特罗雅诺夫斯基致函俄国社会民主工党中央委员会
俄国局,对俄国社会民主工党中央委员会会议的各项决议作说明。

11 月 13 日—14 日(26 日—27 日)

代表俄国社会民主工党中央委员会向社会党国际局提出一项建议:在社
会党国际局十二月会议上研究关于波兰社会民主党统一的问题。

11 月 15 日(28 日)以前

阅读 1913 年《我们的曙光》杂志第 6 期,在尼·亚·罗日柯夫的《俄国土

地问题现状》一文上作记号,在写《土地问题和俄国的现状(政论家札记)》一文时批评了罗日柯夫的文章。

11 月 15 日(28 日)

列宁的《土地问题和俄国的现状(政论家札记)》、《争论和斗争的两种方法》和《也是"统一派"》三篇文章发表在《拥护真理报》第 36 号上。

11 月 17 日(30 日)以前

签署抗议取消派分子陷害 Б.Г.丹斯基的《给编辑部的信》,该信发表在《拥护真理报》第 38 号上。

11 月 18 日(12 月 1 日)以后

收到美国社会主义报纸《向理智呼吁报》编辑沃伦的来信,信中告知关于社会主义思想在美国迅速传播的情况。

11 月 20 日(12 月 3 日)以前

致函马·马·李维诺夫,告知为社会党国际局十二月会议准备的材料正由弗·米·扎戈尔斯基译成德文(这封信没有找到)。

11 月 20 日和 12 月 1 日(12 月 3 日和 14 日)之间

写《俄国工人对社会民主党杜马党团分裂的看法》一文,作为对俄国社会民主工党中央委员会在社会党国际局十二月会议上的报告的补充。

11 月 21 日(12 月 4 日)以前

致函在伯尔尼的格·李·什克洛夫斯基,就"保管人"保管的钱款问题草拟给克·蔡特金的复信,请什克洛夫斯基做他与卡·茨格拉根律师之间来往信件的传递人,并请协助在布鲁塞尔物色一位社会党人律师。

不早于 11 月 21 日(12 月 4 日)

收到马·马·李维诺夫从伦敦的来信,信中说为社会党国际局会议准备的全部材料都已收到并将译成英文,还请列宁把说明波兰王国和立陶宛社会民主党总执行委员会立场的波兰报纸的剪报寄去。

收到伊·费·波波夫从布鲁塞尔的来信,信中谈了埃·芬克律师就"保管人"保管的钱款问题写的结论草案。信中还告知同卡·胡斯曼就即将举行的社会党国际局会议进行谈话的结果,以及《人民报》拒绝刊登列宁的一篇文章(篇名不详)。

致函伊·费·波波夫,指出埃·芬克律师在关于"保管人"保管的钱款问题上提出的论据,在法律上是站不住脚的(这封信没有找到)。

致函在伯尔尼的格·李·什克洛夫斯基,请他将关于"保管人"保管的钱款问题的文件寄给伊·费·波波夫,指出必须按法律程序解决这个问题。

11 月 23 日(12 月 6 日)

复函在阿斯特拉罕的斯·格·邵武勉,阐述俄国社会民主工党在民族问题上的纲领性论点:所有民族完全平等,所有民族都享有自决权、自治权和分离权;对邵武勉愿意写一本关于民族问题的小册子表示赞许。

11 月 25 日—26 日(12 月 8 日—9 日)

在列·波·加米涅夫给《拥护真理报》编辑部的信上写附言,对该报第42 号发表的米·叶·切尔诺马佐夫的《答德·柯尔佐夫》一文表示愤慨。

不晚于 11 月 28 日(12 月 11 日)

多次致函在伦敦的马·马·李维诺夫,谈为社会党国际局十二月会议作准备的有关事宜(这些信件没有找到)。

11 月 28 日(12 月 11 日)

列宁的《论"民族文化"自治》和《国外小集团和俄国取消派》两篇文章发表在《拥护真理报》第 46 号上。

11 月 28 日(12 月 11 日)以后

收到康·尼·萨莫伊洛娃的来信,信中谈《拥护真理报》编辑部内部的情况,请列宁对亚·亚·波格丹诺夫的《意识形态》一文发表意见,建议列宁为筹备中的合法的大学生杂志写一篇文章。

不晚于 11 月 29 日(12 月 12 日)

致函在伯尔尼的格·李·什克洛夫斯基,对卡·穆尔在即将举行的社会党国际局会议上采取什么立场表示关注;告知已把给克·蔡特金的信的草稿寄给了卡·茨格拉根。

11 月 29 日(12 月 12 日)

写《关于波罗宁会议(1913 年)的传达报告的要点》,并将它寄往彼得堡。

列宁的《立宪民主党人马克拉柯夫和社会民主党人彼得罗夫斯基》和《萨韦纳》两篇文章发表在《拥护真理报》第 47 号上。

11 月 29 日（12 月 12 日）以后

先后收到马·马·李维诺夫从伦敦的两封来信，信中告知向社会党国际局会议提出的俄国社会民主工党的报告和各项决议已经译就、取消派代表团已经抵达、孟什维克谢·谢姆柯夫斯基将作关于民族问题的报告。

11 月 30 日（12 月 13 日）以后

收到马·马·李维诺夫的来信，信中介绍社会党国际局会议开幕和参加人员的情况。李维诺夫还答应给《拥护真理报》写一篇关于这次会议的通讯。

研读弗·古·格罗曼主编的《奔萨省估价统计调查总结》一书，并作记号和统计数字。

11 月

列宁写的《拉脱维亚边疆区社会民主党第四次代表大会纲领草案》（除最后一节）印成单行本。

12 月 1 日（14 日）以前

致函《拥护真理报》编辑部，标题是《关于国际局即将采取的步骤问题》。

12 月 1 日（14 日）以后

收到马·马·李维诺夫从伦敦的来信，信中报告了关于社会党国际局 12 月 1 日（14 日）会议讨论俄国社会民主工党内部状况的情况，以及关于卡·考茨基、罗·卢森堡、让·饶勒斯等人的发言。

12 月 2 日（15 日）

收到马·马·李维诺夫从伦敦发来的电报，电报中说社会党国际局十二月会议就俄国事务通过了一项决定。

致函《拥护真理报》编辑部，标题是《关于国际局的决定问题》。

不晚于 12 月 3 日（16 日）

阅读《1911 年 1 月 18 日进行的帝国初等学校一日普查》一书和编制统计表《圣彼得堡学区的国民学校（1911 年 1 月 18 日）》，在写《国民教师的贫困》、《俄国学校中学生的民族成分》和《谈谈我们的学校》三篇文章时，引用了这本书中的材料。

12 月 3 日（16 日）

列宁的《谈谈工人的统一》一文发表在《拥护真理报》第 50 号上。

致函《拥护真理报》编辑部,提出编辑部就社会党国际局十二月会议关于俄国社会民主工党统一问题的决定的声明的初稿。

12月3日(16日)以后

收到马·马·李维诺夫的来信,信中详细报告了社会党国际局12月1日(14日)会议的情况,并说格·瓦·普列汉诺夫拒绝担任驻社会党国际局的代表,而孟什维克组织委员会却竭力设法取而代之。

致函《拥护真理报》编辑部,说明俄国社会民主工党恢复统一的条件,以此回答社会党国际局十二月会议通过的关于俄国社会民主工党统一问题的决定。

致函格·李·什克洛夫斯基,指出卡·考茨基在社会党国际局会议上的发言是取消派的卑劣行为。

12月4日(17日)

列宁的《国民教师的贫困》一文发表在《拥护真理报》第51号上。

12月5日(18日)

致电《拥护真理报》编辑部,建议驳斥取消派歪曲社会党国际局十二月会议的决定的无耻谎言。

12月5日(18日)以后

致函在巴黎的伊·费·阿尔曼德,建议组织一个坚决抗议卡·考茨基歪曲俄国社会民主工党内部状况的声明的运动。

12月7日(20日)

列宁的《固执地为坏事作辩护》一文发表在《无产阶级真理报》第1号上。

致函在伊尔库茨克的弗·萨·沃伊京斯基,尖锐地批评他寄给《启蒙》杂志的《捍卫共同的旗帜》一文;说明布尔什维克成立独立的杜马党团的意义;高度评价拥护六人团、反对七人团的运动以及团结和教育工人反对自由派工人政客的工作。

列宁的《关于民族问题的批评意见》一文在《启蒙》杂志第11期上继续发表。

12月8日(21日)

列宁的《俄国工人和国际》一文发表在《无产阶级真理报》第2号上。

写信给妹妹玛·伊·乌里扬诺娃,说给她寄去一份德文书单并询问她与母亲的生活情况。列宁还说自己已经非常适应克拉科夫的生活。

12月10日(23日)

列宁的《取消派是如何欺骗工人的》一文发表在《无产阶级真理报》第3号上。

12月11日(24日)

列宁的《立宪民主党人和"民族自决权"》一文发表在《无产阶级真理报》第4号上。

列宁的《关于俄国社会民主党杜马党团的分裂》一文发表在《莱比锡人民报》第298号的附页上,署名是:俄国社会民主工党中央机关报《社会民主党人报》编辑部。

12月11日和20日(12月24日和1914年1月2日)之间

翻阅《前进报》第339号并在卡·考茨基的《再谈国际局》一信上作记号,在写《谈谈考茨基的信》一文时,引用了这些材料。

12月13日(26日)

列宁的《好决议和坏发言》一文发表在《无产阶级真理报》第6号上。

娜·康·克鲁普斯卡娅在给玛·亚·乌里扬诺娃的信中介绍列宁在克拉科夫的生活情况:经常郊游、散步、洗冷水浴和听音乐。列宁在这封信上写附言,祝母亲身体健康,并向姐姐和妹妹问好。

12月14日(27日)以前

用英文致函姐姐安·伊·乌里扬诺娃-叶利扎罗娃,提出关于创办一份供女工阅读的杂志的想法。

12月14日(27日)

列宁的《俄国的罢工》一文发表在他自己编辑出版的袖珍历书《1914年工人手册》上。

列宁的《俄国学校中学生的民族成分》一文发表在《无产阶级真理报》第7号上。

12月14日(27日)以后

致函在巴黎的伊·费·阿尔曼德,强调指出党的群众工作必须采取新的形式;建议她采取有力措施,把妇女杂志《女工》的出版筹备工作抓起来;告知袖珍历书《1914年工人手册》已经收到。

12 月 15 日（28 日）

列宁的《论俄国社会民主工党的民族纲领》一文发表在《社会民主党人报》第 32 号上。

列宁的《谈谈考茨基的不可容忍的错误》一文发表在《无产阶级真理报》第 8 号上。

不早于 12 月 16 日（29 日）

致函伊·费·阿尔曼德，对社会党国际局十二月会议的决定作解释，对第 32 号《社会民主党人报》提出批评意见。

12 月 17 日（30 日）

列宁的《关于社会党国际局的决定的决议》和《再论按民族分学校》两篇文章发表在《无产阶级真理报》第 9 号上。

12 月 18 日（31 日）

列宁的《谈谈我们的学校》和《论哥尔斯基先生兼论一句拉丁谚语》两篇文章发表在《无产阶级真理报》第 10 号上。

12 月 19 日（1914 年 1 月 1 日）

列宁的《再论社会党国际局和取消派》一文发表在《无产阶级真理报》第 11 号上。

12 月 20 日（1914 年 1 月 2 日）

列宁的《民族自由主义和民族自决权》、《民粹主义和取消主义是瓦解工人运动的因素》和《谈谈考茨基的信》三篇文章发表在《无产阶级真理报》第 12 号上。

致函在柏林的伊·埃·格尔曼，询问拉脱维亚边疆区社会民主党第四次代表大会的代表组成、开会地点和时间，并请他经常告知代表大会的筹备情况。

12 月 23 日（1914 年 1 月 5 日）以前

致函在维也纳的尼·伊·布哈林，对他写的《司徒卢威先生的把戏》一文提出意见。

12 月 23 日（1914 年 1 月 5 日）

列宁的《关于民族问题的批评意见》一文在《启蒙》杂志第 12 期上续完。

12 月 24 日（1914 年 1 月 6 日）

致函在柏林的弗·米·卡斯帕罗夫，说自己即将到柏林并约定同他会见。

12 月 25 日(1914 年 1 月 7 日)

列宁的《〈新时报〉和〈言语报〉论民族自决权》一文发表在《无产阶级真理报》第 16 号上。

娜·康·克鲁普斯卡娅致函住在沃洛格达的玛·亚·乌里扬诺娃,叙述她与列宁过新年以及冬季出去散步和滑冰的情况,并说列宁即将外出查找资料。列宁在信上写附言,祝母亲以及姐姐和妹妹新年快乐。

收到伊·费·波波夫从布鲁塞尔的来信,信中告知拉脱维亚边疆区社会民主党第四次代表大会的开会地点和开幕时间。

致函在柏林的伊·埃·格尔曼和扬·鲁迪斯-吉普斯利斯,指出尽力团结好拉脱维亚的布尔什维克以迎接即将举行的代表大会;同他们约定在柏林会见的地点和时间。

致函在布鲁塞尔的伊·费·波波夫,请他帮助伊·埃·格尔曼和扬·鲁迪斯-吉普斯利斯与出席拉脱维亚边疆区社会民主党第四次代表大会的一名布尔什维克代表建立联系。

12 月 27 日—29 日(1914 年 1 月 9 日—11 日)

主持俄国社会民主工党中央委员会会议。会议讨论《真理报》编辑部和布尔什维克杜马党团的工作问题。

12 月 27 日和 1914 年 1 月 5 日(1914 年 1 月 9 日和 18 日)之间

致函在巴黎的伊·费·阿尔曼德,告知俄国社会民主工党中央委员会准备出版中央委员会特别公报;说收到尼·伊·布哈林从维也纳寄来的告知格·瓦·普列汉诺夫打算出版《统一报》的信;指出必须同列·达·托洛茨基和取消派进行斗争;建议布尔什维克巴黎支部通过一项反对卡·考茨基的决议。

12 月 29 日(1914 年 1 月 11 日)

致函扬·鲁迪斯-吉普斯利斯或伊·埃·格尔曼,对参加拉脱维亚边疆区社会民主党第四次代表大会的一名代表表示不满,因为该代表倾向于同取消派达成协议。

列宁的《杜马党团和杜马外的多数》一文和《给编辑部的信》发表在《无产阶级真理报》第 17 号上。

12 月 30 日（1914 年 1 月 12 日）

用法文复信给在阿姆斯特丹的戴·怀恩科普,介绍俄国社会民主工党内部的情况;指出德国社会民主党报刊对布尔什维克怀有恶意;对卡·考茨基在政治上的无原则性表示愤慨。

12 月

经列宁校订的小册子《有党的工作者参加的俄国社会民主工党中央委员会 1913 年夏季会议》在巴黎出版;列宁阅读小册子,在封面和民族问题决议上作记号。

年底

继续研读由奥·倍倍尔和爱·伯恩施坦出版的四卷本的《马克思和恩格斯通信集》,记要点和作摘录,写《马克思和恩格斯通信集》一文。

1913 年

为写作《关于农业中资本主义发展规律的新材料》一书作准备工作;翻阅 1912 年华盛顿出版的《1911 年美国统计手册》第 34 期;作记号和统计数字。

从恩·劳尔的《关于近二十五年瑞士农业发展的统计资料集》一书中作摘录。

研读约·塞贡为安·阿利奥塔的《唯心主义对科学的反动》一书写的书评,并作札记。

1913 年底—1914 年初

修改娜·康·克鲁普斯卡娅的文章,增补一段文字,给文章加了标题《论国民教育部的政策问题》。

1914 年

1 月 1 日（14 日）

列宁的《一年 4 000 卢布和六小时工作制》一文发表在《无产阶级真理报》第 19 号上。

致函在沃洛格达的弗·巴·米柳亭,说批判"波格丹诺夫在哲学上的庸俗议论"的文章非常需要,请他将这些文章直接寄来。

1 月 2 日（15 日）以前

收到尼·瓦·库兹涅佐夫发来的电报,电报中建议列宁在巴黎纪念

1905年1月9日流血事件九周年的群众大会上发表演说。

在给伊·费·阿尔曼德的信(这封信没有找到)上写附言,表示同意在巴黎纪念1905年1月9日流血事件九周年的群众大会上发表演说。

1月2日(15日)

抵达柏林。在柏林会见拉脱维亚的布尔什维克,同他们讨论即将召开的拉脱维亚边疆区社会民主党第四次代表大会的问题。

不晚于1月5日(18日)

抵达巴黎。

1月5日(18日)

出席巴黎布尔什维克会议,谈了自己对社会党国际局十二月会议关于俄国社会民主工党统一问题的决定的看法,提出实现统一的条件。

1月5日和10日(18日和23日)之间

在巴黎同柳·尼·斯塔尔谈话。斯塔尔请求列宁帮助流放在托博尔斯克省的布尔什维克职业革命家 M.C.卡多姆采夫。

1月7日(20日)

在巴黎出席报告会,听罗·瓦·马林诺夫斯基作关于第四届杜马布尔什维克党团工作的报告。后来查明,罗·瓦·马林诺夫斯基是一个奸细。

不早于1月7日(20日)

读阿·瓦·卢那察尔斯基写给尼·瓦·库兹涅佐夫的来信,信中谈到前进派分裂一事。列宁在信封上写道:"**重要**! 卢那察尔斯基反对阿列克辛斯基。"

1月7日(20日)以后

收到扬·安·别尔津从布鲁塞尔的来信,信中说拉脱维亚边疆区社会民主党中央委员会拒绝拉脱维亚边疆区社会民主党第四次代表大会的部分代表提出的关于邀请分裂派和第四届杜马布尔什维克党团的代表参加代表大会的要求。

1月8日(21日)以后

收到伊·费·波波夫从布鲁塞尔的来信,信中告知将邀请波兰王国和立陶宛社会民主党总执行委员会和波兰社会党左派的代表参加拉脱维亚边疆区社会民主党第四次代表大会,还告知拉脱维亚边疆区社会民主党中央委员会无意邀请分裂派的代表。

收到伊·费·波波夫转来的拉脱维亚边疆区社会民主党第四次代表大会的部分代表的信,信中请求俄国社会民主工党中央委员会保证第四届杜马布尔什维克党团的代表能出席代表大会。

1月9日(22日)

在巴黎社会民主党人纪念1905年1月9日流血事件九周年的两处群众大会上发表演说。

1月10日(23日)以前

写《民族问题》专题报告的几个提纲。

1月10日(23日)

在巴黎地理学会大厅作《民族问题》专题报告。

1月10日和20日(1月23日和2月2日)之间

根据回忆写《关于民族问题的报告提纲》。

1月11日(24日)

致电伊·费·波波夫,告知自己将于1月12日(25日)早晨抵达布鲁塞尔(这份电报没有找到)。

1月12日(25日)以前

致函在伯尔尼的格·李·什克洛夫斯基,请他将寄去的材料和俄国社会民主工党第六次(布拉格)全国代表会议《关于前保管人掌管的财产和关于账目》的决议尽快翻译出来。

1月12日(25日)

抵达布鲁塞尔,住在伊·费·波波夫家里,同他讨论与社会党国际局工作有关的一些问题。

在布鲁塞尔民众文化馆同社会党国际局主席埃·王德威尔得谈俄国社会民主工党内部统一的实际可能性问题。然后,会见两名比利时海员,同他们谈将秘密书刊带往俄国一事。

在布鲁塞尔向拉脱维亚边疆区社会民主党第四次代表大会的代表作关于民族问题的报告。

用英文致函在巴黎的伊·费·阿尔曼德,说拉脱维亚边疆区社会民主党第四次代表大会的多数代表是支持布尔什维克的。

1月12日—20日(1月25日—2月2日)

出席拉脱维亚边疆区社会民主党第四次代表大会布尔什维克代表的几次会议,帮助他们制定在代表大会上的行动路线。

1月13日(26日)

致函在巴黎的伊·费·阿尔曼德,告知拉脱维亚边疆区社会民主党第四次代表大会代表中的力量对比已发生变化,调和派占了上风;说《真理报》经费发生困难;要求妥善安排《俄国社会民主工党中央委员会公报》的出版工作。

致函在巴黎的尼·瓦·库兹涅佐夫,告知《俄国社会民主工党中央委员会公报》用的材料即将寄出。

1月13日—20日(1月26日—2月2日)

起草俄国社会民主工党中央委员会在拉脱维亚边疆区社会民主党第四次代表大会上的报告大纲和总结发言提纲以及关于拉脱维亚边疆区社会民主党对俄国社会民主工党的态度的决议草案;编制代表大会的代表名单;记录会议日程和选举主席团的表决结果;简要记录代表大会各次会议的进程和发言人的讲话。

代表俄国社会民主工党中央委员会在拉脱维亚边疆区社会民主党第四次代表大会上作报告。在报告中尖锐地批评拉脱维亚边疆区社会民主党中央委员会的工作,他们在同取消派斗争问题上采取机会主义立场。

在总结发言中指出,社会民主党的统一只有在原则基础上、在革命策略和对取消派进行不调和的斗争的基础上才能实现。

列宁起草的关于拉脱维亚边疆区社会民主党对俄国社会民主工党的态度的决议由代表大会通过。

在代表大会上同拉脱维亚的布尔什维克一起对调和主义倾向进行坚决的斗争。因此,拉脱维亚社会民主党人退出八月联盟。这一结果是对托洛茨基联盟的致命打击。

1月14日(27日)

将自己校阅过的供《俄国社会民主工党中央委员会公报》第1期用的材料寄给在巴黎的尼·瓦·库兹涅佐夫。

1 月 15 日(28 日)

致函伊·费·阿尔曼德,认为安排好《俄国社会民主工党中央委员会公报》的出版工作是头等大事;提到往俄国运送秘密书刊的新方法。

1 月 15 日(28 日)以后

康·尼·萨莫伊洛娃从彼得堡寄给列宁一封信,信中说最近一个时期《无产阶级真理报》没有遭到没收和罚款。信中还告知已吸收尼·阿·斯克雷普尼克参加编辑部工作。

1 月 16 日(29 日)

收到卡·胡斯曼的来信,信中对前一天上午在拉脱维亚边疆区社会民主党第四次代表大会上未能与列宁会面表示遗憾,建议晚上 8 时 30 分在民众文化馆会面。胡斯曼在信中还要求列宁写一份关于俄国社会民主工党中央委员会与孟什维克组织委员会之间存在原则分歧和策略分歧的简要报告。

用法文致函卡·胡斯曼,对没能听到胡斯曼在拉脱维亚边疆区社会民主党第四次代表大会上的演说表示遗憾;要求将会面时间改在 1 月17 日(30 日)下午 4 时。

不晚于 1 月 18 日(31 日)

致函娜·康·克鲁普斯卡娅,告知拉脱维亚边疆区社会民主党第四次代表大会的进展情况(这封信没有找到)。

1 月 18 日(31 日)

列宁的《需要强制性国语吗?》一文发表在《无产阶级真理报》第 14 号上。

出版总署决定销毁列宁的小册子《社会民主党和杜马选举》。

娜·康·克鲁普斯卡娅写信给住在彼得堡的安·伊·乌里扬诺娃-叶利扎罗娃,信中谈列宁曾建议为《启蒙》杂志翻译德国历史学家麦·贝尔的《英国社会主义史》一书的第 4 章中的第 4、5 节和第 6 章,但后来又认为最好是以这几章为基础写一篇介绍这本书的文章,删去没有意义的细枝末节,把最重要的地方保留下来。

1 月 18 日—19 日(1 月 31 日—2 月 1 日)

写《致社会党国际局的报告》,阐述俄国社会民主工党中央委员会同孟什维克组织委员会之间的几点主要分歧。

1月20日(2月2日)

写抗议书反对拉脱维亚边疆区社会民主党第四次代表大会排斥分裂派的做法。抗议书由伊·费·波波夫转交扬·安·别尔津在代表大会上宣读(该抗议书没有保存下来)。

致函卡·胡斯曼,告知自己写给社会党国际局的报告已经交给伊·费·波波夫翻译。

离开布鲁塞尔前往列日。

在列日作《民族问题》专题报告。

1月20日(2月2日)以后

抵达莱比锡,住在弗·米·扎戈尔斯基家里。

1月21日(2月3日)以后

收到姐姐安·伊·乌里扬诺娃-叶利扎罗娃从彼得堡的来信,信中告知1914年《启蒙》杂志第1期推迟出版,请列宁及时将为以后几期写的材料寄去。信中还建议出版《真理报》每周附刊代替专门性的妇女杂志。

在莱比锡作《民族问题》专题报告。

1月24日(2月6日)

返回克拉科夫。

1月24日或25日(2月6日或7日)

会见第四届杜马布尔什维克代表费·尼·萨莫伊洛夫,详细询问布尔什维克杜马党团的工作、地方党组织的活动情况。

1月24日和4月23日(2月6日和5月6日)之间

在克拉科夫的雅盖隆图书馆工作,研究路·费尔巴哈的著作。

1月25日(2月7日)

列宁的《谈谈地方自治局的统计任务问题》一文和关于《1913年圣彼得堡全俄卫生展览会陈列的有关劳动保护的展品》一书的《书评》,发表在《启蒙》杂志第1期上。

1月25日和2月27日(2月7日和3月12日)之间

请费·尼·萨莫伊洛夫面交在伯尔尼的格·李·什克洛夫斯基一封信,信中请他把萨莫伊洛夫安排在瑞士的一所疗养院治疗。

致函格·李·什克洛夫斯基,提出必须把费·尼·萨莫伊洛夫安置在有专门护理的公寓里。

1 月 26 日—27（2 月 8 日—9 日）

收到康·尼·萨莫伊洛娃的来信,信中说《无产阶级真理报》已被查封,认为格·伊·彼得罗夫斯基应对刊登在《真理之路报》第 2 号上的米·叶·切尔诺马佐夫的《它为此而存在……》一文负责,请列宁寄去批判民粹派分子的文章来纪念尼·康·米海洛夫斯基,还请列宁寄去关于不能容忍社会民主党人为资产阶级报刊撰稿的文章。

1 月 27 日（2 月 9 日）

致函《真理之路报》编辑部,对由于发表米·叶·切尔诺马佐夫的文章而使该报遭受危险一事表示遗憾;询问他的两篇论统一的文章迟迟未予发表的原因;要求在列·达·托洛茨基的《斗争》杂志出版以前,必须发表这两篇文章。

1 月 29 日（2 月 11 日）

写信给住在彼得堡的姐姐安·伊·乌里扬诺娃-叶利扎罗娃,告知自己打算写一篇关于民族自决权的文章。

不早于 1 月 29 日（2 月 11 日）

致函在维也纳的亚·安·特罗雅诺夫斯基,说拉脱维亚边疆区社会民主党已经退出孟什维克的组织委员会,认为托洛茨基的八月联盟已经完全崩溃;对《启蒙》杂志第 1 期给予好评。

1 月 29 日（2 月 11 日）以后

致函在柏林的弗·米·卡斯帕罗夫,请他说明停寄《前进报》的原因。

1 月 31 日（2 月 13 日）

列宁的《自由派对工人的腐蚀》一文和《给编辑部的信》发表在《真理之路报》第 9 号上。

2 月 3 日（16 日）

写信给妹妹玛·伊·乌里扬诺娃,说自己在巴黎作了一次关于民族问题的报告,现已回到克拉科夫;询问妹妹和母亲的健康情况。

2 月 4 日（17 日）

列宁的《取消派领袖谈取消派的"统一"条件》一文发表在《真理之路报》第 12 号上。

2月5日(18日)

列宁的《关于奥地利和俄国的民族纲领的历史》和《一个有爵位的自由派地主论"地方自治的新俄国"》两篇文章发表在《真理之路报》第13号上。

2月5日(18日)以后

收到叶·费·罗兹米罗维奇从彼得堡的来信,信中告知《真理报》编辑部内部的变化,并请求把为第四届杜马布尔什维克代表写的发言稿寄去。

2月7日(20日)以前

为《马克思主义和取消主义》文集准备材料,编写文章目录,写文集的序言和结束语的提纲。

2月8日(21日)

写信给住在沃洛格达的母亲玛·亚·乌里扬诺娃,谈自己在克拉科夫的生活情况和巴黎之行。

2月9日(22日)以后

收到康·尼·萨莫伊洛娃从彼得堡的来信,信中告知《真理之路报》编辑部内的情况,说由于印刷厂工人罢工,该报没能出版。信中还请求为《女工》杂志寄一些文章。

2月14日(27日)

致函在彼得堡的列·波·加米涅夫,称赞《真理报》编辑部同亚·亚·波格丹诺夫断绝关系;指出必须在《启蒙》杂志上进一步揭露前进派的冒险主义;询问出版《马克思主义和取消主义》文集的准备工作的情况。

收到尼·尼·纳科里亚科夫从纽约的来信,信中请列宁给美国工人写一封信,谈谈布尔什维克和孟什维克之间的分歧。

致函在纽约的伊·阿·古尔维奇,对古尔维奇寄来他的《移民与劳动》一书表示感谢,并高度评价这本书;请他协助搞到美国统计局1900年和1910年的统计调查材料。

写信给姐姐安·伊·乌里扬诺娃-叶利扎罗娃,严厉批评亚·亚·波格丹诺夫,详细地说明那些对《真理报》编辑部同波格丹诺夫集团断绝关系表示惋惜的人的错误。

2月17日(3月2日)以前

致函《伏尔加河流域的曙光》杂志编辑部,说准备为该杂志写一篇关于为

出版自由而斗争的文章；询问该杂志今后需要什么题材的文章；请求将
该杂志已出版的各期全部寄来（这封信没有找到）。

收到费·尼·萨莫伊洛夫的来信；在复信中对萨莫伊洛夫在瑞士蒙
特勒公寓里的生活条件表示关心。

2月17日（3月2日）

致函在巴黎的伊·费·阿尔曼德，说得到了关于彼得堡委员会的消息：
委员会还在，工作得不错。此外，列宁还对俄国社会民主工党驻社会党
国际局的代表伊·费·波波夫没有回复他的几封重要信件表示不安。

2月17日（3月2日）以后

收到《伏尔加河流域的曙光》杂志编辑部秘书 C.M.别洛夫从萨马拉的来
信，信中希望寄去关于争取出版自由和言论自由、关于农民问题、关于民
粹主义等内容的文章，以及俄国社会民主工党的纲领。

2月18日（3月3日）

列宁的《民粹主义和雇佣工人阶级》一文发表在《真理之路报》第15
号上。

不晚于2月19日（3月4日）

研读《经济统计汇编》（1913年莫斯科版第7编），作摘录并进行计算，在
《农民和雇佣劳动》一文中引用了这些材料。

2月19日（3月4日）

致函在彼得堡的叶·费·罗兹米罗维奇，要求增补3—4名彼得堡工人
进俄国社会民主工党中央委员会俄国局，并建议他们转入地下，还告知
党内的现金已经用完。

2月19日（3月4日）以后

收到列·波·加米涅夫从彼得堡的来信，信中告知同波涛出版社就出版
《马克思主义和取消主义》文集所进行的谈判、《真理之路报》编辑部内的
情况和《启蒙》杂志第3期的内容。

2月20日（3月5日）

列宁的《再论"民族主义"》和《农民和雇佣劳动》两篇文章发表在《真理之
路报》第17号上。

2月21日（3月6日）

列宁的《司徒卢威先生论"健全政权"》一文发表在《真理之路报》第18

号上。

2 月 22 日(3 月 7 日)

用法文致函卡·胡斯曼,答复他 1914 年 3 月 3 日(公历)来信时提出的关于尽快将报告寄给社会党国际局的要求。列宁在信中讲述了他在 1 月 20 日(2 月 2 日)已将自己写的关于俄国社会民主工党中央委员会和孟什维克组织委员会之间的分歧的报告交给伊·费·波波夫去翻译的一些情况,同时对胡斯曼来信中带侮辱性的语气表示抗议。

　　给伊·费·波波夫寄去一封挂号信,查问社会党国际局没有收到他的报告的译文的原因(这封信没有找到)。

　　致函在布鲁塞尔的 K.M.卡尔松,要求告知伊·费·波波夫不复信的原因(这封信没有找到)。

　　列宁的《民粹派论尼·康·米海洛夫斯基》一文发表在《真理之路报》第 19 号上。

2 月 23 日(3 月 8 日)

致函在巴黎的伊·费·阿尔曼德,说对卡·胡斯曼来信中带侮辱性的语气和伊·费·波波夫的沉默表示气愤。信中还谈到打算在莫斯科组织出版马克思主义派别的工会杂志,对《女工》杂志的命运表示担忧,因为该杂志编辑部的成员几乎全部被捕。

2 月 24 日(3 月 9 日)以前

致函伊·费·波波夫,说明同埃·芬克律师在"保管人"保管的钱款问题上的工作计划(这封信没有找到)。

2 月 24 日(3 月 9 日)

同娜·康·克鲁普斯卡娅一起出席在克拉科夫举行的塔·格·舍甫琴柯诞生一百周年纪念晚会。

2 月 24 日(3 月 9 日)以后

收到 K.M.卡尔松从布鲁塞尔的来信,信中说他已经去过伊·费·波波夫那里,波波夫答应马上给列宁写信说明没有复信的原因。

2 月 25 日(3 月 10 日)

列宁的《关于亚·波格丹诺夫》一文发表在《真理之路报》第 21 号上。

　　列宁的《编辑部对老兵的〈民族问题和拉脱维亚的无产阶级〉一文的

意见》发表在《启蒙》杂志第 2 期上。

2 月 25 日和 3 月 2 日(3 月 10 日和 15 日)之间

收到卡·胡斯曼从布鲁塞尔的来信,信中对上次那封非正式信件的语气表示歉意。

2 月 27 日(3 月 12 日)以后

收到扬·鲁迪斯-吉普斯利斯从柏林的来信,信中批评拉脱维亚边疆区社会民主党第四次代表大会上通过的几项决议;告知第四次代表大会的代表在里加被捕。信中还谈到为即将召开的社会党国际局布鲁塞尔会议准备材料的事情。

致函在柏林的扬·鲁迪斯-吉普斯利斯,说在拉脱维亚边疆区社会民主党第四次代表大会上与调和派曾竭力进行斗争,还必须作进一步的斗争;希望《真理报》最先发表代表大会的决议。

2 月 28 日(3 月 13 日)以后

收到尼·尼·纳科里亚科夫从纽约的来信,信中告知已给列宁寄去统计材料。信中还谈到美国互助组织向俄国社会民主工党中央委员会捐款一事和《新世界报》的前途问题。

2 月

修改自己的《几个争论的问题(公开的党和马克思主义者)》为题的一组文章,以便收入《马克思主义和取消主义》文集。

收到爱沙尼亚布尔什维克 B.Э.金吉塞普的来信,信中告知《劳动呼声报》编辑部内的情况并提出为该报撰稿的条件。

2 月—3 月

着手写《论民族自决权》一文。起草《论民族自决权》一文的提纲。

研读路·伯恩哈德的《普鲁士的波兰人。波兰问题》一书,作摘录并写意见。

研读《伦敦社会主义工人党和工会国际代表会议(1896 年 7 月 27 日—8 月 1 日)纪录和决议》小册子并作摘录。

3 月初

同彼得堡大学物理数学系学生、布尔什维克 C.И.彼得里科夫斯基谈话,就领导首都学生运动问题作指示。彼得里科夫斯基是受俄国社会民主工党中央委员会俄国局和第四届杜马布尔什维克党团的派遣,前来安排将秘密书刊从克拉科夫运往彼得堡的。

3月1日(14日)

列宁的《自由派中间的政治争论》一文发表在《真理之路报》第25号上。

3月2日(15日)

致函格拉纳特出版社编辑部秘书,说同意为《格拉纳特百科词典》写关于卡·马克思的词条。

列宁的《"劳动"农民和土地买卖》一文发表在《真理之路报》第26号上。

收到伊·费·波波夫从布鲁塞尔的来信,信中说列宁给社会党国际局的报告的译文已经寄给卡·胡斯曼并解释了耽搁的原因。信中还告知关于即将同埃·芬克律师会面的消息。

用法文致函卡·胡斯曼,告知已经收到伊·费·波波夫的说明,还说误会已完全消除。

3月2日和6日(15日和19日)之间

收到奥·洛拉从巴黎的来信,信中说乌克兰社会民主党在无产阶级队伍中的影响正在扩大,还说叶卡捷琳诺斯拉夫的工人希望用乌克兰文出版社会民主党报纸。信中附有洛拉为《启蒙》杂志写的《乌克兰马克思主义史》一文的手稿。列宁对该文作文字上的修改。

3月2日(15日)以后

致函在巴黎的伊·费·阿尔曼德,告知布尔什维克在彼得堡保险理事会的选举中获胜和《真理之路报》编辑部的工作已得到改进。

3月6日(19日)

列宁的《自由派关心的问题》一文发表在《真理之路报》第29号上。

致函奥·洛拉,希望了解乌克兰的有关民族问题的资料和乌克兰革命党第一次代表大会的决议;请他收集在俄国的乌克兰人情况的材料,以便提供给杜马中的布尔什维克代表作发言用;对洛拉的文章提出批评意见,建议同乌克兰的民族主义分子进行毫不留情的斗争(这封信没有找到)。

3月7日(20日)

列宁的《工会运动中的民粹派和取消派(宝贵的招供)》一文发表在《真理之路报》第30号上。

3月8日(21日)以前

致函在伦敦的普·米·克尔任采夫,为娜·康·克鲁普斯卡娅询问关于教育书籍的情况(这封信没有找到)。

3月8日(21日)

在克拉科夫的"斯普伊尼亚"大学生协会作题为《俄国社会民主党和民族问题》的报告。

3月8日(21日)以后

收到普·米·克尔任采夫从伦敦的来信,信中回答列宁提出的关于教育书籍的问题,并答应最近寄出为《启蒙》杂志写的文章。

收到《真理之路报》编辑部的来信,信中报告编辑部的情况和报纸的发行量。

3月9日(22日)

列宁的《天真的愿望》一文发表在《真理之路报》第32号上。

收到伊·伊·斯克沃尔佐夫-斯捷潘诺夫从莫斯科的来信,信中说1914年初在莫斯科召开了自由派资产阶级的秘密会议,布尔什维克为获得情报参加了这些会议,这种做法是否妥当,请列宁发表意见。

委派俄国社会民主工党中央委员会委员、第四届杜马布尔什维克党团成员格·伊·彼得罗夫斯基前往雷瓦尔主持爱沙尼亚布尔什维克会议。

不早于3月10日(23日)

致函《真理之路报》编辑部,指出该报第22号上发表多数成员是孟什维克的苏黎世协助小组的《给安·法·布里扬诺夫的公开信》是错误的。

3月10日(23日)以后

收到奥·洛拉从巴黎的来信,信中说他根据列宁的意见对自己文章的结尾部作了修改。信中还建议在《真理报》上开辟乌克兰专栏和答应弄到乌克兰的有关民族问题的资料。

3月11日(24日)

拒绝《同时代人》杂志编辑部提出的请列宁为该杂志撰稿的建议,因为列宁不同意该杂志的方针和纲领。

　　列宁的《自由派教授论平等》一文发表在《真理之路报》第33号上。

　　致函在莫斯科的伊·伊·斯克沃尔佐夫-斯捷潘诺夫,感谢他提供有关自由派资产阶级的情绪的重要消息;认为斯克沃尔佐夫-斯捷潘诺夫参加自由派资产阶级代表的集会是正确的和有益的。

3月12日(25日)以前

致函在巴黎的格·弗·策彼罗维奇,请他为《启蒙》杂志写一篇关于预算的文章(这封信没有找到)。

3月12日(25日)

列宁的《英国自由党人和爱尔兰》一文发表在《真理之路报》第34号上。

3月12日(25日)以后

收到格·弗·策彼罗维奇从巴黎的来信,信中说他为《启蒙》杂志写的关于预算的文章无法在指定的时间寄去;说为第四届杜马布尔什维克代表写的发言稿已经寄出。

3月13日(26日)

列宁的《泰罗制就是用机器奴役人》一文发表在《真理之路报》第35号上。

　　收到伊·阿·古尔维奇从纽约的来信,信中说可以给列宁寄去他所需要的美国政府机关的正式出版物,告知1910年的农业调查统计汇编已经出版。

3 月 14 日(27 日)

列宁的《"负责的反对派"和立宪民主党参加的 3 月 1 日会议》一文发表
在《真理之路报》第 36 号上。

3 月 14 日(27 日)以后

收到姐姐安·伊·乌里扬诺娃-叶利扎罗娃从彼得堡的来信,信中告知
已收到《论民族自决权》一文的开头部分,还告知了以后几期《启蒙》杂志
的内容。

《列宁全集》第二版第 24 卷编译人员

《列宁全集》第二版增订版编辑人员

责任编辑：郇中建
装帧设计：石笑梦
版式设计：周方亚
责任校对：胡　佳

图书在版编目（CIP）数据

列宁全集.第 24 卷/（苏）列宁著；中共中央马克思恩格斯列宁斯大林著作编译局编译.
　—2 版（增订版）-北京：人民出版社，2017.3（2024.7 重印）
ISBN 978 - 7 - 01 - 017110 - 4

Ⅰ.①列…　Ⅱ.①列…②中…　Ⅲ.①列宁著作-全集　Ⅳ.①A2

中国版本图书馆 CIP 数据核字（2016）第 316434 号

书　　　名　**列宁全集**
　　　　　　LIENING QUANJI
　　　　　　第二十四卷
编 译 者　中共中央马克思恩格斯列宁斯大林著作编译局
出版发行　人 民 出 版 社
　　　　　　（北京市东城区隆福寺街 99 号　邮编 100706）
邮购电话　（010）65250042　65289539
经　　销　新华书店
印　　刷　北京新华印刷有限公司
版　　次　2017 年 3 月第 2 版增订版　2024 年 7 月北京第 2 次印刷
开　　本　880 毫米×1230 毫米 1/32
印　　张　19.75
插　　页　3
字　　数　524 千字
印　　数　3,001—6,000 册
书　　号　ISBN 978 - 7 - 01 - 017110 - 4
定　　价　49.00 元